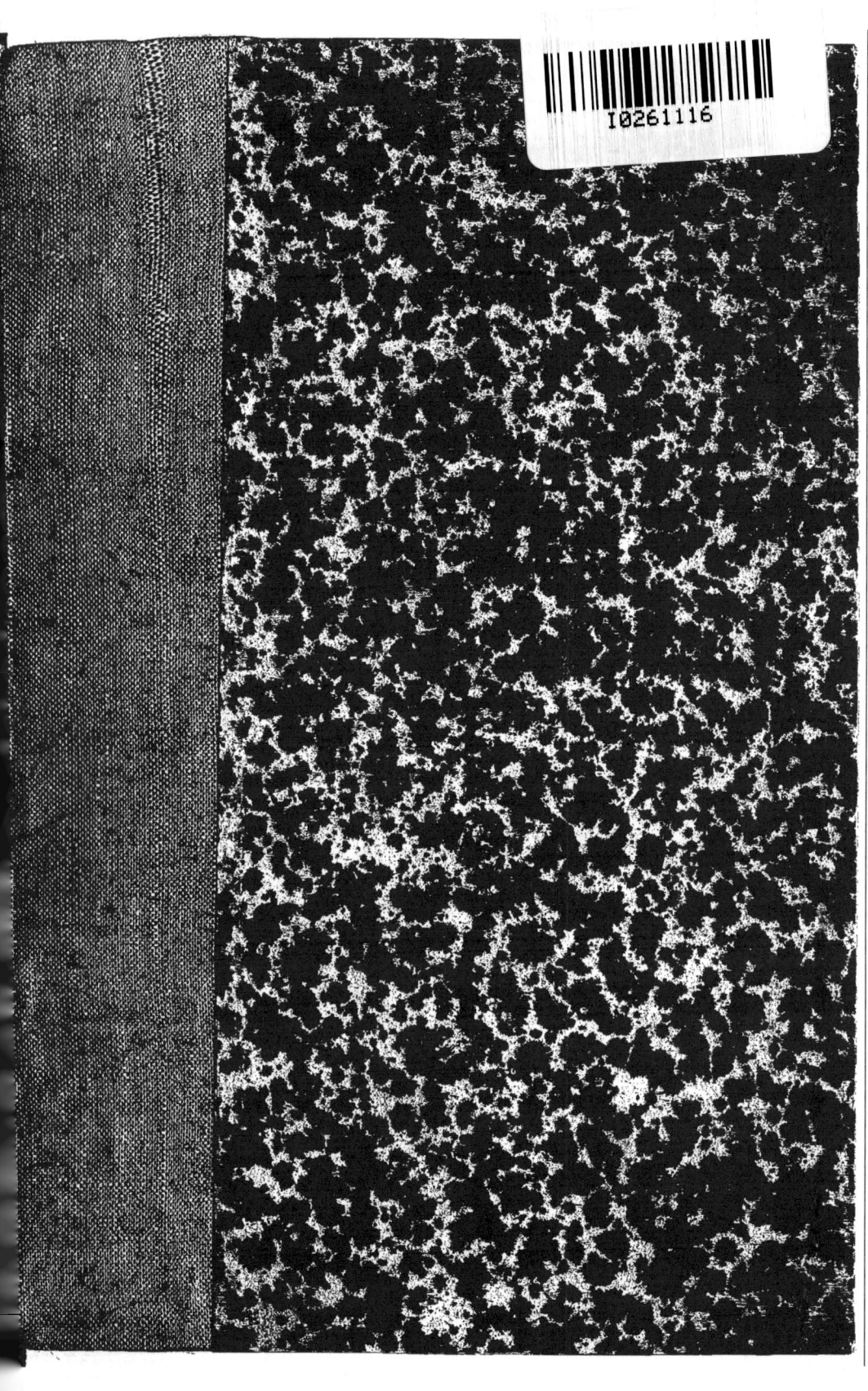

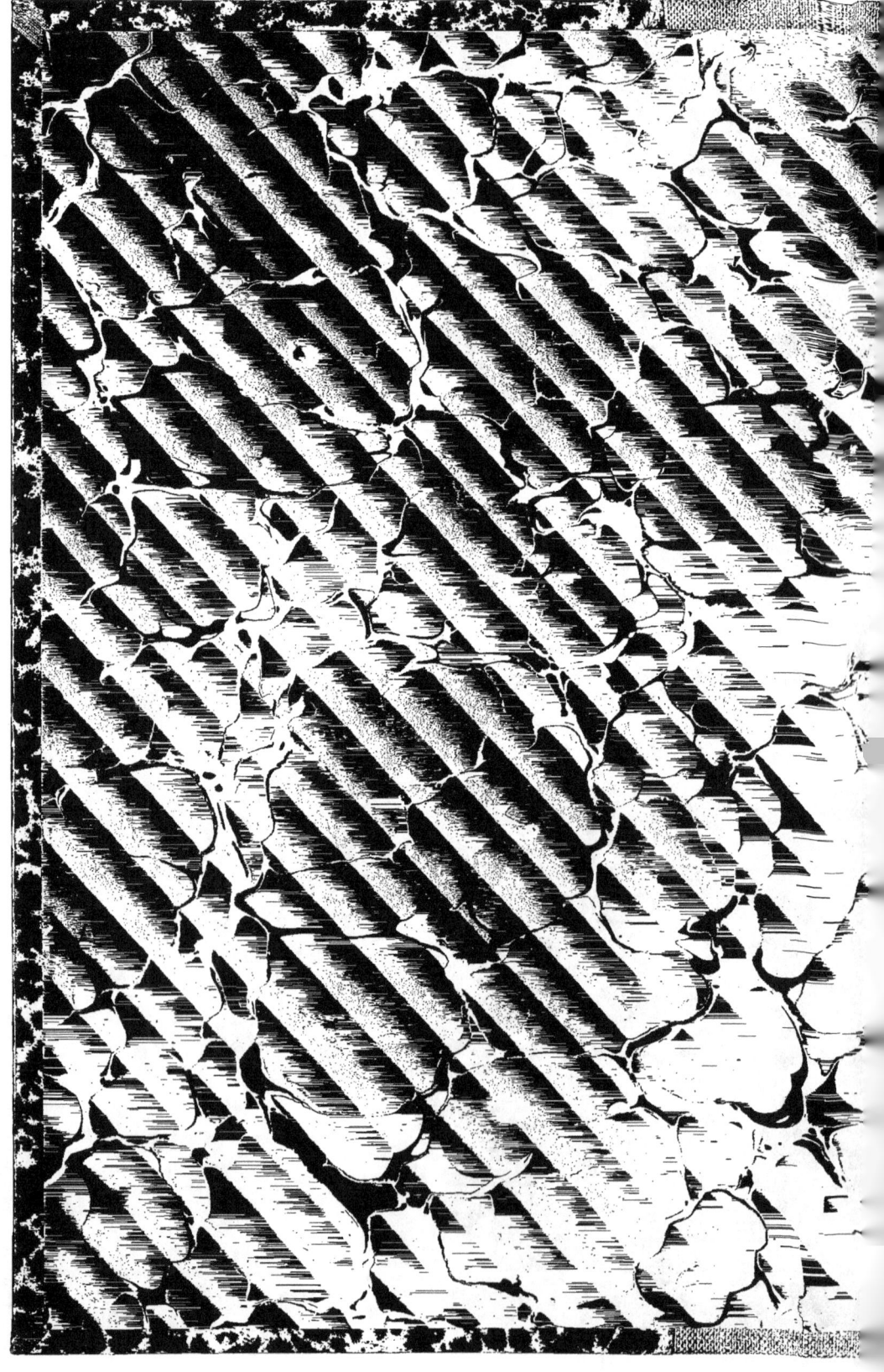

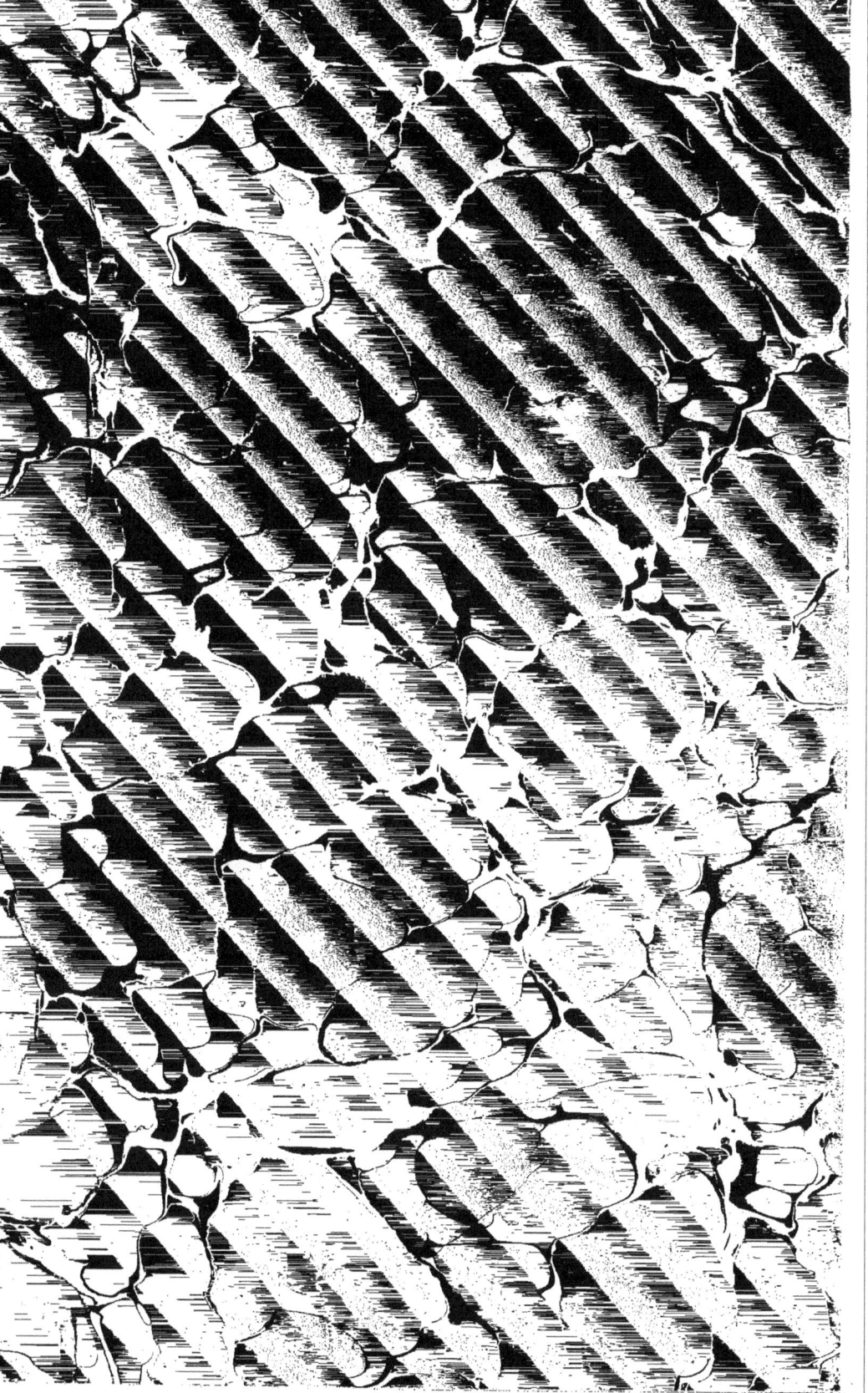

LES

ORIGINES DU MONDE

Propriété des Éditeurs,

L'ANTIQUITÉ PITTORESQUE. — I

LES
ORIGINES DU MONDE

PAYSAGES D'ORIENT, PREMIERS AGISSEMENTS, HISTOIRE,
CULTES, ARTS PRIMITIFS, MONUMENTS

DES TROIS RACES DU GLOBE

JAUNE, BLANCHE ET NOIRE

APPARITION DES CITÉS DE HÉNOCHIA, DAMAS, ABYLA,
ET DES GRANDES VILLES D'AFRIQUE ET D'ASIE,
MEMPHIS, THÈBES, SYÈNE, NINIVE, BABYLONE, BACTRES,
UR, ETC., ETC.

CONTRASTES DE LEURS SPLENDEURS D'AUTREFOIS ET DE LEURS RUINES D'AUJOURD'HUI

PAR ALFRED DRIOU

LIMOGES
EUGÈNE ARDANT ET Cⁱᵉ, ÉDITEURS

LES ORIGINES DU MONDE.

PROLOGUE.

Par une belle matinée du mois d'avril 1869, sortait du débarcadère du chemin de fer de l'Ouest, à Paris, et traversait le boulevard Montparnasse, porteur d'une maigre valise, un jeune homme que son air ridiculement dégagé pouvait faire prendre pour un provincial venant chercher place parmi les étudiants du quartier Latin. Le paletot de notre voyageur n'était pas de la coupe la plus heureuse; son gilet ne s'harmoniait aucunement avec son pantalon, et ses bottines avaient déjà subi plus d'une épreuve. Néanmoins, il aurait pu paraître acceptable encore, si, comme accessoire à sa piètre personne, il ne se fût avisé de porter un lorgnon péniblement incrusté dans la cavité de l'œil droit, un cigare bordelais mal odorant à la bouche, et, crânement incliné sur l'oreille gauche, un chapeau Gibus comptant déjà plusieurs saisons. Ajoutons, pour compléter la portraiture du nouveau Parisien, que ses cheveux noirs étaient assez mal soignés, nonobstant les caresses fréquentes d'une main gantée trop large qui cherchait très inutilement à les boucler. Ses yeux, assez grands, n'avaient d'autre expression que celle de la suffisance. Enfin, aux deux coins d'une bouche passablement fendue, et dans les plis d'un rictus disgracieux, se révélait une certaine dose de niaiserie. Bref, dans l'ensemble, ce jeune homme offrait le type et la désinvolture d'un héros d'estaminet.

— Rue Blanche, 43, et vivement! fit le voyageur, qui, avisant un cabriolet au repos, sauta dedans avec l'entrain d'un vrai gentleman, et, plaçant sa valise à ses pieds, prit la pose d'un homme indifférent et blasé, en face même des beautés les plus splendides.

Mais c'était un jeu de mauvais histrion, car le véhicule atteignait à peine le pont de la Concorde, par les Invalides, se dirigeant vers la Madeleine et la rue Saint-Lazare, que notre nouveau-venu, ébloui, plongea sur la reine des cités un regard curieux tellement avide de voir, qu'il devint facile de reconnaître qu'il mettait le pied pour la première fois à Paris.

Le cabriolet gagna bientôt la rue Blanche et s'arrêta.

— Restez et m'attendez... dit au cocher, d'un ton de grand seigneur, notre fashionnable, en sautant prestement de la voiture.

Généralement, à Paris, les portes des maisons restent grand'ouvertes pendant le jour, d'abord parce qu'il faudrait les faire mouvoir trop souvent pour le service des nombreux locataires qui les occupent, mais aussi parce que, dans cette ville où tous les voleurs du monde se donnent rendez-vous, il est généreux de la part des concierges et commode pour les fripons de n'avoir à déranger personne. Mais, contrairement à cet usage, la porte du numéro 43 de la rue Blanche était close, et le jeune homme dut sonner.

— Monsieur de Froley? fit-il en pénétrant à demi dans la loge.

— Monsieur le comte est sorti, lui fut-il répondu, mais Mademoiselle est à l'atelier. Traversez la cour : sous le péristyle, le valet de pied vous recevra. Je vais l'avertir.

Aussitôt un timbre sonore annonça l'entrée du visiteur.

— Diavolo! murmura le provincial. Il m'arrive juste ce que je redoutais! C'est Mademoiselle que je trouve : j'aurais mieux aimé son père... Au moins j'aurais pu lui parler librement. A ma cousine conter... mes déconfitures! Oh! non, jamais! Comment me tirer de là?

— Le nom de Monsieur? demanda un laquais en livrée sévère, qui se présenta sous un portique à colonnes.

— Théobald de Marigny... répondit l'étranger.

Puis il murmura tout bas :

— Tant pis! je m'annonce sous un faux nom. Ma cousine ne me reconnaîtra pas; par conséquent, je ne serai pas obligé de parler de mes affaires, et alors j'attendrai mon oncle...

— Monsieur Théobald de Marigny... accentua fortement le valet, en ouvrant une large porte dont une très riche portière de velours suivit le mouvement, laissant voir soudain un immense et splendide atelier d'artiste.

Le jeune homme entra, mais gauchement. Il salua sans savoir, sans voir qui recevait son salut. Enfin, avisant une jeune fille assise devant un chevalet, qui tenait une palette chargée de couleurs, des pinceaux et un long bâton blanc d'une main, et de l'autre une brosse légère qu'elle promenait sur un tableau, il se dirigea de son côté, passa au milieu de huit ou dix messieurs qui la regardaient travailler, et saluant avec un notable embarras :

— Monsieur le comte de Froley? dit-il d'une voix fatalement étranglée par l'émotion, en s'adressant à la jeune artiste, sans oser jeter, même à la dérobée, un regard sur les gentilshommes qui l'environnaient.

— Mon père va revenir, Monsieur, répondit la fille du comte.

En même temps, quittant un moment sa peinture, elle désigna du doigt un siége en bois sculpté, à haut dossier surmonté d'un abat-voix fouillé à jour et des plus finement travaillés; puis saluant l'étranger, elle revint à ses amis.

— Ma position se complique! murmura Théobald, après avoir répondu au salut de sa cousine et pris place sur le siége où il se sentait fort mal à l'aise. J'avais peur de cette donzelle, seule, et... maintenant me voici en face d'une douzaine de gandins !... Jamais, devant tout ce monde, je n'oserai répondre à mon oncle, qui ne manquera pas de me dire : « Eh bien! tes examens, mon beau bachelier, ont donc eu un heureux résultat, que te voilà parmi nous?... » Et moi, obligé de répondre : « Non, mon oncle, j'ai maladroitement échoué! » Mais pourquoi cet imbécile de valet ne m'a-t-il pas fait entrer dans un petit salon, où j'eusse été seul?... Après tout, je demanderai à mon oncle un entretien... particulier... C'est cela! croirait-on que mes jambes fléchissent et que je me sens le cœur tout endolori, de peur... de cet oncle?... Ah! mon garçon, c'est qu'au Mans tu étais un gaillard.

dont tout le monde s'affolait... et ici, en face de ces pédants, dans cette galerie d'artiste, tu... ne sais sur quel pied marcher! Il te semble que tout valse autour de toi... Sardanapale! si madame ma mère avait voulu, au lieu de venir me briser le crâne chez mon oncle, j'allais dans le quartier latin... Là, quelle différence! Au moins je me serais trouvé à mon affaire... Ma foi! j'ai bien envie...

Arrivé à cet endroit de son monologue, le jeune étudiant tomba dans une profonde rêverie...

Il y avait lieu, du reste, pour notre provincial, de se trouver mal à l'aise sur le terrain où il se trouvait. A peine entré dans Paris, pour son début, il mettait le pied dans un atelier haut et vaste comme une église de village, et infiniment mieux décoré. Partout, un riche tapis recouvrait l'immense parquet, et, par sa couleur chatoyante et fleurie, récréait l'esprit autant qu'il égayait le regard. Des portières élégantes retombaient sur ses nombreuses portes, qui faisaient sans doute communiquer ce sanctuaire de l'art avec les appartements de l'hôtel. Par une fenêtre ouverte, au fond, et dont les vitraux peints rutilaient au soleil, on entrevoyait les arbres centenaires et les pelouses verdoyantes d'un parc qui semblait assez grand, eu égard à l'espace si ménagé dans une ville aussi peuplée que Paris. Ailleurs que là, les fenêtres grandioses étaient à demi voilées de splendides draperies; et de la coupole, qui dominait l'atelier, un jour mesuré, mystérieusement tamisé, facilitait le travail par les différentes teintes de lumière qu'on pouvait en obtenir. Les murailles, peintes à fresque, représentaient mille sujets étranges, dont les personnages, de grandeur naturelle, portaient des costumes d'une excentricité sans égale, parfaitement inexplicables pour le nouveau-venu. Des mannequins habillés, drapés de cent façons différentes et bizarres, se dressaient ici et là, pour servir de modèles, dans des poses bien capables de stupéfier un novice. Vingt chevalets, placés en désordre, selon les tons de lumière qu'ils devaient recevoir, produisaient un dédale heureusement harmonié. De la voûte descendaient, supportés par des torsades de pourpre et d'or, des lustres de cristal de roche; et dans les angles, comme entre chaque fenêtre, s'élevaient du sol de magnifiques lampadaires de forme pompéienne, ou moyen-âge et renaissance. Autour des colonnes en stuc, qui supportaient la longue corniche de l'atelier, étaient fixées en outre de splendides torchères et de riches girandoles. Enfin, dans le pourtour de ce véritable temple, étaient semés, dispersés, dressés ici et là, des meubles de toutes les contrées, de tous les âges, de toutes les formes, de tous les bois; des coffrets et des urnes de tous les métaux et de tous les marbres. Et sur ces bahuts, sur ces dressoirs, sur ces étagères, sous de larges et luxueuses vitrines d'ébène, de boule ou de laque, c'étaient de si étonnantes raretés, de si riches curiosités, des merveilles si précieuses, des chinoiseries tellement originales, des antiquités si belles, que, sans être en rien connaisseur, tout en ruminant son entretien futur avec son oncle, Théobald ne se lassait pas de promener son regard inquisiteur sur ces mille brimborions et bagatelles dont il était loin de soupçonner la valeur.

Par modestie... forcée, et surtout parce qu'il se sentait indigne de la sphère sur laquelle il gravitait à cette heure, notre héros n'avait plus à l'œil son lorgnon d'écaille. D'ailleurs, il faut le dire, le lorgnon, pour lui, n'était qu'une superfluité, un affaire de ton, et voilà tout, car il avait une vue parfaite. Et la preuve c'est qu'il profita de la disposition de certains tableaux de chevalet, qui, par leur développement divisaient la vaste salle en plusieurs parties, et, cédant à la curiosité qui le talonnait, il quitta son siége et fit l'examen de ce musée, mais dans la partie la plus éloignée de l'artiste qui peignait et du groupe de jeunes hommes qui s'entretenaient avec elle et semblaient lui donner ou recevoir les inspirations de l'art.

Seulement, en s'approchant d'un bahut plus curieux, il put entendre la douce voix de la jeune fille disant à ces messieurs, entre deux moues charmantes :

— L'un de vous, mes maîtres, est aujourd'hui coupable de félonie... Nous avons ici d'affreuses senteurs de cigare! Aussi je condamne à rougir... celui qui a bravé les défenses de mon père, et je lui donne le conseil de ne pas attendre son retour.

Théobald se pinça les lèvres... Le félon, c'était lui, lui dont les vêtements étaient malheureusement imprégnés d'une odeur nauséabonde qui trahissait son mauvais goût.

Il s'éloigna donc au plus vite et se dirigea vers une large vitrine faisant face à une immense bibliothèque, où étaient rangés avec ordre de gros volumes grand in-folio et des albums d'une dimension peu commune, dont, jamais encore, l'étudiant n'avait pu supposer l'existence.

D'abord il vit d'un côté des faïences de Bernard de Palissy, et du temps de Henri II ; puis des majolicas italiennes ; des ivoires sculptés formant des coffrets et des diptyques ; des figurines ou mascarons en buis auxquels le temps avait donné les tons chauds du bronze florentin ; des émaux de Limoges champlevés ou peints ; des coupes de Bohême où l'élégance de la forme le disputait à la richesse de la matière ; de merveilleuses glaces de Venise taillées en biseau, dont les bordures étaient d'un ciselé non pareil ; des bijoux antiques et mille objets qu'il est plus facile d'admirer que de décrire.

D'un autre côté, des portraits historiques du XVIe siècle se montrèrent à lui, sans qu'il pût appliquer un seul nom aux visages raides et sévères, grinchus ou gracieux qui le fixaient d'un œil qui semblait s'étonner de son ignorance. Aussi Théobald, tournant le dos à des physionomies qui n'éveillaient aucun souvenir dans sa poitrine, préféra-t-il s'occuper d'un amalgame de miroirs de Chine, dits miroirs magiques, parce que, étant convexes, avec des dessins appliqués en relief sur leur partie concave, lorsqu'on expose au soleil leur partie antérieure, l'image des dessins tracés en arrière se reflète au plafond ou bien sur un écran : mais il ne sut pas s'expliquer l'usage de ces instruments curieux. Alors il promena un regard atone sur des brigandines ou corselets à écailles de fer doublé de velours et clouté de cuivre : des brigandines il passa à des rondaches en fer gravé blanc avec ombilic armé d'une pointe ; à des casques cannelés à visière et nasal, de fabrique anglaise, du temps de Cromwell ; à des lances de Tolède, pommeau et garde formés d'une cigogne qui dévore un serpent. Mais rondaches, casques, lances de Tolède, armes de toutes sortes, furent impuissantes à éveiller aucune impression dans son âme. Et plus les claymores écossaises à panier fouillé à jour, les masses d'armes, pertuisanes, hallebardes barbelées, arbalètes et fusils à rouet passaient sous ses yeux ; plus il voyait, ici et là, partout, un clavandier en fer ciselé et damasquiné d'or ; un cippe en ivoire buriné représentant une danse de bacchantes ; un drageoir sculpté, décoré de cavaliers et de génies ; une petite chapelle portative à volets en bois peint et doré; un retable flamand figurant l'adoration des Mages; et puis des statuettes égyptiennes et nubiennes, et puis des fétiches de sauvages, et puis des idoles indoues, et puis des momies péruviennes ou de Palmire, des autels gallo-romains, des tombeaux celtiques, des inscriptions rhuniques, des dolmens gaulois, des bas-reliefs romains, des bustes grecs mutilés, et vingt autres débris précieux, etc., moins il comprenait le but de cet entassement de reliques des âges qui restaient muettes pour lui et n'évoquaient autre chose dans sa pensée que ceci :

— Mais mon cher oncle aime donc bien le bric-à-brac?

Eh bien! oui, parmi ces mille curiosités, payées au poids de l'or et si dignes d'éveiller la sympathie du savant, il n'était aucun objet qui fixât vraiment son attention. Un moment, toutefois, comme un éclair, un semblant d'émotion parut sillonner le visage impassible de notre Manceau. En effet, dans le lieu le plus reculé de l'atelier, sorte de tribune d'honneur, Théobald se trouva soudain face à face avec des antiquités d'une telle vétusté qu'il écarquilla les yeux, comme s'il se fût trouvé immédiatement en présence d'un basilic.

C'était un assemblage de vieilleries, quelques-unes informes, d'autres assez bien conservées, au-dessus desquelles, heureusement, une légende placée dans un cartouche aidait à reconnaître l'objet qu'elle signalait. Alors, ce ne fut pas sans que son visage exprimât un ébahissement stupide, à peine vaincu par l'excentricité de la chose, que notre héros lut dans un vaste pourtour :

— *Briques de la Tour de Babel*, rapportées de notre voyage en Asie de 1854.— *Frises des Jardins suspendus de Babylone*, achetées au moment même où elles furent trouvées, sur les rives de l'Euphrate, même année. — *Chapiteau du Khorsabad de Ninive*, déterré sous nos yeux, près du Tigre, même voyage. — *Epée de Sémiramis*, enlevée aux ruines où mourut cette grande reine, dans un palais bâti par elle pour abriter sa vieillesse, sur les rivages de la mer Caspienne. — *Sceptre de Sésostris*, trouvé par nous dans l'appartement qu'il occupait à Thèbes, dans le palais de Louksor, voyage de 1856, en Egypte. — *Masque d'or d'un Pharaon*, enlevé par Even dans un sépulcre de la vallée des Tombeaux, autre voyage en Egypte de 1858. — *Urne* trouvée, avec les cendres qu'elle renferme, sous les décombres du palais de Priam, roi de Troie, lors de l'excursion de ma fille au village de Bonnar-Bachi, en Troade, en 1854. — *Bas-reliefs et inscriptions cunéiformes*, rapportées de Persépolis, où nous les avons détachées d'un pan de mur du palais d'Artaxerces, voyage de 1852. — *Métopes du Parthénon*, achetés à Athènes, avec l'autorisation du roi, par Even, au musée des antiques de cette ville, voyage de 1853. — *Poignard d'Attila*, etc. — *Scram-sax des Franks.* — *Serpette d'or des druides* pour cueillir le gui. — *Hache en silex des Gaulois.* — *Collier* pris dans un palais souterrain, à Hesdin, et présumé avoir appartenu à Frédégonde. — *Diadème de Brunehaut*, obtenu à grand'peine du gardien des archives d'un couvent de Soissons. — *Une épée de combat*, à deux mains, venue de monseigneur l'évêque de Munster, à Aix-la-Chapelle, et que l'on prétend avoir appartenu à Charlemagne, etc., etc...

— Corne de bœuf! balbutia l'étudiant, mon pauvre oncle, décidément serait-il fou? Et sa fille, mademoiselle Evenor de Froley, serait-elle folle?

Mais Théobald cessa soudain son investigation et ses réflexions, car, du point de l'atelier où il se trouvait, sans être vu lui-même, il pouvait voir, lui, la jeune fille, sa belle cousine, toujours entourée des artistes, amis de son père, examinant avec eux l'effet des dernières touches de son pinceau.

Mademoiselle de Froley, appelée Evenor, et plus souvent Even, par abréviation, était jeune, très jeune encore; mais sa beauté sévère et majestueuse, mûrie par l'étude et l'habitude d'une réflexion précoce, la laissait prendre facilement pour une femme. C'était une âme d'élite, pleine de grandes pensées, riche d'une éducation solide et brillante, instruite autant que peut l'être une créature humaine, et douée des instincts les plus généreux. De longs et savants voyages, habilement dirigés, avaient ajouté de nouveaux et magnifiques horizons aux vastes domaines que lui avaient déjà donné ses sérieuses études. Elle parlait plusieurs langues, jouait avec l'histoire, eût appris la géographie à Malte-Brun, savait la musique comme Rossini, et peignait comme Paul Delaroche, dont elle pleurait la mort, après avoir été son élève. Artiste par nature, elle avait reçu l'amour du beau, du grand, du sublime avec le lait de sa mère : et son père, antiquaire de premier ordre et le plus habile critique du moment en fait d'art, autant que délicat artiste lui-même, avait eu à moissonner, dès le début de la vie de sa fille, les mots les plus spirituels, les talents les plus précoces et les productions les plus excentriques. Elle avait compris de bonne heure que la créature humaine n'est qu'un automate, du moment que les croyances religieuses, la noblesse de la vie, la science et la distinction n'en font pas le représentant de Dieu sur la terre et le roi de la création.

Aussi, saintement imbue de ces principes sacrés, Even avait été rendue plus digne encore de tous ces hommages par la nature, qui ne lui avait refusé aucun de ses dons. Disons en outre que le comte de Froley, jouissant d'une fortune considérable, à laquelle était venue se joindre le revenu de sa fille, par la mort, hélas! de sa femme, la vertueuse et belle Yolande de Meurpin, tout était heur et bonheur dans ce splendide intérieur. Mademoiselle de Froley avait ce genre de beauté que l'on ne peut guère rencontrer que dans l'Orient : forme parfaite de la statue grecque; âme rayonnant dans le regard, ainsi qu'il arrive dans les races du Midi; simplicité de manières, mais simplicité charmante, telle qu'elle émane des peuples primitifs.

Ce qui avait le plus intimidé Théobald, tout-à-l'heure, à son entrée dans l'atelier, avait été le regard d'Evenor, rayons humides d'yeux qui laissent lire jusqu'au fond de l'âme, mais aussi yeux pénétrants qui sondent et scrutent la valeur de celui qu'ils étudient. C'était un type à part que celui de cette jeune fille illuminée de toutes les splendeurs du savoir, type que l'on ne rencontre que bien rarement, mais qui, lorsqu'il se trouve, éclaire, et, comme un phare, disperse la clarté tout autour de soi. Aussi, en face de sa cousine, le pauvre étudiant avait compris soudain le vide et le néant de tout son être.

Le costume fantaisiste d'Even, costume qu'affectionnent les artistes qui rompent avec la mode, pour assortir à leurs traits et à leur désinvolture les ajustements que le bon goût leur dit d'employer, ne saurait se décrire et se détailler. Aussi n'en dirai-je rien, me trouvant satisfait de montrer sa tête aux longs cheveux noirs, nattés en tresses innombrables, sur lesquelles une main de fée semait chaque jour des perles ou des sequins d'or.

Donc Théobald, de loin, contemplait Evenor, et en la voyant posséder une beauté si suave, et charmer les yeux par les prodiges de son talent, il rougit et sentit le froid de la honte entrer dans sa poitrine.

— Ici, je suis moins qu'un paysan... se dit-il.

Avec cela, l'essaim des artistes qui bourdonnait tout autour d'elle, parlant de sciences, d'art, d'études et de succès, le mettait à une épreuve dont il ne se rendait pas compte.

— Vous savez, disait l'un, que Fernand de Pons vient d'être nommé auditeur au conseil d'Etat? Franchement il est récompensé selon son mérite. C'est un travailleur intrépide, et depuis ses hauts faits au lycée, il n'a pas quitté d'une minute ses livres, l'Ecole de droit et le cabinet du président du Sénat, qui se l'était adjoint comme secrétaire.

— Il a eu meilleure chance qu'Edgard Jousselin, disait l'autre. Reçu docteur, il vient de concourir pour la chaire de suppléant à la Faculté de Rennes. Le succès a couronné son labeur. Mais voyant ensuite qu'il n'allait que dans une ville de province, il s'est remis à piocher de plus belle dans ses chers Pandectes, et je serais bien surpris s'il n'arrivait pas à fixer son nid à Paris même.

— Gloire au travailleur, toujours et malgré tout! répondait Even. Voici Jules Bercand dont, l'année dernière, le jury avait refusé le tableau d'essai. Eh bien! plus que jamais il s'est renfermé dans la solitude, a travaillé dans le silence et le calme de la méditation, et, cette année, la plus grande et la plus belle toile de l'exposition, celle qui aura les honneurs du salon, sera la sienne.

— A propos, Albert de Chausy est revenu de Chypre, et sans doute vous le verrez bientôt, Mademoiselle, ajouta l'un des amis du comte de Froley. Vous savez que le gouvernement l'avait envoyé en Grèce, avec la mission d'explorer les gisements géologiques jusqu'alors cachés. Il revient avec des notes précieuses, de rares échantillons, et bientôt vous verrez que ses études sur le sol hellénique vont jeter de nouvelles lumières dans le monde savant.

— Ne dites rien de cela au comte de Froley, fit Even en continuant son travail, car, sur la moindre curiosité nouvelle qu'on lui signalerait, mon père, comme il est arrivé vingt fois, ferait faire nos valises, et nous partirions soudain pour la terre classique d'Athènes et de Sparte, tout comme vous iriez à Meudon ou au bois de Boulogne quand il fait un rayon de soleil. Or, je veux terminer cette peinture, et il est urgent qu'elle soit livrée à MM. les jurés. Figurez-vous qu'il y a deux mois, nous lisions dans le *Risorgimento :*

« Ces jours derniers, un rare phénomène a eu lieu dans la campagne della Sabina, près du pays nommé Fiano, fief du duc d'Ottoboni, à la distance de vingt-cinq milles de Rome. Quelques laboureurs travaillaient à la terre dans un endroit ayant à peu près la forme d'un bassin. Tout-à-coup ils sentirent comme un tremblement de terre et s'éloignèrent en hâte. Ils virent alors, au centre de ce bassin, s'ouvrir une crevasse qui demeura béante, et d'où sortit comme un nuage, un noir tourbillon. Puis le terrain s'affaissa profondément et se remplit immédiatement d'eau, qui forme à cette heure un lac d'environ mille mètres. L'eau en est salée, et sa profondeur est de soixante brasses. Le terrain ne cesse de s'élargir tout autour. On pense que ce pourrait bien être le cratère d'un volcan éteint... »

A peine a-t-il lu, continue Even, qu'il sonne Germain.

— Ma valise de voyage et la caisse la plus légère pour ma fille! dit-il.

Cinq jours après, nous étions à Rome, et le lendemain nous déjeunions sur les bords du nouveau lac.

— C'est que votre père est un investigateur infatigable : ses œuvres en font foi... reprit un jeune imberbe, dont le front pâle révélait plus d'une veillée nocturne sous les rayons de la lampe. Il tient à se rendre compte de tout, afin d'instruire les autres...

— Il le prouve par les mille détails de haute étude qu'il donne dans son ouvrage sur l'Amérique, sur les contrées qu'arrose le fleuve des Amazones. Géologie, botanique, ethnographie, rien ne lui est étranger. Avec quelle verve il traite toutes ces questions!... ajouta un autre interlocuteur.

— C'est qu'il a rudement travaillé! fit encore un de nos personnages. Mais c'est en archéologie surtout qu'il est d'une force à toute épreuve.

— Sardanapale! murmura Théobald, dans quel guêpier me suis-je jeté?... Vais-je faire bonne figure au milieu de tout ce monde, moi qui ne sais même pas ce que signifient ces mots archéologie, ethnologie, géologie!... Que diable venais-je faire dans cette galère? Et comment en sortirai-je?...

— Ce n'est pas étonnant, du reste, continua la même voix. Un homme qui a visité, et fait visiter à sa fille, si jeune, Ninive, Babylone, Troie, Memphis, Thèbes, Jérusalem, Palmyre, Balbeck, Athènes, Sparte, Rome, etc., et qui a étudié leurs ruines de manière à les ressusciter sous nos yeux, comme je vous l'ai entendu faire à vous-même, Mademoiselle... Aussi, l'autre jour, je rencontre le comte sur le boulevard des Italiens. Il plongeait un œil curieux sur le *Constitutionnel*. Je lui serre la main, et lui de me dire, sans se donner même la peine de me regarder :

— Etes-vous homme à me suivre? Une excursion de deux jours... Ecoutez :

« Une découverte intéressante pour l'archéologie locale vient d'être faite dans l'arrondissement de Montargis, à Triguères, près de Châteaurenard. On y a trouvé un théâtre romain. Sa dimension, qui est de soixante-dix mètres du fond de l'hémicycle jusqu'à la scène, sur une largeur de soixante, est telle qu'il pouvait contenir aisément dix mille spectateurs. Tout ce qui dépassait le sol, sous lequel on l'a retrouvé, a été ruiné et enlevé : mais ce qui reste de constructions, mises à nu par les fouilles, offre dans le pourtour de l'amphithéâtre une enceinte continue d'un mètre d'épaisseur dans la partie du fond, et de deux mètres dans celle qui se rapproche de la scène. Le mur qui ferme ce demi-cercle laisse voir deux grandes ouvertures. Deux larges escaliers à chaque extrémité de ce mur conduisent au sommet de deux massifs en maçonnerie du haut desquels, par un corridor circulaire, on arrivait aux gradins. Tous ces murs sont revêtus de cet appareil de petites pierres, taillées carrément et de forme égale, qui rendent les constructions romaines si agréables à l'œil et que l'on nomme *opus reticulatum*, parce qu'il ressemble aux mailles d'un filet. »

Cela vous va-t-il? ajouta le comte.

— Si bien, répondis-je, que je vais de ce pas prévenir ma mère...

— Et, le lendemain, vous admiriez la huitième merveille du monde? demanda-t-on.

— Oui, le lendemain, nous étions en face d'un site délicieux, tel que les Romains savaient les choisir pour placer leurs monuments... reprit l'orateur. Le théâtre en question est au pied d'un charmant coteau que traverse la grand'route, au bas duquel coule la rivière de l'Ouanne, et presque à l'entrée du bourg de Triguères. Jamais voyage ne me parut plus agréable. Nous n'avons pas vu un clocher, un nuage, un oiseau qui ne fussent pour le comte l'occasion de me dire de ces choses qui plaisent, qui intéressent et qui instruisent. Aussi, c'est vraiment une joie, autant qu'un honneur, d'aller à la découverte avec un artiste aussi savant que monsieur votre père, Mademoiselle.

— Allons! vous voulez vous ménager la plus prochaine expédition? dit en riant un de nos élégants dandys.

— A propos, avez-vous lu *Marc* ou les *Enfants de l'Aveugle*, du publiciste italien marchese de Camille? fit une voix. Il est peu de romans d'aussi sérieuse portée, qui enchante et charme ses lecteurs, et du commencement à la fin, comme celui-là.

— C'est vrai, car je l'ai lu, relu, et toujours avec profit... répondit une autre voix. Seulement, quand on intéresse autant son monde, il ne faut pas faire attendre. Or, la seconde partie du susdit roman est encore dans le cerveau de son auteur.

— Votre marchese de Camille est encore un travailleur qui a fait son chemin, et dont le nom sera livré à la postérité, gravé sur une table de bronze... ajouta mademoiselle de Froley, qui sans doute avait lu l'ouvrage dont on parlait.

En ce moment la portière du milieu de l'atelier s'écarta en même temps que la porte s'ouvrit, et parut un homme de haute et noble stature, dont la majestueuse et belle physionomie s'épanouit en face d'Even et des amis qui l'entouraient. Even s'élança de son siége, et tout en écartant ses bras chargés de la palette, des pinceaux et du guide-main, elle porta son front sous les lèvres du beau vieillard qui entrait, d'une façon si câline et si tendre, que les témoins de ces tendresses sourirent de plaisir...

— Comme les rois, père, fit Evenor, vous avez votre grand et petit .ever. Votre atelier devient un Versailles pour vous. Voyez tous ces courtisans qui attendent vos premiers rayons du matin, généreux soleil.

Ce disant, mademoiselle de Froley se remit au chevalet.

Les jeunes hommes saluèrent profondément le comte de Froley, tous lui adressant quelque mot du cœur, tous lui serrant très affectueusement la main.

— Quel aréopage formez-vous-là autour de ma fille? dit à son tour le comte. En vérité, c'est un honneur pour elle d'être, comme Corinne, entourée d'un cercle d'admirateurs pendant son improvisation, car c'est une véritable improvisation que cette peinture dont elle s'occupe depuis huit jours. Son sujet est dans sa tête. Elle a rêvé une nature à elle, transition entre différents ciels, avec mille phases de lumière au zénith et d'accidents bizarres au nadir : et, vous le voyez, elle réalise son idée, tout en bavardant avec vous. Chez les femmes, la langue est le levier d'Archimède. C'est avec cet instrument qu'elles soulèvent des mondes et triomphent de toutes les difficultés.

— Que c'est laid, Monsieur! Commencer par un compliment, et finir par un outrage!... fit Even d'une façon charmante.

— Monsieur le comte est vrai de tout point, Mademoiselle... reprit un des artistes. Vous êtes une improvisatrice habile, et votre œuvre en donne la preuve : mais, en même temps, votre levier d'Archimèd opère sur nous de tels enchantements, que...

— Que?... Oh! vous pataugez, mon très bon!... dit ironiquement Even.

— Que vous nous voyez en extase... acheva le gentleman.

— Très joli, mais fort tiré par les cheveux, Monsieur... dit encore Even. Mais, j'oubliais! père, tu n'es pas seulement soleil et roi ; tu es ici grand juge. Or, ici, dans un des coins de l'atelier, promène ses soucis quelque vassal impatient qui attend ta sentence de haute et basse justice... ajouta-t-elle à mi-voix.

— Enfin, voici le moment fatal!... murmura Théobald, qui avait parfaitement remarqué l'entrée du comte, et, s'étant rapproché, se tenait, pâle et inquiet, derrière l'un des tableaux les plus proches du groupe des causeurs.

— C'est donc cela, que j'ai trouvé un cabriolet à la porte, avec une valise de voyage sur le siége... Quelle espèce d'homme? demanda le comte de Froley.

— Un monsieur Théobald de Marigny, d'assez piètre apparence, la boutonnière décorée... d'un lorgnon, la mine passablement... équivoque, sentant sa province d'une lieue, et... le tabac de vingt... Ah! j'y songe, et je vous en fais amende honorable, Messieurs! Mais c'est cet étranger qui a... empesté l'atelier... continua Evenor.

— En effet, dit le comte, on se croirait dans une tabagie.

Monsieur de Froley n'ajouta rien de plus, car en ce moment même sortait de sa cachette le provincial en question, qui, gauchement, s'avança vers les artistes, salua et dit d'une voix éteinte :

— Monsieur le comte de Froley?

— Lui-même... répondit le comte.

Alors, tirant de sa poche une large lettre au cachet armoirié, le jeune homme la présenta au grave personnage, qui, se mettant quelque peu à l'écart, fit signe à Théobald de prendre un fauteuil à long dossier qu'il lui désigna, et s'assit lui-même sur un divan.

La lettre à peine décachetée, les yeux du comte se portèrent sur la signature.

— Yolande! fit-il à voix basse. Que me veut cette bonne et excellente sœur? Quelque protégé qu'elle me recommande, sans doute...

Et il lut avec empressement :

« Mon cher Bénédict, j'ai une bien triste nouvelle à t'apprendre, c'est que je viens de creuser un horrible abîme, dans lequel... je suis tombée! La mort de mon mari, monsieur de Lavange, m'avait brisé le cœur, tu le sais. Mais enfin, ma douleur quelque peu adoucie, je n'eus plus de vie que pour mon fils. Toutes mes espérances de bonheur se concentrèrent sur ce cher objet de mon affection, gage d'un amour évanoui pour jamais... perdu! Je lui ai fait donner toute l'éducation dont une ville comme celle du Mans peut fournir les éléments. Il a suivi les cours du lycée, et je te dirai, non sans orgueil, qu'il y a eu quelques succès.

» Je me disposais donc à créer son avenir, et, pour le préparer, j'avais vendu deux de mes trois fermes, l'occasion de réaliser ainsi un capital de 750,000 francs m'ayant été offerte. En attendant l'âge de mon bien-aimé Théobald... »

— C'est juste, son fils se nomme Théobald!... murmura le comte. Mais ce Monsieur n'a-t-il pas pris le nom de Théobald? Oui... Théobald de Marigny... Voyons!

« En attendant l'âge de Théobald, j'ai confié cette somme à l'agent qui m'avait offert l'occasion de vendre mes fermes. Il devait me la placer avantageusement. Hélas! tout l'avantage a été pour lui! Cet homme infâme a disparu depuis un mois avec mes 750,000 francs, et n'a laissé nul vestige de sa fuite... On ne sait ce qu'il est devenu...

» Je suis donc dans la misère, car ma petite terre de Valbrun, qui est d'un revenu de 5,000 francs, est loin de me suffire pour sauvegarder notre rang et sauver les apparences...

» Avec cela, mon Théobald, en qui je mettais toutes mes joies et mon avenir, mon Théobald que tu trouveras si distingué... »

— Ah! ça... est-ce que ce Théobald serait?... balbutia de nouveau le comte, en jetant un regard furtif sur l'inconnu... Non. Théobald de Marigny et Théobald de Lavange doivent être deux créatures bien différentes, je l'espère du moins!

« Mon Théobald a trompé mon attente. Soit injustice de la part des examinateurs, soit prévention ou tout autre bas sentiment, mon fils ne peut venir à bout de se faire recevoir bachelier ès-lettres. On n'est cependant pas difficile... au Mans. Eh bien! malgré tout, voilà, — je te le dis bien bas, — voilà quatre fois déjà qu'il se présente aux examens, et quatre fois qu'il sort ce qu'ils appellent *fruit sec*. A-t-il satisfait ses examinateurs à l'endroit des mathématiques, il ne sait que dire en philosophie : et quand il répond vaille que vaille en grec, il échoue contre le latin. La dernière fois, il a brillé en géographie, mais il s'est éclipsé en histoire. Je dis brillé, et j'ai tort : il n'a pas su dire que la ville du Mans était le chef-lieu de la Sarthe. Mais, ici, c'était, c'est toujours l'émotion qui paralyse les facultés de mon enfant, car je puis, je dois t'avouer que Théobald est un sujet de haute intelligence... »

— Allons, bien! Pauvre mère! fit le comte en s'interrompant pour hausser les épaules. Elles en sont toutes là, les bonnes âmes. Leur enfant n'arrive à rien? injustice, prévention, facultés paralysées! Que Théobald de Lavange ressemble au cretin que j'ai là sous les yeux, et, je l'affirme, la brave Yolande en fait encore un sujet de haut mérite.

« A l'endroit de l'histoire et de la géographie, c'est vrai, mon fils n'est pas de première force. Il dit que cette dernière science s'apprend en courant le monde, et, dans cette persuasion, Malte-Brun, Cortambert, Sanis et l'abbé Gautier lui font horreur. Quant à l'histoire, il prétend qu'il suffit d'entendre parler dans la société pour la connaître sur le bout du doigt, et que la vie humaine en est une classe permanente. Tu vois qu'il y a chez lui de l'étoffe : cela se devine à la profondeur de l'appréciation que je te signale... »

— Aveugle, aveugle, trois fois aveugle! balbutia le comte.

« Du reste, si tu savais comme on l'aime ici, dans la société! Quand on le rencontre dans les rues, ou sur les promenades, portant avec une extrême élégance son lorgnon à l'œil, et avec une noblesse exquise son cigare à la bouche, on le compare au feu duc de Richelieu, et tout le monde le salue, tant on le prend pour un gentilhomme des plus distingués, tant on le trouve grand, beau et fier. Un sourire de lui fait le bonheur des mères, et les jeunes filles se retournent dix fois pour l'admirer. Il n'y a pas de soirées pendant l'hiver, pas de bal à la préfecture ou chez le receveur général; pas de causeries, durant l'été, sous les tilleuls du cours, dont il ne fasse la joie, l'orgueil et le charme, par ses saillies, son esprit et sa verve. Il est si bien en habit noir, sa chaîne d'or, ses cheveux bouclés, ses gants blancs, et les bras aux entournures du gilet! Il a le pied si fin, la main si mignonne! Aussi, comme on lui fait des avances, comme on quête un regard de lui! Il faut dire qu'il a un tact si exquis, un jugement si sain, la parole si brûlante!

» Hélas! le pauvre garçon ne se doute pas du malheur qui nous frappe... Il était toujours avec ses amis (il est si recherché!) quand m'arrivaient les mauvaises nouvelles, et il ignore que la misère est actuellement notre partage. Que vais-je faire de lui?... »

— En tout cas, qu'elle le garde, murmura monsieur de Froley, en interrompant encore sa lecture. Malgré toute la valeur qu'elle lui donne, je gage que le cher neveu tant prôné, l'étoile du Mans, je n'ose pas dire l'une de ses plus maigres poulardes, n'est qu'un âne que ma pauvre sœur ne peut bâter, et qui ne sera pas même propre à porter des légumes au marché... Ah! si je l'avais eu dès le début, peut-être... Enfin, terminons...

« Dieu m'inspirera, et toi aussi, mon bon Bénédict... En attendant, je ne veux pas qu'il sonde du regard le gouffre béant dans lequel je m'engloutis, et je désire qu'il mette fin à ses études en arrivant enfin au baccalauréat... Cette porte ouverte, la fortune pourra lui sourire, car ou notaire, ou ceci, ou cela, je n'aurai plus que l'embarras de choisir une belle-fille, toutes les mères aspirant, ici, à la main de mon fils...

» Je te l'envoie donc... »

— Eh! mon Dieu! Mais alors... c'est lui... qui est devant moi!... exhala le comte, dans un soubresaut nerveux.

Toutefois il se contint, et acheva la lecture de la longue lettre qu'il avait sous les yeux.

« Parle-lui, cher bon frère : assure-toi de son talent, mais ne le flatte pas trop. Ensuite, au besoin, décide-le à quelque chose. Fais-lui comprendre que à tout ce qu'il sait déjà, ce n'est pas bien difficile de joindre l'étude de l'histoire et de la géographie. Donne-lui des maîtres, fais-le travailler pendant un mois; et puis, recommandé par toi, ce serait d'une bien mauvaise chance s'il ne réussissait pas.

» Jusque-là, si tu pouvais lui donner asile dans ta demeure, cela me ferait bien plaisir. Sinon, au moins aie soin de le caser dans une chambre honnête du quartier latin. Là, qu'il travaille sans relâche, de jour et de nuit, s'il le faut.

» Dans un mois, aussitôt qu'il sera bachelier, je me rendrai à Paris, et nous causerons ensemble de la direction qu'il faudra lui donner. J'espère que tu me seras utile dans cette phase de la vie de celui que j'aime le plus au monde et dont je me sépare avec la plus amère douleur. Aussi, dans cette douce pensée, je t'envoie toutes les tendresses d'un cœur reconnaissant, et, pour ma belle Evenor, en commun avec toi, tous les meilleurs baisers d'une sœur et d'une tante très affectionnée.

» YOLANDE DE LAVANGE.

» Le Mans, 27 avril 1860. »

— En voilà un... poisson d'avril, et des meilleurs, quoique venu dans les derniers jours du mois! pensa le comte de Froley en se levant.

Gardez-vous de supposer, d'après les *à parte* du comte, que ce fût un frère sans affection pour sa sœur, un oncle indifférent pour son neveu, un cœur sec, une âme égoïste, une nature revêche et brutale. Non, mille fois non. Jamais, peut-être, on ne rencontra dans le monde un parent plus dévoué, un être plus chaleureux, un cœur plus ardent et un esprit plus éclairé. Mais, sur toutes choses, ce caractère d'élite, généreux et bon, noble et grand, juste et droit, estimait l'énergie dans un chef de famille, à l'endroit de l'éducation, parce que, d'après lui, le début manqué, toute la vie s'en ressentait; pour la jeunesse, il ne prisait que l'application, la recherche des lumières, l'amour de l'étude et le talent, fruit d'une longue série de jours consumés dans la solitude et la méditation. Ainsi avait-il fait pour sa fille Even. Enfant, il l'avait nourrie de tous les éléments des sciences, vers lesquels les aspirations précoces de cette riche nature la poussaient par instinct. Il n'était rien dont sa jeune curiosité ne voulût avoir la raison d'être. Elle savait déjà les langues vivantes, qu'elle ignorait encore le nom du défaut appelé paresse. Ses petits doigts passaient des livres aux suaves enluminures au large clavier du piano, de l'orgue aux crayons, et du pastel aux pinceaux du peintre. Il advint donc qu'un jour elle se réveilla jeune fille, possédant cinq langues, faisant de la musique à rendre jaloux les anges, et peignant comme Raphaël ou Salvator Rosa. Tant d'heures pour la lecture, chaque jour, tant pour l'histoire, tant pour l'ethnographie, tant pour la littérature de tous les âges et de tous les pays, avaient rapidement enrichi de mille trésors l'âme avide de la belle Evenor. A tout prix il lui fallait voir et connaître. Aussi de bonne heure voyagea-t-elle en compagnie de son père, à défaut de l'aile de sa tendre mère remontée dans les cieux. Alors, en face de nouveaux et magnifiques horizons, et sous le souffle des chaudes brises de l'Asie, de la Grèce et de l'Egypte, notre jeune artiste s'épanouit comme une fleur. Du vieux monde le comte et sa fille passèrent dans le nouveau, et là, comme partout, les grands monuments, les ruines splendides, les musées, la riche nature élargirent les champs de sa pensée et rendirent plus beau le sanctuaire de son intelligence.

Aussi, pendant qu'il errait dans l'univers, sur ses plans et d'après ses ordres, on élevait au comte, dans la rue Blanche, un palais destiné à cacher son bonheur, c'est-à-dire sa fille, et à recevoir les joyaux d'art et de nature qu'il rapportait par colis, nombreux à charger des navires, de toutes les immenses régions qu'il avait visitées. Au-dehors, rien que de modeste dans cet Eldorado : mais au-dedans quelle noble élégance, quelle grandeur merveilleuse, quelle sublime simplicité! Richesses bibliques, trésors de l'art et de la science, curiosités naturelles, reliques précieuses de tous les âges, échantillons de tous les produits, monuments de toutes les époques, peintures de toutes les écoles, sculptures de tous les styles, meubles de tous les règnes, armures, mosaïques, statues, bijoux, tout s'y trouvait. Le comte de Froley avait dû remuer le monde, fouiller toutes ses ruines, fureter dans toutes les bibliothèques, acheter dans tous les musées, piller tous les cabinets d'amateurs, pour posséder tout ce qu'il avait enfoui dans son sanctuaire, rue Blanche. Aussi, eu égard à ce besoin d'acquérir et d'entasser des merveilles, parmi ses plus intimes lui donnait-on le titre amical de *Pirate*.

Vous comprenez maintenant comment un tel homme restait, non pas froid, mais mal à l'aise devant un parent jusqu'à présent lancé dans les études, atteignant dix-huit ans, un an de plus que son Even, et pourtant réduit à l'impuissance par le non-savoir, par l'ignorance, par la bêtise et la paresse. Tout cela était écrit sur le front, dans les habits et toute la désinvolture de ce jeune homme qu'on lui envoyait comme le phénix enfin trouvé...

— Après tout, c'est mon neveu, le fils de ma chère Yolande, et... un fruit sec! se dit-il à lui-même.

Et, jetant soudain le masque glacé de sa physionomie pleine de dignité, le brave comte ouvrit les bras et alla droit à Théobald, qu'il serra sur son cœur.

— Est-elle étonnante, ta mère, lui dit-il en l'embrassant avec effusion... Elle ne te nomme qu'à la fin de son interminable lettre, mon cher Théobald. Et puis, que veut dire ce nom de Marigny dont tu t'affubles? Effet de théâtre, je gage. Tu as voulu entrer dans ta famille sans te nommer, pour reconnaître ton monde, comme Ulysse chez Pénélope, n'est-ce pas? Even! Even, embrasse ton cousin, ma fille... Messieurs, j'ai l'honneur de vous présenter monsieur Théobald de Lavange, mon neveu, le fils de ma bonne sœur Yolande de Froley, veuve du vicomte de Lavange, maréchal de France sous le premier empire. Je vous le confie, mes braves amis. Théobald vient à Paris pour y apprendre les bonnes manières et les secrets de la fashion, non pas de cette gentilhommerie qui rend stupides, libertins et misérables ses pauvres adeptes, mais cette noblesse du bon goût, du savoir-vivre, de l'intelligence et de la sublime raison.

Pendant ce discours, Evenor embrassait Théobald, passé subitement de la pâleur du blanc camélia au plus beau rouge pivoine, et chacun des jeunes artistes le saluait avec un certain air de doute et de suspicion. Mais, presque aussitôt, l'oncle emmena le neveu, et le conduisant dans un petit salon, lui tint à peu près ce langage :

— Mon ami, ta mère me donne carte blanche à ton endroit. Aimes-tu mieux demeurer ici, dans mon hôtel, ou dans une chambre du quartier des Ecoles ?

— Dans le quartier des Ecoles, mon oncle...

— Préfères-tu dîner au restaurant ou venir prendre tes repas entre Even et moi, en face de quelques amis qui nous font de temps à autre le plaisir de s'asseoir à notre table?

— Au restaurant, mon oncle...

— Désires-tu des maîtres particuliers, ce qui te sera plus profitable, ou te semble-t-il plus agréable pour toi de suivre les cours publics, dont généralement on tire peu de fruit ?

— Les cours publics, mon oncle...

— Eh bien! mon cher, écoute-moi... D'abord ne m'appelle pas mon oncle! à chaque phrase : ensuite résigne-toi à demeurer dans mon hôtel, à manger à ma table et à recevoir des leçons de maîtres particuliers. Je ne t'ai interrogé que pour te juger, mon bon, et la chose est faite. Tu ne désires demeurer dans le quartier latin que pour jouir d'une indépendance qui flatterait beaucoup ta paresse, mais qui te serait fatale. En dînant ici, tu auras la nourriture du corps et l'aliment de l'esprit, chose que tu ne trouverais pas au restaurant, où la conversation est malsaine et la littérature et l'art réduits à ces horribles mots : Une douzaine! Une chablis première! Une purée croute! Une côte nature! Un rognon broche! etc. Ce tapage pittoresque te plaît trop pour qu'on te l'accorde, car une telle trivialité de ta part me ferait te renier comme Pierre fit son maître. Enfin, tu ne mettrais pas les pieds aux cours publics, et tu préférerais des tête à tête qui ne me vont pas. Aussi, jusqu'à conclusion de tes études, tu seras mon écolier, car je serai le directeur des maîtres que je te donnerai, et avec lesquels je travaillerai en collaboration.

Maintenant, un avis! En homme de bon goût, ôte ce lorgnon, supprime le cigare, dépose les sous-pieds ridicules de ton pantalon, et fais couper tes cheveux. Pour en obtenir de jolies boucles, il faudrait les passer chaque jour au fer du coiffeur, ce qui est absurde, attendu que tu es du sexe masculin...

— Mais, mon oncle, je puis me permettre cette dépense... mes moyens... osa balbutier Théobald, se cabrant quelque peu sous la molette de l'éperon par trop aiguë du sévère artiste.

— De quels moyens parles-tu? répondit froidement le comte en interrompant le jeune homme dans sa phrase, alors que, sous le mordant de l'épigramme, il devenait pâle de colère, en voyant tomber pièce à pièce son armure d'orgueil et ses rêves de nonchaloir et de liberté. Veux-tu dire tes moyens intellectuels? Alors, un homme de génie perd sa chevelure sous la sueur du travail, au lieu de la rendre luxuriante et parfumée sous la pommade et la bandoline. Quant à tes moyens de fortune... — sans prétendre t'humilier, — et contrairement au vœu de ta mère, qui tient trop à ménager ta susceptibilité nerveuse et la fibre de ton amour-propre, je te révélerai, moi, que votre ruine est complète... Il vous reste à peine cinq mille livres de rente...

— En revenus de terres, mon oncle : mais ma mère a 750,000 francs qui, habilement placés, doivent produire un assez joli chiffre : et ils sont en bonne main pour cela... répondit Théobald, relevant la tête et en accentuant ses paroles avec fierté.

— Dis qu'ils sont en très mauvaise main, mon cher! reprit avec douceur et une sorte d'intonation sympathique le comte de Froley. Le malheur veut que le gredin chargé du placement des 750,000 francs en question... ait disparu, emportant avec lui le trésor de ma bonne Yolande et le tien!...

— Serait-ce vrai? s'écria Théobald en se levant en sursaut, et en regardant son oncle d'un œil égaré.

— Trop vrai, mon ami : voici la lettre de ta mère, qui me charge de t'apprendre cette affreuse nouvelle...

— Misérable! hurla notre héros en crispant ses poings et en cherchant un être invisible pour lui asséner quelque horion.

Mais soudain son courroux se fondit en larmes qui jaillirent de ses yeux, et il tomba sur son siége, affaissé par une profonde douleur.

Le comte de Froley le laissa tout à son chagrin, pendant quelques minutes : après quoi, se plaçant à côté de lui, et le prenant par la main, il lui dit avec une extrême douceur :

— Tu comprends donc, n'est-ce pas, mon bon neveu, que l'appartement du quartier latin, le restaurant, l'estaminet, le far-niente et les loisirs des mauvais étudiants... seraient d'un luxe ridicule et de mauvais ton pour un jeune homme, lorsqu'il est ruiné. D'où je conclus, premièrement, qu'ayant la vraie connaissance de ta position, et te trouvant le chef de la famille de Lavange, tu vas te décider à travailler pour te faire la position que ta mère attend de toi, et travailler, non pas comme au Mans, en flâneur, en culotteur de pipes, en jeune drôle qui se croit un phénomène parce qu'il a des gants blancs aux mains, le chapeau sur l'oreille, des mots sonores à la bouche et le vide dans... la tête. Au fait, ici, tu travailleras, comme tu nous verras faire, nous, amis du savoir. Secondement, je rassurerai ta délicatesse et ta piété filiale, en te jurant que, jusqu'au moment où tu seras en mesure de rétablir la fortune de ta mère et la tienne, rien ne manquera jamais à ses désirs, à son luxe, et à tes propres besoins...

Sur ce, le comte de Froley tira le cordon d'une sonnette, et dit au laquais qui parut :

— Jacob, allez payer trois heures au cabriolet qui est à la porte, et portez la valise que vous verrez sur le siége dans l'appartement qui fait suite au mien, sur le jardin ; disposez immédiatement cet appartement. Vous direz au valet de pied qu'à partir d'aujourd'hui il devra mettre un couvert de plus pour le vicomte Théobald de Lavange, mon neveu. Enfin, Jacob, ajouta l'excellent homme, dites que dans un quart d'heure on serve un déjeuner...

Ainsi fut installé, rue Blanche, à Paris, dans le plus délicieux petit appartement de l'hôtel du comte de Froley le nouveau débarqué de province, le Manceau superbe qui se reconnut bien vite un pauvre petit Parisien, le neveu paresseux d'un oncle éminemment laborieux, le triste avorton de la science à côté de la plus belle fleur du savoir, le fashionable dépenaillé parmi les gentilshommes du vrai mérite. Vainement, par les soins du comte de Froley, Théobald revêtit les habits du meilleur goût, se forma vite, en les copiant, sur des modèles irréprochables, aux bonnes manières; se trouva en rapport constant avec la fleur des pois des écrivains, des officiers d'Académie, des membres de l'Institut, des compositeurs, des sculpteurs, des peintres, des artistes, des savants de tous les ordres et de tous les genres. Plus on lui faisait d'avances pour le mettre à l'aise, plus on cherchait à plaire au comte et à sa fille en remarquant leur parent et commensal, plus on l'entretenait et plus on imaginait de le mettre en relief, plus, hélas! notre infortuné jeune homme comprenait le néant de son être. Les lumières des autres l'aveuglaient. Il ne se repliait sur lui-même que pour reculer bien vite, tant l'abîme de son ignorance lui faisait horreur. Il en était venu à être honteux de lui-même et à mépriser ces ignobles paresseux de lycée dont le fatal exemple l'avait perdu. Il sentait qu'il eût mieux valu qu'il fût un simple paysan remplissant son rôle dans la société en labourant la terre et en plantant des choux, que d'être ce qu'il se voyait, un gentilhomme de nulle valeur, un parasite assis au banquet de la vie. Paysan, il eût représenté 3; Parisien, il ne pouvait être coté que 0. Aussi, journellement, quels n'étaient pas sa confusion et son embarras!

Even devinait les remords de son âme de dix-huit ans, de dix-huit ans... perdus! Aussi lui disait-elle dans l'intimité :

— La fleur de vos belles années s'est envolée, mon cousin, c'est vrai : mais quand la première fenaison est perdue, reste le regain! Quelquefois ce regain enrichit son propriétaire tout autant et plus qu'une première moisson. Ne vous découragez donc pas, Théobald. Vous avez d'excellents maîtres, écoutez-les. Ne les comprenez-vous pas? dites-le-moi. Je m'enfermerai avec vous, et je me ferai votre répétiteur...

— Tout est à faire, ma cousine... répondait Théobald... Il n'y a rien là... ajoutait-il en se frappant le front. Je suis le plus malheureux des hommes... Tenez, hier, dans l'atelier, un de vos amis, celui que j'avais le plus remarqué à mon arrivée ici, monsieur Arthur Bigron, comme pour m'encourager à parler, me demandait si la forêt dans laquelle arriva l'événement qui rendit fou Charles VI, lorsqu'il allait attaquer la Bretagne, était bien éloignée du Mans... Eh bien! ne connaissant pas même ce simple fait historique, je ne pus répondre. Jugez dès-lors ce qu'il peut penser de moi! Car le Mans et la forêt de Charles VI, c'est mon pays! Et monsieur Arthur Bigron, qui n'a que quatre ans de plus que moi, a déjà publié des *Considérations sur l'époque des Mérovingiens...* Un autre de ces Messieurs, Marius Bédrin, toujours dans la même bonne pensée, m'aborde ce matin dans la galerie, et me trouvant en contemplation devant un fragment de retombée de voûte, se met à me vanter l'abside de l'une de nos églises du Mans et me demande à quel siècle je l'attribue. Je vous laisse à mesurer l'énormité de ma bêtise. Est-ce que je sais ce que c'est qu'une abside, moi? Et il me fallait dire à quel siècle je l'attribuais? Heureusement, avec son tact exquis, le digne homme me tira de peine, car il me dit : Je vois que vous hésitez à la ranger parmi ces monuments d'architecture ogivale tertiaire du XVI° siècle, qui n'est autre que le style flamboyant. Je partage moi-même cette hésitation. Or, ce Marius Bédrin, à peine âgé de vingt-huit ans, a reçu la décoration de la main de l'empereur pour la magnifique fontaine qu'il vient de ciseler, comme un vase d'or, dans je ne sais quelle ville de notre France.

— Eh bien! qui sait si, à vingt-huit ans, c'est-à-dire dans dix ans, vous, Théobald, vous n'aurez pas produit quelque chose qui méritera l'estime, sinon l'admiration des hommes... répondait Evenor. Allons, ne vous désolez pas de la sorte. Mon père et moi, nous mettons notre amour-propre à faire de vous un chef-d'œuvre. D'une maison mal bâtie que l'on fasse sortir un palais, c'est une difficulté, c'est vrai : mais elle n'est pas insurmontable, et moi, je le jure par le Styx, j'en viendrai à bout...

En effet, des maîtres de toute sorte étaient donnés à notre héros, et à ces maîtres succédaient, comme répétiteurs, Even et son père. Qu'ils étaient clairs, nets, précis, et en même temps profonds dans leurs explications. Et cependant Théobald profitait peu : sa nature, habituée à la mollesse, son esprit jusqu'alors nourri de futilités, son intelligence qui ne s'était appliquée jamais qu'à la superficie des choses, qui n'avait rien sondé, rien creusé; son jugement faussé par les paradoxes des mauvais écoliers; sa paresse native même, malgré son bon vouloir d'alors, tout mettait obstacle à ses progrès.

Il arrivait que chaque jour on allait de découvertes pénibles en certitudes désespérantes à l'endroit du piètre étudiant. Tantôt il expliquait Virgile tout de travers, tantôt il ne lisait pas même correctement le grec. Une lettre qu'il adressa bientôt à sa mère démontra nettement qu'il était moins habile en orthographe que la femme de chambre d'Even. Quant à l'histoire de l'ancien monde et à la position géographique des premiers empires et de leurs capitales, il n'en avait pas la plus légère notion.

— Evenor, dit un soir, à mi-voix, le comte à sa fille, croyant son neveu assoupi, tandis que très humblement il fermait les yeux et ne disait mot de crainte de s'aventurer dans les questions, pourtant très ordinaires, que l'on traitait; Evenor, écoute mon projet au vis-à-vis de Théobald, et dis-moi si tu le ratifies... J'ai écrit au Mans pour prendre des renseignements sur notre hôte et parent. Au contraire de ce que me dit sa mère, on le voyait de très mauvais œil dans la ville, et on riait de son sot orgueil. Au collége, on le nommait le CAPITAINE PIGER! ce qui veut dire qu'il était le chef des plus paresseux du lieu. Aussi, nous voyons avec grande douleur que le pauvre Théobald n'est qu'un misérable sujet. Aussi j'ai bien envie de frapper un grand coup...

Alors le comte de Froley avait parlé très mystérieusement à Even. Que s'étaient-ils dit?...

Théobald ne l'apprit que bien plus tard...

Maintenant, ami lecteur, permettez-moi de vous confier... que ce Théobald, ce Manceau, le cretin, le fruit sec, n'est autre que moi, l'étudiant en question, qui vous raconte cette phase étrange de ma vie. Oui, je ne rougis pas de le dire : Je suis ce misérable avorton, engourdi, comme la marmotte, dans l'ignorance et l'inertie. Dans le royaume des aveugles, les borgnes sont rois! dit le proverbe. Rien ne m'est plus applicable que ce dicton vulgaire. Parmi mes pauvres condisciples de province, peu nombreux, tout aussi gangrenés que moi par la nonchalance, et tout aussi atrophiés par des vices sans nom; plus pauvre d'idées, si c'est possible, il m'arrivait d'être le premier une ou deux fois par an, d'obtenir un prix douteux au grand jour d'ouverture des vacances, et alors ma mère, ma bonne mère, dans son enthousiasme aveugle, me promenait dans la ville, comme une huitième merveille du monde. Et moi, triplement stupide, je pensais comme elle, et plus qu'elle, même, je m'enorgueillissais d'un triomphe donné à mon nom, hélas! et nullement à mon mérite...

Quel triste hère je faisais!

Oh! comme je le compris du jour où j'approchai du comte de Froley, d'Even et de leur cercle d'amis, et une fois que je fus à portée du phare lumineux de leurs connaissances sans limites, et que je fus mis en demeure d'étudier et de juger les hommes par la puissance des contrastes...

Donc, un soir, après le départ d'une société plus nombreuse que d'ordinaire, les plus intimes du comte restèrent dans l'atelier, qui, à cette heure de calme et de paix, se trouva tout plein de doux babils, comme le sont les nids d'oiseaux quand rayonne la blanche aurore.

Even, elle, par bonté d'âme, m'entretenait à part, et m'encourageait encore pour quelques difficultés que j'avais su vaincre dans la matinée. Derrière l'azur de ses yeux on devinait l'azur de son âme, beau ciel si riche de mille splendeurs étincelantes. Tout en me parlant, elle ouvrait d'immenses albums remplis de délicieux dessins qu'elle avait tracés elle-même dans ses voyages, sur les sites historiques de l'Asie, des rives du Tigre et de l'Euphrate, des montagnes du Liban, de la Terre-Sainte, de l'Egypte, etc., etc. Tout le vieux monde, le monde primitif, le monde biblique et profane était passé en revue, sur le vélin de ces albums. En outre, elle ouvrait aussi et mettait sous mes yeux d'immenses et magnifiques atlas, aux cartes splendides développant les solitudes ou les régions habitées par les premiers peuples, ou bien présentant le monde à l'heure de la dispersion des peuples, etc., ou encore alors qu'il se couvrait des premiers empires et des jeunes républiques. Enfin, elle me signalait du doigt nombre de fresques, peintes par le comte sur les vastes murailles de l'atelier, et offrant le spectacle imposant des plus grands drames de l'histoire des Assyriens, des Juifs, des Egyptiens, des Mèdes, des Perses, des Grecs, des scènes mythologiques, ou l'esquisse grandiose des villes les plus fameuses, ressuscitées par l'art selon les données des historiens des temps passés.

Sur ce, le thé fut apporté sur les plateaux et servi par Even, avec une grâce telle que je ne voyais plus en elle qu'une fée jetant à tous ses sourires et semant ses plus séduisantes caresses.

Je voulais travailler pendant le silence de la nuit, et, pour me tenir éveillé, je pris du thé beaucoup plus que de coutume. Or, pendant que je le savourais, lui trouvant, ce soir-là, un goût tout particulier, je remarquai que les yeux de mon oncle, ceux d'Evenor et de trois ou quatre amis, Arthur Bigron, Marius Bédrin et autres, qui causaient encore, étaient fixés sur moi, comme devaient l'être ceux des visiteurs de Socrate au moment où il buvait la ciguë, pour observer les progrès du poison et étudier l'approche de l'instant fatal qui allait plonger cette grande âme de philosophe dans... l'éternité...

Je crus même entendre mon oncle dire en sourdine à ses Messieurs et à sa fille :

— Un quart d'heure encore, et ce sera fait...

Cependant, minuit sonna...

J'entendis, je comptai même, très certainement, les tintements du bronze...

Mais alors il me sembla que la voûte de l'atelier s'ouvrait, et qu'aussitôt je nageais dans les plaines d'un air pur, frais, doux et faiblement éclairées par de suaves rayons de lune. Il me parut que je m'élevais au-dessus de notre sphère terrestre; que d'immenses horizons, enveloppés de la brume d'une nuit tiède et transparente, se développaient à mon regard, se déroulant jusqu'à l'infini...

En même temps je vis et j'entendis ce qui va suivre.

LE MONDE PRIMITIF.

Nuit fantastique. — Où tous les auteurs du drame voyagent dans les airs. — Apparition du monde primitif. — L'Asie au début des âges. — Le Tigre et l'Euphrate. — L'Eden ou paradis terrestre. — L'arbre de la science du bien et du mal. — Berceau d'Adam et d'Eve. — Animaux et paysages. — La terre après le péché. — Tableau pittoresque. — Déserts. — Liban et Anti-Liban. — La Syrie et la Cœlé-Syrie. — Pastorale. — Abel et Caïn. — Le meurtre d'un frère. — Damas ou le Sac du Sang. — *Abéla*, tombeau d'Abel. — Les premières douleurs de la mort. — Fuite de Caïn. — *Hénochia*, la ville de la solitude. — Premières inventions des hommes. — Les adieux à la vie. — Où Adam va mourir. — *Sion, Acra* et *Moriah*. — Le Calvaire futur. — Vie des patriarches. — Adolescents et jeunes filles. — Danses et festins. — Où les crimes débordent. — Idoles d'argile. — La fille géante. — Pourquoi s'irrite le Créateur des mondes. — Comment Noé fait une arche. — Ce que l'on renferme dans cet esquif. — Cataractes du ciel. — Ebranlement du globe. — Suprêmes douleurs. — Tableau funèbre. — Description du déluge. — Le mont Ararat. — Résurrection du monde. — Mésopotamie. — Médailles du diluvium. — Ouverture de l'arche. — Comme quoi chaque créature reprend sa voie. — Où Noé descend dans la plaine. — Nouvelle efflorescence de la nature. — Panorama géographique. — L'Asie et les fils de Noé. — Tour de Babel. — Partage du monde. — Les trois races humaines. — Origine des peuples. — Souches des nations. — Aspects que présentent les caravanes des hommes envahissant l'univers...

Je vous l'ai dit : Il est nuit, nuit sereine et tiède, avec des rayonnements d'étoiles si lumineux qu'ils répandent une douce lueur crépusculaire, assez transparente pour permettre d'entrevoir les contours des objets, et assez nébuleuse pour les rendre mystérieux.

Ainsi, je reconnais des terres, des montagnes, des fleuves, la mer, des caps et des golfes. Mais pas de villes, aucune cité, là où nous voguons actuellement. C'est un monde endormi au-dessus duquel nous planons dans un vol immense, majestueux, inexprimable. Des senteurs parfumées nous arrivent au visage, qu'un air pur rafraîchit. Mais, ce monde, je ne le connais pas. A part l'Italie et la Grèce, que mon oncle a signalées, des diverses formes de contrées qui leur succèdent je ne reconnais rien, mais rien...

A l'aube, dont bientôt le cycle d'or s'élargit peu à peu, succède une resplendissante aurore, et voici le jour qui projette dans l'espace infini ses vagues de lumière argentée, pendant que nous, voyageurs, nous demeurons encore ensevelis dans une obscurité profonde.

En face de quel monde arrivons-nous donc?... Il s'en élève comme un souffle de vent empesté, s'exhalant des rives de deux fleuves dont les eaux baignent des pelouses brûlées. Leurs flots glissent mollement et sans bruit sur leurs grèves ternes et plombées. La cime des arbres de la plaine est desséchée et leur feuillage jauni comme par une éternelle automne. On dirait que le passage d'un rapide incendie a dépouillé le sol de ses plantes et de ses fleurs. Les oiseaux ont déserté ces ombrages flétris. L'azur du ciel y est zébré de traînées sanglantes. De mystérieux ravageurs ont-ils donc dévasté cette vaste solitude, où règne un effrayant silence?...

Seul, au milieu d'une clairière sinistre, un arbre séché jusque dans ses racines se dresse majestueux et sombre. Il semble le dernier acteur d'un drame sanglant qui a tué tous ses héros, mais acteur qui ne survit que pour mourir après ceux qu'il a vaincus...

— Cet immense continent s'appelle l'ASIE, me dit enfin Even, avec une voix douce comme le soupir d'une vierge aux beaux jours de son innocence.

Ces deux fleuves sont le *Tigre* et l'*Euphrate;*

Et le sol maudit qui s'étend entre les bras de ces grands cours d'eau, c'est... l'*Eden* ou *paradis terrestre!*

Cet arbre, frappé de la foudre, ne le reconnaissez-vous pas, Théobald? Il n'est autre que l'*arbre de la science du bien et du mal!*

Tel est le berceau que nos premiers parents, Adam et Eve, ont donné aux hommes, leurs descendants, dont vous allez voir le long et triste défilé...

Ainsi me parle ma cousine de Froley; et aussitôt, comme accompagnement à ses paroles, à l'endroit même où la femme perdit l'homme, un aigle dévore un oiseau timide qui palpite sous les morsures du vainqueur.

Au loin, dans le désert d'alentour, le soleil darde à-plomb ses lourds rayons sur des sables arides qui étincellent ainsi que le diamant. Des chamelles et des buffles, des lions à fauve crinière, des léopards et des tigres semblent se préparer à quelque combat sanglant.

— Si le paradis terrestre n'existe plus, reprend Even, l'homme a pour son usage et sa jouissance le monde entier : oui, la terre lui appartient. Elle est livrée à son travail, aux études de son industrie, aux recherches de ses besoins et à ses plaisirs. Seulement, c'est à la sueur de son front qu'il enlèvera ses trésors au sol, et c'est par la douleur qu'il paiera les ressources qu'il y puisera.

Voyez que de beautés encore le Créateur laisse à sa créature : arbres magnifiques; fleuves aux ondes argentées; montagnes déchirant les nuages de leurs cimes aiguës; exquises vallées, véritables émeraudes enchâssées dans l'or pâle de versants plus sauvages : nature pittoresque et luxuriante, aussi suave que pourrait la rêver l'âme d'un poète...

Dans ces beautés mêmes, il est vrai, l'orgueilleuse révolte de l'homme a déjà bien amoncelé les ruines! Mais, séjour de bonheur, la terre est devenue lieu d'exil. Hélas! si le pécheur doit pleurer sur sa faute, il doit aussi prendre courage. Le malheur est venu par la femme : par la femme, un jour, luira sur le monde l'aurore d'un bonheur merveilleux.

Après le crime reste l'espérance!

Even se tait : pour moi, tout entier à mes nouvelles impressions, j'observe...

Oui, la malédiction de Dieu a semé les contrastes sur cette terre. Voici des chaînes de montagnes qui semblent avoir été violemment séparées l'une de l'autre par les éclats d'un tonnerre irrité, et sous les coups répétés de foudres vengeresses. On dirait qu'au signal de l'orgueil et de la révolte, l'inondation des crimes futurs a par avance submergé le globe et tracé de profonds sillons de dévastation. Des blocs gigantesques, détachés des flancs de ces montagnes, semés comme des cailloux par la main de géants dans le lit des vallées, semblent le résultat d'une horrible et puissante convulsion de la nature. Quelques-unes de ces roches offrent l'aspect de masses plus élevées, plus larges que de hautes maisons. Les unes sont posées d'à-plomb comme des cubes éternels; les autres, suspendues sur leurs angles et soutenues par la pression d'autres pierres cachées, semblent tomber encore.

rouler toujours, et présentent l'image d'une ruine qui se fait, d'une chute incessante, d'un chaos indescriptible, d'une intarissable avalanche de grès sinistres, de granits funèbres, de pierres tombales et de sépulcres entassés pour le choix de l'homme destiné à la mort.

Ailleurs ce sont de vastes déserts qui se montrent à moi, nus, jaunes, couverts de sables brûlants, où pas une herbe, pas une tige, pas une plante ne verdoient. D'immenses horizons se développent à perte de vue sans qu'aucun objet leur serve de limite. L'imagination se figure entendre de sourds murmures de vents enflammés. On croit voir dans ces solitudes incommensurables tourbillonner les sables sous le souffle du terrible simoun, leur hôte habituel (1).

Ailleurs encore, dans la direction des vents opposés, quelle magnificence n'offre pas le septentrion, avec ses steppes et ses monts glacés, véritable vestibule d'un hiver resplendissant et magique avec ses assises et ses propylées de givres, de neiges et de frimas, sa brume épaisse et son pâle soleil.

En tous ces lieux rien ne s'anime, rien ne s'agite, si ce n'est quelque loup dévastateur poursuivant un immonde coyote.

L'homme, le roi de cette terre désolée, où donc s'est-il réfugié?

— Il est bon que vous sachiez, me dit alors Marius, qui devine ma pensée, que ces accidents de montagnes, rochers fendus, éboulements, glaciers, chaos, appartiennent au versant oriental des deux chaînes du *Liban* et de l'*Anti-Liban*.

Allons nous mettre en face du versant occidental, et vous verrez de tout autres aspects, verdure, plateaux sublimes, riches forêts, tableaux magnifiques et rampes pittoresques.

On nommera bientôt *Syrie* tout le territoire situé à l'est et au nord de ces montagnes et qu'arrose le fleuve *Oronte*.

L'entre-deux des montagnes, cette large vallée qui étend son ruban vert entre la chaîne du Liban et de l'Anti-Liban, qui descendent parallèlement du nord au sud dans une longueur de cent lieues, s'appellera Cœlé-Syrie, ce qui veut dire *Syrie-Creuse*.

Enfin la vaste plaine de Sennahar prendra le nom de *Mésopotamie*,

---

(1) On appelle *simoun* le vent du désert, qui est d'autant plus violent qu'il ne rencontre nul obstacle. Il charrie avec lui des nuages de sables brûlants fort dangereux.

appellation qui signifie *entre les fleuves ;* on la désignera quelquefois aussi sous la dénomination de *Syrie des Rivières.*

La partie du sol qui s'étend du versant occidental du Liban à la mer Méditerranée, où il baigne ses dernières rampes, sera nommée *Phénicie,* et aura pour villes importantes Tyr et Sidon.

Or, c'est dans l'entre-deux du Liban et de l'Anti-Liban, c'est dans la future Cœlé-Syrie, que s'est retirée la famille d'Adam après la perte de l'Eden, que nous avons trouvé maudit tout-à-l'heure entre le Tigre et l'Euphrate, et c'est là que vous devez la voir plongée dans sa douleur.

En effet, voici qu'au fond de la perspective de verdure, de lumière, d'ombres et de légères vapeurs, ordonnée avec la plus suave harmonie de lignes et de couleurs, auprès d'un torrent qui écume en tombant en cascades du haut des rochers, sous l'abri de hauts térébinthes, j'aperçois deux jeunes femmes, vêtues d'une longue robe de lin blanc, les pieds chaussés de sandales de peaux de gazelles, qui devisent avec mélancolie. Autour d'elles paissent des chèvres aux oreilles tombantes, pendant que de beaux enfants joufflus s'emparent du sein de leurs mères occupées à cueillir le bdellium et l'hysope.

En même temps deux jeunes hommes, assis sur des toisons de brebis, mangent autour de la margelle d'une source et livrent à l'écho de la montagne le bruit de quelques rares paroles. Des fourrures de buffles noirs couvrent leurs épaules. L'un d'eux a les cheveux blonds, la peau blanche, le sourire doux, le visage sympathique. Un œil fauve, la chevelure rousse, le visage farouche, tel est le portrait de l'autre...

Ils contemplent deux monticules couverts de gazon qui s'élèvent entre eux et les jeunes femmes. Ces monticules sont des autels élevés au Dieu créateur. Le premier est noir du feu sacré qui paraît avoir dévoré ses offrandes : le second porte intacts encore les dons déposés en l'honneur de Jéhovah.

Le jeune homme au visage farouche dit bientôt à son frère :

— Allons ensemble promener dans la campagne...

Ils s'éloignent, le jeune homme au visage doux donnant le bras à l'autre. Ils disparaissent alors derrière le tournant d'un vallon. Mais à peine arrivés dans les profondeurs d'une gorge écartée, l'homme roux se précipite sur le blond, après avoir rompu la grosse branche d'un cèdre : puis, après avoir mis à terre sa victime, il lui brise le crâne à l'aide de cette massue.

— Voici la mort qui entre dans le monde, et le premier meurtre est consommé! fait Evenor. Caïn vient de tuer Abel!

— Et c'est dans ce lieu même, à la sortie de la vallée, au sud-est de l'Anti-Liban, que bientôt sera construite la ville de *Damas*, dont le le nom signifie *Sac du Sang*... ajoute Arthur Bigron.

Hélas! je vois les têtes inquiètes des deux jeunes femmes qui se montrent au détour du vallon aboutissant à la plaine, et dont le regard sonde l'horizon. Elles s'avancent encore, et enfin elles découvrent un corps étendu sur l'herbe, au pied de la montagne. Une couleur rouge souille le visage du cadavre : ses yeux sont fermés, sa bouche est ouverte, ses cheveux sont collés sur les tempes.

— Est-ce donc ainsi que l'on dort quelquefois? demande Naïm, la jeune femme d'Abel, à Nella, la jeune femme de Caïn.

— Non... répond Nella. Ce rouge, c'est du sang! ce n'est pas là le sommeil dans la vie, c'est l'immobilité dans la mort!

Alors s'avance à son tour un vieillard qui, lui aussi, s'est mis à chercher. Il pâlit, il tremble, il s'inquiète... Enfin il arrive. Oh! il comprend bien, il juge la mort... car le voilà qui recule, retournant à la rencontre d'une autre femme plus âgée qui le suit de loin, et la saisissant dans ses bras, la soutient en pleurant et lui dit au milieu des sanglots :

— Femme, ne va pas plus près de notre Abel! La mort est là!

Cependant, tombée sur le cadavre d'Abel, ainsi que l'ange de la douleur, Naïm s'évanouit. Aussitôt Adam la relève, la presse sur son cœur, la réchauffe sous ses baisers, tandis que Eve, qui s'est approchée, présentant à ses lèvres le premier-né d'Abel, dit à la jeune veuve éplorée :

— Voilà l'enfant de la consolation!

Puis, à l'heure du soir, alors que les hurlements des chiens sauvages retentissent dans la solitude, que les cris rauques des bêtes fauves bruissent dans la vallée; aussitôt que les étoiles lancent dans l'azur du ciel des sillons de lumière, les mains du père des hommes creusent une fosse pour son jeune fils dont la vie s'est envolée. Un cortége funèbre, celui de la famille frappée, sort du massif de térébinthes qui forme son asile ordinaire. Adam et Eve portent leur enfant mort, enveloppé dans une blanche toison, et lorsque le corps inanimé gît dans la tombe, on jette des fleurs d'anémone sur la dépouille terrestre de celui dont l'âme est remontée aux cieux.

Hélas! ce que c'est que la mort : il souriait encore le matin!

Et puis, des gémissements s'échappent des poitrines, et se perdent dans le vague de l'air; et puis, des prières s'échappent des cœurs et montent jusqu'au trône de l'Eternel.

— Or, sachez qu'un jour, au lieu même où gît le corps d'Abel, s'élèvera la cité d'*Abila,* qui signalera le tombeau! me dit encore Arthur Bigron (1).

Mais en même temps que les ténèbres se faisaient sur les sables du désert, et qu'ont lieu ces premières obsèques, je vois l'homme roux sortir furtivement du même massif de térébinthes, poussant devant lui des chamelles pleines, quelques brebis et des chèvres. Nella vient à son tour, comme une vierge échevelée, la douleur au front, et s'écriant :

— Terre de la création, terre de ma naissance, ô mon père, ô ma mère, je ne vous verrai plus!

Alors, montés l'un et l'autre, avec l'enfant dans les bras, sur de petits chevaux sans poils aux paupières et à la crinière balayant l'arène, ils s'enfoncent dans le grand désert, à l'orient d'Eden, suivant le troupeau dont les bêlements sont répétés par les échos de la gorge sauvage. Mais à peine dans les ténèbres, la femme du fratricide voit voltiger comme une langue de feu sur la tête de Caïn. Effrayée,

— Quel est ce feu qui brûle ton front? demande-t-elle.

— La flamme du remords qui me ronge, et la malédiction de leur Dieu qui me poursuit... répond-il.

Et ces pérégrinateurs s'éloignent, s'éloignent du voisinage du paradis terrestre, s'éloignent, s'éloignent de la terre qui a bu le sang

---

(1) On voyait autrefois, entre Damas et le mont Liban, une chapelle élevée sur le lieu où Caïn avait tué Abel. Bertrandon de la Broquière vit cette maison de Caïn, en 1433. Il raconte que Caïn, après son crime, se réfugia dans le pays de Nodoû-Naïd, et fonda la ville d'Amutha, pays et ville qu'on n'a jamais marqués sur aucune carte. (*Voyage de Bertrandon de la Brocquiere,* manuscrit de la Bibliothèque impériale).

d'Abel. Et quand ils sont loin, bien loin du paradis et du lieu du meurtre, ils s'arrêtent. Ils s'arrêtent, quand tombe de la main la massue que porte Caïn, et que Nella, mettant au monde Hénoc, Caïn s'écrie :

— Ici, je vais construire *Hénochia*, la ville de mon peuple, car de toi, Nella, est venu Hénoc, qui sera la souche de mon peuple.

En effet Hénochia s'élève sous mes yeux ; et comme les enfants de Caïn croissent et se multiplient, eux aussi travaillent à l'agrandissement d'Hénochia. Mais à mesure que ses murailles se forment d'énormes quartiers de roches, ces pierres prennent la teinte de la rouille. Le feu du ciel les calcine et leur donne l'apparence des donjons de l'enfer.

Ah ! c'est que c'est une ville maudite, c'est que le sol qui la porte est maudit, et maudite la génération qu'elle renferme. C'est que les jeunes hommes de cette génération sont beaux, et belles ses jeunes filles. La chevelure des premiers couvre leurs épaules de leurs boucles d'or, leurs joues sont pures comme celles d'une femme, et leurs yeux lancent des éclairs de passion. Les cheveux noirs des secondes les enveloppent comme un manteau de crêpe ; leurs cous ont la souplesse et la grâce de celui du cygne, et leur regard languit en rêvant et tout à la fois étincelle comme le glaive du chérubin.

Aussi, quand la lune se lève dans la brume du désert ainsi qu'un globe d'albâtre noyé dans les brouillards, et pendant que sa lumière blanchit le crépuscule, la cime des palmiers et les remparts d'Hénochia, loin d'adorer le Créateur qu'ils ont oublié, ils l'outragent et le blasphèment par l'adoration et l'amour de la créature. Et comme il y a parmi eux un de leurs frères d'une grande beauté, Jubal, qui a passé son enfance dans les cavernes, avec les lions et les colombes, que jour et nuit il bat le fer, fait fondre l'airain, et qu'avec Malleator, son ami, c'est bonheur pour lui de faire des instruments de musique ; comme Thubal-Caïn produit à son tour des ouvrages d'or et d'argent, et que Noëma, sa sœur, qui fait des tentes avec des peaux de buffles et de dromadaires, a de même imaginé de tisser avec des poils d'onagres et de chevreaux de blanches chlamydes qui ajoutent à la beauté des formes en serrant le corps sous l'étreinte d'une ceinture de métal ; les jeunes hommes et les jeunes filles dansent sous les nopals et s'enivrent aux accords de voluptueuses symphonies et aux sons de trompes et de cymbales.

Ainsi, de nouveau, irritent-ils le maître des mondes, Dieu !

Cependant la mort fait d'autres victimes, et suit la longue carrière qu'elle doit fournir jusqu'à la fin des temps.

Donc un soir, alors que le vent siffle sur l'hysope et sur les bruyères, étendue sur les toisons de ses brebis, une femme va mourir. Celle dont le nom veut dire *vie*, Eve, qui a doté le monde de la mort, va lui solder le tribut. Ses cheveux humides de la moiteur de l'agonie sont déroulés jusqu'à ses pieds comme pour lui servir de linceul. Sa tête et ses yeux sont tournés vers l'Eden. Malgré la douleur et le râle qui fatiguent sa poitrine, elle dit avec un sourire à ceux qui l'entourent, Adam, Naïm, Seth, et les enfants de leurs enfants :

— Je vous quitte, hélas ! et je vais vers Dieu. Mon âme a perdu l'éternité, mais la bonté du Seigneur la rend à mon repentir. Mon cœur s'éteint, et pourtant je le sens encore assez pour regretter les jours de mon pèlerinage avec vous... Voilà qu'une simple femme va voir le Créateur face à face ; n'aimez jamais que lui, et nous nous retrouverons dans les fleuves de délices qu'il... donne... à ceux... que la mort... trouve purifiés.

Adam veut toucher sa bouche de ses lèvres, mais il les trouve froides... Il colle sa tête contre sa poitrine et n'entend plus aucun bruit... Alors il pousse un cri que toute la montagne répète...

Elle n'était plus, la chair de la chair de l'homme infortuné !

Et tous, petits et grands, pleurent et se désolent à l'entour du corps glacé, étendu sur les fleurs de la pelouse devant laquelle s'ouvre une caverne qui va servir de sépulcre.

A quelque temps de là, à l'heure où le soleil paraît entre la cime brisée de deux montagnes, un vieillard dont un bâton de palmier soutient les pieds chancelants, s'achemine seul, seul dans la solitude qui s'étend au sud des monts Liban. Il s'éloigne tristement de l'Eden perdu, de la terre imprégnée du sang de son premier-né, de la caverne qui renferme la dépouille de celle qui partagea ses joies et ses angoisses, et des enfants chers à son cœur... Il s'éloigne... mais non sans se retourner souvent... Enfin il disparaît derrière le dernier bois de cèdres de la montagne. Ce vieillard, c'est Adam, Adam chargé d'années et de vertus. Longtemps il s'avance vers les régions du Midi, ayant toujours à sa droite la mer qui déferle contre les rochers, suivant des vallées fleuries, et atteignant après trois toujours une région toute de roches grises, de terres infécondes et de vallées stériles. Là, trois montagnes chauves se montrent à lui.

— *Sion, Acra* et *Moriah*, je vous salue! dit-il de sa voix qui tremble. Vous serez les témoins de ma dernière expiation, et je rendrai à votre terre le corps que j'ai reçu de la terre...

En effet, Adam gravit le Moriah, et là, prosterné sur le rocher de son sommet, une dernière fois il prie, une dernière fois il pleure, une dernière fois il regarde le ciel!

Puis il expire, seul, sous le regard du Seigneur, car il a vu que la mort rend hideux les corps qu'a vivifiés le souffle de Dieu, et il veut éviter l'affreux spectacle de son trépas à ceux qui doivent vivre pour peupler le monde.

— Est-il besoin de te rappeler, me dit le comte, que c'est à cet endroit même que plus tard Abraham se tiendra prêt à immoler son fils Isaac; et que plus tard encore, la mort, la mort toujours, torturera dans la géhenne, sur ce mont chauve, *Calvaire* d'ignominie, une autre victime sacrée, le fils de Jéhovah, l'Homme-Dieu, le Rédempteur du monde perdu par Adam? Non, sans doute. Donc contemple ce lieu : là sera la *vision de paix*, la ville de Melchisédech, *Jérusalem*...

A ce premier des patriarches je vois succéder et survivre d'autres patriarches, pieux comme Adam, pénitents comme lui, comme lui servant Dieu dans l'innocence d'une vie sainte et pure, s'efforçant d'expier leurs crimes.

C'est d'abord Seth, qui rend public le nom du Seigneur;

Puis Enos, son fils;

Caïnan, Malaléel, Jared;

Hénoc, vertueux entre tous et que Dieu ravit au ciel, sans le faire passer par la mort;

Mathusalem, qui vit neuf cent soixante-neuf ans;

Et Lamech, père de Noé.

Je ne vais point raconter la vie de ces saints personnages, telle qu'elle se développe à moi dans des tableaux successifs que je ne puis peindre : hennissements de chevaux occupés aux travaux des champs;

bêlements de brebis et de chèvres aux versants du Liban et dans les prairies de l'est arrosées par l'*Oronte;* cris de chameaux envoyés en caravanes pour l'échange des produits de chacune des régions qui se peuplent sans fin; fumée des feux pour la préparation des repas du soir devant les demeures nomades; lueurs transparentes des branches de pin flamboyant à travers les toiles rayées des tentes de chaque famille; et prières et sacrifices à Dieu des hommes, des femmes, des enfants et des serviteurs, lorsque le soleil s'élance à l'horizon, ou lorsque son globe rouge s'enfonce dans l'immensité de la mer du couchant, semblable à un bouclier taché de sang.

Cependant, parmi le peuple collossien qui habite le désert, et, dans le désert, Hénochia, la ville maudite, Hénoc qui a reçu le jour de Caïn, le donne à Lamech.

Lamech à son tour le transmet à Jubal, cet inventeur de la musique que j'ai signalé.

Puis vient Thubal-Caïn, que j'ai montré forgeant les métaux dont il fait de merveilleux ouvrages.

Alors il advient que les deux descendances d'Abel et de Caïn s'étendant, l'une sur les versants du Liban et dans la plaine de l'Oronte, l'autre dans le désert, deviennent voisins de limites. Alors il advient aussi que peu à peu les enfants d'Enos, voyant les filles du désert, s'allient avec elles. Mais de ces unions réprouvées du Seigneur, il sort des fils criminels comme leurs mères, et qui ne songent plus au Dieu de leurs pères. Ils dansent et chantent aux sons du cinnor et du tympanon; ils allument des lampes de nard et d'encens au fond des grottes de rochers, et s'y livrent au crime.

Mais au Seigneur ils ne songent même pas à offrir quelques-uns des fruits qu'il ordonne à la terre de porter.

Or, il est nuit sombre. Un ciel sans étoiles enveloppe la solitude du désert et les monuments de la ville de l'homicide. Rien ne trouble le silence de la nuit, que le cri des cigognes à la cime des tours d'Hénochia. Une bise d'hiver passe sur les troncs des oliviers et des cyprès. Et pourtant, sous cette tente, des bruits de voix se font entendre. Sur des escabeaux de bois de cèdre sont rangés des géants, et leurs filles, et leurs femmes. Ils causent, et en causant ils blasphèment, car ils disent :

— Depuis longtemps déjà nous jouissons de la vie : jouissons-en davantage encore. Faisons-nous des idoles, couronnons-les de fleurs; offrons-leur le bdellium, l'encens et la myrrhe. Et puis, formons des chœurs autour de ces idoles : buvons et mangeons dans leurs sanctuaires, et, après, livrons-nous aux joies.

Et ils se font des idoles; et ils brûlent de l'encens devant ces idoles; et ils boivent et ils mangent dans les sanctuaires.

Et cette vie de voluptés impures se prolonge pendant de nombreuses années.

Mais un jour arrive des limites du désert une jeune femme d'une grande beauté. Sa robe est couverte de l'arène que soulève le simoun. A peine s'est-elle reposée deux nuits sur les nattes des pasteurs du Liban et de la plaine de l'Oronte. Elle revient en toute hâte, après avoir vu le Tigre et l'Euphrate, non loin desquels elle a trouvé la famille du plus vertueux des pasteurs du couchant.

— Elohîm, le Dieu de ces pasteurs, a parlé à cet homme sage et vertueux, leur dit-elle. Il lui a ordonné de construire une arche immense, de cent coudées de long, avec une infinité de chambres destinées à recevoir un couple de chacun des animaux qui couvrent la surface de la terre.

— Et pourquoi cette arche, dont la construction est ordonnée par Elohim-Jéhovah? disent les Collossiens.

— Pour ravir à la mort cet homme vertueux qui a nom Noé, lui et toute sa famille, et une paire de tous les animaux, car Elohim-Jéhovah fera périr la race des habitants du désert, les fils de Caïn, et la race des pasteurs infidèles des montagnes, les fils d'Abel... répond la femme.

Elle dit, et un sourire d'incrédulité passe sur les lèvres des fils du désert.

— Aux pâles nuits de votre dernière agonie, répond la fille géante, vous vous souviendrez de ma parole d'aujourd'hui!

Peu après, un soir, la lune se couche dans les flots de la mer et son disque rougeâtre incendie les vagues. C'est un signal pour Noé, le ministre de Dieu.

L'arche est achevée : son faîte se perd dans les nuages comme la cime d'une montagne. Noé appelle ses fils. Sem, Cham et Japhet se présentent. Il leur parle, et ils agissent. Voici que du fond de la solitude des nuages de poussière s'élèvent et les nombreuses têtes des animaux de la création se montrent. Les portes de l'arche sont ouvertes. Des gémissements, des beuglements, des rugissements, des cris de toutes sortes annoncent que les ordres du Seigneur sont exécutés. Lions, tigres, hyènes, panthères, ours des glaces, chameaux des déserts, chevaux des marais, gazelles, girafes, buffles, bisons, taureaux, lamas, onagres, élans, et tous les quadrupèdes; petits oiseaux des bocages, grands oiseaux des montagnes, oiseaux des beaux ciels, oiseaux des froids climats, oiseaux de la nuit, oiseaux de la terre et de la mer, oiseaux des écueils, et tous les volatiles; puis, après les animaux, la famille de Noé, Sem, Cham et Japhet, et avec Sem Sarahi, avec Cham Corozza, avec Japhet Nephla, leurs femmes; et avec les femmes leurs enfants, entrent tour à tour dans l'arche (1).

Puis, quand tout est rangé en ordre et selon l'avis de Dieu, le soir se fait. L'orage gronde sur la crête des palmiers, des lentisques et des nopals. Un vent chaud soulève des tourbillons de sable de l'aride. Dans le ciel noir, de sourdes rumeurs bouillonnent et annoncent la rupture de sublimes écluses. Il se fait comme un bruit d'effrayantes cataractes. En même temps, des torrents d'eaux s'échappent des nuages, et les gouffres des abîmes inférieurs débordent.

— Le déluge commence, me dit mon oncle; vois, Théobald, comme sous le firmament qui verse ses réservoirs sur la terre s'effraient les hommes coupables, les femmes impures, les vieillards blanchis dans l'iniquité, les jeunes hommes et les jeunes filles gangrenés déjà par le vice. Qu'ils sont petits en face de la grande colère de Dieu! Qu'ils sont lâches, eux si audacieux, en face de la mort qui lève sa faulx sur leurs têtes. Aussi courent-ils aux montagnes, car les vallées et le désert sont submergés déjà. Mais les ondes vengeresses montent avec eux, plus vite qu'eux. Comme le ciel est noir et noire la

---

(1) Cosmas Indicopleustes établit trois divisions dans l'arche :
Au rez-de-chaussée, il place les reptiles et les animaux qui se creusent des demeures sous terre.
Au premier étage, il met les quadrupèdes et les animaux qui vivent sur les montagnes.
Au second étage, il établit les oiseaux, parce qu'ils vivent dans l'air; et l'homme, parce qu'il est destiné à habiter le ciel. (Note de M. E. Charton, auteur des *Voyageurs anciens et modernes*).

couleur des vagues qui murmurent, grondent et déferlent. Les bêtes féroces, elles aussi, gravissent les collines; les oiseaux, eux encore, se réfugient sur les sommets des montagnes. Tout ce qui a vie se réunit à l'heure de la mort, car la mort les suit, la mort vient, il leur faut recevoir les embrassements de la mort. Ils le comprennent; vois, les animaux sont livrés à une affreuse détresse, celle du désespoir. Ils le comprennent; vois, les hommes s'appellent, s'entr'aident : mais quelle amertume sur leurs traits et quelle défaillance dans leur cœur. Sur leurs lèvres, entends-tu que de blasphèmes! Le repentir ne trouve pas le chemin de leur âme : au contraire, la haine gonfle leur poitrine. Pères, mères, fils, filles, enfants s'attachent en vain les uns aux autres. En vain, des cadavres faisant échelons, cherchent-ils à fuir, à saisir les arbres, à s'accrocher aux rochers, à se cramponner aux pics les plus élevés, la mort les happe au passage, les étreint de ses bras puissants, les presse, les saisit avec rage, les étouffe avec colère, les dévore, les engloutit. Ils périssent tous. Toute la terre est inondée. Les montagnes les plus élevées disparaissent et plongent dans le vide. L'onde échappée des mains du Seigneur pendant quarante jours et quarante nuits, surpasse de quinze coudées les sommets les plus élevés.

Ecoute, avec le vent qui passe, écoute ces voix désolées qui crient :

— Pères, accourez! Mères, sauvez-nous!

— Adieu, fils chéris! Adieu, bien-aimées filles!

Et l'écho seul, le plus sinistre écho, celui de lourdes et pesantes vagues, celui des flots homicides, répond.

— Horrible mort que celle qui fait dire si jeunes : Adieu! adieu!

C'en est fait, Théobald, les profondeurs des abîmes ont dévoré leur proie. Le calme se fait, la pluie ne tombe plus, le vent garde le silence, mais tout ce qui vivait est mort. Surnagent seulement des milliers de cadavres, aux faces violettes, aux blessures livides, aux longs cheveux flottants, enlacés avec d'autres cadavres. Et puis, avec les humains morts, les animaux morts. Quel spectacle!

Ainsi parle le comte de Froley : mais il s'arrête, vaincu par l'émotion.

Cependant l'arche de Noé flotte sur la surface de l'élément perfide qui entoure le globe.

Enfin, le cent cinquantième jour après la chute des eaux, un vent impétueux se prend à agiter la masse humide, et les eaux commencent à baisser jusqu'au dixième mois, où le sommet des montagnes apparaît à peine. Alors, après quarante autres jours, je vois Noé ouvrir l'une des fenêtres de l'arche et rendre la liberté à un corbeau, qui ne revient pas. Puis, après sept jours encore, une colombe est lancée de même dans l'espace. Mais, moins heureuse que le corbeau, elle ne trouve pas où se poser, et se réfugie dans l'arche. Sept jours plus tard, la même colombe est envoyée de nouveau à la découverte, et quel n'est pas l'étonnement de Noé de la voir revenir vers le soir, tenant dans son bec un rameau d'olivier verdoyant! Rendue à la liberté une dernière fois, la colombe ne se présente plus à la fenêtre de l'arche.

Or, l'arche s'arrête elle-même sur le *mont Ararat*, mis à découvert, dans une contrée qui s'appellera l'*Arménie*, au sud du *Pont-Euxin* et au nord du Tigre et de l'Euphrate, qui reparaissent à leur tour, ainsi que le Liban, l'Anti-Liban, l'Asie et le globe tout entier (1).

— La colère de Dieu touche à sa fin! dit Noé avec bonheur.

En effet, voici les nues du firmament qui s'effacent, le soleil reparaît, et chaque jour les eaux s'éloignent et disparaissent, rentrant dans le lit des mers et le cours des fleuves. Alors une brise embaumée remplace les fétides vapeurs qu'exhale le sol trop humide, et les herbes et les fleurs, dont le germe a été si longtemps couvert de

---

(1) « C'est en Arménie, dit Haiton l'Arménien, que se trouve la plus haute des montagnes de toute la terre, qui est vulgairement appelée *Ararat*, et au sommet de laquelle l'arche de Noé s'arrêta après le déluge.

» Et, bien qu'en raison de l'abondance des neiges qui couvrent cette montagne, hiver et été, personne n'y puisse monter, *on aperçoit cependant à son sommet quelque chose de noir, que les habitants disent être l'arche.* »

« A douze lieues d'Erivan, à l'est, on voit, dit Chardin, le mont célèbre où presque tous demeurent d'accord que s'arrêta l'arche de Noé, encore que personne n'en ait de preuve solide. Quand l'air est serein, ce mont n'en paraît pas à deux lieues, tant il est grand et haut... Les Turcs l'appellent *Agri-Dag*, c'est-à-dire la montagne élevée et massive... Les Arméniens et les Persans le nomment communément *Macis*. »

« L'opinion commune des Orientaux, dit d'Herbelot, est que l'arche de Noé s'arrêta sur la montagne de *Gioudi*, qui est une des croupes du mont Taurus ou *Gordiœus*, en Arménie, et cette tradition est autorisée en ce pays-là par plusieurs histoires... »

limon commencent à renaître et à décorer la terre de leurs pousses vertes et fraîches.

— La terre semble tressaillir de bonheur à cette belle résurrection, me dit Even en appuyant sa main sur mon bras. Il s'en échappe comme une voix mélodieuse qui chante l'hymne de l'espérance. Elle ressemble à l'une de nos jeunes filles mourantes qu'un grand amour de la vie ressaisit et dont une bonne parole de son médecin fait battre le cœur.

— Mais quelle cruelle métamorphose n'a-t-elle pas subie! dit à son tour Marius. Ne voyez-vous pas comme la catastrophe du déluge a sensiblement altéré le monde primitif que nous voyions tout-à-l'heure? Voici bien le désert toujours, voici bien la Syrie, la Cœlé-Syrie, la Phénicie, l'entre-deux du Tigre et de l'Euphrate qui sera la *Mésopotamie*; enfin voici l'Asie et ses mers, le monde et ses océans. Mais le sol s'est amoindri en ce lieu, et s'est accru là. Les mers ont élargi leurs rivages, englouti des promontoires, creusé des golfes, et couvert des continents qui ne sont plus que des îles. Des montagnes ont été dissoutes, et le lieu qu'elles occupaient est devenu plaines. Des plaines ont reçu des terrains d'alluvion et sont converties en montagnes. Les roches ont été dénudées, et privées de tout sol végétal, elles n'offrent plus que des pics et des mornes décharnés. Ce qui était à la surface du sol est enfoui dans les entrailles de la terre : et les mille matières renfermées dans le sein du globe se sont étalées à sa surface. Des forêts que nous découvrions naguères, beaucoup sont encloses au plus profond des abîmes. Et des traces des premiers hommes, des premiers animaux, de la première ville, d'Hénochia par exemple, rien, plus rien que des squelettes, des débris que l'on trouvera dans mille, deux mille, trois mille ans et plus, et qu'on décorera du nom de fossiles (1). C'est ainsi que le souvenir de ce drame funèbre

(1) *Fossiles* désigne des corps organisés ou leurs débris enfouis dans les terrains par les eaux. Rien ne prouve, d'une façon plus nette, l'existence du déluge, que les impies ont tant d'intérêt à nier. Ainsi *Bernard de Palissy* voulut expliquer l'origine des fossiles. *Tournefort* supposa la végétation des pierres. *Voltaire* prétendit que les coquilles marines trouvées au sommet du mont Ararat y avaient été apportées par les pèlerins, et que les ossements de poissons étaient les restes du festin de quelque Apicius. Mais la raison fait justice de toutes ces inventions des ennemis de la religion aux abois. Et les squelettes d'éléphants trouvés vers le pôle, comme ceux des animaux du Nord, etc., trouvés dans le Midi, démontrent la vérité du déluge.

vivra jusqu'à la fin des temps. Les traditions de tous les peuples, les nations même les plus sauvages le perpétueront dans leurs annales.

— A ces grandes leçons de l'histoire, ajoute le savant Bigron, joignez celles que la géologie fournira aux hommes par la bouche des amis de la science. L'inspection de la terre, l'autopsie de ses entrailles, offriront de toutes parts aux naturalistes des preuves palpables de la grande et subite révolution que vous venez de voir. Les débris d'animaux et de plantes exotiques, les coquillages marins que l'on rencontrera au sommet des plus hautes montagnes et qui pourront être appelés les *Médailles du déluge*, ne pourront s'expliquer que par ce cataclysme universel. Et les diverses couches de terrains renversées, superposées, bouleversées, ayant pris la place des terrains primordiaux; les terrains de classes diverses et sans nulle conformité au plan primitif de la nature; les amalgames étranges de pierres, de roches, de marbre et de limon qui formeront des *brèches* magnifiques, admirables pétrifications; et les mines de toutes sortes, celles de houille surtout, qui n'est autre que le bois des forêts antédiluviennes carbonisé, ne diront-ils pas la formidable puissance d'éboulement et de dissolution de cet immense lavage du globe?

Je n'écoute plus les dissertations de mes savants compagnons : mes yeux se portent sur l'Ararat. Ses rampes sont imprégnées encore de la vase des grandes eaux, et sa base ressemble à un vaste marécage. Mais fécondées déjà par l'alluvion, toutes les parties de l'humus mises à nu produisent à l'envi des gerbes de fleurs, des plantes et des arbustes dont les bourgeons se développent. La terre reverdit, et de nouvelles moissons se préparent.

Aussi les portes de l'arche s'ouvrent et rendent aux captifs leur liberté si longtemps désirée. Alors les mille espèces d'oiseaux, dont les ailes ne sont pas engourdies dans le repos, s'élancent dans les plaines de l'air qui leur sont rendues, et font retentir les cieux de leurs cris rauques, perçants ou suaves, chants de triomphe, de reconnaissance et d'amour. Alors en un long défilé s'avancent deux à deux les nombreux animaux qui sont restés muets devant la colère de Dieu, mais qui brament, mugissent ou hennissent de bonheur et de joie devant son pardon. Tous s'échappent par couples et prennent des direc-

4

tions différentes, selon l'instinct que la Providence met en eux et selon les climats appropriés à leur nature.

Noé sort de l'arche à son tour, et sa famille avec lui. Tous se prosternent devant le Seigneur, et en regard d'un autel de pierres réunies et amoncelées sans ciment, monument de la gratitude, ils demandent à Dieu sa bénédiction et la paix.

Soudain, dans le ciel se déploie en forme de cintre gigantesque un arc dont la base repose sur le Tigre et l'autre sur les rivages de la Méditerranée, en face de l'Ararat. On dirait une immense écharpe teinte des nuances les plus délicates et les plus pures. Noé se lève étonné : ses fils et leurs femmes s'extasient. Mais malgré le bruit des arbres frissonnant dans les brises; malgré les clameurs lointaines des animaux qui saluent la liberté et les nouvelles richesses du sol, toute la famille de Noé peut entendre une voix céleste qui s'écrie :

— Voici le signe de l'alliance que le ciel forme avec la terre, le Créateur avec la créature, Dieu avec l'homme. Jamais plus le déluge ne couvrira le globe! Et lors même que mes nues obscurciront le firmament, cet arc brillera sur le monde et sera le signe de ma promesse!

Rassuré par ces paroles du Seigneur, Noé descend vers la plaine. Il y dresse ses tentes dans le voisinage d'une source. Celles de ses fils entourent la sienne.

Alors, en même temps que la terre renaît sous la verdure, les fleurs, les arbres et les bois, en même temps que les animaux, se multiplient, cette famille privilégiée peuple l'Asie, et se livre à la culture des champs et au soin des troupeaux. Aussi, bientôt des preuves d'une intelligente culture se montrent dans cette contrée qui s'épanouit sous les baisers du printemps. C'est plaisir à voir cette région se couvrir d'arbres à fruits en fleurs, l'abricotier dont l'Arménie sera fière, le cerisier, le pêcher, l'arbre à thé, le sandal et mille autres essences qui doivent enrichir les peuples futurs assis sous leurs ombrages. Les membres de cette famille adorent le vrai Dieu, et le vrai Dieu les bénit. Ils ont des tentes de buffles noirs, des hangars de peaux de dromadaires, et des chars, des herses, des équipages de labour, des lances, des flèches, des harpons, des équipages de chasse, car désormais, par la permission du Seigneur, l'homme peut se nourrir de la chair des animaux. Ils ont de magnifiques printemps, d'heureux étés, de doux hivers. Les moissons des grains sont abondantes, la récolte des fruits passe toute espérance. Que peuvent-ils désirer de plus? Avec cela le monde tout entier s'ouvre devant eux, le monde est leur domaine, leur héritage. Dieu le leur a donné, et ils croient en Dieu, certes! Ne revoient-ils pas tous les jours, à l'horizon septentrional de l'Arménie, la haute chaîne de montagnes qui limite leur vaste plaine et va se rattacher au *Taurus*, à l'ouest, par des hauteurs peu considérables, lancer vers les cieux le *Mazis*, sommet conique de l'Ararat, se bifurquant à sa pointe, couvert de neiges éternelles, hérissé de rochers, crevassé, aux flancs rapides entrecoupés de nombreux abîmes, et haut de seize mille pieds? Or, c'est là que Dieu leur a parlé, c'est là que pourrit l'arche qui les a promenés sur les eaux, instruments de la colère de ce Dieu terrible. Comment ne croiraient-ils pas en lui (1)?

Toutefois le déluge a détruit les coupables sans détruire le péché. La famille de Noé en donne bientôt la preuve. Noé a planté sur la colline la plus exposée au soleil les ceps d'un arbre flexible qu'il a trouvés, dans les bois, chargés de grappes exquises. Les ceps ont produit du fruit en telle abondance, que Noé en exprime le jus pour en faire une boisson. Mais les fumées de cette boisson nouvelle lui montent au cerveau. Le phare de la raison s'éteint un moment, et l'homme abruti tombe nu sur l'aire sèche de sa tente. Cham, l'un des fils du patriarche, le voit, et en présence de ses frères, Sem et Japhet, se permet de rire de la faiblesse de son père. Sem et Japhet prennent aussitôt un manteau et le jettent sur leur père en détournant la vue (2).

Ce louable respect ne reste pas sans récompense. Lorsque Noé s'éveille, il apprend ce qui s'est passé. Alors il donne sa bénédiction à Sem et à Japhet, mais il maudit Cham dans la personne de son fils

---

(1) L'arche avait trois cents coudées de long, cinquante de large et trente de haut. La coudée était de deux pieds, présume-t-on. Noé avait été cent ans à la construire. Elle avait contenu des provisions pour nourrir tous les animaux pendant un an, ainsi que huit personnes.

(2) Cette tradition du déluge et de Noé se trouve confirmée dans plusieurs mythes conservés chez les peuples de l'Asie. Le Xeisuthros chaldéen, le Primhu ou Man-Sotti indien, le Dyonis des fables asiatiques et grecques, et Bacchus même, ne sont que des souvenirs éloignés de Noé.

Chanaan, lui annonçant que sa postérité sera l'esclave de celle de ses frères, prophétisant ainsi que les Israélites, descendants de Sem, feront la conquête de la terre de Chanaan.

A quelque temps de là, en 2958, le second Adam, père du nouveau monde, Noé, meurt, âgé de neuf cent cinquante ans (1).

Alors trop à l'étroit dans leur contrée d'Arménie, les nombreux fils et petits-fils de Noé font déborder leurs familles vers le sud, entre les deux fleuves du Tigre et de l'Euphrate, dans une plaine immense qu'ils nomment *Chaldée* au nord, et *Sennahar* au midi.

— Depuis que les eaux ont abandonné la terre, me dit mon oncle, tu peux voir plus nettement les limites de l'Asie, du point élevé où nous planons.

Au nord, tu découvres d'immenses déserts, steppes livrées pour longtemps encore aux animaux féroces. Les côtes, vers ce point, sont découpées avec une certaine régularité de lignes droites, par les flots refroidis d'un *océan glacial*, qui ne reçoit que de loin les caresses du soleil.

Au levant, le même océan tourne subitement avec le continent qu'il creuse du nord au sud, de façon à lui donner le jambage d'un V, et compte de nombreuses îles que lui ont faites le remous furieux de l'ébranlement du déluge, et qui affectent toutes les formes et toutes les grandeurs. Ce sera la *mer des Sines* ou *Chinois*.

Au midi, le même océan toujours tourne avec le V des terres, et creuse la base de cette grande partie du monde par un golfe immense qui prendra le nom de *mer Erythrée*. Cette mer, à son tour, dirige vers le sud-ouest deux grands bras dont l'un sera le *golfe Persique*, le plus oriental, et l'autre la *mer Rouge*, le plus occidental. Enfin, cette dernière mer divise son extrémité en deux pointes que tu peux prendre pour les deux doigts d'un bras gigantesque. Celui de l'est sera le *golfe Elanitique*, et celui de l'ouest le *golfe Héropolite*.

(1) On voit, en Arménie, un monument rectangulaire construit en briques rouges, avec de petits filets bleus. C'est un édifice élevé sous les émirs de l'Adzerbaïdjan, dans le xiie siècle, mais pour remplacer un autre monument qui tombait en ruines; et l'ancien édifice, comme celui qui l'a remplacé, par suite d'une tradition antérieure à l'ère chrétienne, passait pour le *tombeau de Noé*. Au-devant de ce tombeau croissent plusieurs plantes communes. Dans le lointain s'étend la chaîne de l'Alaghez, qui ferme l'Arménie au nord-est.

Au couchant, vis-à-vis les deux pointes de la mer Rouge, et séparé d'elle seulement par une chaussée qui aura nom *Ithsme de Péluse*, conduisant en Afrique, voici d'abord le grand lit d'une *mer Intérieure*, ou *Méditerranée*, qui baigne les côtes méridionales de l'*Europe*, et le littoral du nord de l'*Afrique*. A cette mer se rattache la *mer Egée*, qui disperse ses îles comme un chapelet de vertes émeraudes enchâssées dans l'argent de ses flots, du sud au septentrion, jusqu'au canal de l'*Hellespont*. Après lui, en tournant vers l'est par une douce déclivité, voici la *Propontide* que tu vois briller d'ici comme un miroir de métal, et qui, par le *Bosphore*, se rattache au *Pont-Euxin*. Enfin cette dernière nappe d'eau, par un dernier canal, celui du *Bosphore cimmérien*, communique avec les *Palus-Mœotides*. Alors surgit la vaste chaîne des *monts Caucase*, qui ne se termine, par un trajet de cent lieues, en projetant à droite et à gauche ses ramifications, qu'à une autre mer que l'on nommera *Caspienne*.

Or, ces divers accidents de mers qui s'étendent du sud au nord, en tournant un peu vers l'est dans la partie la plus élevée, de manière à couper l'Asie par son centre, s'arrêtent au milieu des côtes occidentales. La partie septentrionale qui occupe l'espace au-dessus, se rattache à l'Europe, et nous n'avons pas à en parler en ce moment.

— Peux-tu bien juger maintenant les limites de l'Asie?

— Certes! répondé-je : et fier de ma nouvelle science, je vais avec le plus grand intérêt suivre la migration des peuplades sorties de Noé, que je vois avec peine entassées comme en une cuve dans la plaine de Sennahar. Cette dispersion des peuples va commencer, sans doute? Mais avant toutes choses, dites-moi, je vous prie, chère cousine, que font tous ces hommes, là, sur les rives de l'Euphrate? A en juger par leur empressement au travail, leurs querelles, les rixes qui s'en suivent, et le désordre que je vois régner parmi eux, ne sont-ils pas un peu fous? Quelle construction prétendent-ils faire? Est-ce un donjon, une tour, un observatoire?

— Stupides dans leur orgueil, comme toujours, malgré les terribles leçons qu'ils ont déjà reçues... me répond Even, les descendants de Noé, rendus mauvais par leurs passions, et oubliant trop vite les conseils du vieux patriarche, veulent se révolter contre Dieu, sans gêne, et échapper à un second déluge, au besoin...

— Comme si on pouvait échapper à Dieu! fait le comte.

— Mais alors, c'est la fameuse *Tour de Babel* qu'ils élèvent en ce lieu? demandé-je, fier de mon à-propos.

— Précisément, répond Evenor. Il y a 531 ans que le déluge a eu lieu, et 2680 ans s'écouleront avant la venue de J.-C. Or, Nemrod, petit-fils de Cham, et fils de Chus, chasseur intrépide, tyran impie, caractère rebelle, suggère à ses frères et à ses fils l'idée d'échapper à une vengeance du Seigneur, si le Seigneur veut encore punir leurs nouveaux crimes. Les voici donc, avant de se disperser, qui veulent se faire un signe de ralliement dans ce pays plat de Sennahar, en cas d'attaque du ciel. Ils choisissent le sol où ils placeront leur tour, à un quart de lieue de la rive orientale de l'Euphrate. Et, comme la pierre manque dans cette partie de la plaine, ils composent leur construction de briques cuites au feu et liées avec du bitume. Ainsi que vous le voyez, cher cousin, cette tour consiste en un assemblage de huit tours carrées, bâties l'une sur l'autre, toujours en diminuant de grosseur, ce qui lui donne la forme d'une pyramide qui surpasserait en hauteur la plus grande de celles que vous montrera l'Egypte un jour.

— Nous devons convenir que pour leur début dans l'art de l'architecture, c'est un véritable chef-d'œuvre! dit Marius Bédrin.

— Verrons-nous donc l'Egypte comme nous voyons Sennahar? demandé-je avec une certaine allégresse.

— Si cette méthode d'apprendre l'histoire et la géographie te plaît, me répond le comte de Froley, non-seulement nous voyagerons ainsi en Asie et en Afrique, mais dans le monde entier, et le monde développera, devant nous, ses grands drames, les drames de l'humanité!

— Si cela me plaît? Mais j'en suis ravi, cher oncle! criê-je avec l'accent du bonheur. Montrez, montrez-moi tout, tout!

— Eh bien! remarquez d'abord, me dit flegmatiquement Even, que pour punir la révolte orgueilleuse des fils de Sem, Cham et Japhet, au moment où leur cité de refuge domine déjà la plaine comme un géant, la confusion se met dans leurs idées et dans leur langage. Ils ne peuvent bientôt plus s'entendre; aussi les preniez-vous tout-à-l'heure pour des fous. Par suite de ce désordre, ils laissent donc inachevé le monument de leur confusion, la *Tour de Babel* (1).

— C'est ce premier drame de la lutte des hommes contre Dieu, qui, obscurcie par le temps et poétisée par les humains, est répétée dans la *Fable des Titans escaladant le ciel...* dit Arthur Bigron.

— Maintenant, une étude sérieuse, reprend le comte.

Observons la migration des trois nombreuses familles de Sem, Cham et Japhet, qui vont se disperser sur la surface du globe et s'en partager les continents et les îles...

Suis d'abord des yeux *Sem*, l'aîné de ces régénérateurs du monde. Il adopte l'*Asie*. Ce n'est pas sans motifs assurément : il est tout porté, et l'Asie est la plus riche contrée de la terre. Malgré l'irréparable désastre du déluge, comme tu pourras en juger par comparaison, c'est encore la partie du monde qui offre le plus de merveilles.

Vois au centre l'immense et belle chaîne de montagnes et ses sublimes plateaux. C'est l'*Imaüs* et ce sont les *Emodes*, un jour l'*Himalaya*. Au nord regarde le *Caucase*, entre le *Pont-Euxin* et la *mer Caspienne*. Comme ses sommets sont blanchis par des neiges que ne peut fondre le soleil! Puis les *Poyas* aux mines intarissables de platine, de diamants, de topazes. A l'est les *Paropamises*, et à l'ouest les *Liban*, *Anti-Liban* et *Taurus*, le long des dentelures des *mers de Grèce* et *Méditerranée*.

Parmi toutes les ruines qui couvrent le sol, là où fut jadis Babylone, il en est une, du côté de l'occident, qui a près de deux cents pieds de hauteur. Le sommet se termine par une muraille solide de belles briques cuites, haute de trente-six pieds. Les briques sont couvertes d'inscriptions. L'éminence elle-même sur laquelle se dressa cette muraille, oblongue, de deux mille deux cent quatre-vingt-six pieds de tour, suivant Rich, est presque entièrement composée de pierres noires, de marbres, de briques, etc. Alexandre-le-Grand avait essayé de déblayer ces ruines. On n'hésite pas à reconnaître dans ce monument les restes de la fameuse *Tour de Babel*.

C'est elle aussi qu'arrosent les plus beaux fleuves, le *Tigre*, l'*Euphrate*, l'*Oronte*, l'*Araxe*, l'*Oxus*, l'*Indus*, le *Gange*, l'*Hydaspe*, le Jourdain, le

---

(1) *Babel* veut dire *confusion*.

Cydnus, le *Méandre*, le *Xanthe* et le *Simoïs*. Si elle a des steppes, des marais et des landes dans ses déserts, elle possède aussi les vallées les plus pittoresques et les plaines les plus fertiles. Enfin y a-t-il rien de plus beau que ses forêts de sandals, de manguiers, de lentisques, de nopals et de caroubiers ?

Donc, Sem adopte l'Asie.

Il envoie son fils *Elam* vers le sud, non loin du golfe Persique, où il bâtit *Elymaïs*, qui devient la résidence des *Elamites*, pères d'un peuple fameux qui portera le nom de *Perses*.

Assur, son second fils, reste dans la plaine de Sennahar, sur les rives du Tigre et de l'Euphrate, où nous le verrons tout-à-l'heure asseoir les fondements de l'*Empire des Assyriens*.

Arphaxad, le troisième, père du patriarche *Saleh*, voit son fils donner le jour à *Héber*, souche de la race des *Hébreux*. Saleh bâtit *Ur*, dans la *Chaldée*, au nord de Sennahar, et Ur devient ainsi l'une des premières villes du monde. Bientôt elle sera la patrie d'*Abraham*.

Aram et *Lud*, ses autres enfants, vont s'établir entre la chaîne du Liban et la Méditerranée, où ils forment les *Araméans*, qui composeront les peuples de la *Syrie*.

Voici même *Hus*, fils d'Aram, qui, sans tarder, jette les fondations de la ville de *Damas*, là, à l'orient de la vallée que forment entre eux le Liban et l'Anti-Liban, vallée qui aura nom la *Cœli-Syrie* ou *Syrie-Creuse*, à l'endroit même où la main du fratricide Caïn tua son frère Abel, comme l'indique ce nom de *Damas*, signifiant *Sac du Sang*. Ainsi, après Ur, Damas devient à son tour l'une des plus anciennes villes du monde.

— Telles sont les quatre branches qui composeront la RACE SÉMITIQUE ou RACE JAUNE de l'Asie... dit Arthur en interrompant mon oncle : Elamites, de qui sortiront les Perses, Assyriens, Chaldéens et Araméens ou Syriens.

— Je passe au second fils de Noé, *Cham*, Cham le maudit! reprend le comte.

Cham n'a qu'un fils, *Chanaan*, mais Chanaan, lui, compte onze enfants.

Un seul de ces onze fils reste au centre de l'Asie. C'est *Chus*, que retient son propre fils *Nemrod*, l'auteur de la Tour de Babel. Ce

Nemrod, violent chasseur, comme on te l'a dit, craignant de ne pas trouver ailleurs des bois et des plaines aussi giboyeux qu'en Sennahar, y fixe sa demeure, et fonde de son côté sur l'Euphrate le *royaume de Babylonie*.

Des autres fils de Chanaan, une première bande descend vers le sud-ouest, s'arrête sur les rives du *Jourdain*, parmi les dernières rampes méridionales du Liban et de l'Anti-Liban, autour du lac de Génésareth, et donne à cette région le nom de *Terre de Chanaan*. Elle y forme les peuplades des *Héthéens*, des *Amorrhéens*, des *Gerséens*, des *Phéréséens*, des *Philistins* et des *Jébusiens*.

— Notez, dit encore Arthur Bigron, notre savant ethnologue, notez que les Jébuséens s'établissent sur trois sommets des dernières ondulations du Liban, *Acra*, *Sion* et *Moriah*, juste où nous avons vu mourir Adam, dans le repentir et la solitude. Sur ces trois montagnes chauves, cette peuplade construit une ville, la plus fameuse des villes, *Jébus*, qui par conséquent est l'une des plus anciennes cités du monde.

Ce mont rocheux qui est à côté de Sion, le *Golgotha* ou *Calvaire*, témoin de la mort d'Adam, verra un jour le sacrifice d'Abraham, figure d'un autre sacrifice, la mort de Jésus, l'Homme-Dieu. Car Jébus, dans l'avenir, sera *Jébus-Salem*, puis *Jérusalem*, dont le nom signifie *Vision de Paix*, car ce drame de la mort de Jésus établira la paix entre le ciel et la terre, en guerre depuis le péché d'Adam et d'Eve.

C'est ainsi que la Terre de Chanaan bientôt sera la *Terre Promise*, puis deviendra *Judée*, et enfin gardera le nom de *Palestine* et de *Terre-Sainte*, après l'accomplissement de la rédemption.

Un dernier groupe de ces fils de Cham, passant entre la mer Rouge et la mer Intérieure, atteint un long fleuve, celui du *Nil*, poursuit sa route dans cette seconde partie du monde, l'*Afrique*, en suivant le cours du fleuve, et s'établit dans les montagnes d'un pays sauvage qu'ils nomment *Ethiopie*. Là, ces tribus se servent de grottes et de cavernes pour habitations, et, en un mot, demeurant sous terre, forment les premiers peuples *Troglodytes* (1).

(1) *Troglos*, trou; *Troglodytes*, hommes qui habitent sous terre.

Or, ces nouveaux hôtes de l'Afrique inhabitée jusque-là, en se rapprochant ainsi de la zone torride que parcourt sans fin dans sa marche annuelle notre soleil, sont brûlés par ses feux, deviennent noirs et forment la RACE NÈGRE et la RACE CUIVRÉE d'Egypte, qu'ils composeront un jour, lorsqu'ils se rapprocheront de la mer Méditerranée.

— Passons à *Japhet,* reprend le comte, son tour est venu.

Pendant que ses frères marchent vers les régions qu'éclaire le soleil à son lever et à son midi, Japhet détache plusieurs de ses fils vers le sud-est, mais le plus grand nombre entreprend une longue pérégrination vers cette partie du monde qui voit se coucher le même soleil, l'*Europe.*

La malédiction tombée sur Cham ne lui a permis d'avoir qu'un seul fils. La bénédiction de Noé sur Japhet lui en fait donner sept par le ciel.

Ce sont *Gomer, Magog, Madaï, Javan, Thiras, Thubal* et *Moloch.* Poussant les uns devant lui, pêle-mêle avec ses équipages et ses troupeaux, laissant aller les autres où bon leur semble, considère, Théobald, comme Japhet s'élance par-delà les limites de sa patrie, pour aller planter ses tentes aux confins du monde.

Dabord voici Gomer qui remonte entre les deux mers Caspienne et Pont-Euxin, traverse le Caucase, passe aux pieds nord de l'Imaüs, s'établit sur les rivages de l'Océan glacial, dont tu vois au loin étinceler les blocs de glace sous les rayons d'un pâle soleil, et va donner le jour à la famille des *Cimbres* et des *Teutons* d'une part, et aux hordes *germaniques* des *Gaulois,* des *Francs,* etc., de l'autre. A ces peuplades barbares il laissera la langue *gomérite* ou *gaëlique,* la plus ancienne du monde, celle que l'on parle encore aujourd'hui dans notre Bretagne, jadis la sauvage *Armorique.*

Magog tourne le dos à ses frères, et s'enfonce dans les riches solitudes du sud-est de l'Asie, vers les grands fleuves du Gange et de l'Indus, au centre de ces contrées merveilleuses où la fertilité du sol est incomparable; les forêts peuplées d'oiseaux au splendide plumage; les montagnes formées de saphirs, de rubis, de tourmalines et de topazes, les rivières sillonnées par d'étranges poissons aux mille couleurs, et ornées de mytiles à perles et de coraux; mais où les hautes herbes fourmillent de scorpions, d'horribles serpents, de formidables reptiles, et les fleuves de crocodiles, de caïmans, de geckos, de pipas, de vipères, de pythons, de typhons et couleuvres à lunettes; où les déserts enfin pullulent de lions, hyènes, panthères, tigres, éléphants, rhinocéros; où les orages répandent l'épouvante en laissant croire à la ruine du monde, tant est violente la convulsion de la nature dans ces contrées. Encore un peu de temps et tu verras ce Magog père des *Indiens*, des *Gètes*, des *Parthes*, des *Scythes* et des *Sines* ou *Chinois*, dont la race Jaune se confondra dans la race Sémitique, race propre de l'Asie.

Madaï quitte de même sa famille, et, formant un angle avec son frère Magog, regarde comme il chemine vers le nord-ouest de l'Asie, et comme il s'étend largement sur les rives du grand *lac Oxien* ou *Chorasmias*, où il compose la peuplade des *Chorasmiens*, et au sud de la *mer Caspienne*, où il forme la nation des *Mèdes*, que bientôt tu pourras contempler vivant en sauvages dans l'enceinte de leurs montagnes.

Javan, lui, franchit les nombreuses croupes de collines et les pics qui hérissent le nord de la mer de Grèce, et pénétrant dans les régions de cette première péninsule orientale de l'Europe, que l'Ecriture nomme *Iles des Nations*, où il laisse des enfants qui sont les *Pélasges*, il passe dans la seconde presqu'île méridionale de l'Europe, qui aura nom *Italie*, il y devient le père des Marses, des Etrusques, des Rutules et des Samnites; enfin, franchissant les montagnes du septentrion de la Méditerranée, il va peupler la Péninsule occidentale de la même Europe, l'*Hispanie*, où les *Ibériens*, ses derniers enfants, deviendront un peuple puissant.

Thiras, Thubal et Moloch suivent d'abord le même chemin : mais s'arrêtant au nord du Pont-Euxin et du Palus-Méotide, ils y engendrent rapidement les *Thraces*, les *Massagètes*, les *Méotes*, et cent autres peuplades qui seront un jour les nations barbares des *Sarmates*, des *Suèves*, des *Goths*, des *Huns*, des *Vandales*, des *Avares*, des *Tatars*, etc.

— Et tous ces peuples composeront la RACE BLANCHE ou RACE CAUCASIENNE... achève et conclut notre savant ethnologue Bigron.

Or, pendant que parlent les habiles professeurs qui m'entourent, figurez-vous, si c'est possible, mes chers lecteurs, la magie du spectacle qui frappe mon regard.

Au centre de cet inimaginable panorama de l'Asie occidentale, de l'Afrique septentrionale et de l'Europe méridionale, dont la Tour de Babel forme le point de départ, debout, tel qu'un spectre gigantesque regardant fièrement le ciel pour jeter à la face du maître des mondes l'insulte et le défi, tous ces membres nombreux de la grande famille de Noé sont rassemblés et se disent l'éternel adieu.

Les voici qui se mettent en mouvement, et quittant la patrie que leur avaient donnée Adam, Eve et leurs descendants, ils s'élancent vers tous les points cardinaux du monde pour aller asseoir ses générations futures. Alors, ainsi que de monstrueux serpents qui glisseraient à travers les vallées, le long des collines ou aux flancs des montagnes, commence à serpenter cet immense défilé composé de tout ce qui est vivant ou créé par l'homme, pour son utilité, sur la terre naissante.

Hommes à peine couverts de sarreaux ou vêtus de fourrures selon les régions vers lesquelles ils cheminent; ayant à la ceinture ou aux bras des armes de forme bizarre, peu luxueuses, mais déjà fort dangereuses, certes!

Femmes s'enveloppant les épaules dans de blanches toisons ou des chlamydes de lin, la tête couronnée d'urnes de terre renfermant le lait qui doit nourrir les voyageurs, les unes; les autres allaitant sur les pierres du sentier, ou en gravissant le talus du chemin, les nouveaux-nés.

Jeunes hommes, jeunes filles, enfants, tous devisant ou jouant sur les pelouses à la suite et autour de la longue caravane.

Enfin, troupeaux de serviteurs et de pâtres pressant la marche du bétail, dromadaires, chameaux et chamelles, buffles noirs, taureaux, génisses, onagres, chevaux, chèvres, brebis, voire même chiens nombreux, fidèles amis de l'homme et compagnons de ses travaux; et puis, chars, chariots, ustensiles et provisions de toutes sortes.

LA RACE JAUNE.

Lever du soleil. — L'an 2640 de la création du monde. — Fondation du premier empire. — Assur et l'Assyrie. — Bélus. — Ninus. — Où se montre NINIVE. — Description. — Le Khorsabad. — Les femmes de Ninive. — Aspects curieux. — Architecture et statuaire. — Les palmiers du Tigre. — Les marécages de l'Euphrate. — BABYLONE. — Nemrod le chasseur. — Les Arabes envahisseurs. — Chinzir. — Pastorale dans la plaine de *Sennahar*. — Abram le pâtre. — UR, en Chaldée. — Où Dieu parle. — Paysages et caravanes. — Emigration de la famille d'Abram. — Comment elle arrive à *Haran*. — La vallée de l'Oronte. — DAMAS, dans la Syrie-Creuse. — Pays de *Chanaan*. — Peinture de la Terre promise. — Doux souvenirs du jeune âge. — Mémorial de la Bible. — Le Mont-Carmel et le Garizim. — *Sichem* et *Béthel*. — Séparation de la famille d'Abram. — Loth à *Sodome*. — Ce que c'est que la Pentapole. — Abram à *Membré*. — Chodorlahomor, roi d'*Elymaïs*. — Melchisédech, grand prêtre de Jéhovah. — L'Egyptienne Agar. — Abram devenant Abraham. — Visite des anges. — Drame de *Sodome* et *Gomorrhe*. — Mer Morte. — Loth et ses filles. — Moab et Ammon. — Naissance d'Isaac. — Agar dans le désert. — Image du sacrifice du Calvaire. — Isaac sur le Moriah. — Eliézer en Mésopotamie. — Rebecca à la fontaine. — Mariage d'Isaac. — Origine des Madianites, etc. — Mort d'Abraham. — La Bactriane. — Siége de *Bactres*. — Apparition de Sémiramis. — Exploits et ouvrages de la fille des Colombes. — Un tunnel en 1200 av. J.-C. — Bélus et Baal. — Merveilles de Babylone. — Esaü et Jacob. — Supercherie de Rebecca. — Fuite de Jacob. — Les douze fils d'Israël, chefs des douze tribus du peuple de Dieu. — Le drame de *Dothaïm*. — Rêves de Joseph. — Son histoire. — Ce que devient Sémiramis. — Défilé des monarques d'Assyrie. — Départ pour l'Egypte.

La nuit se fait sur la terre, et le silence le plus solennel règne dans la nature.

Où suis-je?

Toujours dans les airs, voyant au-dessus de moi le firmament qui rutile, au-dessous la grande Asie, dont la lune argente les fleuves, blanchit les montagnes, teint de noir les forêts, et change en lacs les plaines et les déserts. Autour de moi, toujours même obscurité vague, crépuscule qui me permet à peine de voir les silhouettes aimées de ceux qui m'accompagnent dans les nuages devenus le plus grandiose observatoire.

La beauté, le silence de cette nuit d'orient, le calme des mers lointaines, la lumière tremblante des étoiles sur les eaux, le sombre azur du ciel, semé de leurs diamants, répandent l'enchantement et la mélancolie dans mon âme. Il me semble qu'une nouvelle vie s'empare de moi.

Ce que j'ai vu, ce que je vois, tout me remplit d'enthousiasme. Je rêve et je veille. Mais les réflexions de mon esprit ne sont pas telles que je n'entende les douces voix de ceux qui m'entourent, Even, le Pirate, Arthur, Marius, causant dans une langue qui m'est étrangère, — autre reproche vivant de ma sotte ignorance.

Et puis, c'est comme un doux et suave murmure, adouci par la distance, de vagues qui déferlent et clapotent sur des rives gazonnées. Je m'endormirais presque, si déjà, par un immense cycle d'argent, l'aube ne préludait aux premières lueurs de l'aurore. Voici le cri des cigognes voyageuses qui se fait entendre à notre zénith. On s'agite aussi à notre nadir. Et, en effet, l'aurore luit, les ténèbres s'effacent devant elle. A l'occident, le globe de la lune s'enfonce dans les flots, à l'orient le soleil s'élève au-dessus des montagnes et nage dans les blanches vapeurs des déserts. Le jour est venu.

— L'aspect que l'Asie te présente à cette heure du réveil de la nature, me dit le comte de Froley, est celui que présente ce continent en l'an 2640 après la création du monde.

Mon âme toute entière se concentre dans mes yeux.

Sur la rive gauche du Tigre qui, descendant des montagnes du Taurus, roule avec pesanteur ses eaux bitumineuses, Assur, le petit-fils de Sem que nous connaissons, construit une ville dont il fait la capitale de la province qui, de son nom, prend celui d'*Assyrie*.

Ce n'est d'abord qu'un assemblage de maisonnettes jetées çà et là sur les sables voisins du fleuve et composées de briques cuites au soleil.

Mais Bélus, son successeur, agrandit cette cité nouvelle.

Et Ninus, qui hérite de Bélus, mieux inspiré, travaille à la rendre régulière et lui donne son propre nom, en l'appelant NINIVE.

Je vois en effet se développer cette cité-reine dans une enceinte de sept lieues de longueur, sur quatre de largeur, ce qui fait un carré long de vingt lieues de circonférence. Les murailles qui la ceignent s'élèvent de cent pieds, et ont une telle épaisseur que trois chariots de front peuvent aisément courir sur leur sommet. Quinze cents tours, dont chacune n'a pas moins de deux cents pieds d'élévation, sont disposées dans cet immense pourtour, et servent à la défense de la ville. Dire les palais, les temples, les bains, les aqueducs, les monuments de toutes sortes, dont le nom et l'usage me sont inconnus, serait impossible. De tous les points de cette mer de maisons et d'édifices se dressent vers le ciel des dômes, des flèches, des pyramides, des obélisques, des colonnes et des plates-formes à balustre. Des rues immenses, droites, se coupant dans tous les sens, permettent de circuler à une population de plus de six cent mille habitants. C'est une agitation, un mouvement, une agglomération inimaginables. La variété des costumes est inouïe.

Au centre se montre un palais si vaste, si magnifique, si merveilleux, que je ne puis en détacher mon regard.

— Le palais que vous admirez est le *Khorsabad,* me dit Marius : c'est la demeure habituelle des rois...

En effet, tout à l'entour vont et viennent des hommes couverts de fer; ce sont les soldats et les officiers du prince : puis, d'autres hommes vêtus de longues robes décorées de dessins splendides, la tête couverte de mitres basses, de tiares, de bonnets hauts et ronds, barriolés d'or et de pourpre; ce sont des seigneurs de la cour. Là, des femmes, habillées de robes échancrées sur le côté et laissant voir de fines tuniques, vert sur rouge, ou bleu sur jaune, sont portées sur le dos de lourds éléphants couverts de housses ruisselantes d'or, et sortent du palais pour visiter la ville, ou de la ville rentrent dans le palais. Des eunuques noirs les accompagnent, et des esclaves aux costumes étranges les suivent, portant des bambous à l'extrémité desquels flottent de larges éventails de plumes blanches. Du reste, pour se garantir du soleil, des tendines de soie forment parasol au-dessus de leurs têtes. Ces femmes sont assises sur le dos colossal de l'animal, les jambes repliées sous elles. Elles ont le front peint de blanc, les joues de rose, et de noir les parties voisines des yeux. Une sorte de diadème d'or ceint leur épaisse et longue chevelure nattée qui retombe en tresses jusque sur les housses de pourpre. On les salue à leur passage, et de loin on semble accourir pour les voir passer.

Partout des magasins semblent ouverts. On vend et on achète. Des chameliers déposent de lourds fardeaux en face de vastes bazars, et leurs chamelles s'agenouillent pour recevoir de nouvelles marchandises à porter ailleurs. Aux extrémités de la ville, à proximité des murailles, des gens du peuple paraissent travailler à mille métiers différents.

Et cependant tout semble prendre un air belliqueux dans Ninive. On est sans doute à la veille de quelque guerre. Des armes sont portées sur les remparts et dans les arsenaux. On exerce des cavaliers ici, là des fantassins. Des courriers arrivent ou partent porteurs de dépêches, ce qui me fait croire à l'approche de dangers imminents.

— Ce palais du Khorsabad offre un aspect magique de somptuosité, me dit Marius. Mais combien plus splendide encore se montre sa décoration intérieure! Ces peuples nés d'hier trouvent dans leur énergie tant de zèle et d'intelligence; la nature, que les âges n'ont pas encore épuisée, leur livre tant de trésors, qu'ils peuvent produire facilement ces grandes choses sans difficulté. Dans ce moment, tout est neuf dans le monde, les hommes et les choses; aussi vous voyez comme le luxe et la civilisation font de rapides progrès, presque sans transition. Permettez-moi de vous décrire ce que vous ne pouvez voir (1).

---

(1) Signalons, dès le début, que, chez les Assyriens, Ninive fut la ville royale et Babylone la capitale religieuse.

Il y a peu d'années, on ne connaissait encore aucun grand monument de l'art assyrien.

Les voyageurs qui visitaient les bords de l'Euphrate et du Tigre rapportaient en Europe des briques couvertes d'une multitude de petits caractères graphiques en forme de clous, des cachets et des tubes ou cylindres offrant d'étranges représentations d'hommes et d'animaux fantastiques; on déposait dans les collections ces petites curiosités, trouvées, pour la plupart, à quelques journées de Bagdad, aux environs de Hilla, sans trop deviner ce que l'érudition pourrait jamais en faire jaillir pour éclairer l'histoire ancienne, en Assyrie.

On signalait aussi deux ou trois débris informes de sculptures : un lion dévorant un homme; la robe et les pieds d'une femme inconnue. (*Georg. Keppel, Personal narrative of a journey from Imdia to England*, 1827.)

Mais en décembre 1842, le consul de France, à Mossoul, M. Botta, encouragé et dirigé par M. Mohl, de l'Académie des Inscriptions et Belles-Lettres, entreprit des fouilles en face de Mossoul, dans un des monticules de la rive orientale du Tigre, *Koiondjouk* ou *Koyoundjik*, — c'est-à-dire le Petit-Agneau, au nord du village de Niniouah, entre Khorsabad au nord, et Nemroud au midi. Les traditions et les relations de voyages désignaient depuis longtemps ces monticules, en face de Mossoul, comme ayant été l'emplacement de l'ancienne Ninive.

M. Botta ne trouva que peu de fragments utiles en ce lieu.

Il avança un peu plus loin, vers Khorsabad, de l'autre côté et à l'ouest du Tigre. Là, en quelques jours, il exhuma de ce monticule des murs de briques et de gypse,

L'art se fait jour comme un volcan, et dans le zèle de produire, il entasse les merveilles. Dans le Khorsabad il y a de nombreuses et magnifiques salles. De hautes colonnes en soutiennent les plafonds divisés par caissons de bois de cèdres et peints des plus vives couleurs. Des bas-reliefs en composent les lambris. Leurs sculptures représentent des rois et des prêtres dans les divers ministères de leur rôle royal et sacré. L'illusion des couleurs ajoute au coup d'œil qu'offrent ces ciselures. Certes, au point de vue de l'art, c'est l'enfance de la peinture, mais on y remarque déjà une main ferme, des touches hardies, un mouvement naturel et pur qui donne de la vie aux personnages. Le costume oriental y apparaît dans sa vérité primitive. Aux angles de ces appartements autour desquels règnent de larges siéges de bois ornés de franges de pourpre, sont disposées des panoplies, trophées pris à des voisins ennemis et composés des armes de l'époque, lances, piques, sérisses, poignards aux gardes enrichies de pierres précieuses, cimeterres décorés de rubis, épées, boucliers, arcs, flèches et massues, le tout surmonté des grands casques dorés des Clinabares, Assyriens, hommes d'armes intrépides qui forment la puissante cavalerie de l'empire.

puis un palais tout entier décoré de sculptures colossales représentant des scènes religieuses, royales, militaires, privées, de l'un des plus célèbres de l'antiquité, jusqu'alors vaguement entrevu à travers les textes de la Bible et les récits d'Hérodote.

Aujourd'hui, on contemple, avec une sorte de stupeur, plusieurs de ces sculptures au musée du Louvre. (*Monuments de Ninive, découverts par M. Botta*, etc.

Un si remarquable événement ne pouvait manquer d'exciter l'émulation des explorateurs anglais. L'un d'eux, M. Austen Henri Layard, ne tarda pas à fouiller d'autres petits monticules, près du petit village de Nemroud, à environ trente-six kilomètres de Mossoul, et à soixante de Khorsabad, sur la rive orientale du Tigre, et à moins de quatre kilomètres de ce fleuve.

Son zèle n'a pas été moins heureux que celui de M. Botta. Il a également enrichi le musée britannique des prodigieux témoignages de l'antique civilisation assyrienne. (*Discoveries in the ruins of Niniveh and Babylon.*)

Les consuls français et étrangers, des archéologues de différentes nations, continuent avec ardeur les travaux si heureusement commencés. M. Place, notre consul à Mossoul, a découvert sur l'emplacement de Khorsabad la première statue assyrienne qui ait été exhumée; avant lui, on n'avait en effet trouvé que des figures en demi-relief. Cette statue a quatre pieds et demi de haut, et représente un personnage tenant une sorte de bouteille. M. Place a découvert aussi un mur de briques émaillées et peintes, haut de cinq pieds, sur lequel sont figurés des animaux, des hommes, des arbres, etc. Tandis que nous écrivons ces lignes, de nouvelles richesses sortent de terre; bientôt elles orneront nos musées.

Les nombreuses inscriptions en écriture cunéiforme assyrienne que l'on trouve sur tous ces monuments serviront de contrôle aux suppositions de la science. On commence à les déchiffrer. (E. Charton. *Voyages anciens et modernes.*)

66   LES ORIGINES DU MONDE.

Ainsi parle l'archéologue Bédrin : puis il me montre du doigt de gigantesques statues de granit qui s'élèvent dans les jardins du Khorsabad, sur quelques places et dans le voisinage des temples. L'une représente un taureau ailé à figure humaine, l'autre un colosse humain, dont la tête est coiffée d'une tiare et la barbe frisée à la mode assyrienne (1). Mon savant interprète m'explique alors que ces deux statues gigantesques sont des idoles représentant, l'une le roi d'Assyrie caché sous la forme d'un taureau à tête d'homme, symbole du monarque qui possède à lui seul pouvoir, vigilance, force et majesté; l'autre l'effigie d'Hercule-soleil, car déjà la force brutale prêtée à la divinité se résume sous le nom d'Hercule, et cette divinité, chez les Assyriens, c'est le soleil, le dieu de la nature, qui la possède. Combien de peuples n'adoreront pas ainsi ce qui frappe les sens, et spécialement le soleil !

Pendant cet entretien de mon éloquent ami, je continue l'examen de la nouvelle cité, et je promène mon regard investigateur sur ses

---

(1) Ces deux statues font maintenant partie du musée d'Assyrie, à Paris. Les deux colosses sont semblables : ils portent la même figure mitrée et la barbe étagée. L'expression des traits peut être admirée, tant elle est fière et pleine d'une énergie sauvage. Le travail est même assez fini pour de la statuaire en granit. Sur l'une des faces de chaque colosse, il y a une figure en pied étranglant un lion sur sa poitrine, et d'un caractère analogue à tout cet ensemble.

On trouve fréquemment cette figure sur les monuments persépolitains, et on la désigne sous le nom de *sphinx*. On suppose que cette combinaison de divers animaux avait pour objet de figurer les divers attributs de la divinité, la toute-puissance, l'omniscience, l'ubiquité, etc.

Ces deux figures occupaient les côtés de l'ouverture d'une muraille d'enceinte, couverte elle-même d'une double procession de personnages venant apporter des présents au roi, dont la figure est sculptée de chaque côté de la porte. Ce motif de décoration se retrouve souvent dans tous les palais assyriens ; il orne aussi le grand escalier du palais, à Persépolis, et toutes les figures sont de taille colossale. Sur ce mur, le roi porte aussi la tiare. Cette tiare, en forme de cône tronqué, paraît être faite avec une matière flexible. Elle ressemble aux bonnets actuels des Persans.

Le roi est presque toujours suivi de deux serviteurs imberbes; l'un porte un chasse-mouches de la main droite, et de la main gauche une bandelette ou peut-être le mouchoir de son maître; l'autre porte un arc, un carquois, une masse d'armes, ou un sceptre. Il sont vêtus d'une tunique serrée autour du cou, passant au-dessus du pli du coude, et descendant jusqu'aux chevilles du pied. Par-dessus leur tunique est une large écharpe dont les franges sont très longues. Leur chevelure est peinte en noir. Ils ont des bracelets, etc. Le chasse-mouches était en Orient, comme le parasol, un des insignes de la royauté. (E. Charton. *Voyages anciens et modernes*.)

Sous des vitrines, dans le même musée, on voit des fragments de pierres et des briques de bitume peintes et historiées qui proviennent des fouilles faites à Ninive par M. Botta, depuis que l'on a découvert sa position, à *Niniouah*.

nombreuses maisons formées de briques cuites au feu, de couleurs variées, vernies et disposées en curieuses arabesques. Enfin, le long du Tigre, je vois s'élever des quais magnifiques, composés de briques encaissées dans le granit, qui captivent les eaux du fleuve et ne lui permettent pas, aux jours d'hiver, de pousser leurs débordements jusqu'aux portes de la ville.

— Remarquez, me dit encore Marius, que les architectes, sans expérience encore, qui ont bâti Ninive, se sont bien gardés de la placer sur le fleuve même. Leur talent, à peine sorti des langes, ne leur a pas encore révélé le secret de faire des voûtes. Ils ont donc évité de construire des ponts qui fussent devenus nécessaires pour mettre les différents quartiers de la ville en communication, si elle eût été bâtie sur les deux rives du Tigre.

— Du reste, l'art de l'architecture va se développer avec une merveilleuse rapidité, ajoute Arthur Bigron, et bientôt, sur d'autres points et pour d'autres villes, vous verrez cette difficulté vaincue.

— Ne t'extasie pas si longtemps sur Ninive et les palmiers qui forment autour d'elle une enceinte de délicieux bocages, me dit alors mon oncle. Du Tigre porte les yeux sur l'Euphrate, son frère, et, suivant le cours de ses eaux qu'ombragent les saules et les aulnes d'humides rivages, contemple à son tour cette autre cité naissante, maintenant sœur et bientôt rivale de Ninive.

— Mais quelle est cette ville? demandai-je en voyant, en effet, s'élever au milieu de marais stagnants d'où montaient des miasmes putrides quelques modestes maisons de boue, de branchages et de roseaux, adossées à d'autres demeures de briques cuites au soleil, et faisant cortége à une tour fort élevée dont l'aspect ne m'était pas inconnu. Serait-ce donc là, Babel, la Tour de Babel? ajouté-je.

— Oui, voilà BABYLONE, Babylone si fameuse dans l'avenir, que dans les siècles les plus reculés ses beautés et ses splendeurs seront citées comme des merveilles incomparables, dit mon oncle.

— Cette bourgade misérable, assise dans les fanges des rivages de l'Euphrate, abritée sous cette tour en ruines, à moitié noyée dans les marais formés par l'enlèvement des terres employées à former les briques de la tour, Babylone! m'écrié-je stupéfait. Oh! que grand est mon désenchantement!

Je vois, au sourire de ma cousine Even et de ses compagnons, qu'ils s'amusent de ma surprise. Mais Arthur Bigron redevient sérieux aussitôt, et me dit :

— L'origine de Ninive précède celle de Babylone de bon nombre d'années ; il n'est donc pas étonnant qu'elle soit arrivée à l'état de cité splendide, déjà, pendant que Babylone n'est encore qu'une simple bourgade. Mais laissez faire le temps, et nous vous mettrons en présence d'une ville capitale qui vous frappera d'admiration, elle aussi. De la fange dans laquelle Nemrod a placé Babylone, vous verrez surgir de tels prodiges d'architecture, de statuaire, de sculpture et de monuments si grandioses et si pittoresques, que les cent bouches de la renommée ne suffiront pas à en proclamer à jamais les beautés.

Pour le moment, sachez que Chinzir, le septième successeur de Nemrod, a eu la maladresse de laisser prendre par des Arabes, venus du midi de l'Asie, la désolée Babylone que voici, larmoyant sous les saules de ses rivages.

Et ce malheur n'a pas été le seul qui ait nui à l'accroissement de la ville, car Bélus, roi de Ninive, avant de mourir, a voulu chasser les Arabes de son voisinage, et il y a réussi. Mais ce n'a été encore qu'au détriment de Babylone, qui alors devint la proie des Ninivites.

Actuellement, Théobald, portez les yeux, au nord-ouest de Babylone, sur la petite ville de Ur, que déjà vous connaissez : nous avons là des faits d'un autre ordre, que je dois vous signaler.

Je suis en effet l'inspiration de mon guide, et tel est le spectacle qui frappe mes regards :

Il est l'heure du soir où les pâtres ont la coutume de rassembler leurs troupeaux autour des sources. D'une vaste nappe de pacages couverts d'innombrables chèvres et brebis, s'avance un berger dans la direction d'un bois taillis qui dissimule l'entrée d'une caverne. Cet homme, d'une taille élevée, d'un port majestueux, la tête brunie par le soleil, mais une douce rêverie lui servant d'auréole, le corps entouré d'une tunique de lin gris, se découvre à peine arrivé près du buisson, et levant au ciel son œil noir, comme s'il invoquait le Dieu qui y réside, semble prier. Il prie, en effet, car des profondeurs du bois, rendu sombre déjà par le crépuscule, une voix se fait entendre :

— Abram, dit cette voix, huitième descendant de Sem, mon fidèle, tu vas quitter Ur, ta patrie. Suivi de Tharé, ton vieux père, et de ton frère Bathuel, tu t'éloigneras de Chaldée, oublieuse de mes bienfaits et livrée à l'idolâtrie. Alors tu marcheras vers les régions du midi. Là, je te montrerai la région que je te prescris d'habiter; là, je te ferai connaître mes autres volontés...

Le pâtre ne répond pas; mais il frappe la terre de son front et adore.

Puis, regardant la lune qui se lève et projette les rayons de sa pâle lumière sur sa ville natale, Ur; ensuite, les unes après les autres, les étoiles du firmament, que tant de fois il a comptées pendant ses longues nuits de veille, auprès de ses troupeaux; contemplant enfin les pâturages verdoyants qu'il a tant de fois foulés du pied, et les coteaux ponctués de cèdres et de palmiers qui servent d'encadrement à la contrée, il semble leur adresser un adieu résigné, se redresse lentement et dit avec respect :

— Je partirai, Seigneur, puisque telle est votre volonté !

En effet, l'aube trace à peine son cercle d'argent dans les cieux, le lendemain, que s'éloigne d'Ur une longue file de chameaux et de chamelles, de buffles et d'onagres, de brebis et de chèvres, qui broutent leur provende le long des sentiers fleuris, tout en descendant vers le sud. Des chars, traînés par des taureaux, suivent les troupeaux divisés par groupes nombreux et conduits pas à pas, le premier par un jeune pâtre à barbe blonde armé de la houlette; le second par un vieillard à barbe blanche, et le troisième par le berger que nous avons vu écouter la parole de Dieu.

Ce sont Loth, neveu d'Abraham, Tharé, son père, et Abram lui-même. Sarah, femme d'Abram, est montée sur l'une des chamelles, et la femme et la fille de Loth sont assises sur des dromadaires, dont la troupe s'avance pêle-mêle à l'arrière, avec les génisses aux mamelles tombantes et frôlant l'herbe du chemin.

La caravane marche tout le jour, et, le soir, on dresse les tentes sous les arbres; on allume les feux pour préparer le repas des pérégrinateurs, et quelques hommes veillent pour observer le repos.

C'est ainsi que l'on atteint Haran, dans la Mésopotamie. Mais la fatigue de la route a mis à bout les forces de Tharé. Il meurt à Haran, plein d'années et de vertus. Aussi Abram reste-t-il dans cette bourgade, ne pouvant s'éloigner de la dépouille mortelle du vieillard, qu'il a renfermée dans un tombeau. Il faut que la parole du Seigneur se fasse entendre pour l'arracher à ce séjour.

— Sors de ce pays, lui dit Dieu, et gagne la terre que je te montrerai. Je ferai naître de toi un grand peuple; je te bénirai, et, avec toi, toutes les nations du monde...

On est en 2296.

Aussitôt Abram se lève de nouveau, donne les ordres du départ, et la caravane de la pieuse famille traverse l'Euphrate, puis, sillonnant la *vallée de l'Oronte*, elle longe le flanc oriental de la *chaîne de l'Anti-Liban*. Enfin, après de grandes fatigues, elle atteint une bourgade naissante, assise sur la rampe de la montagne qui voit se lever le soleil, à l'entrée de la longue terre s'étendant entre le Liban et l'Anti-Liban (1).

(1) Lorsqu'on débarque sur les côtes de la Syrie, l'horizon qui se présente à l'œil du voyageur, et qui le couvre, c'est la longue chaîne du Liban, et de l'Anti-Liban qui lui est parallèle, mais cachée derrière la première, et courant l'une et l'autre du nord au sud. Rien de plus admirable que ces ondulations de montagnes aux cimes bleuâtres, çà et là diamantées par des neiges éternelles.

C'est à Tripoli que l'on trouve le chemin de la montagne des Cèdres, cette gloire du Liban, *gloria Libani*, comme le dit souvent l'Ecriture. Tout le plateau qui y conduit est couvert de bois d'oliviers qui prolongent jusqu'aux limites de l'horizon leurs têtes mobiles et grises. Des quinconces de mûriers et des plants de vignes varient et animent l'aspect de cette campagne. Après quatre heures de marche, le sol change avec la végétation. Au lieu d'une montée douce et verte, paraissent les sentiers âpres de la montagne, si abruptes, si perpendiculaires, que pour se maintenir en équilibre il faut se cramponner aux crins des chevaux. On gravit ainsi pendant deux heures, au milieu de blocs de basalte affectant mille formes sauvages et tourmentées. A mesure qu'on s'élève, les points de vue s'agrandissent; ils prennent une pompe et une majesté bibliques. Derrière soi, le vaste horizon maritime; à sa droite, le mont Thabor au plus loin, et les crêtes de l'île de Chypre.

Au milieu de tels spectacles on arrive à Eden. A ce nom seul, tous les souvenirs bibliques se réveillent. Bâti sur un des plateaux les plus élevés du Liban, Eden est le dernier village habité. Au-dessus de lui se dresse une croupe gigantesque de roches nues, stériles, qui le domine comme un superbe donjon féodal. Les environs sont d'une magnificence incomparable; haies odorantes, berceaux de fleurs, gazons verts entrecoupés de ruisseaux et de cascades naturelles. Le village même, avec ses arbres magnifiques, semble un grand jardin.

De là, après une nouvelle marche de deux heures, on arrive à la forêt des Cèdres. Le cèdre, ce roi des arbres, se plaît dans les zones élevées. Jadis, au temps de Salomon, toutes ces hauteurs en étaient couvertes. Aujourd'hui, il n'y en a plus que dans la partie élevée de la chaîne. Le cèdre ne semble pas tolérer d'autres végétaux dans son voisinage. Le terrain qui les environne est nu, sauvage, dépouillé. Pendant plusieurs mois de l'année, ils portent un manteau de neige sur leurs feuilles en parasol. Une fontaine qui coule aux environs est si fraîche qu'elle donne, dit-on, la fièvre à ceux qui y plongent leurs mains.

C'est Damas, le lieu fatal où Abel perdit la vie (1).

Abram y séjourne quelque temps encore ; mais voici que la voix de Dieu tonne cette fois, et exige que le voyageur s'achemine vers le pays de Chanaan.

Cette forêt de cèdres se réduit à une vingtaine d'arbres antiques et séculaires qui occupent un assez vaste espace. Mais s'ils ne sont pas nombreux, de quelle magnificence ne sont-ils pas revêtus ! C'est un admirable spectacle que ces belles têtes de vieux arbres et leurs trônes capricieux ! Ils s'élèvent de soixante à cent pieds : ce n'est pas une proportion colossale, mais la grosseur et l'étendue des branches sont énormes. Huit hommes, les bras tendus, n'embrasseraient pas le tour du roi de ces cèdres. Leurs rameaux toujours verts, plats, touffus et horizontaux, sont du plus bel effet. Quand la brise les balance, on dirait des nuages que le vent chasse devant lui.

Sur le sommet de ces monts, et autour de ce bouquet de cèdres, planent des aigles, qui ne se posent qu'à cette hauteur. Quand on s'élève encore, de manière à atteindre le point culminant, on jouit d'un double point de vue : d'un côté, la mer et l'île de Chypre ; et de l'autre, la vallée de Balbeck, que terminent les monts Aggar...

Dans cette zone élevée, et sur tous les plateaux cultivables, existent une foule de villages maronites, des plus riches.

Pendant la belle saison, les environs des cèdres ont une population nomade. Au pied des arbres mêmes se dressent des autels sur lesquels les moines officient, car ces cèdres ont leurs dévots, comme Jérusalem, etc.

(1) La ville de Damas, dit le R. P. Laorty-Hadji, qui la visitait vers 1855, peut revendiquer l'antiquité la plus haute. C'est, sans contredit, l'une des plus anciennes cités du monde. On lui donne pour fondateur Hus, petit-fils de Sem. Quelques écrivains, se fondant sur la signification du mot *Dammeseck*, nom hébreu de Damas, qui veut dire *Sac de Sang*, ont supposé que c'est dans le lieu même où la ville a été bâtie que Caïn tua son frère Abel.

« Les Arabes l'appellent Scham ou El-Châm, c'est-à-dire la Syrie, parce qu'elle en est la capitale. D'autres disent que El-Châm veut dire soleil.

» Damas fut la capitale de la Syrie et de la Phénicie jusqu'au temps où Antioche devint le siège des Etats de Seleucus-Nicator. Comme toutes les villes anciennes, elle a subi les effets désastreux des guerres, et trois prophètes, Isaïe, Jérémie et Amos, avaient prédit le sort qui lui était réservé, en punition de ses crimes et de son idolâtrie. Plusieurs fois les rois d'Assyrie l'ont prise et ruinée. Alexandre s'en rendit maître après la victoire qu'il remporta sur Darius. Elle fut subjuguée par les Romains, sous les ordres de Pompée, et réunie à l'empire avec toute la Syrie. C'est à Damas que s'opéra la conversion de saint Paul, dont les prédications la remplirent de chrétiens. Les Musulmans l'envahirent ensuite, en 636 de J.-C. Elle fut vainement assiégée par les croisés. Tamerlan la prit aux Sarrasins, en 1401, et la couvrit de ruines et de cadavres. En 1517, le sultan Sélim s'en empara. Soumise, en 1832, par Ibrahim-Pacha, elle est rentrée, en 1840, au pouvoir des Turcs.

» Située entre le dernier versant de la chaîne anti-libanique et le grand désert, entourée d'arbres fruitiers entremêlés de jardins et de bosquets odorants, de kiosques, de jolis pavillons, de maisons de campagne, etc.; couronnée de mosquées et de minarets qui lancent vers le ciel leurs croissants et leurs flèches dorées, ceinte de remparts en blocs de marbres jaunes et noirs, symétriquement alternés, que dominent des tours carrées et des créneaux, avec son fleuve aux sept branches, ses ruisseaux nombreux qui circulent sur tous les points de cette délicieuse oasis, et y répandent l'abondance et la fraîcheur, Damas offre au premier aspect, à l'œil du voyageur étonné, le spectacle le plus ravissant.

» Mais des rues étroites, d'une largeur assez irrégulière, mal alignées, mal pavées,

Alors cette riche *Terre promise* se montre tout entière devant moi. Ce n'est pas un sol nu, sec, rocailleux, hérissé de montagnes décharnées, sans horizons, sans vallées, sans lumière, sans arbres, sans eaux, tel que je me le représentais pour en avoir entendu parler de travers. Loin de là. Des massifs d'arbres variés, toujours verts, aux ramures puissantes, aux troncs noueux, sycomores, platanes, nopals, térébinthes et caroubiers, couvrent çà et là les ondulations des collines. Par intervalles, apparaissent des clairières que sillonnent des traînées de roches blanches ou d'un gris bleu des plus doux. D'immenses espaces d'un humus noir, fécond et abondant, attendent les bras des colons. Les éminences, telles que des vagues qui se succèdent, s'écartent, se rapprochent et se superposent harmonieusement. Le regard suit volontiers leurs flexibles sinuosités et s'égare en de charmantes vallées, dont les versants sont capitonnés de figuiers, d'oliviers, de vignes, les uns; les autres demeurent arides, mais ils sont ponctués de villages et de tentes nomades. Partout c'est une perspective de montagnes altières, de vallons ombreux, de lumière et de parties sombres où nagent des nuances bleuâtres du plus délicieux effet. Entre les différentes assises des élévations, quelques torrents écument et forment de mélancoliques cascatelles. Ou bien des lacs luisent au loin comme de mystérieux miroirs. A droite et à gauche, dans les nues, quelques pics rocheux se dressent comme des fantômes capricieux et diversifient le tableau. Parfois aussi, ces monts se trouvent brisés soudain par la main de la nature, et alors de vastes percées ouvrent des horizons à perte de vue, inondés d'un jour ensoleillé, aux reflets d'or, et tantôt nuancés de teintes violettes ou

répondent peu à l'idée que l'on se fait de Damas par son extérieur. » Toutefois quelques-unes pourraient être comparées à nos rues européennes. Bâties en bois ou en briques, et recouvertes d'une sorte de boue grise ou blanchâtre, les maisons n'ont qu'une apparence pauvre et mesquine. Les palais n'ont guère un meilleur aspect.

La ville moderne de Damas ne renferme pas un seul monument de quelque intérêt; mais on montre encore au voyageur chrétien divers lieux que la tradition a consacrés, et qui se rattachent à la résidence de Saul, — saint Paul. — Dans une rue qui court de l'est à l'ouest, est une petite grotte ou caveau contenant un autel chrétien et un lieu de prières pour les Turcs. On dit que c'était la maison de Jude, où Saul reçut les enseignements d'Ananie. A un quart de mille environ de la Porte-Orientale, il y a une place que l'on désigne comme ayant été le lieu de sa conversion. Chaque année, les chrétiens de Damas vont en procession réciter sur cette place déserte l'histoire de la conversion de saint Paul. — G. R.

carminées. Il y tombe comme une pluie d'étincelles rutilantes qui ravissent les yeux et font rêver l'âme. Au sommet du firmament, un soleil brûlant disperse ses feux dans un ciel pur, et force à incliner la tête pour ne pas être ébloui.

A cette vue, des larmes sillonnent mon visage. Evenor s'en aperçoit sans doute, car elle me dit aussitôt :

— Pourquoi ces pleurs, cousin Théobald?

Je ne réponds pas, mais je mets la main sur mon cœur.

Que de doux souvenirs émotionnent mon âme, en effet!

Sous la parole vibrante de ma mère, me tenant jadis entre ses genoux, en face d'une Bible aux riches enluminures, n'ai-je pas voyagé déjà, en esprit et par la pensée, dans cette terre de promission? Mes lèvres de petit enfant n'ont-elles pas mille fois épelé son nom? Mon imagination ne lui doit-elle pas ses premières images, et mon âme ses plus douces rêveries?

Je ne suis qu'un misérable écolier, un pauvre clerc d'une obscure basoche de province : mais si mes facultés sont restées sourdes à la voix des maîtres, mon cœur s'était ouvert autrefois à ces enseignements pieux de ma mère, faits sur le livre de Dieu. Oh! mères, c'est à vous que l'enfant doit ses plus sublimes leçons, je le sens!

Oui, mon âme s'émeut, parce que les noms de cette Terre-Sainte rappellent les noms qui bercèrent mon enfance : Abraham, Sarah, Isaac, Rebecca, Jacob, Lia, Rachel, Joseph, Moïse, Aaron, Gédéon, Ruth, Noémi, David, Salomon, Jésus, Jésus le nom le plus doux des langues! Et puis ceux de Sichem, Béthel, Samarie, Engaddi, Gelboë, Nazareth, Bethléem, Jéricho, Jérusalem, Jérusalem surtout, que je vais entendre prononcer, dont je vais voir les sites, ne sont-ils pas de ces noms que l'on aime toujours et que l'on n'oublie jamais?

Et, en présence de ces souvenirs, devant cette terre de ma patrie, car la Terre-Sainte est la patrie de tout homme élevé dans le sein de Dieu, Evenor me demande : Qu'avez-vous?

Oh! elle me devine bien; c'est une épreuve qu'elle me fait subir, car la voici qui prend la parole :

— Il est noble et saint le tableau que nous offrira cette contrée, à cette heure où Abram y pénètre, car le monde est livré déjà au culte des idoles, et, seul, il adore le vrai Dieu. Aussi, de quel amour le ciel le poursuit !

Arrivée sur les limites de la terre de Chanaan, la famille du patriarche, laissant derrière elle la chaîne libanique, dont vous voyez les deux arêtes remonter vers le nord, et mettant à sa droite le *Mont-Carmel*, qui surplombe comme un cône et domine la mer, et à sa gauche les sources et le cours du Jourdain, la mer de Galilée et le pays des Géréséens, atteint *Sichem*, au pied du *Mont-Garizim*, où elle dresse les tentes de son camp nomade (1).

A peine a-t-elle joui du repos, que la voix du Seigneur se fait entendre pour annoncer au voyageur qu'il est assis sur le sol promis à sa race. Aussitôt Abram élève un autel de pierres sèches comme témoignage de reconnaissance et d'amour. Puis, ne voyageant plus dèslors que pour trouver des pâturages à ses troupeaux, dont la main de Dieu multiplie le nombre, il roule ses chars et porte ses tentes de Sichem à *Luza*, qu'il surnomme *Béthel* ou la *Maison de Dieu*, parce que le Seigneur s'y fait encore entendre à lui ; de Béthel il descend à *Géraze*, sur la frontière de la contrée des Philistins, en laissant Jébus à sa gauche. Mais à Géraze maigres et rares sont les pacages. Aussi, mettant cette fois Jébus à sa droite, Abram remonte vers Béthel. Ainsi, a-t-il parcouru la terre de Chanaan dans toute sa longueur, depuis le Liban jusqu'aux montagnes du sud, d'où, comme nous, son

---

(1) En face d'Acre, et dominant la petite ville de Caïffa ou Hayfa, s'élève un pic écrasé et rocailleux, dont le nom est célèbre dans les Ecritures : c'est le *Mont-Carmel*, où pria le prophète Elie. Un couvent et une chapelle dédiée au prophète couronnent ce sommet. C'est de là, dit la tradition, qu'il partit pour le ciel, dans un chariot de feu. La hauteur de ce pic est de trois cents toises au-dessus du niveau de la mer. Ses flancs sont couverts d'oliviers et de vignes sauvages, qui attestent l'existence d'anciennes cultures. Aussi le *Carmel*, dont le nom signifie *plantation*, est souvent, dans la Bible, l'emblème de la fertilité. *Au désert sera donnée la beauté du Carmel et de la plaine de Saarons...* dit Isaïe, dans une de ses visions prophétiques ; et Amos, le berger de Thécoa, dit aussi : *Les pâturages des bergers sont en deuil et la tête du Carmel se dessèche.* Sur ce plateau aéré, et dans le monastère d'Elie, fut établie, à l'époque du siège de Saint-Jean d'Acre par l'armée française, une ambulance réservée aux soldats pestiférés. Ce couvent, fondé par les *Carmes* ou religieux du Carmel, en 1180, était en grande vénération dès le temps de saint Louis. C'est de là que ce pieux monarque fit venir, en 1259, six religieux qui fondèrent la communauté des Carmes à Paris. Dans une des chambres du monastère d'Elie, les moines ont recueilli un grand nombre d'objets d'antiquité de différents âges, trouvés parmi des décombres et dans des fouilles faites au pied du Carmel. M. Michaud y a remarqué plusieurs médailles phéniciennes et un autel votif sur lequel le nom d'Homère est gravé en caractères grecs. (R. P. Laorty-Hadji. *La Syrie, la Palestine et la Judée.*)

regard a dû plonger sur l'horizon, dont la brume vaporeuse et violette qui voile les rivages d'Asie se confond avec la mer d'Egypte, teinte d'un bleu plus foncé que le ciel. Ainsi a-t-il vu de près Jébus, la future Jérusalem, qui doit devenir le royal et sublime pilori d'où le sang divin de l'expiation sera versé et rejaillira sur l'humanité pour la laver une fois encore de ses souillures.

— Que se passe-t-il donc encore? dis-je à Evenor en l'interrompant. Voici que la longue caravane de la famille d'Abram, ses nombreux bergers et son immense bétail se déroulant comme un serpent gigantesque, quittant Béthel et la terre de Chanaan, pour s'acheminer vers l'Egypte, fait s'élever et poudroyer entre la mer Rouge et la Méditerranée les sables roux de l'isthme qui les sépare.

Je ne vous dirai pas la réponse d'Evenor. Elle renferme cependant toute la vie sainte et naïve du patriarche. Mais comment peindre les tableaux sacrés que son récit me fait passer sous les yeux? Comment redire ces poèmes bibliques aussi doux et plus mélodieux que des harpes éoliennes résonnant sous les brises du soir? Comment raconter ces drames, ces pastorales, ces épisodes dont, aux jours de l'innocence, notre imagination d'enfant chrétien reçut les émouvantes impressions, comme le collodion du photographe s'imprègne des images qui sont offertes à la lentille de l'appareil de Daguerre. Ces chants divins n'appartiennent qu'à une bouche divine.

Aussi je passerai sous silence

Et cette horrible famine qui, en 2289, ravage la terre de Chanaan, et force Abram à se réfugier en Egypte, dont le Pharaon, sensible à la beauté de Sarah, l'enlève à son époux, croyant la ravir à son frère; mais ensuite, frappé par la main du Très-Haut, la rend à Abram qu'il comble de dons, en le faisant accompagner avec honneur jusqu'aux frontières de la Terre promise, vers laquelle, après la famine, revient l'obéissant patriarche;

Et la séparation de Loth, qui, abandonnant son oncle à la suite des rixes de leurs pâtres, va planter ses tentes dans les grasses prairies qu'arrose le Jourdain, tout près de *Sodome*, de *Gomorrhe*, d'*Adama*, de *Séboïm*, et de *Ségor*, cinq villes qui forment la *Pentapole*, exécrée du Seigneur, car, hélas! ses habitants s'abandonnent aux vices les plus infâmes;

Et Abram s'établissant à *Mambré*, dans la vallée de ce nom, au midi, et à deux jours de marche de Jébus, dans le pays des Hétéens, et non loin d'Hébron ;

Et Chodorlahomor, roi d'Elymaïs, en la région des Elamites, marchant avec trois autres rois, ceux de Sennahar, de Pont et des Nations (1), contre les rois de la Pentapole, leur enlevant les richesses de leurs cités, en y comprenant les troupeaux de Loth : mais le même Chodorlahomor, battu par Abram, suivi de trois cent dix-huit de ses serviteurs, qui lui enlève son butin, rend à Loth ses brebis et la liberté de sa famille, plus précieuse encore que son bétail ;

Et Melchisédech, grand-prêtre de Jéhovah, roi de Jébus-Salem, allant à la rencontre du vainqueur, par la vallée de Bethléem, et le bénissant au nom de Dieu, auquel il offre un sacrifice de pain et de vin, symbole du sacrifice futur qu'instituera l'Homme-Dieu ;

Puis la jeune Egyptienne Agar, devenant la femme de second ordre d'Abram, et lui donnant un fils du nom d'Ismaël (2) ;

Puis, Abram devenant *Ab-ra-ham*, par l'ordre du Seigneur, et, comme signe d'adoption de la part du Très-Haut, opérant désormais la circoncision et sur lui-même, et sur les gens de sa maison, et sur tous ceux de sa race ;

Puis encore les trois anges, sous forme de trois jeunes voyageurs, apparaissant dans la vallée de Mambré, alors qu'Abraham est assis à l'ombre d'un chêne (3), devant sa tente, à l'heure de midi, et lui pro-

---

(1) Voici ce que dit l'Ecriture à ce sujet, *Genèse*, ch. XIV :
« Alors, le roi de Sodome, le roi de Gomorrhe, le roi de Adama, le roi de Séboïm, et le roi de Bala, qui est la même que Ségor, se mirent en campagne, et rangèrent leurs troupes en bataille, dans la vallée du Bois, contre Chodorlahomor, roi des Elamites, Thadal, roi des Nations, Amraphel, roi de Sennahar, et Arioch, roi de Pont, quatre rois contre cinq... »

(2) Sarah présentant Agar à Abraham, pour lui tenir lieu de femme de second ordre, a été le sujet d'un des plus beaux tableaux de la peinture allemande. Le musée de Paris le possède. Il est de Gaspard Netscher, né à Heidelberg, en 1639, et l'un des plus fameux peintres du XVe siècle. Netscher mourut en 1684.

(3) Saint Jérôme raconte que le chêne de Mambré subsista depuis le commencement du monde jusqu'à l'empire de Constantin. Il n'ajoute pas que, même sous Constantin, ce chêne n'existait plus, car si cet arbre n'était plus entier comme auparavant, toujours est-il qu'il en restait quelque partie, puisque ce prince fit élever une église et sur ce chêne vénérable et sur l'emplacement que, tout à côté, avait occupé la tente du patriarche, et où avait eu lieu son entretien avec les anges et Sarah.

A la fin du VIIe siècle, l'évêque français Arculphe, qui visita la Terre-Sainte, et qui nous raconte avoir vu le chêne d'Abraham, à Mambré, de ses propres yeux, dit qu'il

phétisant que, malgré son grand âge, Sarah lui donnera un fils, ce dont Sarah, aux écoutes, rit beaucoup, tout en faisant cuire sous la cendre trois pains pour les trois jeunes hommes;

La visite des anges à Loth, qu'ils arrachent à Sodome;

La pluie de soufre et de feu tombant sur cette même Sodome, sur Gomorrhe, Adama, Séboïm et Ségor, qu'elle détruit ainsi que tous leurs habitants, tandis que le sol qui les porte s'entr'ouvrant pour engloutir ces villes impures, une mer sans vie, la *mer Morte* ou *lac Asphaltite*, se forme aux lieux mêmes qu'elles ont occupé, comme pour en laver les souillures (1);

en restait un tronc sans vie, protégé par le toit de l'église de Constantin, et que ce tronc pouvait à peine être embrassé par les bras de deux hommes. Il ajoute que de ce tronc lacéré de tous côtés par des haches, on envoyait des parcelles dans toutes les parties du monde.

De nos jours, cette église est en ruines, mais on y voit parfaitement les fondations, et même le mur du pourtour qui s'élève à quelques pieds encore. Ce lieu sacré, à une heure d'Hébron, n'est qu'à cinq minutes du petit sentier qui mène à Thekna. Les Juifs du pays appellent cette ruine la maison d'Abraham, et signalent l'emplacement de la tente, en même temps qu'ils montrent l'excavation d'où la piété des croyants a extrait jusqu'aux dernières racines du chêne.

(1) Le Jourdain se jette dans la mer Morte avec une grande impétuosité, et il y porte chaque jour 6,000,000 de tonnes d'eau. On ignore par où disparaît le trop-plein du lac; ce doit être en grande partie par l'évaporation.

Arculphe ne fait pas de la mer Morte le sombre et effrayant tableau que l'on retrouve si souvent dans les récits des voyageurs modernes.

Voici ce qu'en dit, de nos jours, le consciencieux M. de Saulcy:

« Du haut de la montagne, cette mer étrange, à laquelle tous les écrivains attribuent l'aspect le plus sinistre, nous avait apparu un lac splendide, étincelant de lumière, et dont les flots bleus venaient se briser doucement sur le gravier de la plage amie... Allions-nous acquérir la certitude que rien ne vit au bord de la mer Morte?... C'est le contraire qui nous est démontré : à l'instant même où nous atteignons le rivage, une volée de canards fuit devant nous, s'abat hors de portée dans les flots, se joue et plonge gaîment. Aux premiers pas que nous faisons, de beaux insectes se montrent à nous sur le sable; des corneilles volent et crient sur les flancs déchirés de la falaise immense qui domine le lac. Où sont donc ces miasmes méphitiques qui donnent la mort à tout ce qui n'en fuit pas l'atteinte?... Où?... dans les écrits des poètes qui ont emphatiquement raconté ce qu'ils n'ont pas vu. Il n'y a pas cinq minutes que nous foulons la plage de la mer Morte, et déjà presque tout ce qu'on m'a dit est rentré pour moi dans le domaine de la fable... » (*Voyage en Syrie*, tome I, p. 153.)

M. Georges Robinson, dit à son tour :

« Ce désert de sable et d'eau, où règne un silence solennel, présente dans son ensemble un aspect sombre et triste qui affaisse l'âme. Toutefois, il est nécessaire de dire que cela dépend beaucoup de l'état de l'atmosphère et de l'heure à laquelle on visite ces lieux. Par exemple, lorsque nous vîmes le lac Asphaltite, une brise du sud en ridait légèrement la surface, et le ciel était sans nuages. L'immobilité de la mer Morte est due en partie à la profondeur du bassin où le lac est encaissé et qui l'abrite contre la violence du vent, et en partie à la pesanteur de ses eaux, qui tiennent en dissolution une quantité égale au quart de leur poids... »

Une statue de sel prenant la pose d'une femme curieuse, qui regarde derrière elle, et remplaçant ainsi par une cruelle transformation la femme de Loth qui désobéit au Seigneur (1), et, sous la voûte d'une caverne, où elles se réfugient avec leur père, les filles du même Loth donnant le jour, l'une, à Moab, le père futur des *Moabites*, qui habiteront *Rabbath-Moab*, sur la petite rivière de l'*Arnon*, l'autre à

M. Georges Robinson et ses compagnons se baignèrent dans la mer Morte, et y nagèrent, comme partout ailleurs, seulement avec une plus grande facilité.

L'historien Josèphe rapporte que Vespasien ayant fait jeter dans la mer Morte des hommes dont les bras étaient liés, ces criminels ne périrent pas, mais surnagèrent.

Des savants d'Amérique envoyèrent quelques-uns des membres de leur société pour explorer les rives du Jourdain et de la mer Morte. C'était en 1847. Ces explorateurs prirent avec eux deux bateaux métalliques, qui furent portés à dos de chameau, une fois qu'on eut atteint Beyrouth et la Syrie. Le rapporteur des travaux de cette expédition dit qu'il y a des instants où l'aspect de la mer Morte est si sombre, et l'évaporation de ses eaux si épaisse, qu'il croyait voir de la fumée s'échappant d'un foyer de soufre. Il compare la mer Morte à une chaudière où le métal serait en fusion, quoique immobile. (*Expedition and the river Jordan.*)

L'étendue de la mer Morte est de vingt lieues de long sur dix de large. Sa forme est un peu ovale. Elle est encaissée entre deux montagnes qui ne la rejoignent pas aux deux extrémités : elles sont fort pittoresques.

Jusque dans les derniers temps, peu de personnes avaient tenté de parcourir ces bords, parce qu'on y est souvent rançonné par les Arabes, ou effrayé par les bêtes fauves. M. de Saulcy et le R. P. Laorty-Hadji ont bravé ces deux dangers.

M. de Saulcy, de décembre 1850 à la fin de janvier 1851, a reconnu sous les eaux les ruines de Sodome, — *Esdoum*, de Gomorrhe, — *Goumran*, de Séboïm, — *Sébaan*, de Ségor, — *Zoar*, et l'emplacement d'Adamath, *El-Thaemeth*. Il a fait le tour des eaux, à l'exception des dernières lieues, à cause des roches qui l'ont arrêté. Le second voulait même naviguer sur ses ondes salées, mais son projet n'a pu se réaliser.

M. de Saulcy, qui a bu des eaux du lac, dit :

« Je ne crois pas qu'il existe au monde une eau plus effroyablement mauvaise, toute claire et toute limpide qu'elle est. Au premier moment on lui trouve la saveur de l'eau de mer ordinaire ; mais, en moins d'une seconde, cette eau agit sur les lèvres, sur la langue et sur le palais, et il n'est pas possible de ne pas la rejeter aussitôt, avec un soulèvement de cœur. C'est un mélange de sel, de coloquinte et d'huile, qui jouit en outre de la propriété de faire éprouver une sensation de brûlure bien caractérisée. On a beau se débarrasser la bouche de cette affreuse liqueur, elle a si violemment agi sur la muqueuse, qu'elle vous laisse son goût pendant plusieurs minutes, en occasionnant une contraction assez douloureuse de la gorge. »

Ce goût, paraît-il, n'est pas aussi détestable sur tous les bords de cette mer.

MM. G. et E. Robinson, qui se baignèrent dans la mer Morte, prétendent qu'en sortant de l'eau, ils virent que des particules salines s'étaient attachées à leur peau et mêlées à leurs cheveux; elles leur causaient des douleurs cuisantes, et ceux de leurs compagnons qui s'exposèrent au soleil eurent la peau tout excoriée.

(1) Benjamin, de Tudèle, en Espagne, juif voyageur, dit à l'occasion de la statue de sel de la femme de Loth :

« De la montagne des Oliviers on découvre la mer de Sodome, qui n'est éloignée que de deux parasanges de la statue de sel en laquelle fut changée la femme de Loth. Quoique les troupeaux qui passent lèchent continuellement le sel qui forme cette statue, elle recroît néanmoins toujours et devient comme elle était auparavant... »

Benjamin, de Tudèle, écrivait au XIIe siècle.

Ammon, le père futur des *Ammonites,* qui résideront à *Rabbath-Ammon,* au nord des Moabites, à l'est de la mer Morte et de la terre de Chanaan;

Les pérégrinations d'Abraham vers *Cadès, Sur* et *Géraze,* au sud-ouest de Mambré, dont le roi Abimélech, lui aussi, enlève Sarah, qu'il rend aussitôt, au premier mot d'Abraham, avec lequel une alliance est scellée;

La naissance d'Isaac, que Sarah enfante dans sa vieillesse, selon la prédiction des anges;

La jalousie de Sarah, à la vue d'Ismaël, le fils de l'Egyptienne Agar, jouant avec Isaac, et la timide jeune mère renvoyée par Abraham et errant dans le désert avec son enfant, qu'un ange arrache à la mort, en montrant à Agar l'eau fraîche d'une source, ainsi que le chemin qui conduit à Bersabée, au midi de Chanaan, où Ismaël deviendra le chef d'un grand peuple, toujours hostile aux descendants de son père (1);

(1) Pour bien juger les événements racontés dans la *Genèse,* il faut se reporter aux premiers jours du monde et chercher à en saisir les mœurs. On a blâmé sévèrement la conduite d'Abraham, qui sacrifie Agar et son fils Ismaël à un caprice de jalousie, et l'on ne veut pas voir qu'il ne fait que se conformer aux ordres de l'Eternel. D'ailleurs, sans recourir à l'intervention divine, la séparation des deux enfants d'Agar et de Sarah s'explique d'une manière toute naturelle. Les richesses des hommes, dans les premiers temps, consistaient surtout en troupeaux, et pour les nourrir il fallait une grande quantité de terre, ce qui obligeait les propriétaires à vivre éloignés les uns des autres : c'est ce qu'il faut remarquer dans toute la tradition biblique, et tout particulièrement dans les démêlés des pâtres, causes de la rupture d'Abraham et de Loth. Celui des fils qui devait succéder immédiatement au chef de la famille héritait en conséquence des tentes et des terres nécessaires au pâturages. Les autres enfants, après avoir reçu la part qui leur revenait dans la succession de leur père, étaient obligés de quitter le sol natal et d'aller s'établir ailleurs. Les livres saints nous apprennent que les enfants de Céthura furent dotés de la sorte. Alors pourquoi donc Abraham n'en aurait-il pas agi de même envers Ismaël? A Isaac, enfanté par la femme libre ou de premier ordre, appartenait la primogéniture sur Ismaël, né de la femme esclave ou de second ordre. Il continuait la famille patriarchale : mais pour cela ses frères n'étaient pas déshérités et recevaient la part qui devait leur revenir.

J. G. CHASSAGNOL.

Y a-t-il rien de plus touchant du reste que cette séparation d'Agar et d'Abraham? Abraham, ayant pris dès le matin ce qui était nécessaire au voyage du fils et de la mère, les en chargea et leur dit adieu. Seule désormais pour protéger son enfant, la pauvre Agar se dirige vers le désert de Bersabée. Mais l'eau lui manque avant d'arriver au terme de son voyage, et Ismaël haletant, épuisé de fatigue et de soif, ne peut plus marcher. L'infortunée mère cherche partout, et, ne trouvant pas une seule goutte d'eau pour rafraîchir le palais brûlant de son fils, elle s'éloigne pour ne pas être témoin de ses souffrances et de sa mort. Mais alors Dieu, qui semble l'avoir mau-

Sur le mont Moriah, près de Jébus-Salem, à l'endroit mê ue où mourut Adam, et où mourra Jésus, le jeune fils de Sarah, Isaac, placé sur un bûcher et la tête inclinée sous le glaive de son père qui va le frapper, pour obéir à Dieu, en lui offrant son fils chéri ;

Dans *Arbée* ou *Hébron*, au pays de Chanaan et proche de la vallée de Mambré, la mort de Sarah, à l'âge de cent vingt ans; puis sa sépulture en une caverne qui fait face à Mambré, payée quatre cents sicles d'argent, par Abraham à l'Ethéen Ephron ;

Et encore Eliézer envoyé en Mésopotamie, dans la ville de Haran, chez Bathuel, frère d'Abraham, pour en ramener Rebecca, sa fille, afin de la faire épouser à Isaac. Car à la mort de son père Tharé, Abraham a fait quitter Ur à Bathuel, et celui-ci est venu à Haran, demeurer près du tombeau du vieillard;

Son arrivée près du puits et le naïf entretien qui lui révèle qu'il a devant lui la fille de Bathuel, lorsqu'Eliézer prie Rebecca de lui donner à boire. Laban, son frère, introduisant dans la maison le vieux serviteur; la demande en mariage de la belle vierge; les vases d'or et les vêtements précieux donnés comme symbole de fiançailles; le départ de Rebecca et des suivantes qui l'accompagnent, montées sur les chameaux d'Abraham; Isaac se promenant dans la campagne au déclin du jour et rencontrant la caravane qui lui amène sa fiancée; la pudeur de la fille de Bathuel se voilant le visage, et, en dernier lieu, l'union de ces deux êtres chastes et purs.

Tous ces épisodes, si simples et si poétiques cependant, n'ont-ils pas un charme à nul autre pareil?

Je vois encore Céthura, dernière femme d'Abraham, qui lui donne pour fils Zamran, Jecsan, Madan, Jesboc, Sué et Madian, qui sera le

---

dite dans les malheurs qui la frappent, lui montre que son regard est ouvert sur elle. Voici qu'un ange se présente devant elle et lui indique une source. Le courage et la force reviennent aux exilés, qui s'avancent jusqu'au désert de Pharan. Là, Ismaël grandit et devient très habile à tirer de l'arc. Quelque temps après, il épousa une Egyptienne qui le rendit père de douze enfants.

L'Ecriture raconte qu'Abraham fut enterré par ses deux fils, Isaac et Ismaël. Il est probable que ce dernier retourna près de son père après la mort de Sarah, et qu'il partagea avec son frère les soins de la piété filiale.

Ismaël avait cent trente-sept ans quand il mourut. Sa postérité était déjà nombreuse. Il fut enseveli au milieu de son peuple. Le souvenir d'Ismaël s'est conservé parmi les Arabes, qui le regardent comme leur père et le plus grand des patriarches.

chef de la nombreuse famille des Madianites, à *Madian*, au sud des Moabites et au nord d'une autre Madian, assise sur les bords de la mer Rouge, et qu'Even m'apprend devoir être un jour la demeure de Jéthro, père de Séphora, que Moïse épousera, quand il aura quitté l'Egypte, pour la première fois.

Enfin, Abraham, lui aussi, paie le tribut à la nature, et il est inhumé au côté de Sarah, dans la caverne double, située dans le champ d'Ephron l'Ethéen (1), à Hébron.

Or, tous ces poèmes bibliques se passent sous mes yeux ; je vois leurs naïfs personnages, j'entends leurs paroles, je lis les sentiments ou les passions qui les animent sur leur visage ; tour à tour, les villes que j'ai nommées, les montagnes, les rivières, les vallées, les cavernes, les mers se montrent à moi dans leur beauté pittoresque, dans leurs formes primitives, ou stériles, ou fécondes, ou gracieuses, ou sauvages, et ces hommes et ces choses frappent mon imagination bien autrement qu'aux jours de ma puberté, car ce n'est plus un récit,

---

(1) Hébron est l'une des plus anciennes villes citées dans l'Ecriture. (*Genèse* XIII, 8.) Elle a été le séjour d'Abraham et des autres patriarches.

David y établit sa résidence pendant sept ans, et sans doute il y composa un grand nombre de ses psaumes.

On voit encore l'étang d'Hébron, sur lequel le saint roi fit pendre les meurtriers de son rival Ishbosheth.

Cette ville est située dans une vallée profonde couverte de vignes dans sa partie la plus large, mais de plus en plus étroite à mesure qu'elle se rapproche d'Hébron, qui se trouve ainsi comme resserrée entre deux rangées de hautes collines. Les maisons ne sont pas entourées de murailles ; mais il y a des portes à l'entrée de quelques-unes des rues, du côté de la campagne, comme à Bethléem.

On montre à Hébron la terre rouge qui servit, dit-on, à pétrir le corps du premier homme.

De nos jours, Hébron a une mosquée dont le mur extérieur paraît très ancien. Cet édifice repose sur la pente d'une colline. Les tombeaux des patriarches, paraît-il, seraient dans une caverne qui est au-dessus, en face de Mambre.

Mais leurs cénotaphes, c'est-à-dire leurs tombeaux vides sont dans cette mosquée. Les seuls Européens qui soient parvenus à entrer dans cette mosquée sont l'Espagnol Badia, connu sous le nom d'Ali-Bey, et Giovanni Fanti, serviteur italien de Banks ; peut-être faut-il ajouter Monro. Ali-Bey rapporte que les sépulcres des patriarches sont couverts de riches tapis, en soie verte, avec des broderies d'or. Il y avait neuf tapis sur le seul tombeau d'Abraham. Ce sont les sultans de Constantinople qui, de temps à autre, envoient ces tissus et ceux qui décorent les murailles.

A la gauche de la principale entrée de la mosquée, il y a un petit trou percé dans la muraille massive, et, à certains temps, on permet aux Juifs de regarder par ce trou. Ordinairement, il est fermé intérieurement par une petite planche. L'Anglais Ed. Robinson vit quelques Juives espagnoles qui priaient, agenouillées près de cette étroite ouverture. (*Voyages d'Ali-Bey,* — *Willibad et Edwards Robinson.*)

c'est toute une action avec ses héros, ses péripéties, ses dénoûments.

Soudain les plaines et les collines de Chanaan s'effacent de mon regard, et remontant vers l'orient de l'Asie, dans un vol rapide qui me permet cependant de voir les rivages du Tigre et de l'Euphrate se couvrir d'habitants et de cités, les solitudes mêmes s'animer du mouvement de migrations, de voyages, de pérégrinations, de caravanes, je me trouve en face d'une contrée nouvelle, à l'est de la mer Caspienne, au sud du *lac Oxien,* arrosée par le *fleuve Oxus,* et dont une ville puissante et belle, assise sur la *rivière du Bactrus,* attire aussitôt le regard de mon corps et toute l'attention de mon âme.

— Cette région se nomme *Bactriane,* mot qui signifie *Pays du soleil levant,* me dit alors mon bon oncle, dont la silhouette, ainsi que celles de Marius et d'Arthur, s'étaient perdues dans l'ombre depuis quelque temps, et cette ville est *Bactres.*

— Mais voici toute une armée qui a dressé les tentes de son camp autour des remparts de la ville dont elle fait le siége... répondis-je. Les banderilles de ses tentes flottent au vent, et je vois briller au soleil l'acier des piques de nombreuses cohortes.

— Comme la guerre est entrée dans le monde avec la mort, par la révolte d'Adam contre Dieu, me répond le Pirate, du moment que les fils de Noé ont formé des nations, ces nations oublieuses du vrai Dieu, de ses lois et de leur âme, sont entrées en lutte les unes contre les autres. Ici, règne Oxiartes, chef souverain des Bactriens, bientôt rendus cruels et méchants par la convoitise qu'inspire à l'homme une nature mauvaise que la croyance en Dieu ne réprime pas. Ainsi, les Bactriens font-ils des prisonniers sur leurs voisins? ils les décapitent sans pitié et se servent de leurs crânes pour boire leur sang. Ils n'acquièrent de considération les uns vis-à-vis des autres qu'en raison du nombre de victimes qu'ils font dans une mêlée. Croiras-tu qu'ils ont l'abominable coutume de faire mourir les vieillards et les infirmes de leurs familles? Avec cela ce peuple veut' envahir toujours. Il est advenu qu'Oxiartes étant allé attaquer le roi d'Assyrie jusque dans le voisinage de Ninive, et l'ayant vaincu dans une bataille, s'est fait un redoutable ennemi de ce prince, qui est Ninus, le successeur de Bélus. A son tour Ninus a quitté Ninive; et le voici qui fait le siége de Bactres, avec une foule de généraux et une armée innombrable.

— Voici même que les Assyriens vont livrer un assaut : ils s'approchent avec des échelles pour atteindre les remparts, dis-je avec une sorte d'enthousiasme. Echelles et sambuques, sorte de mâts d'où l'on jette sur les murs un pont volant, à l'aide de cordages, sont appliquées aux murailles, et les Ninivites, à la file les uns des autres, montent en tenant leurs armes à la main. Tenez, l'alarme est donnée dans la ville; les soldats bactriens approchent, couvrent les tours, lancent des nuées de flèches. Ils font pleuvoir sur les ennemis des feux, du plomb fondu, des matières incandescentes. Un sable brûlant s'introduit par les joints sous les armures; le liquide en fusion rejaillit sur les casques; une huile bouillante s'attache aux vêtements, et brûle la peau, en infligeant d'affreuses douleurs. Le sang coule : les Assyriens sont repoussés dans les fossés; on écarte les échelles des murailles; ah! la vaillante capitale de la Bactriane n'est pas si facile à prendre!

— Non... répond Arthur Bigron. Voici même longtemps déjà que Ninus est arrêté par leur force et leur bravoure, sous les murailles des généreux défenseurs de Bactres. Mais ne voyez-vous pas, à cette heure où les ténèbres vont couvrir la terre, une portion de l'armée qui se glisse comme un reptile dans les chemins creux de cette vallée? Pendant que les Assyriens attaquent de ce côté la ville, ceux que je vous désigne vont, dans une marche cauteleuse, attaquer l'autre partie de la place que les ennemis, trop confiants, ont dégarnie de troupes. Les voici qui font l'escalade de la cité. Entendez-vous les cris de terreur des Bactriens surpris? La victoire se range du côté de Ninus, car ces flammes vous indiquent que Bactres est à la discrétion du vainqueur...

Seulement le succès n'appartient ni à ses généraux ni à sa propre habileté; il est le fait d'une...

— Quelle est cette amazone, montée sur un cheval de bataille, coiffée de la *cidaris* assyrienne, couverte d'une armure que les derniers rayons du jour font étinceler comme un miroir, et qui semble diriger les efforts des Assyriens?... demandé-je à Even, sans quitter des yeux l'héroïne qui combat parmi les plus vaillants.

— Naguères encore, dans la belle Ninive que vous avez vue tout-à-l'heure dominer les rives du Tigre, me répond ma cousine, venait vendre le lait et les toisons de ses brebis, une toute jeune fille d'un hameau du désert. Née d'une femme qui, passant pour se livrer à la magie, sous le nom de Décerto, l'abandonnait souvent, des colombes lui tenaient lieu de mère. Les unes lui apportaient du lait, les autres la rafraîchissaient du vent de leurs ailes. Elevée ensuite parmi des bergers, la belle enfant devint la beauté la plus accomplie de l'Orient. Mais de tous les innocents compagnons de son enfance, nul ne lui aurait révélé la puissance de ses charmes, lorsqu'un hasard heureux amena dans la plaine le satrape de Syrie, Ménonès. Cet homme de guerre la vit, en devint éperdûment épris, et l'épousa. Elle lui donna deux fils.

Mais obligé de suivre Ninus, son roi, dans la Bactriane, à ce siége terrible que vous voyez, Ménonès se fit accompagner de la belle épousée. Le siége de Bactres durait depuis longtemps, lorsque, soit par un élan irréfléchi de fougueuse jeunesse, soit par un calcul adroit de haute ambition, ou bien peut-être par une révélation soudaine, qui métamorphose la femme timide en belliqueuse amazone, la fille de la solitude ayant jeté un coup d'œil attentif sur les remparts de Bactres, reconnut un poste faible du côté de la citadelle, et vint s'en emparer, comme vous avez vu...

La voici qui, par ce fait, rend Ninus maître de toute la ville et de sa contrée... (1).

— Et le nom de cette guerrière?... dis-je.

— Ne le devinez-vous donc pas, et faut-il vous mettre sur les lèvres le grand nom de.... Sémiramis?...

— Sémiramis!... m'écrié-je en rougissant.

— Oui, Sémiramis, dont le nom signifie la *Fille des Colombes*... reprend Evenor.

Mais, alors, Ninus fait appeler dans sa tente l'épouse de Ménonès, la récompense magnifiquement, et, à son tour, devient épris de la belle amazone. D'abord il fait proposer au satrape sa propre fille,

---

(1) *Hérodote*, liv. I. *Justin*, liv. I. *Valère-Maxime*, liv. IX. *Strabon*, liv. XVI, et *Diodore de Sicile*, liv. II.

Ces auteurs appellent Hypates et Hydaspes, les deux fils que Sémiramis eut de Ménonés. Mais ces deux noms sont bien *grecs* pour les fils d'une *Assyrienne!*

Certains auteurs, entre autres *Athénée*, prétendent que Sémiramis n'aurait été qu'une simple courtisane qui, sortie des marchés de Ninive, aurait été mise dans le serail du monarque, aurait subjugué le prince et se serait fait épouser.

La vie de Sémiramis et ses grandes œuvres réfutent cette calomnie.

Sosanne, en échange de Sémiramis ; puis, sur son refus, il ne lui laisse d'autre alternative que de céder, ou d'avoir les yeux crevés...

L'infortuné Ménonès s'étrangle de désespoir, et...

— Et Sémiramis devient reine d'Assyrie... ajouté-je.

— Maintenant, la scène change... continue Even. Regardez de ce côté, et voyez Sémiramis visitant ses Etats.

Elle veut surtout connaître Babylone... Elle a des projets sur cette bourgade. La voici, en effet, qui se présente parmi les chaumières entourant l'antique Tour de Babel. Quel étrange cortége rayonne autour de la belle princesse !

— C'est vrai, dis-je avec enthousiasme, j'admire avec bonheur la fière attitude de tous ces guerriers sur leurs chevaux de combat. Comme ces cavaliers surtout, que l'on nomme Clinabares d'Assyrie, s'avancent noblement, fièrement campés sur leurs montures de guerre, hommes et chevaux couverts de lames de bronze vermeil ! Quel feu dans leurs yeux, quel éclat sur leurs armures ! Y a-t-il quelque part splendeur égale à celle de ces robes d'Assyrie qui décorent tous les courtisans ? Mais ce qui me frappe davantage, c'est la majesté, la grâce martiale et le regard inspiré de Sémiramis. Avec quelle aisance merveilleuse elle manie son fougueux étalon ! Son armure d'or est à peine voilée par une longue chlamyde de pourpre, à larges raies blanches qui, fendue par le milieu, est constamment lutinée par le vent de la plaine.

Mais quels sont donc ses projets sur Babylone ?

— Maîtresse du cœur, et, ce qui la flotte plus encore, souveraine du trône de Ninus, Sémiramis est entrée en reine dans Ninive, où elle avait été vue précédemment modeste et pauvre fille, vendant le lait et la laine de ses troupeaux.

En subjuguant déjà la moitié de l'Asie, Ninus, son époux, avait monté son peuple à l'idée que la principale gloire des souverains est celle qui résulte du fracas des conquêtes.

Pour être jugée digne d'occuper son trône, l'héroïne de Bactres marche donc sur ses traces, mais avec la noble prétention d'être elle-même. Elle l'est, en effet, et son génie sait imprimer à son empire un tel caractère de grandeur, que, grâce à la magie de son nom, tous les peuples ont les yeux fixés sur elle.

Après la conquête de la Bactriane, elle a fait une autre expédition d'où elle arrive. C'est contre les *Mèdes* qu'elle la dirige. Ces peuples, une des premières colonies des Atalantes (1) du Caucase, souffraient impatiemment le joug des monarques d'Assyrie. Lorsqu'ils virent le sceptre de Ninive entre les mains d'une femme, ils levèrent l'étendard de l'indépendance. Mais Sémiramis se leva, marcha contre eux à la tête d'une armée puissante, s'empara d'*Ecbatane*, leur capitale, et ne signala sa victoire que par des bienfaits. Jugez alors de la prodigieuse influence que prend son nom!

Je dois vous dire, Théobald, pour vous révéler toute la puissance de cette femme, qu'en se rendant à Ecbatane avec sa formidable armée, comme il n'existait pas de route, tout-à-coup Sémiramis se trouve arrêtée par le *mont Zagros*, que hérissaient de toutes parts des groupes de rochers taillés à pic, d'un aspect sauvage. Annibal aurait tourné la montagne : Napoléon l'aurait franchie. Sémiramis la brise, et des rocs détachés, mis en ruines, elle comble les précipices et fraie ainsi un chemin à ses soldats (2).

Maintenant elle se repose de ses fatigues. Mais son repos est un autre genre d'action. Elle fait dessécher les marais dans tout son vaste empire . elle creuse des canaux pour l'assainissement des contrées et les relations du commerce : elle trace des routes à travers les solitudes pour mettre ses peuples en rapports, nonobstant les déserts (3).

Vous voulez savoir ce qu'elle a rêvé à l'endroit de la petite cité de Babylone ?... Regardez, et vous allez voir la modeste bourgade devenir la reine des capitales !...

Ainsi parle Evenor, et, pour lui obéir, je porte les yeux sur les rives de l'Euphrate.

Or, je deviens témoin attentif, alors, que par l'ordre et sous la direction de Sémiramis, on trace à l'entour de Babylone la vaste enceinte d'un carré parfait de cinq lieues de longueur sur chaque face.

---

(1) Les Atalantes, issues d'Atlas, petit-fils de Madaï, qui donne son nom aux Mèdes, qui tirent ainsi de lui leur origine.

(2) Cette route, tracée à travers le mont Zagros, entre Ninive et Ecbatane, offrait encore des traces très visibles, au temps de Strabon et de Diodore de Sicile.

(3) Faits empruntés à M. G. D., *du Dictionnaire de la Conversation.*

Sur cet immense périmètre, on creuse de profonds fossés, revêtus de briques, que remplissent les eaux du fleuve. Les murailles qui composent cette incomparable circonvallation sont épaisses de cinquante coudées, hautes de deux cents, bâties avec des briques et cimentées à l'aide du bitume. Six chars peuvent passer de front sur leur plate-forme.

De chaque côté de ce carré grandiose, vingt-cinq grandes portes d'airain donnent entrée dans autant de rues, lesquelles aboutissent aux portes du côté opposé. Elles sont bordées de temples, de palais, d'édifices somptueux, de maisons formées de plusieurs étages, carrées, aux toits aplatis, et dont la façade principale est richement décorée. Les maisons de ces rues, tirées au cordeau, ne se tiennent point : le vide les sépare, et des bosquets et des jardins verdoyants les entourent.

L'Euphrate partage la ville en deux parties égales. Des quais magnifiques bordent ses rives, que réunit un pont gigantesque, de quatre cents toises de long sur trente de large. Ses arches sont formées de grosses pierres liées ensemble par des crampons de fer et du plomb fondu. Pour un pareil travail, on est obligé de mettre à sec le lit du fleuve et de creuser un lac assez profond pour recevoir ses eaux, dont l'amas est appelé lac de Sémiramis.

Aux deux extrémités du pont se dressent avec orgueil deux magnifiques palais qui communiquent par une voûte souterraine construite sous le lit de l'Euphrate. N'est-ce pas là une merveille : un *tunnel,* en l'an 2200 avant J.-C.?

A l'orient, le premier de ces palais est celui qu'habiteront les rois. Il a une lieue et demie de tour. Près de son enceinte se trouve une tour de huit étages, qu'accompagne dans son ascension un escalier extérieur, ayant autant de paliers que la tour a d'étages. Even me la fait reconnaître comme étant l'ancienne *Tour de Babel*. Elle ne compte pas moins de huit cent cinquante pieds d'altitude. Mais à cette Tour de Babel, sur la plate-forme qui la couronne, on a joint un temple. Ce temple est le *Sanctuaire de Bélus* ou de *Baal*, le dieu de Babylone. On entasse dans cette demeure d'immenses richesses en statues, en tables d'or, en coupes, vases, urnes, des matières les plus précieuses. La grande *statue de Baal* m'y apparaît représentant ce dieu assis dans un fauteuil. D'après Marius Bédrin, la valeur de cette statue est d'un million. La même plate-forme, à l'entour du temple, tient lieu d'observatoire, et c'est là que les Chaldéens étudient les astres et font de mémorables découvertes en astronomie.

A l'occident, le second palais est environné d'une triple enceinte de murailles, séparées les unes des autres par des promenoirs, des chemins de ronde, et décorées de fines sculptures et de grandioses hauts et bas-reliefs.

— En vérité, dis-je à mes compagnons, dont l'œil est aussi ardent que le mien en face de ces magnificences, je puis m'écrier cette fois : Babylone est la reine des cités !

— C'est bien heureux, et nous sommes fiers de ton approbation... me répond ironiquement mon oncle, que j'entends appeler par ses amis *le Pirate*, parce qu'il est là esquissant et faisant moisson, en présence de toutes les richesses d'art et de nature qui, dans ce voyage, se manifestent à notre admiration.

— Rien n'est majestueux et grand comme le tableau de Babylone, ajouté-je. Aiguilles, tours, coupoles, palais, temples, quais, ponts et tunnels, tout y ravit le regard!... Hélas! pourquoi faut-il que cette ville superbe devienne un jour la monstrueuse prostituée des nations?...

— Comme vous dites, monsieur de Lavange, tout est sublime et grandiose, ici; c'est ce qui distingue l'architecture babylonienne des autres architectures, de l'architecture lourde et granitique de l'Egypte que vous pourrez juger tout-à-l'heure, par exemple, ou de l'architecture cunéiforme et gracieuse de Persépolis, comme vous pourrez vous en convaincre. C'est que la nature des matériaux est bien différente selon les contrées. L'argile cuite dont on fait les briques, et le bitume, sont les seuls éléments possibles en Babylonie : tandis que l'Egypte a d'immenses carrières de granit rose et la Perse des marbres magnifiques. En outre, entre le Tigre et l'Euphrate, les plaines permettent à l'air de circuler librement, et avant tout les indigènes veulent en jouir. Les habitants de l'Egypte, au contraire, sortis des souterrains et des cavernes de l'Ethiopie, ont l'habitude des demeures écrasées et aiment les monuments solides, épais, gigantesques comme les montagnes qui leur ont servi de berceau (1).

Ainsi parle le savant Marius, et pendant qu'il me révèle ces aperçus dignes d'un observateur, mes yeux ne cessent d'errer à l'aventure, étudiant, examinant, cherchant les moindres détails du magique panorama qui leur est soumis. Ainsi sur les tours je vois les sentinelles plongeant leur regard inquisiteur sur la plaine : sur les murailles des chars circulent conduits par d'ardents attelages que n'effraie point le péril des précipices formés par leur prodigieuse élévation : dans les cent canaux qui sillonnent les campagnes mille nacelles apportent les produits destinés à l'approvisionnement de la grande cité. Du haut des paliers du temple de Baal des savants préparent des appareils

---

(1) Dans le pachalik actuel de Bagdad, le sol est jonché de débris de villes grecques, romaines, persanes et arabes, confondues ensemble dans le même néant. (*A. Mazure.*)

Mais lorsqu'il est question de la plaine qui sépare le Tigre de l'Euphrate, toutes les pensées, tous les souvenirs s'effacent devant la grande image de la reine de l'Orient, de Babylone, la plus ancienne cité du monde, dont les ruines couvrent encore un vaste espace entre les deux fleuves. Cela se conçoit, la construction des grandes villes de l'Orient ne ressemblait pas à celle des nôtres. Les maisons étaient séparées et environnées de grands jardins et de grandes cours qui occupaient souvent plus de la moitié du terrain. *Heeren.*

Les maisons de Babylone sont éloignées d'un arpent des murailles de la ville, dit Quinte-Curce, et occupent une étendue d'environ quatre-vingt-dix stades.

Tout le pays n'est qu'une plaine inculte, mais que l'on peut juger aisément ne l'avoir pas été autrefois, d'après les nombreux canaux qui le coupent de toutes parts et qui sont à sec, aussi bien que par les fragments de briques et de tuiles dont il est parsemé. C'est près du village de Mohavil, à quatre lieues d'Hilla, que commencent les ruines de Babylone proprement dites ; car la route est toute couverte de briques, etc. *Porter.*

La ruine la plus considérable sur la rive droite du fleuve est celle du monticule appelé *Birs-Nemrod* ou *Bourdj-Nemrod*. Ce gigantesque débris a deux mille deux cent quatre-vingt-six pieds de tour et deux cents pieds de haut ; au-dessus est une tour tronquée haute de trente-cinq pieds. On voit encore trois des huit terrasses qui paraissent en avoir jadis couronné le sommet. C'est assurément la Tour de Babel, le premier édifice dont les hommes aient conservé le souvenir, et qui, sous le nom de Temple de Bélus, était encore debout au temps d'Alexandre-le-Grand. Les briques en sont couvertes d'inscriptions cunéiformes. On y trouve un amalgame énorme de pierres noires, de marbres et de ces briques gravées en creux. Alexandre-le-Grand avait essayé de déblayer ces ruines. Maintenant la désolation les habite, les bêtes féroces en font leur tanière redoutable, et la prophétie d'Isaïe est pleinement accomplie.

Sur la rive gauche de l'Euphrate, les ondulations de terrain et les éminences sont plus nombreuses. La plus prononcée, à huit kilomètres de Hilla, est un vaste plateau rectangulaire, où la terre est mêlée de briques cuites et crues. Les Arabes la nomment *Alcasr*, le palais, qui paraît répondre au palais bâti par Nabuchodonosor, et où Alexandre-le-Grand rendit le dernier soupir.

destinés sans doute à étudier la marche des constellations (1). Des terres arables, réservées dans l'enceinte même des remparts, afin que leurs céréales alimentent la ville en cas de siège, sont ensemencées par des laboureurs de Chaldée. Des mouvements de troupes ont lieu dans tous les sens. Un camp, composé de l'armée qui arrive du siège de Bactres et qui attend les ordres de la reine, montre au loin les larges rayures de ses tentes sur les rives, sous les ombrages de l'Euphrate. Dans le vieux palais, Sémiramis vêtue du splendide costume oriental, entourée d'une cour resplendissante d'or et de pierreries, donne ses audiences, reçoit les ambassadeurs des peuples voisins et prépare de nouvelles conquêtes. Partout, sur les places, dans les rues, c'est aussi un mouvement, une agitation, un va-et-vient plus marqués encore qu'à Ninive même.

Mais voici l'aspect qui change. Ninus meurt : Sémiramis reste seule maîtresse de l'Assyrie et de la Babylonie confondues en un empire unique. Alors défile un long cortége de deuil, soldats, gens de métiers en robes sombres, ministres du culte, cavaliers ruisselants de fer, char funèbre attelé de chevaux blancs, pompe merveilleuse qui conduit le corps du roi défunt dans le tombeau destiné aux rois, à savoir le temple d'Hercule-soleil, à Ninive, lequel Hercule-soleil n'est autre que Baal.

Toutefois Sémiramis n'accompagne pas la dépouille de son époux. Montée sur un cheval de guerre qui se cabre, elle passe la revue de ses cohortes : puis la voici qui tire le glaive des batailles et s'élance vers l'Arménie, au sud du Caucase, dans le voisinage du Taurus, près des sources du Tigre et de l'Euphrate. Elle s'empare de cette province, et pour écrire sa victoire en lettres impérissables, elle construit au pied du Taurus une cité qu'elle nomme *Artemita*, et y exécute des merveilles non moins extraordinaires que celles de Babylone. Alors,

---

(1) *Baal*, ou *Hercule-soleil*, ou *Mithra* des Perses, était en effet le premier des astres, le soleil, divinité des Chaldéens et des peuples de l'Asie centrale, qu'à raison de ce culte on confondit sous le nom de Sabéens. *Baal* signifie Seigneur. Les Israélites abandonnèrent souvent le vrai Dieu pour adorer cette fausse divinité sous forme d'idole. Il y avait plusieurs idoles qui portaient le nom de Baal; les principales étaient Baal-Berilh, *Seigneur de l'alliance ;* Baal-Gad, *dieu de la Fortune ;* Baal-Peor ou Belphégor, *dieu Priape* des Moabites, etc., etc.

En résumé, c'était le soleil, fécondateur de la nature, que les anciens observateurs des astres adoraient sous le nom de Baal.

tournant le dos à l'Arménie, comme une lionne du désert, elle marche vers l'Arabie, et là, après avoir vu tomber la moitié de ses soldats sous le poids du soleil, avec ce qui lui reste elle dompte la contrée et prend le chemin de l'Egypte.

Or, par un prodige de locomotion que je ne puis expliquer, je me trouve transporté aussi vite que la pensée à sa suite, vers les contrées brûlantes de l'Afrique. Mais notre course dans l'éther n'est pas tellement rapide que le nuage qui nous porte ne s'arrête quelque peu au-dessus de la terre de Chanaan, en face de la vallée de Mambré, et je suis fort heureux de la revoir.

— D'abord vous souvient-il, me dit alors Even, lorsque mon regard avide plonge avec complaisance sur ce sol béni, vous souvient-il que nous vous montrions tout-à-l'heure le vieux serviteur d'Abraham, Eliézer, ramenant de la Mésopotamie une jeune fille pour épouse à Isaac, le fils du patriarche?

— J'en ai parfaitement souvenance, ma cousine, me hâté-je de répondre à Evenor, non point parce que vous m'avez montré les héros sacrés; mais parce que la douce et pénétrante voix de ma mère a gravé dans mon cœur les noms et les portraits de ces saints personnages...

Ainsi, je puis vous raconter que Rébecca, fille de la Mésopotamie, donne à son mari, dans une seule couche, deux fils jumeaux, dont le premier, roux et velu, reçoit le nom d'Esaü, tandis que le second, qui en naissant tient dans sa main le talon de son frère, est doux de visage et d'âme, et reçoit le nom de Jacob.

Esaü devient chasseur, et Jacob se fait pâtre. Ils doivent être pères de deux peuples bien différents.

Je puis ajouter qu'Esaü, qui revient affamé, un jour, de la chasse, vend à Jacob, en échange d'un plat de lentilles fumantes, son droit d'aînesse, auquel est attachée la bénédiction paternelle; et, avec cette bénédiction, les faveurs qui en découlent doivent lui être attribuées, de la part de Dieu.

Je puis dire aussi l'émigration temporaire d'Isaac et de sa famille, à Géraze, au pays des Philistins, dont le roi Abimelech prend en amitié le patriarche; où Isaac sème et moissonne, multiplie son bétail et met fin aux querelles qui s'élèvent entre ses bergers et ceux de la contrée, querelles assez fréquentes chez les nations nomades comme celles des premiers âges du monde, où l'agriculture est en grand honneur et offre beaucoup de ressources.

Enfin je puis vous dire les noms de Judith et de Basemath, filles des Hétéens, et d'Ada et d'Olébuma, filles des Hévéens, qu'épouse successivement Esaü, surnommé Edom, mot qui veut dire *roux*, lorsqu'il devient le père des *Iduméens*, comme Isaac est le père des Israélites, comme Ismaël est le père des Ismaélites.

— Ne vous donnez pas tant de peine, Théobald, dit Evenor en coupant court à ma faconde : au lieu de vos récits, contemplez les naïves et sublimes scènes bibliques qui se passent sous nos yeux, et convenez que l'action de ces pastorales vaut un peu mieux que vos paroles.

Je regarde en effet, et je vois aux rayons d'un soleil levant qui diamante les rochers des montagnes, et fait briller comme des perles la rosée de la plaine, Esaü qui s'enfonce dans un bois de lentisques et de térébinthes, l'arc à la main, le carquois au dos, pour y chasser la bête fauve. Mais pendant qu'il guette les gélinottes des bruyères, Rébecca couvre de la dépouille velue de jeunes chevreaux les membres délicats de son bien-aimé Jacob, et le mettant en face du vieil Isaac que l'âge rend aveugle, l'innocent enfant lui offre le ragoût des jeunes chevreaux, que le vieillard accepte comme gibier d'Esaü, et reçoit la bénédiction paternelle qu'Isaac, trompé par l'attouchement des membres velus de Jacob, croit donner à son Esaü, roux et velu.

Mais aussi, au retour du chasseur, quelle n'est pas sa colère? En quel étonnement se trouve le vénérable patriarche? Alors, tout tremblant, par le conseil de sa mère, Jacob s'enfuit et se dirige vers la Mésopotamie. Il se réfugie à Haran, chez Bathuel, le père de sa mère, près de Laban, son oncle. Bientôt fatigué de sa route, en atteignant Luza, où jadis Abraham eut une vision, il place une pierre du chemin sous sa tête et s'endort. Voici soudain que se montre à lui une merveilleuse échelle d'or dont la base repose à terre et dont le sommet atteint les cieux. Sur les échelons de cette échelle, des anges de Dieu montent et descendent, comme des étoiles qui roulent ou des soleils qui luisent. Puis une voix céleste se fait entendre, et bénissant Jacob, lui promet une nombreuse postérité et la possession de la terre sur laquelle il repose.

Or, il est soir, trois jours après, quand il atteint Haran (1), ayant traversé l'Euphrate et marché pendant neuf soleils.

C'est le moment où les jeunes filles ont coutume de ramener des pacages leurs troupeaux près des fontaines pour les abreuver et les mettre aux étables. Alors les chèvres fatiguées se couchent sur le bord du chemin : leurs mamelles traînent sur l'herbe, et des chevreaux les uns se lèvent debout près de la margelle de l'abreuvoir, les autres se frottent contre les sycomores de la source. Onagres, chameaux et dromadaires se reposent sur le sable, que ne brûle plus le soleil.

Suivant l'usage, voici que, les pâtres ayant fait boire leur bétail, les jeunes filles s'approchent à leur tour : puis, pour le service des tentes, elles remplissent les urnes et les vases qu'elles portent sur l'épaule. Leurs longs cheveux tressés tombent sur la robe de lin qui les couvre, serrée à la taille par une ceinture. Pendant qu'elles rient et causent, assises sur leurs urnes pleines, ou qu'elles cueillent des fleurs sauvages entre les fentes humides des pierres, on leur signale un voyageur qui s'approche timidement et demande la demeure de Laban, fils de Bathuel.

Une charmante tête de vierge s'élève au-dessus de celles de ses compagnes qui l'entourent; ses yeux s'allument, et de sa bouche au doux sourire étonné, elle annonce à l'étranger qu'elle est la fille de

---

(1) Dans l'antique Mésopotamie, comme dans la Chaldée, nom employé quelquefois comme synonyme de Babylone, et dans la plaine de Sennahar, qui n'est autre encore, ainsi que la Syrie des Rivières, que la Mésopotamie, nulle ruine de Ur ou Hur, pays natal d'Abraham. Il ne reste aucun vestige des anciennes cités ou bourgades, si fréquemment nommées par la Bible.

Seule, la Tour de Babel montre encore sa base à une hauteur de près de cent pieds.

Toutefois, un voyageur, Edrizi, nous dit : « *Harran*, — Haran d'Abraham, — est la ville principale des Sabéens, adorateurs du feu. Ils y possèdent une colline sur laquelle est un oratoire qu'ils vénèrent beaucoup, et dont ils attribuent la fondation à Abraham, à qui soit salut ! »

« *Harran*, dit un autre voyageur, Niebuhr, est actuellement un petit endroit à deux journées au sud-sud-est d'Orfa, que les Juifs vont encore fréquemment visiter; c'était, selon toute apparence, la ville qu'Abraham quitta pour aller au pays de Chanaan... »

« A deux journées de Sinhar est *Charran* l'ancienne, — Harran, — où a été autrefois la maison d'Abraham, notre père... » dit également le voyageur espagnol Benjamin, de Tudele.

Laban et qu'il peut la suivre. Puis elle s'élance vers les tentes de peaux groupées dans la vallée, pêle-mêle avec de riantes maisonnettes, et court prévenir son père. On embrasse, on fête le fugitif. Il est admis au logis, et il est convié à s'asseoir à la table de la famille. Il devient le pasteur des troupeaux de Laban. Voici même qu'il épouse *Lia*, la fille aînée de son oncle, puis *Rachel*, sa fille cadette, celle que son cœur préfère.

Alors, Lia lui donne pour fils *Ruben*, puis *Siméon*, puis *Lévi*, puis *Juda*.

Quant à Rachel, le Seigneur la rend stérile; mais par Bala, sa suivante, elle donne aussi à Jacob *Dan* et *Nephtali*.

De nouveau Lia redevient mère et enfante *Issachar*, puis *Zabulon*, et enfin une fille, qu'elle nomme *Dinah*.

En dernier lieu, la bonté de Dieu s'étend sur Rachel, qui met au monde Joseph, le onzième fils de Jacob.

Mais la lune se lève. Les montagnes se couvrent de sa douce lumière, pendant que les vallées demeurent voilées d'ombre et plongées dans le silence sous la longue chevelure des cyprès, et de l'épais feuillage des platanes.

Pourquoi donc une longue caravane de chameaux et d'onagres, de buffles et de brebis, s'éloigne-t-elle d'Haran, comme jadis la caravane d'Abraham? Quand elle a disparu dans les gorges profondes des montagnes, on remet aux troupeaux les clochettes d'airain qui bruissent avec harmonie dans l'espace, et qu'on leur avait enlevées afin de ne pas éveiller l'attention sur ce départ. Alors aussi, les jeunes femmes hissées sur les coussins des chamelles, chantent de mélodieux refrains enseignés par leurs mères. Et lorsque le défilé des pérégrinateurs atteint l'entrée du désert, le vent souffle sur l'hysope et les bruyères; les lueurs du crépuscule s'allument; les étoiles pâlissent : c'est dire que le jour vient.

Que signifie cette fuite mystérieuse?

Et que veut dire cette horde de bergers montés sur d'ardents dromadaires, armés d'épieux et de glaives, qui franchit à son tour l'Euphrate, et, malgré la difficulté des sentiers sourcilleux des montagnes pendant la nuit, malgré la poussière des solitudes pendant le jour, poursuit la caravane, et l'atteint non loin du Liban?

Le fugitif n'est autre que Jacob, béni par le Seigneur dans sa postérité, dans ses troupeaux, qui s'échappe et se soustrait à la jalousie de Laban, comme il a fui déjà devant la colère d'Esaü, et qui retourne en Chanaan, près de sa mère Rébecca.

Et les pâtres sont les serviteurs aux gages de Laban. Mais Jacob résiste aux pâtres et à Laban...

Tout au moins celui-ci exige qu'on lui restitue les idoles qu'on lui a enlevées.

— Les idoles?... répond Jacob étonné...

La séparation a donc lieu, mais non sans que sourie Rachel, qui est en effet coupable du rapt des dieux de son père, car désormais fille de Jéhovah, Rachel voudrait rappeler Laban à la pratique du vrai culte.

Je ne vais pas dire ici la rencontre d'Esaü, qui, de son côté, prévenu du retour de son frère, survient à la tête de quatre cents pasteurs, et de Jacob, au *Gué de Jaboc*, et la réconciliation des deux fils d'Isaac, préparée sans doute par le don, adroitement envoyé en avant par Jacob, d'un nombreux bétail choisi, à Esaü, qui l'accepte sans se faire prier et change sa colère en vives accolades, puis retourne aux monts *Séïr*, qu'il habite avec sa famille.

Je ne dirai pas non plus le séjour de Jacob à *Socoth,* à *Salem;* l'injure faite à Dinah par un habitant de Sichem, et la terrible vengeance qu'en tirent Siméon et Lévi; ni le Seigneur confirmant au patriarche la promesse de la terre de Chanaan, l'assurant de tout son amour pour sa race, et lui ordonnant de changer son nom de Jacob en celui d'ISRAEL.

À peine raconterai-je qu'en allant vers Béthuel, les fils de Jacob et leur père, et leurs mères, sont obligés de s'arrêter à *Bethléem* (1),

---

(1) *Bethléem*, ou plutôt *Beit-Lehm,* signifie *Maison du Pain.* Ce nom lui fut donné par Abraham, à cause de la fertilité de son territoire.

Elle était surnommée *Ephrata,* c'est-à-dire *fructueuse.*

L'antique Beit-Lehm occupait un petit monticule, situé à deux lieues à l'est de Jérusalem, en face de la vallée de Zéphraïm.

C'est dans cette vallée, qui court de l'est à l'ouest, qu'Abraham faisait paître ses troupeaux, et c'est dans cette même vallée que se trouvaient les bergers, non loin d'une tour appelée la *Tour d'Ader,* lorsque l'ange, venu du ciel, entonna le *Gloria in excelsis Deo,* pour leur annoncer la naissance du Sauveur, à Bethléem.

Beit-Lehm a été le berceau d'Abissan, septième juge d'Israël, d'Elimélech, d'Obed, de Jessé, de Booz, de David et de l'apôtre saint Mathias.

nommée aussi *Ephrata,* à cause des douleurs qui saisissent la douce et tendre Rachel, au lieu même où, un jour, la Vierge incomparable enfantera Jésus, l'Homme-Dieu.

Là, Rachel donne le jour au douzième fils de Jacob, qu'elle appelle *Bénoni,* c'est-à-dire *fils de Martyre*, et que Jacob nomme *Benjamin* ou le *Bien-Aimé*. Mais, hélas! la mort fait sa proie de celle qui vient de donner la vie... et son époux, désolé, la renferme dans un sépulcre de la vallée qui conduit à Jébus-Salem. Sur le tombeau, il élève un monument que vénèreront les siècles les plus reculés (1).

Je passe sous silence les tentes d'Israël, placées un peu plus haut,

Mais la naissance de Jésus devait lui donner une bien autre célébrité.

Les premiers fidèles avaient élevé sur la crèche du Sauveur un oratoire que l'empereur Hadrien fit renverser pour mettre à sa place la statue d'Adonis. Cette statue disparut honteusement, et fut remplacée par l'église que l'impératrice Hélène édifia sur ce lieu saint. C'est cette église que des religieux gardent et vénèrent depuis des siècles.

La Bethléem moderne occupe le même emplacement, au sud de la vallée de Zéphraïm ou vallée des Géants. C'est un gros village, dont les maisons, solidement bâties, se groupent de la façon la plus pittoresque, et à l'extrémité duquel se montre la masse imposante d'une église et d'un couvent.

Devant Bethléem s'ouvre la vallée bien cultivée, et dont les champs en terrasse sont plantés de vignes, d'oliviers, de figuiers, etc. Les habitants ne sont pas seulement agriculteurs, ils s'occupent aussi à sculpter, en bois d'olivier, des crucifix, des chapelets, de petites imitations de la Crèche, du Saint-Sépulcre, etc.

« Bethléem, dit Ed. Robinson, est honorée, dans l'Ancien Testament, comme lieu de naissance de David, et, dans le Nouveau, comme lieu de naissance de Jésus-Christ. Quelle influence puissante et salutaire s'est répandue de cette petite ville sur toute la race humaine, et pour la vie terrestre, et pour l'humanité! Aussi, comment approcher de Bethléem sans une profonde émotion? »

(1) Sur la route de Bethléem à Jérusalem, vis-à-vis les ruines d'un aqueduc, on voit un *oualy* musulman, en grande vénération parmi tous les habitants du pays, juifs, chrétiens ou musulmans. C'est là le *Tombeau de Rachel*. Nous lisons, en effet, dans la Genèse, que Rachel mourut sur la route de Beit-Lehm. « Ainsi mourut Rachel; elle fut ensevelie sur le chemin d'Ephrata, qui est Beit-Lehm. Jacob érigea une stèle sur sa sépulture, qui est encore jusqu'à ce jour la stèle de la sépulture de Rachel. »

Les Arabes appellent le tombeau *Kubbet-Râhil*. Sa forme a changé plusieurs fois, pendant le cours des siècles. Mais les expressions de la Genèse sont tellement précises, et la tradition s'est montrée si constante, qu'il n'est guère possible de douter que le lieu lui-même ne soit véritablement l'endroit où Rachel a été ensevelie. Le petit édifice actuel, blanchi à la chaux, est moderne.

Sur le même chemin du tombeau de Rachel, entre Bethléem et Jérusalem, on trouve le *rocher* sur lequel s'asseyait le prophète Elie.

Non loin de là, on visite l'endroit où la tradition a placé le *tombeau des saints Innocents,* lugubre et triste solitude. *Vox in Rama audita est, ploratus et ululatus multus, Rachel plorans,* etc.

A peu de distance on voit aussi la *Grotte de saint Jérôme,* du fond de laquelle le pieux solitaire entendit la chute de l'empire romain, et qui servit de refuge aux dames de Rome issues des Gracques et des Scipions, sainte Paule et sa fille Eustachie.

LES ORIGINES DU MONDE. 97

dans la même vallée, près de la *Tour du Troupeau* ou d'*Ader* ; puis le départ précipité de Jacob pour la vallée de Mambré, et l'arrivée d'Esaü près du lit du vieil Isaac, qui, lui aussi, quitte la vie, et, par les soins de ses deux fils, est déposé dans la caverne double d'Ephron, vis-à-vis la vallée de Mambré, aux côtés d'Abraham et de Sarah (1).

Mais je vous prierai, ami lecteur, de regarder, avec moi, ce groupe de jeunes pasteurs, dont les troupeaux sont épars, là, dans cette verdoyante prairie de Dothaïm, encadrée de hautes collines, à l'ouest du lac de Tibériade (2), et bien loin au nord de Jébus-Salem. En ces

---

(1) Comme nous l'avons dit, la vallée de Mambré est située au sud de Jérusalem. On y conserve le souvenir d'Abraham, d'Isaac et de Jacob, qui l'ont habitée. Encore aujourd'hui, on y montre leur tombeau, la caverne d'Ephron.

(2) Au nord de la Judée, ou Terre promise, ou Terre-Sainte, ou Palestine, s'étendent, sous un ciel de feu, les eaux calmes du beau *lac de Tibériade* ou de *Génésareth*, cette *mer de Galilée*, si souvent citée dans les Evangiles.

« La contrée qui environne le lac de Génésareth, dit l'historien Josèphe, est d'une bonté et d'une fécondité merveilleuses. Il n'y a point de plantes qu'elle ne produise. »

Encore aujourd'hui, les environs de ce lac sont la plus belle région de la Palestine.

La ville de *Tibériade*, en arabe *Tabarieh*, en grande partie détruite par le tremblement de terre du 1er janvier 1837, est située sur le bord du même lac. Le 30 octobre 1759, elle avait été déjà en partie renversée par une semblable secousse.

De même que Jérusalem, Tibérias est considérée comme une ville sainte par les Juifs modernes.

Près du rivage, au nord de la ville, est l'église de Saint-Pierre, sorte de longue voûte qui ressemble à un bateau renversé. Suivant la tradition des Latins, elle fut élevée par sainte Hélène, sur l'emplacement où eut lieu la *Pêche miraculeuse*.

Le lac de Tibériade est une belle nappe d'eau, dans un bassin profond, dont les bords sont fort escarpés et rocheux, excepté aux endroits où ils sont coupés par quelque ravin, ou un affluent un peu considérable. Mais les collines arrondies et peu élevées, qui l'entourent, n'ont rien de sauvage ni de très pittoresque. Quelques-uns des paysages des environs de la mer Morte ont une tout autre grandeur.

Arculphe, en parlant de Capharnaüm, disait, au VIIe siècle :

« Non loin du lac de Tibériade, qui est aussi appelé mer de Galilée, est le *port de Capharnaüm*, sur les limites de Zabulon et de Nephtali. Cette ville n'a pas de murs : elle est resserrée entre la montagne et le lac et s'étend au loin le long du rivage, de l'occident à l'orient, ayant la montagne au nord, et le lac au midi. »

Voilà un renseignement des plus utiles, car on cherche bien en vain aujourd'hui les vestiges de Capharnaüm. Tout porte à croire que cette ville occupait l'emplacement du khan appelé par les Arabes *Minyeth*, situé à peu de distance du lac, au nord-ouest ; on y voit une fontaine jaillissant d'un rocher sous un épais figuier.

Au XIIIe siècle, près de Capharnaüm, Brand a vu la trace de trois pas imprimés sur une pierre, et que l'on disait être de J.-C.

Tout près de la mer de Génésareth, au sud-ouest, était la ville de *Nazareth*.

« La ville de Nazareth est aussi sans murailles, dit encore Arculphe. Elle est située sur une montagne et renferme de grands édifices de pierre, entre autres deux églises très vastes. L'une, au milieu de la ville, bâtie sur deux voûtes, a été construite au lieu où fut nourri le Sauveur ; l'autre a été élevée à l'endroit où se trouvait la maison

7

temps de vie nomade, où le bétail formait la richesse des patriarches, comme chez les Arabes de nos jours, il fallait conduire les troupeaux vers les lieux où l'herbe et les fourrages se présentaient en abondance.

Ce sont les fils de Jacob. Les uns ont les épaules cachées par des

dans laquelle l'archange Gabriel vint trouver l'humble Marie, pour lui annoncer qu'elle serait la mère du Christ... »

La ville moderne de Nazareth est très belle ; elle se dresse en amphithéâtre sur une haute montagne, et domine une plaine bien cultivée et plantée d'arbres. On n'y voit rien de l'ancienne ville.

Nazareth était renommée par la beauté des femmes.

« Je ne sais, dit M. de Saulcy, si la sainte Vierge est pour quelque chose dans la beauté des femmes chrétiennes de Nazareth ; mais ce que je sais très bien, c'est que cette beauté est très réelle. »

Saint Antonin prétend que ce fut la sainte Vierge qui gratifia de cet avantage les femmes de sa patrie.

La grotte où, suivant la tradition, la Vierge aurait reçu la visite de l'ange, est aujourd'hui une chapelle de l'église de l'Annonciation, construite sur les substructions d'un très ancien édicule. C'est sur cette grotte qu'avait été bâtie la maison qui, d'après la légende postérieure aux désastres de 1292, avait été emportée, à travers les airs, en Syrie, en Macédoine, en Dalmatie, et enfin en Italie, à Lorette, où on la voit et où on la vénère.

Au VIe siècle, saint Antonin vit à Nazareth une poutre sur laquelle Jésus enfant s'était souvent assis avec des enfants de son âge. Il dit que les chrétiens la remuaient facilement, mais qu'il était impossible aux Juifs de lui imprimer le moindre mouvement.

Cana est aussi dans le voisinage du lac de Génésareth.

Autrefois on y montrait le lit sur lequel N.-S. J.-C. s'était assis au repas de noces. Saint Antonin raconte qu'il y inscrivit les noms de ceux qu'il avait affectionnés.

Vers 1283, on montra au dominicain Brocard la place qu'occupaient les six amphores et la salle du festin des noces.

Le R. P. Laorty-Hadji nous dit de Cana :

« A côté de l'église moderne sont les ruines très reconnaissables d'un édifice religieux plus grand, datant du moyen âge, qui a peut-être succédé à celui que sainte Hélène avait élevé sur le lieu du miracle de *l'eau changée en vin,* que Willibad visita au VIIIe siècle.

» A droite, on remarque un amas de décombres désigné sous le nom de *Maison de Simon,* l'un des disciples de Jésus, que l'on appelait le Cananéen, parce qu'il était de Cana. »

Samarie, l'ancienne capitale d'Israël, est également voisine de cette contrée de Galilée, mais un peu au sud, non loin du mont Gelboë. Les Arabes la nomment actuellement *Sébastieh.* Elle dut à Hérode-le-Grand sa magnificence admirable. On voit sur le côté méridional de la colline sur laquelle elle est située, une colonnade qui pourrait bien être un reste de la ville romaine qui succéda à la ville juive.

Entre Samarie et Nazareth se trouvent le *Mont-Thabor* et le *Mont-Gelboë,* où Saül livra bataille aux Philistins ; là aussi, on rencontre *Endor,* où demeurait la Pythonisse que ce prince consulta, le soir, la veille de la bataille qu'il perdit.

Sur le Gelboë, était le *Tombeau de Goliath,* sorte de monument druidique appelé *galgal.*

Près d'Endor, on voit *Naïm,* où le Sauveur sécha les larmes d'une pauvre veuve, en **ressuscitant son fils unique.**

tuniques qui leur serrent la taille, en laissant nus les bras et les jambes : les autres ont le buste enveloppé dans une sorte de jaquette de peau de brebis qu'une courroie fixe solidement sur leurs hanches. Leurs longs cheveux sont partagés sur le front, et une tresse de laine rouge ou bleue en assujétit les boucles, qui retombent sur leur cou. Ils portent tous des sandales.

Voyez-vous au loin, entre Sichem (1) et Dothaïm, venir cet autre pasteur, plus jeune, plus délicat et plus beau, car le soleil d'Asie ne l'a point encore bronzé, qui arrive laissant flotter au vent une fine robe de diverses couleurs?

C'est le douzième des fils de Jacob-Israël, Joseph, qui vient de la vallée de Mambré, envoyé par son père, pour visiter ses frères à Sichem, et qui, ne les ayant pas trouvés, les cherche jusqu'à Dothaïm.

— Voici notre songeur qui vient, se disent, en l'apercevant, Ruben, Siméon, Lévi, Juda, Issachar, Zabulon, Dan, Nephtali, Gad et Aser... Tuons-le, et nous le jetterons dans cette citerne. Nous dirons qu'une bête sauvage l'a dévoré...

Pourquoi ce complot des dix frères contre Joseph, et pourquoi cette haine monstrueuse qui rêve la mort d'un innocent?

Parce que, un jour, dans une naïveté charmante, cet enfant a dit à ses aînés :

— Je rêvais que je liais avec vous des gerbes dans un champ. Or, ma gerbe se dressa, et les vôtres, rangées à l'entour, l'adorèrent...

Une autre fois, j'ai vu le soleil, la lune et onze étoiles qui, m'entourant, me vénéraient aussi...

Aussitôt donc que Joseph arrive près de ses frères jaloux, alors qu'il s'approche pour les embrasser, ils le saisissent brutalement, lui enlèvent sa belle tunique, ouvrage de sa mère, et le plongent dans la

---

(1) *Sichem,* près d'un bois de térébinthes appelé *Nozé,* dont parle la Genèse, xii, 6, est située au milieu des montagnes.

Sichem, maintenant *Naplouse,* est encore prospère.

Le mont *Ebal,* près duquel elle est située, est perforé du bas en haut de nombreux caveaux funéraires, restes de la nécropole de Sichem. La ville moderne est construite sur le penchant du Garizim.

A deux kilomètres de là, on rencontre le *Puits de la Samaritaine,* et, un peu plus loin, une excavation que l'on nomme la *Citerne de Joseph.* Les Arabes du pays l'appellent, l'un *Bir-Raboak,* et l'autre *Ouady.*

citerne, qui, heureusement, est sans eau. Puis voyant s'approcher une caravane de marchands étrangers qui descendent des montagnes de Galaad, avec une file de chameaux chargés d'étoffes, de parfums, de myrrhe et de résine, en route pour l'Egypte, ils vendent à ces trafiquants le pauvre enfant, au prix de vingt sicles d'argent.

Ainsi l'infortuné Joseph devient esclave!

Lorsque leur victime est éloignée, en pleurs, l'âme déchirée, mise à la chaîne, ces frères dénaturés trempent dans le sang d'un chevreau, qu'ils égorgent, la robe du fils de Rachel, et, l'envoyant à leur père, lui font dire :

— Voici un vêtement que nous avons trouvé, serait-ce de votre fils Joseph?...

Et Jacob, reconnaissant la tunique, de déchirer ses habits, de se couvrir de cendres, et, dans l'amertume de sa douleur, de s'écrier :

— C'est la robe de mon fils Joseph!... Une bête féroce a dévoré l'enfant de ma Rachel!

Laissons à ses angoisses ce père affligé, et voyons les frères de Joseph, le corps courbé sur le sol, prêter l'oreille à des rumeurs et des roulements de chars de guerre, à des hennissements de chevaux, qui s'élèvent du désert, par-delà les montagnes.

— C'est l'armée de Sémiramis qui passe non loin du Jourdain (1),

(1) De Jérusalem, par de vastes gradins superposés, et une suite de terrasses successives, on descend vers les bords du *Jourdain*, qui ne se découvre qu'au moment où l'on y touche. La vallée qu'il arrose est charmante. Le fleuve s'est creusé entre les plateaux du désert qu'il limite, une oasis fraîche et profonde, une vallée ombreuse où tout est pelouses, verdure et bocages. Le Jourdain peut avoir de cent à cent vingt pieds de largeur. Son cours est rapide. Ses eaux sont d'un bleu pâle, légèrement ternies par les terres qu'il lave.

Ce fleuve, qui est le plus considérable de toute la Palestine, dit M. G. Robinson, prend naissance à quelques milles au nord-est de Paneos, plus généralement nommée *Cæsarea-Philippe*, au pied du mont Hermon, l'une des ramifications de l'Anti-Liban. Sa source apparente sort de derrière un souterrain, au fond d'un précipice, dans les côtés duquel on a creusé plusieurs niches où se lisent diverses inscriptions en langue grecque. Pendant quelques heures, son cours n'est qu'un petit ruisseau insignifiant. Après avoir traversé les marais et les fondrières du lac Mérou, et parcouru vingt-cinq milles, le Jourdain passe sous la ville de Julia, anciennement *Bethsaïda*; là, il se déploie en une belle et large nappe d'eau, et prend le nom de lac Tibérias, de Tibériade ou Génésareth autrefois; et, après un cours sinueux d'environ soixante milles à travers une vallée profonde, appelée El-Ghor, il se jette dans la mer Morte.

Selon la tradition, le lieu où J.-C. reçut le baptême est sur la rive droite du Jourdain, à un coude du fleuve, et à environ une heure de marche de la mer Morte. Les Grecs croient que le baptême eut lieu à quelques milles plus loin, au sud, et c'est en

me dit Even, qui devine ma pensée ; elle s'achemine vers l'Egypte, dont elle prétend faire la conquête. Mais l'Arabie lui est fatale. Voyez comme les sables brûlants de son désert déciment son armée. Néanmoins, elle traverse l'isthme qui sépare l'Asie de l'Afrique, pénètre dans le cœur du royaume des Pharaons, rend tributaire de l'Assyrie ce peuple égyptien déjà si avancé dans la civilisation ; puis, se dirigeant vers l'Ethiopie, puis de l'Ethiopie remontant en Libye, elle soumet toutes ces contrées à son empire.

Au moment où je la vois triompher ainsi, et pendant que ma cousine Evenor chante ses victoires, nous planons au milieu de beaux nuages nacrés. Nous nous trouvons, ou du moins il me semble que nous nous trouvons en face et tout à côté d'un immense nuage blanc, dont je vois la tranche épaisse s'étendre à une altitude prodigieuse, comme la paroi d'un énorme bloc d'argent. L'ombre de notre groupe se profile sur le plan vertical de cette muraille élevée, et nous distinguons à merveille nos silhouettes s'estompant le long de ce cumulus. Il advient même qu'une auréole lumineuse entoure l'ombre très noire d'un arc-en-ciel circulaire du plus bel effet.

Even, cependant, continue son récit :

— Conduite par la fortune qui couronne sa tête de lauriers, Sémiramis-la-Grande arrive à l'*Oasis d'Ammon*, au centre de laquelle se dresse le *Temple d'Ammon*, dieu fameux, le Jupiter de la Libye, le symbole du feu, le soleil, l'amour qui brûle le cœur. On le représente avec des cornes de bélier, et des oracles émanent de son sanctuaire, connue déjà du Vieux-Monde (1).

ce dernier endroit que, chaque année, à Pâques, nombre de pèlerins du rit grec viennent se baigner, sous la protection d'une force militaire considérable, comme jadis Willibald le vit faire au viii° siècle.
Rien de plus riant que cette rive, qui est plantée d'arbres magnifiques. Le rivage est formé par une jolie prairie couverte de fleurs et plantée de saules. La berge est à pic et s'élève de deux à trois mètres au-dessus de l'eau. (*De Saulcy.*)

(1) *Ammon,* le grand dieu de l'Egypte, l'Etre suprême, particulièrement honoré à Thèbes, fut transformé par les Grecs en Jupiter-Ammon. Sous sa forme principale, Ammon était appelé Ammon-Ra ou Ammon-Soleil, générateur et régénérateur ; et sous sa forme secondaire, *Ammon-Kneph* ou *Chouphis*, gardien, soutien, etc. *Ammon* signifie *brûlant,* par allusion aux sables africains.
L'*oasis de Jupiter-Ammon,* aujourd'hui *oasis de Siwah* ou *Souyah*, est située dans le nord-est de la Libye, à deux cent soixante-quatre kilomètres de la Méditerranée. La ville moderne, qui donne son nom à l'oasis, contient deux mille habitants.
A deux kilomètres environ, sont les ruines du temple égyptien de Jupiter-Ammon, que l'on appelle Ommon ou Oumm-Beidah.

Aussi sa curiosité de femme porte la reine de Ninive et de Babylone à interroger Ammon sur sa destinée.

« Ton fils te tend des embûches, lui répond la Pythonisse. Tu disparaîtras d'entre les hommes; mais une grande voix s'élèvera de la terre, pour chanter ta gloire incomparable!... »

Tout d'abord Sémiramis baisse la tête ; mais je la vois qui la relève incontinent, car le génie des conquêtes l'aiguillonne, et, comme un géant qui ébranlerait la terre sous le poids de ses lourdes phalanges de cavaliers et le tonnerre de ses chars de guerre, la voici qui reprend le chemin de l'Asie, et s'élance vers les *monts Emodes* (1), dont elle envahit les opulentes contrées.

L'INDE, elle aussi, a déjà ses dynasties de rois de la race Jaune ou Sémitique, ses *Bardht,* ses *Chandras,* ses *Djadouster,* et des villes dont la richesse et la renommée font envie. Son peuple actif et entreprenant, sous le délicieux climat de vallées ravissantes, prospère dans un commerce actif et fortuné. Dès-lors, ne faut-il pas que l'ambitieuse Sémiramis lui enlève ses étoffes précieuses, ses bois de sandal, son or et ses pierreries, ses gommes-laque, l'ivoire de ses éléphants, les perles de ses pêcheries, ses trésors de toute nature?

Aussi la résistance de l'Inde ne saurait l'arrêter. Elle la fait plier sous son joug...

— Je vous arrête... dis-je à Even, car je vois des cohortes, haletantes, échelonnées sur le magnifique fleuve l'Indus, qu'elles ne peuvent franchir, et, si je ne me trompe, ces cohortes appartiennent à l'armée de Sémiramis. Voici même une autre armée, une armée indienne, qui, des bords majestueux du Gange à ceux de l'Indus, s'avance à la rencontre de Sémiramis, et la bataille s'engage... Bravo !

On a reconnu que le temple était formé de trois enceintes, dont la plus grande étendue avait trois cents pieds de longueur sur trois cents de largeur. Il reste encore debout une salle couverte par trois pierres pesant chacune cent mille livres, et servant de plafond. Le dieu Ammon à tête de bélier figure dans les scènes que représentent les sculptures.

Suivant la tradition rapportée par Hérodote, c'était une colombe partie du grand temple de Thèbes d'Egypte qui était allée désigner la place où l'on devait établir l'oracle d'Ammon.

La statue principale du dieu était de bronze mêlé d'émeraudes et de pierres précieuses. Il était porté sur une barque d'or et par plus de cent prêtres. C'étaient les plus anciens d'entre ces prêtres qui proclamaient les oracles.

(1) Les monts Himalaya, Imaüs, etc.

les ardents Assyriens plient, se rompent, fuient en désordre, et, cette fois, votre vaillante Sémiramis... est vaincue...

— Tels sont les hasards de la guerre... Vainqueur aujourd'hui, on est vaincu demain... dit mon oncle avec un accent philosophique qui lui sied parfaitement.

— Très bien, reprend Even, mais Sémiramis rallie ses soldats, et, grande dans sa défaite comme dans sa victoire, elle veut que la retraite de son armée soit signalée par des prodiges. Alors, sa marche étant arrêtée tantôt par des montagnes, tantôt par des défilés, d'autres fois par des eaux, ici et là par des masses de rochers taillés à pic et d'un aspect formidable, notre héroïne fait adoucir les rampes abruptes, briser les rocs, combler les précipices, et trace ainsi entre l'Inde, la Perse, la Médie et l'Assyrie, une route que bien des générations de peuples s'empresseront de suivre. Enfin elle met le pied dans la capitale de son empire.

— Mais vous passez sous silence, dit alors Arthur, la lettre fameuse que Sémiramis écrit à l'un des gouverneurs de ses provinces, Darcétas, son dévoué général :

« Parcourez tous mes Etats, depuis les mers du nord de l'Assyrie jusqu'à l'Ethiopie et la Libye, levez trois millions de fantassins, un million de cavaliers, cent mille soldats destinés à combattre sur des éléphants, deux cent mille chameaux pour porter les bagages, et cent mille chariots armés de faulx. En outre, faites construire trois mille vaisseaux avec des proues d'airain, et levez en Phénicie un nombre suffisant de marins expérimentés pour les conduire. Enfin... (1) »

— Cette lettre est controuvée, s'écrie le comte en interrompant son ami. Pour se convaincre de sa fausseté, ne suffit-il pas de demander quelle est donc la contrée, tant fertile soit-elle, qui pourrait jamais suffire à la subsistance d'une aussi prodigieuse armée ? Vous êtes de mon avis, j'imagine.

— C'est bien évident, répond Arthur, et je ne cite cette lettre que pour mémoire, et parce que certains auteurs orgueilleux en ont fait trophée pour exalter les ressources de Sémiramis.

---

(1) Suidas, un lexicographe grec du x⁰ siècle, connu par une compilation sans jugement, mais souvent utile, est l'auteur de cette lettre.

Maintenant, dites-nous, Mademoiselle, le reste de votre pensée sur la grande reine de Babylone.

— Rendue au repos, Sémiramis ne s'occupe plus que du bonheur de ses sujets, achève Even. Les Assyriens, dans les œuvres qu'elle opère, la regardent moins comme leur souveraine que comme leur divinité tutélaire. Aussi la disent-ils fille d'une sirène, qu'ils honorent sous le nom de *Décerto* ou *Mélitta*, laquelle, après avoir enfanté Sémiramis, se serait précipitée dans les flots de la mer, et à laquelle ils se promettent de rendre un culte qui n'est dû qu'à Dieu, en lui élevant un temple à Ninive (1).

Voulez-vous une preuve de cette grande influence de Sémiramis sur ses sujets? Regardez :

---

(1) Encore aujourd'hui, malgré d'immenses recherches, on est privé de renseignements à l'endroit de la religion assyrienne.

On sait toutefois qu'elle avait une certaine analogie avec celle des Babyloniens, adorateurs du soleil, et des Perses, adorateurs du feu.

Décerto, *Mélitta* ou *Vénus*, était leur divinité des joies et des plaisirs.

Baal, *Hercule-soleil* ou *Mithra*, était le soleil lui-même, dieu du jour, de la chaleur et de la fécondation de la nature.

Mithra ou *Ized*, était subordonné à Ormuzd, qui disposait de lui et en faisait son émanation. Mithra n'est même qu'une personnification d'Ormuzd, comme principe générateur. On représentait cette divinité de Mithra sous la forme d'un jeune homme en tunique, un manteau sur l'épaule gauche et un bonnet phrygien sur la tête.

Les Romains adorèrent Mithra, et Tibère, dans l'île de Caprée, était l'un de ses plus fervents adorateurs et adeptes.

Ce culte disparut, au IVe siècle après J.-C.

D'après des cachets, en forme de cylindres, trouvés en grande quantité dans les ruines des terres assyriennes, on arrive à composer des détails qui expliquent plus ou moins la religion asiatique et ses dogmes.

Ormuzd et *Ahriman*, ou les principes du bien et du mal, font le sujet de la plupart des scènes représentées. Ahriman est le dieu des ténèbres et du mal; il a des esprits mauvais soumis à ses ordres, lesquels esprits sont représentés par des animaux fantastiques d'un aspect farouche et terrible, taureaux à barbe, griffons, etc. Ormuzd, le dieu du bien ou de la lumière, est représenté sous une figure humaine, en buste seulement, au milieu d'un disque ailé et à queue d'oiseaux. Il plane au-dessus du roi dans les cérémonies, dans les batailles, et il lance des flèches contre les peuples infidèles.

A l'occasion de Décerto, Mélitta ou Vénus, citées plus haut, disons que M. Michaux, consul de France, trouva, à une journée au-dessus de Ninive, près du Tigre, un bloc de basalte ovale, arrondi, couvert de caractères cunéiformes assyriens et de sculptures d'un art grossier, qui est maintenant déposé au cabinet des Médailles de la Bibliothèque impériale, à Paris, et connu sous le nom de *Caillou de Michaux*. On y voit représentés des monstres dont on n'aperçoit que la partie antérieure couverte d'écailles, et qui sont accroupis près de bases à colonnes sur lesquelles on croit reconnaître le triangle, symbole de la triade chaldéenne ou babylonienne, et la figure conique, emblème de la grande déesse ou Vénus, ou Mélitta.

Quelques mythologues supposent que cette sculpture représente le capricorne entrant dans la maison du soleil.

Occupée à sa toilette dans la partie la plus reculée de son palais, on vient lui annoncer qu'une révolte éclate dans la ville. Elle accourt sans retard, les cheveux épars, les vêtements en désordre. Elle va droit aux rebelles, leur parle, et soudain, aux premiers accents de sa voix bien-aimée, vous les voyez se prosterner et demander grâce.

Even, ayant ainsi parlé, garde le silence.

Pour moi, je m'occupe de considérer ce qui se passe.

Or, pour se reposer des fatigues de la guerre et des labeurs du gouvernement, je vois cette noble reine fonder à *Chaone*, sur les frontières du pays des Mèdes, un palais de plaisance qui se mire dans les eaux d'un lac limpide, en face d'une colline pittoresque et au centre de monts sourcilleux et de bois verdoyants. Là encore, là toujours, elle médite ce qu'elle pourra faire pour le bonheur de ses sujets.

Mais, paraît-il, l'heure est venue où le hasard fait se réaliser le terrible oracle sorti du sanctuaire d'Ammon, dans l'oasis de Libye.

En effet, voici que Ninias, le fils de la grande Sémiramis, trame mystérieusement un complot qui a pour but de précipiter sa mère du trône qu'elle a illustré. Instruite de ce qui se prépare, cette reine intrépide, cette femme dévouée, ne pâlit point devant l'audace de son fils. Trop fière pour engager une lutte scandaleuse avec un parricide, elle jette dédaigneusement la couronne à Ninias, et, âgée de soixante-douze ans, elle se hâte d'aller se renfermer pour toujours dans sa belle solitude de Chaone, et disparaît de la scène du monde.

— Notez, me dit Marius, que nous sommes en 1950.

A cette heure, continue-t-il, du merveilleux météore qui vient de resplendir sur la terre, à l'origine des empires, il ne reste plus que des cendres. Toutefois, sur le sépulcre qui renferme cette poussière royale, voici la légende que grave l'Histoire et qu'elle livre aux siècles à venir :

J'ai régné
A Ninive et à Babylone.

Mes Etats étaient bornés, à l'Orient, par le fleuve Hindames (1);

---

(1) L'*Hindamès*, ou *Inanamès*, ou *Etymander*, maintenant le *Sedjestan*, dans le *royaume de Caboul*. Ce fleuve se jette dans le lac Arien, dans l'Arie, province de l'empire des Perses.

Au Midi, par la contrée de l'encens et de la myrrhe (1);
Au Nord, par les Saces et les Sogdiens (2);
Et à l'Occident par la mer.

Avant moi, les Assyriens n'avaient ni océans, ni vaisseaux, ni commerce;
Je leur ai donné des mers, des vaisseaux et un commerce (3).

J'ai forcé des fleuves à couler partout où j'ai voulu,
Et j'ai voulu qu'ils portassent leurs eaux dans les pays qui en avaient besoin

J'ai rendu fertiles les terres les plus arides.
J'ai construit des forteresses qui ont été imprenables.
J'ai dompté par le fer d'énormes rochers.
J'ai employé mes trésors à ouvrir des chemins là où les bêtes féroces ne pouvaient passer.

Malgré tant de travaux
J'ai trouvé du temps pour mes plaisirs et le bonheur de mes amis (4).

— Est-il une épitaphe qui résume plus parfaitement les œuvres d'un grand souverain ? demande le comte avec enthousiasme.

— Maintenant, cher cousin, me dit Even, vous allez voir passer sous vos yeux le plus étrange défilé de monarques mous, lâches, sans amour de la gloire, sans désir de faire le bien, sans passions généreuses. On dirait que quand le ciel a mis sur la terre un de ces génies créateurs dont les nobles instincts font le bonheur des peuples, il abandonne ensuite les hommes à des êtres voluptueux, pervers, sans nulle valeur, comme pour leur rappeler que la terre est le lieu de l'exil, et pour les forcer à chercher leur avenir plus haut et ailleurs qu'aux mains de ceux qui les gouvernent.

(1) La partie de l'Arabie où se trouve *Bassora*, ville de la Turquie d'Asie, sur le Chat-el-Arab, à vingt lieues nord du *golfe Persique*.

(2) Les *Saces* et les *Sogdiens* habitaient sur les rives de la mer Caspienne, à l'est, autour des *monts Paropamises*, et au sud de la *chaîne du Caucase*.

(3) Le *golfe Persique*, le *Pont-Euxin* ou *mer Noire*, et les *mers Caspienne* et *Méditerranée*.

(4) Cette admirable épitaphe que nous a conservée *Polyen*, écrivain grec, né en Macédoine, avocat à Rome sous Marc-Aurèle, est le monument le plus authentique qui nous reste de la vie et des conquêtes de l'illustre Sémiramis.

De ce que Sémiramis eut son *Chaone*, comme Tibère eut son *île de Caprée*, des historiens ont voulu faire de Sémiramis une Phèdre, une Paliphaë, une Messaline. Cela vient sans doute de la ressemblance de nom de l'épouse de Ninus avec la fille de Bel-Och, l'infâme Otossa, qui, régnant à Babylone, ne rougit pas de se laisser donner le nom de Sémiramis II. Notre Sémiramis eut une passion dominante, celle de faire de grandes choses. Cléopâtre a-t-elle fondé des villes? Sardanapale, Tibère, Héliogabale ont-ils été autre chose que des monstres dépravés?

— Voilà de la philosophie, ou je ne m'y connais pas! dit le Pirate d'un ton de voix tendrement ironique.

Mais Evenor ne se laisse pas interrompre pour si peu.

— Voici d'abord l'indigne fils de Sémiramis, me dit-elle en souriant, l'infâme Ninias, qui monte sur le trône de sa mère.

Mais oublieux du modèle qu'il pourrait suivre, et dédaignant toute grandeur, le voici qui passe sa vie au fond de son palais, se livrant à d'ignobles saturnales.

Ce parricide règne ainsi trente-huit ans, de 1814 à 1776.

Remarquez ensuite ses ridicules successeurs, plus abâtardis encore. Ne les nommons même pas!

Disons seulement que Sémiramis ayant fait l'Egypte tributaire de l'Assyrie, l'Assyrie à son tour va devenir tributaire de l'Egypte, qui s'avance contre elle.

— En effet, m'écrié-je, je vois comme des nuées de sauterelles couvrant les déserts qui entourent le royaume de Ninias... Déjà ses frontières sont franchies...

— C'est une armée égyptienne, nombreuse comme les grains de sable du désert dont vous parlez, beau cousin, me dit Evenor.

Laissons donc Babylone et Ninive, continue-t-elle. Quittons les bords de l'Euphrate et du Tigre. Nous reverrons bientôt ces villes et ces fleuves. Mais à cette heure d'autres villes, un autre fleuve nous attendent.

Elançons-nous vers l'Egypte, hâtons-nous d'aller mesurer du regard ses avenues de pylônes (1), ses forêts d'obélisques (2), ses camps de pyramides, ses armées de statues-monolithes (3), ses colossales

(1) *Pylône*, de *pylôn*, portail, *pylê*, porte, est une porte triomphale, un portique, un arc de triomphe, ou un palais carré sous la voûte duquel on passe pour arriver à un palais bien plus vaste.

L'arc de triomphe de l'Etoile, à Paris ; l'arc de triomphe de la cour du Carrousel, en face du château des Tuileries, etc., sont des pylônes.

(2) Obélisque, de *obeliscos, obelos*, broche, est un monument quadrangulaire en forme d'aiguille, ordinairement fait d'une seule pierre.

Les premiers obélisques ont été élevés en Egypte. Ce sont des monuments essentiellement historiques, destinés à rappeler des faits de l'histoire d'un peuple, ou à éterniser ses victoires.

L'opinion qui en fait des *gnomons*, destinés à marquer l'heure par l'ombre, n'est pas admissible.

(3) Monolithes, de *monos*, seul, et *lithos*, pierre, est une pierre gigantesque, d'un seul bloc, dont on fait ou une pyramide, ou une statue, ou un obélisque, etc.

cariatides (1), ses propylées (2) et ses sphinx. Sachons ce qui s'est fait et ce qui se passe dans cette contrée nouvelle pour nous, et surtout pour vous, Théobald.

Pendant que mademoiselle de Froley prononce ces mots, il se fait comme un coup de vent qui nous pousse vers le sud avec la vélocité du nuage qui glisse sous la rafale. Alors, soudain, je me vois planant au-dessus de l'Afrique, et, dans l'Afrique, sur la belle et riche vallée du Nil que l'on nomme Egypte.

— L'Egypte! l'Egypte! clamé-je avec bonheur, avec le même tressaillement que du haut de son mât de hune un nautonier dirait aux matelots, ses frères :

— Terre! terre!

---

(1) Le mot *cariatides* vient de *Karyai*, ville de Laconie, en Grèce.
Les cariatides sont des figures de femmes vêtues d'une longue tunique, que l'on place en guise de colonnes pour supporter un entablement. *Vitruve* prétend que l'origine des cariatides vient de ce que les Grecs s'étant rendus maîtres de *Carya*, dans le Péloponèse, après avoir tué les hommes, ils emmenèrent les femmes et les firent servir à leur triomphe. Alors, pour perpétuer ce souvenir, un architecte imagina de remplacer les colonnes d'un édifice par des figures de femmes vêtues à la manière des femmes de Carya. (Duchesne.)

Je crois que les cariatides ont été inspirées par le goût. Elles sont antérieures aux Grecs, puisque les Egyptiens en ont placé, hommes et femmes, nus et voilés, dans leurs plus beaux monuments. Or, les Egyptiens ont précédé les Grecs.

(2) *Propylée* vient de *pro*, devant, et *pylê*, porte ; c'est un édifice qui sert d'avenue et de préparation à l'entrée principale d'un temple, etc.

LA RACE NOIRE.

Vision de l'AFRIQUE. — Déserts. — Océans de feu. — Cham ou Chami. — L'Egypte. — Le Nil. — Le simoun. — Description. — Germes de civilisation. — Méneï ou Menès. —THÈBES. — Ville aux Cent-Portes. — MEMPHIS. — Légendes des Pharaons. — Pyramides d'Achante et de Sakkarah. — Souphi Ier ou Chéops. — Origine et but des Pyramides. — Pyramide de Souphi Ier. — Chambres du roi et de la reine. — Intérieur des Pyramides. — Aspects pittoresques. — Chouphrou ou Céphrem. — Pyramide de Sensaouphi. — Chafra. — Pyramide de Mankheri. — Autres Pyramides en Ethiopie. — *Héliopolis.* — Marché d'esclaves. — Où reparaît Joseph, fils de Jacob. Le chef Hyskos. — La prison. — Les songes. — Interprétation. — Elévation d'un pâtre. — Administration de Joseph. — La famine. — Drame de famille. — Thouthmosis Ier. — Splendeurs de Thèbes. — Palais de Karnac, de Meïamoun. — Monuments de la Nubie. — Amenof Ier ou Osymandias. — Bibliothèque. — Tombeaux. — Merveilles architecturales. — Salle hypostyle. — Porte triomphale. — Uchoreus. — Thouthmosis III ou Mœris. — Lac Mœris. — Nouvelles Pyramides. — Amenof III, Memnon. — Amenophium ou Memnonium. — Mystère de la statue mélodieuse dévoilé. — Palais de Louksor. — Pylônes. — Obélisques. — Avenues fantastiques. — Palais de Sohleb, en Nubie. — Jalousie des Egyptiens vis-à-vis des Israélites. — Lac Butus. — Sanctuaire de Neith. — Cécrops quitte l'Egypte pour aller fonder *Athènes.* — Théogonie égyptienne. — Knef. — Bouto. — Fta. — Osiris. — Isis. — Horus. — Typhon. — Sérapis. — Le bœuf Apis. — Chiens, chats et crocodiles. — L'Amenti ou Enfers. — Sérapœum. — Folies et erreurs de l'humanité.

— Oui, me dit alors Marius, voici l'*Afrique*, l'un des trois grands continents de l'ancien monde, dont la terre sera si fertile en prodiges; l'Afrique, qui fera de ses sables brûlants le tombeau de nobles victimes de la science. Voici l'Afrique, dont un voile épais couvrira bien longtemps encore les contrées centrales; l'Afrique, qui fera chercher toujours peut-être l'origine de ses grands fleuves.

Remarquez la *Chaîne Lybique* à l'ouest, et la *Chaîne Arabique* à l'est, qui, toutes deux, enferment l'Egypte, et vont vers le sud se joindre aux *Montagnes du Temple Peint*, au *Mont d'Or*, aux *Montagnes de la Lune*; examinez de loin les autres chaînes des *Monts Lupata* et *Spina Mundi*, qui s'étendent du nord au sud, en suivant la côte orientale; puis, tout-à-fait au sud, les *Montagnes de Neige,* les *Montagnes de Glace,* qui toutes aboutissent au *Cap des Tourmentes,* un jour de *Bonne-Espérance.* A l'ouest, vers la Méditerranée, contemplez sa dernière chaîne, celle du *grand et petit Atlas,* le premier se dirigeant vers le midi, le second longeant la côte.

Reconnaissez au centre le grand *Lac Tsaad;* et l'*Aquilanda,* plus au nord; à l'est, observez le *Bahr-el-Sudan,* le *Girrigi,* et le *Candie;* au nord des Lupata, le *Filtre,* le *Zambro,* et le *Ludejah;* enfin les *Lacs Kérun* et *Natron,* en Egypte. Tous brillent au soleil comme des nappes d'argent enchâssées dans des bordures d'émeraudes.

Dans ces immenses déserts de sables, véritables océans de feu que, comme des îles sur la mer, des oasis capitonnent ici et là de leurs palmiers, de leurs riches prairies ombragées de bois de citronniers et d'orangers (1), voyez errer les gazelles, les antilopes, les girafes et les éléphants.

Sous ces vastes forêts d'alicondas, de baobabs, de bambous et de lentisques, regardez comme se plaisent sous les rayons du soleil tropical les rhinocéros, les tigres, les lions et les panthères, digérant leur proie à l'entrée de leurs cavernes.

Sur les rivages de ces grands fleuves, le Nil, le Niger, le Sénégal, la Senégambie, que sillonnent l'humus végétal et les arènes mouvantes de leurs capricieux méandres aux flots d'or ou de leurs cascades de dentelles, suivez de l'œil les lourds exercices des hippopotames et des crocodiles, ainsi que les guerres adroites et les ruses agiles des ichneumons, des cérastes, des scorpions et des serpents.

Mais surtout, dans cette Afrique rougie par la réverbération de son brûlant territoire, portez toute votre attention sur l'Egypte.

Chami, du nom de Cham, son premier hôte, tel est son propre nom.

Mesraïm, tel sera celui que les Hébreux et la Bible lui donneront (2).

Aiguptos, tel sera le nom que lui imposeront les Grecs.

Egyptus, tel sera celui que lui laisseront les Romains.

---

(1) L'*Oasis d'Ammon,* par exemple.
(2) Encore aujourd'hui, les Arabes appellent l'Egypte *Missr,* de *Misraïm.*

L'Egypte, fille de l'Ethiopie et de la Nubie, formée du limon du Nil ; l'Egypte avec son firmament d'azur et son soleil sanglant et rouge comme le bouclier qui sort de la fournaise ; l'Egypte qui ne connaît pas la neige, et où une délicieuse fraîcheur s'unit à la pesante chaleur ; l'Egypte, la plus belle et la plus riche vallée de cette Afrique, est là, devant vous, Théobald, et vous allez en étudier la naissance, la formation, la grandeur et les beautés.

Elle se dirige du nord au sud, en déclinant légèrement à l'ouest.

Trois grandes régions distinctes la partagent :

La *Basse-Egypte* ou *Delta,* ainsi nommée de la forme du *delta* grec que lui donne le Nil, qui, se divisant à son embouchure en plusieurs branches, affecte la forme de cette lettre, au nord ;

La *Moyenne-Egypte* ou **Heptanomide** (1), au centre ;

Et la *Haute-Egypte* ou *Thébaïde,* au sud.

Du fond de la vallée, en amont, jusqu'à la naissance du *delta,* en aval, l'Egypte est encaissée, comme je vous le disais tout-à-l'heure, par deux chaînes de montagnes nues, découronnées de toute végétation. Au loin s'étendent leurs sommets granitiques, aux flancs desquels on voit de très hauts rochers coupés à pic, en pleine décomposition, offrant presque tous de larges fentes occasionnées, soit par l'extrême chaleur, soit par des éboulements intérieurs, et dont les croupes sont parsemées de bandes noires comme si elles eussent été brûlées en partie.

Du côté de la mer Rouge, la chaîne se nomme *Roc Arabique.*

Et *Roc Lybique* est le nom de la chaîne du côté de la Lybie.

Ces deux chaînes ne sont pas également rapprochées, d'où il résulte que la vallée n'est point partout d'une largeur égale. Cette largeur augmente au nord : elle est généralement de trois à quatre lieues.

La chaîne Arabique, ou orientale, finit brusquement vers Memphis.

La chaîne Lybique, ou occidentale, se termine, au nord, par un talus rapide, et va se perdre dans les plaines sablonneuses du Delta.

A l'équinoxe d'automne, l'Egypte n'est qu'une immense nappe d'eau rouge, du sein de laquelle sortent des villages, des palmiers et des digues étroites qui servent de communication.

(1) Qui possède sept provinces, ou sept *nomes. Epta nomides.*

Après deux à trois mois, elle ne montre plus qu'un sol noir et fangeux : puis de la verdure et des moissons splendides, et après une terre grise, poudreuse et profondément crevassée.

Ce qui fait ces différences, c'est le Nil qui, grossi par des pluies annuelles tombant en Ethiopie pendant plusieurs mois, déborde dans la vallée et y dépose un limon qui la fertilise.

Mais alors, après la retraite des eaux, pendant l'hiver, la nature déploie en Egypte toute sa magnificence. Alors la fraîcheur et la force de la végétation nouvelle sous le feu du soleil, ainsi que la richesse des moissons, surpassent tout ce que l'on peut voir ailleurs. La Moyenne-Egypte même étale une végétation plus luxuriante encore que le Delta.

Or, c'est à cet heureux moment que l'Egypte nous apparaît.

Verdure, fleurs, chants d'oiseaux, murmure du grand fleuve, mouvement dans les prairies, joies et plaisirs dans les cités naissantes, tout y est magique. C'est une large oasis, une splendide écharpe de verdure jetée sur l'épaule d'un vaste désert de sables de mille lieues de surface.

Car, partout où les eaux du Nil ne viennent pas déposer leur limon fécondant, règne le désert avec son arène mouvante et stérile.

Aussi le Nil, pour les Egyptiens, est un dieu ; ils lui rendent un culte ; on lui élève des temples, et il a des prêtres dans toutes les villes situées sur les bords de son cours.

— Vous devez deviner, me dit Even, qu'entre le Nil et cet océan de sables, c'est une lutte perpétuelle, un combat incessant, le fleuve pour fertiliser, le sable pour étouffer. Ce qui porte sans fin le sable à s'amonceler et à engloutir le sol végétal, c'est le vent embrasé du midi qui souffle avec violence. On le nomme *simoun* dans le désert. Lorsque ce vent terrible prépare ses rafales, l'atmosphère se trouble, une teinte pourpre la colore, l'air est pesant et une chaleur dévorante se fait sentir. Malheur à l'homme que le simoun surprend dans le désert. Les animaux les plus habitués aux feux du sud redoutent ce vent. Toutefois le chameau, cet utile ami de l'homme dans ces régions brûlantes, parvient à se soustraire à son influence meurtrière en tenant ses yeux constamment fermés.

Aussi verrez-vous tout-à-l'heure les Egyptiens idéaliser cette bataille du fleuve et du sol végétal contre l'envahissement des sables, par l'allégorie de Cham, leur premier père et leur bienfaiteur, sous le nom d'*Osiris,* le génie du bien, en guerre avec *Typhon,* le génie du mal. L'eau et le sable sont les deux génies de la vallée, le bon et le mauvais. Où coule le fleuve, fécondité : où vient le sable, rien !

— Nous vous avons appris, dit Arthur à son tour, que les premières tribus qui peuplèrent l'Egypte vinrent de l'Abyssinie, de la Nubie et de l'Ethiopie, où Cham et ses descendants avaient été s'établir dans des cavernes souterraines.

Maltraités par le climat de ces contrées, ils se rapprochèrent de la vallée du Nil, dont ils avaient souvenance pour l'avoir traversée jadis. Ils y rentrèrent donc à l'état de nomades et n'ayant point de demeures fixes, non plus que de sciences, d'arts et de teinture de civilisation. La nécessité cependant fit qu'ils s'occupèrent d'agriculture et s'établirent d'une manière fixe et permanente dans les îles du fleuve d'abord. Alors naquirent leurs premières villes, qui ne furent dans le principe que de petits villages.

C'est ainsi que *This,* sur un bras dérivé du Nil, devient la plus ancienne cité de la vallée, le chef-lieu des autres villes qui vont se former, et le siège des Egyptiens qui se donneront l'autorité.

C'est ainsi que s'élève peu à peu *Philœ,* dans cette île fleurie de l'extrémité sud, Philœ si fière un jour des monuments dont on la décorera en l'honneur d'Osiris.

C'est ainsi qu'*Eléphantine,* dans cette autre île verte comme l'émeraude, grandit lentement, mais un jour possédera le nilomètre (1) et aura des édifices majestueux.

(1) Instrument décrit par *Strabon,* qui servait à mesurer les crues du Nil.
Les crues du Nil étaient causées par la fonte des neiges dans les hautes montagnes de l'Abyssinie et de l'Ethiopie, où ce fleuve prend naissance de deux branches qui se réunissent en une seule.
Depuis l'origine de la civilisation, on cherche les véritables sources du Nil, et on ne les a pas encore trouvées. Au premier siècle de l'ère chrétienne, l'empereur Néron donna ordre à deux centurions d'aller les découvrir. Après avoir traversé l'Ethiopie, ces officiers rencontrèrent une immense étendue de marais impénétrables, au milieu desquels s'élevaient deux grands rochers d'où le fleuve s'échappait avec impétuosité. Au XVI° siècle, deux jésuites portugais furent persuadés qu'ils avaient remonté le Nil jusqu'à son extrême limite. D'Anville, sans sortir de Paris, prouva que les deux religieux avaient fait fausse route et avaient suivi le cours du fleuve Bleu, qui n'est, comme le fleuve Blanc, qu'un des affluents du Nil. On a souvent répété, dans ces derniers temps, que les véritables sources sortaient des montagnes de la Lune, à huit cents lieues du Delta. Ce n'est encore qu'une supposition.

C'est ainsi que *Syène*, hameau d'abord, puis bourgade puissante, sera renommée par le fameux puits (1) au fond duquel, pendant le solstice d'été, l'image du soleil se peignait toute entière; et par les splendides construct... ...dont on ornera son enceinte (2). Sous les Pharaons, elle sera place de guerre et on y entretiendra des troupes pour empêcher les Ethiopiens nomades de la Nubie de faire des incursions sur les terres d'Egypte (3).

Enfin, c'est ainsi que *Ombos*, sur cette rive droite du Nil, sort modestement de terre, mais bientôt va resplendir sous la richesse et la splendeur de ses monuments et de son temple (4).

L'Egypte-Moyenne se peuple ensuite, et la Basse-Egypte n'aura que plus tard des habitants et des villes, et encore faudra-t-il de grands travaux pour la rendre commode.

Etudions maintenant la croissance de ce peuple encore à sa naissance.

Voici la civilisation qui commence, grâce aux prêtres qui s'emparent de l'autorité. Ils administrent chaque canton du pays peu étendu encore, sous la direction de leur grand-prêtre ou *hiérophante*, lequel donne ses ordres au nom de Dieu même.

Cette forme de gouvernement se nomme *théocratie.*

Mais cette autorité despotique devient facilement injuste, oppres-

---

(1) *Syène* fut, pour les anciens géographes, un des lieux les plus importants du globe. Cette ville servit à Erathostène, à Hipparque et à Strabon, de point de départ pour déterminer la position des lieux de la terre.
C'était la seule ville de l'antiquité placée sous la ligne du tropique.
Aujourd'hui même, nous n'avons que Chandernagor, Canton et La Havane.
(2) *Syène* est voisine de la chaîne Arabique, et c'est dans son voisinage que sont les fameuses carrières de granit d'où l'Egypte tira le granit de ses monuments, ses monolithes et ses plus grands obélisques. On voit encore parmi les blocs de granit un obélisque ébauché, ayant plus de cinquante-cinq pieds de long et prêt à être sculpté. C'est de ces mêmes carrières que fut extrait le fameux colosse d'Osymandias, qui décore Thèbes.
(3) Les Romains entretenaient des cohortes à Philœ, à Eléphantine et à Syène. Ces trois points formaient la barrière de leur empire du côté de l'Ethiopie.
C'est à Syène que Juvénal fut exilé sous prétexte de commander une cohorte.
(4) On voit encore aujourd'hui, à Ombos, un temple magnifique très bien conservé; et du reste, à Philœ, à Eléphantine et à Syène on trouve des ruines admirables.
A Ombos, le soleil de midi acquiert une température extrêmement élevée, bien supérieure à celle de Syène, où la chaleur est excessive cependant, et l'une des plus fortes du globe. Il est impossible de rester une minute en place sur le sable sans éprouver aux pieds une cuisson violente. En 1799, les soldats de l'expédition française faisaient cuire leurs œufs sur le sol, qui était comme de la cendre chaude.

D. Pinart.

sive, et retarde l'avenir et l'émancipation du peuple. En effet, elle divise la nation en trois parties distinctes :

Les *prêtres*, les *soldats*, les *artisans*.

Les artisans sont les seuls qui travaillent, et le fruit de toutes leurs peines est absorbé par les prêtres, qui tiennent les soldats à leur solde et les emploient à contenir les artisans ou le peuple.

Mais voici qu'à This vient de naître dans la classe des soldats un homme du nom de *Méneï*. Devenu grand, indépendant de caractère, cet Egyptien hardi sème des idées nouvelles parmi ses frères, et sous son inspiration les soldats se lassent d'obéir aveuglément aux prêtres. Une révolution éclate, et ce changement rend bientôt Méneï chef de la nation, donne naissance au gouvernement royal, si bien que Méneï monte sur le trône et devient le premier roi de l'Egypte.

Le nouveau prince se met aussitôt à l'œuvre : il apprend aux colons grossiers l'agriculture si nécessaire aux hommes, la musique si utile pour assurer les progrès de la civilisation, l'écriture qui doit ouvrir l'essor au commerce et à l'industrie, les premières notions de l'astronomie dont l'étude sera si précieuse et fera des Egyptiens l'un des peuples les plus savants du monde.

Ensuite il dessèche les marécages qui bordent le Nil, et choisissant plus bas que This, sa première résidence, une large oasis de terre ferme, il y pose les fondations d'une ville dont la magnificence naissante peut vous faire deviner déjà la magnificence future. Elle offrira des beautés si merveilleuses et renfermera des édifices tellement somptueux, que le plus fameux des poètes, Homère, la chantera dans ses poèmes.

Elle sera *Thèbes* pour les Egyptiens ;

Ecatompulos pour les Grecs :

Diospolis magna pour les Romains ;

Et la *ville aux Cent-Portes* pour tous les peuples de l'univers.

Thèbes n'est pas pour cela entourée de murailles, ce n'est pas l'usage en Egypte, où un libre accès est donné à toutes les cités. Mais chacun des monuments qui s'élèvent sur son territoire est entouré de murs richement sculptés et percés de nombreuses portes. De toutes parts surgissent de splendides édifices soit en l'honneur des dieux, soit pour les Pharaons qui vont se succéder.

Car **Pharaon** est le titre que l'on donnera en Egypte aux chefs de l'Etat.

Enfin, pour agrandir et faire prospérer le pays, Ménéï continue les dessèchements des marais créés par le Nil, et les porte vers le nord, jusque dans le voisinage des lagunes de la mer. Il convertit ainsi bientôt un autre marécage en un vaste emplacement solide, en reportant le lit du fleuve un peu vers l'est, et là aussi il fonde une seconde et brillante cité.

Memphis, la belle Memphis (1).

Malheureusement, en même temps que Ménéï civilise son peuple, il lui donne aussi le premier exemple du luxe. Des cités pompeuses invitent les hommes à la pompe des vêtements. Avec la recherche du costume les mœurs s'imprègnent de mollesse. Aussi, bien vite, trop vite, la corruption s'étend-elle, faisant de rapides et d'inguérissables progrès.

Athothi, fils de Ménéï, devient son successeur.

Dès le début de son règne il fait une expédition contre les Arabes, à la tête d'une nombreuse armée. Ses soldats sont cruellement éprouvés par la chaleur, la soif et la faim. Ils ne peuvent résister et la délicatesse de leur constitution et de leurs habitudes les fait périr en grand nombre. Le Pharaon rentre dans sa capitale de Thèbes à peu près seul.

D'autres de ses successeurs éprouvent de semblables revers. Aussi l'un d'eux fait-il graver dans un temple une inscription qui maudit le nom de Ménéï, comme corrupteur de son peuple, qu'il a rendu faible par les recherches du luxe.

Dès ce moment donc l'Egypte est gouvernée par des rois, et le gouvernement devient plus doux et plus éclairé, car le pouvoir royal trouve un contre-poids dans l'influence que conserve nécessairement la classe des prêtres, réduite alors à son véritable rôle, celui d'instruire et d'enseigner en même temps les lois de la morale et les prin-

---

(1) Elle a existé à peu de distance du Nil, et on a trouvé ses ruines dans les villages de *Memph*, *Mokhnan*, et surtout de *Mit-Rhahiné*. Les anciens historiens arabes nommèrent Memphis Mars-el-Qadimeth, pour la distinguer de Mars-el-Atikèh et de Mars-el-Qahèrah.

Ainsi, Mars-el-Qadimath, c'est Memphis ancienne.

Mars-el-Atikéh, c'est Fosthath ou le vieux Caire.

Et **Mars-el-Qahèrah**, c'est le Caire actuel. (*Champollion jeune*).

cipes des arts. C'est ainsi que le code égyptien, tracé par les prêtres, fixe à l'avance ce que les Pharaons doivent faire en toutes circonstances, de telle sorte que, non-seulement les actes de leur vie publique, mais encore les actions les plus ordinaires de leur vie intime, sont réglées par des prescriptions rigoureuses.

Et pour qu'il ne leur soit pas possible de s'y soustraire, il ne leur est pas permis de s'entourer de serviteurs complaisants et dévoués à leurs caprices. Aucun esclave ne peut être admis à leur service : mais ils ont autour d'eux des jeunes gens âgés de plus de vingt ans, qui appartiennent aux premières familles de la caste des prêtres, et soigneusement instruits des exigences légales. Le temps des Pharaons se trouve donc déterminé pour chaque heure du jour et de la nuit. Ils se lèvent de grand matin et commencent leur journée par donner leur temps aux affaires du pays. Ils doivent ensuite se présenter aux sacrifices, entendre la prière et la lecture des livres sacrés qui leur rappellent leurs devoirs, et surtout celui de la tempérance.

Non-seulement la qualité des mets qui doivent leur être servis est fixée, mais encore la quantité en est mesurée. Leur nourriture est simple et légère. A l'époque où nous sommes, le vin leur est interdit : mais plus tard il leur sera permis d'en user modérément.

Une longue suite de Pharaons se succède sur le trône d'Egypte. Diverses familles règnent tour à tour et la civilisation se développe de siècle en siècle. Alors de grands travaux étendent les possessions égyptiennes jusqu'à la mer Méditerranée, et lui enlèvent le Delta, qu'elle couvrait de lagunes et que l'on renferme entre.

Le *Lac Serbonis*, à l'orient, et le *Golfe Plinthinète*, à l'occident.

Diverses provinces s'y forment rapidement, et les principales villes que l'on y élève sont *Tanis* et *Paniphysis*.

Alors aussi, sur la rive occidentale du Nil, la troisième dynastie de ces Pharaons construit les premiers monuments funèbres que la terre ait encore portés.

C'est la *Pyramide d'Achante* (1), que vous voyez se dresser fièrement dans ce modeste petit village.

---

(1) Acanthe, maintenant *Dahchour*, est sur le Nil, au sud de Memphis. (Le Caire.)

C'est aussi la *Pyramide de Sakkarah,* qui décore cette autre bourgade naissante (1).

Les princes qui élèvent ces masses de pierres n'ont d'autre but que de se composer un tombeau qui renferme leur dépouille mortelle. Car

---

(1) Notre compatriote, M. Auguste Mariette, intrépide archéologue, a fouillé une partie de l'Egypte, afin de retrouver, sous les sables, les monuments curieux qu'il supposait pouvoir y rencontrer. C'est ainsi qu'il a retrouvé la Pyramide et la nécropole de Sakkarah. La nécropole est la partie la plus intéressante.

M. E. Desjardins nous dit à cette occasion, dans le *Moniteur* :

« La nécropole de Sakkarah, à quelque distance de l'ancienne Memphis, a donné à M. Mariette tout une cargaison d'objets funéraires du temps des premières dynasties, et surtout des IVe, V^e et VIe. Quarante stèles de quatre mètres de haut proviennent de ces fouilles. Elles sont couvertes de textes gravés à une époque antérieure de plus de mille ans au temps où, nous disait-on jadis, avait été inventée l'écriture par les Hébreux et les Phéniciens. Quarante statues, d'un art analogue au *Scribe* du Louvre, viennent compléter l'admirable série des monuments de Sakkarah, qui trouveront place dans les musées du Caire. Chose remarquable! lorsque les témoignages de la civilisation des plus anciennes dynasties abondent dans la plaine de Memphis, la XIIe, qui est si dominante à Abydos, est absolument inconnue à cette latitude, et les monuments, depuis la XVIIIe jusqu'au temps des Ptolémées, y sont aussi nombreux que les premiers.

» Nous rappellerons que c'est là que M. Mariette avait eu la bonne fortune, dans la campagne précédente, d'exhumer la fameuse table portant les noms de soixante-trois Pharaons, dont une quinzaine n'étaient encore connus par aucun monument.

» Ces fouilles de Sakkarah, admirablement faites et dirigées constamment par M. Mariette, ont encore donné quelques papyrus intéressants et une centaine de tombes couvertes de bas-reliefs et concernant, presque toutes, des personnages de la cour de Rhamsès II ou Sésostris.

» De l'intérieur de ces tombeaux on a extrait un grand nombre d'objets en porcelaine. Enfin on a arraché à ce sol, si riche pour l'histoire et pour l'art, vingt-cinq à trente sarcophages en granit et en basalte, tous de l'époque où les Pharaons régnaient à Saïs, XVIe dynastie, et aussi soignés, comme gravure, que le fameux sarcophage du grand-prêtre Taho, chef des grammates, que Champollion a donné au Louvre, et qu'on admire dans la galerie de Henri IV.

» La nécropole des Pyramides de Giseh, sœur de celle de Sakkarah, comme disent les Arabes, a été plus ravagée par les spoliateurs chrétiens ou musulmans. Il semble que les mutilations aient été exécutées systématiquement, et comme si elles eussent été commandées. Toutes ces statues ont eu la tête abattue. Cette exécution religieuse s'explique pour M. Mariette par le voisinage des Pyramides, dont le revêtement a été employé par les conquérants arabes pour leurs habitations. Un grand nombre de démolisseurs se sont donc portés de ce côté, et, dans les instants de trêve que leur laissait le travail, ont pieusement mutilé les statues de la nécropole, dans laquelle ils allaient chercher le repos et l'ombre. Une centaine de ces statues acéphales a été enlevée par M. Mariette pour le musée du Caire. Il a choisi celles qui lui ont paru le plus intéressantes pour l'histoire et l'art des temps passés.

» Il faut remarquer que la momification n'a commencé à être pratiquée que sous la onzième dynastie. Parmi les épaves funéraires de cette première époque, on ne trouve jamais de scarabées, qui sont les *symboles de la résurrection ;* de canopes, vases à têtes humaines ou d'animaux, en guise de couvercle, et dans lesquels on déposait les entrailles du défunt, confiées à la garde des quatre génies funèbres ; jamais d'images d'Osiris, ni d'Anubis, ni d'aucune autre divinité, — Osiris et Anubis présidaient à la mort ; — mais uniquement des représentations du trépassé... »

ce sera bientôt un besoin chez les Pharaons de soustraire à la mort, autant qu'ils le pourront, les corps qui auront été l'enveloppe de leurs âmes pendant la vie.

En effet, voici les rois de la cinquième dynastie qui prennent le sceptre. Etudiez un peu la façon dont ils useront du pouvoir.

— Ciel! m'écrié-je à mon tour, en fixant un regard avide sur la rive gauche du Nil que me désigne Arthur, seraient-ce donc là les autres Pyramides fameuses qui doivent traverser les siècles et voir notre illustre Bonaparte y remporter un jour une célèbre bataille? Pour les former, ce sont de vraies montagnes de terres amoncelées en talus, et du haut desquelles on pose et on superpose les masses de granit qui doivent composer ce palais de la mort, montagnes que l'on exhausse au fur et à mesure que montent les assises de pierres, mais qu'ensuite on fera disparaître.

— Oui, ce sont les fameuses Pyramides, me répond Arthur.

La première, celle du nord, est l'œuvre du premier des rois de cette cinquième dynastie.

Souphi Ier (1) est son nom.

Pour son début il ferme les temples et interdit toutes les espèces de sacrifices et de prières.

Puis il entreprend ce travail monumental qu'il médite depuis long temps déjà. Il veut, par l'immensité gigantesque de cet édifice sépulcral, immortaliser son nom en éternisant son être matériel. Il prétend lutter contre le néant, contre la mort, contre l'oubli, et perpétuer ainsi sa mémoire. Rien au monde parmi les plus merveilleuses constructions n'égalera cette tombe royale. Par cette effigie symbolique, la mort sera vaincue, et le souvenir de Souphi Ier sera durable comme le granit. Il brillera comme le feu (2), et c'est pour le transmettre aux siècles futurs, ainsi que le soleil transmet sa lumière, qu'il choisit la forme pyramidale, image de la flamme, large à sa base et affectant la figure d'un glaive à son extrémité.

Mais, pour un pareil travail il lui faut les bras de tout un peuple.

---

(1) *Souphi* Ier n'est autre que *Chéops*.

M. Champollion, le plus savant historien et le plus habile archéologue qui ait travaillé, étudié et écrit sur l'Egypte, après bien des recherches, a donné à ce Pharaon le nom de Souphi Ier.

(2) Pyramide vient de *pur*, feu, flamme...

Aussi le Pharaon contraint-il tous les Egyptiens indistinctement à extraire le granit de la chaîne Arabique et à le traîner jusqu'au Nil. Là, d'autres ouvriers le reçoivent sur des radeaux, et, à l'aide des eaux, le conduisent sur les revers de la chaîne Lybique, où on en fait l'usage que vous voyez. Seulement, au lieu de charpentes pour élever ces blocs de pierre et les porter sur les assises du monument, on a dû former ces terrasses disposées en talus d'un côté, et de l'autre montant au niveau de l'édifice.

— Je trouve fort belle cette idée de pyramide... fait Even en interrompant M. Bigron. La Pyramide, lançant vers le ciel son jet de flamme, me semble admirablement trouvée pour dire à l'homme qui la contemple :

« Je suis un symbole, une émanation grossière, une flamme de pierre, mais je représente l'intelligence suprême et divine qui brûlait jadis dans le corps humain, que je garde maintenant sous mes assises de granit (1) ! »

— Rien de mieux, reprend Arthur ; mais à quoi bon dire avec ostentation une vérité qui se trouve écrite partout ? Pour cela, faut-il faire travailler cent mille hommes à un seul monument ? Pour cela, faut-il, tous les trois mois, exiger que cent mille autres hommes viennent relever les premiers ? Et ainsi pendant vingt ans ! Combien de ces travailleurs, artisans par ordre, ouvriers sans habitude, ont déjà péri ! Combien n'en mourra-t-il pas encore ? Le Pharaon sera donc bien heureux de pouvoir faire dire à la postérité :

« Ceci est la Pyramide de Souphi Ier!... »

---

(1) On verra, par l'ensemble de cet ouvrage traitant de l'Egypte, que l'art égyptien a eu ses périodes de grandeur et de décadence. « L'admirable simplicité des lignes, la finesse délicate qui distinguent les œuvres de la douzième dynastie, fait place, sous les Ptolémées, à cette profusion de détails, à cette richesse d'ornementation, qui multiplient les symboles et cherchent plus à étonner l'œil qu'à reproduire la nature. A partir de Toutmès Ier, sous la dix-huitième dynastie, comme sous la dynastie saïtique, l'art fleurit de nouveau... » (Alfred Maury, *Aperçu sur les religions de l'antiquité dans leurs rapports avec l'art*.)

Il est à remarquer que, dans les écrits des anciens, on ne rencontre pas une seule fois le nom d'un architecte, d'un sculpteur ou d'un peintre égyptien. Les artistes étaient ou prêtres, ou au service des prêtres, et il paraît qu'on ne pouvait exercer cette profession sans être lettré, parce qu'il fallait se conformer scrupuleusement, pour la représentation des sujets religieux, aux règles écrites dans les livres sacerdotaux. (E. Charton, *Voyages anciens et modernes*.)

Arthur se tait, ayant ainsi parlé. Pour moi, je me tais aussi, mais j'admire cette œuvre gigantesque (1).

C'est un étrange édifice, en vérité, que cette tombe d'un Pharaon! Assise sur un plateau de roche calcaire, à lui seul élevé déjà de cent trente pieds au-dessus du niveau du fleuve, de sa base à son sommet la Pyramide de Souphi compte *quatre cent quarante-neuf pieds* de hauteur verticale. Elle se compose de deux cent trois assises. Elle est complètement revêtue de marbre blanc, ajusté avec le plus grand soin, et dont la moins grande feuille a neuf mètres de longueur.

Sur la plinthe de ce colosse on place une inscription hiéroglyphique qui doit apprendre aux curieux la quantité de raves et d'ognons consommée par les ouvriers employés à sa construction. Il eût été plus intéressant pour l'Egyptien, mais moins flatteur pour le Pharaon, de savoir combien de leurs frères ont perdu la vie à ce travail destiné à proclamer l'orgueil d'un homme!

Comme accompagnement, de petites Pyramides sont placées aux angles de la grande.

En outre, un petit temple, adossé à la façade antérieure de l'édifice, vers le Nil, semble un pygmée à côté d'un géant.

(1) On a imaginé que les Pyramides étaient des édifices mystérieux, allégoriques, consacrés au feu, au soleil; ou bien que c'était des gnomons, des monuments astronomiques, des observatoires, ne faisant pas attention que les Pyramides n'offrent absolument rien de ce qui est nécessaire pour observer.

Un auteur moderne est allé jusqu'à écrire que c'était des greniers d'abondance destinés à conserver pour les mauvaises années les riches moissons de l'Egypte, ignorant ce que pourtant tout le monde sait, que les Pyramides n'ont presque point de vide intérieur, sauf quelques souterrains bas et étroits, conduisant à une salle sépulcrale, voûtée en dos d'âne.

Il était pourtant bien naturel de voir dans les Pyramides l'extension d'un type commun à tous les peuples, à savoir la petite butte de terre qui recouvre un corps inhumé. Et, à l'appui de cette induction, il est bon de remarquer que beaucoup des Pyramides qui jalonnent l'Egypte, au lieu d'être parfaitement carrées, sont rectangulaires, ce qui offre une analogie de plus avec ce petit tertre qui s'élève sur les restes mortels de l'homme. Ces tertres, plus ou moins grands, élevés sur un seul corps ou sur plusieurs à la fois, sont évidemment l'origine de tous les *tumuli* observés et trouvés chez les anciens peuples. Ces tumuli, tantôt revêtus de gazon, tantôt augmentés de masses de rochers, ou solidifiés par des blocs de pierre appliqués autour, ont été, quelques siècles plus tard, à mesure que les arts et la civilisation avançaient, garantis par un enduit quelconque contre les intempéries de l'air, et, de proche en proche, on est arrivé, pour recouvrir et honorer les morts illustres, aux constructions les plus solides et les mieux combinées, telles que les Pyramides d'Egypte et les autres monuments, simples ou grandioses, trouvés sur divers points du globe.

(*Note empruntée à M. C. Farcy.*)

Enfin, tout à l'entour de la base de ce tombeau et de ses accessoires, un large fossé reçoit les eaux du fleuve et isole le monument de manière à le protéger contre les dégradations des passants.

Hélas! vains efforts! Je vois déjà le simoun du désert qui souffle ses arènes, et le jour n'est pas loin où le sable envahira la Pyramide. Ainsi vont les choses de la terre : il faut des travaux inouïs pour les produire, et il suffit d'un grain de sable pour les effacer!

Notre archéologue Marius prend à cet instant la parole et me dit :

— Ne croyez pas qu'il soit facile de visiter l'intérieur de ce monument. Il est d'une obscurité tellement sépulcrale, que l'on doit indispensablement se munir de torches et de flambeaux. On y pénètre par une petite porte qui ouvre au nord. Après avoir à peu près rampé sous une voûte étroite et qui descend rapidement, on remonte une rampe abrupte, et alors on se trouve dans une galerie horizontale où un gouffre horrible vous montre sa bouche béante. C'est un puits de deux cents pieds de profondeur, taillé dans le roc vif. En passant, on le regarde avec effroi, et si l'on jette une pierre dans l'abîme, l'écho ne vous renvoie que longtemps après un bruit des plus sinistres. On arrive peu après à une pièce nue, sans décors, sans légende, sans corniche, vide, que l'on nomme, sans doute à cause de sa destination,

La *Chambre de la Reine.*

La rampe, plus large, mais aussi plus rapide, bordée de siéges troués, conduit à un second étage où l'on trouve une seconde galerie, et, dans la galerie, une seconde pièce longue de trente-deux pieds, large de seize, haute de dix-huit, revêtue de larges assises du plus beau granit. Le plafond est formé de sept pierres pélasgiques admirables. Le centre en est occupé par un tombeau de granit.

C'est la *Chambre du Roi.*

Ainsi, dans ce palais funèbre, bâti par tout un peuple, deux caveaux obscurs! Et encore la gloire de dormir sous cette carrière de pierres sera-t-elle bien accordée à son auteur? Et si elle lui est donnée, ce royal retiro, cette tombe ne sera-t-elle pas violée?

A l'intérieur, dans les chambres et les galeries, sont ciselés plusieurs cartouches. On y lit le nom de *Chouphrou.* Voilà tout l'avantage que retirera de sa gigantesque entreprise le vaniteux Pharaon :

le nom de Chouphrou, et encore de tous les habitants de la terre il ne se trouvera que cinq ou six savants qui pourront le lire (1).

(1) Les Egyptiens avaient deux écritures :
L'*écriture hiératique* ou *sacrée*, et l'*écriture démotique* ou *civile*.

L'écriture sacrée des monuments s'appelle, d'une façon générale, *hiéroglyphique*, le mot *hiéroglyphe* signifiant *caractères sacrés, sculptés ou gravés*. Dans ce genre d'écriture, les caractères sont tracés en entier et sous leur plus belle forme.

Cette même écriture hiératique s'écrivait aussi d'une manière cursive sur les papyrus, mais avec abréviations.

La véritable écriture démotique ne différait pas de l'écriture hiératique cursive : on y employait donc alors les abréviations.

Les signes ou caractères, soit hiéroglyphiques, soit cursifs, étaient de deux sortes :
Les premiers, *idéographiques*, c'est-à-dire représentant la chose ou l'idée elle-même, par images, figures ou symboles ;
Les seconds, *phonétiques*, c'est-à-dire correspondant aux sons de la voix, de la parole.

L'écriture hiératique, au lieu de se composer de caractères alphabétiques, offrait, dans une série d'images, la représentation de divers êtres, animés ou inanimés. Les prêtres avaient donné à chacun de ces objets une signification tirée tantôt de la nature même et de ses qualités particulières, tantôt purement conventionnelle. Ainsi l'*épervier* représentait *Dieu;* le *poisson,* la *haine;* l'*hippopotame* désignait l'*impudence* ou *tout désir de mal faire,* etc.

Sur la porte d'un temple de la ville de Saïs, on voyait gravée la figure d'un enfant à côté de celle d'un vieillard ; puis celle d'un épervier, ensuite d'un poisson, enfin d'un hippopotame. Cela signifiait :

« Jeunes gens et vieillards, la divinité hait l'injustice ! »

L'écriture démotique, ou civile, ou vulgaire, était phonétique ou alphabétique, comme nous l'avons dit, et elle s'écrivait de droite à gauche, comme l'écriture des Hébreux et de tous les peuples de race sémitique. C'était elle qui servait aux usages de la vie, et on l'enseignait de bonne heure aux enfants.

On trouve dans les momies et les tombeaux des contrats de vente, des comptes de marchands, des correspondances privées, quelques-unes cachetées, écrites cursivement sur le papyrus ou papier, en écriture démotique.

Peut-on lire les hiéroglyphes et l'écriture démotique des Egyptiens ? Assurément. Grâce aux travaux de l'illustre français Champollion, il est devenu facile de lire et de traduire les écrits ou les inscriptions monumentales de l'Egypte.

D'autre part, il n'est plus permis d'ignorer que la langue des Egyptiens s'est conservée dans l'*idiome copte*, qui, bien qu'il ait, à ce qu'on croit, cessé d'être parlé par le vulgaire, est encore employé dans la *liturgie de la race copte*, race qui descend en droite ligne de l'ancienne nation égyptienne. Nombre de textes coptes ont échappé au naufrage des siècles : la difficulté est de les trouver.

Les couvents de la vallée des lacs de Natron, et notamment celui de Saint-Macaire, contenaient des trésors de cette antique littérature. Lord Prudhoë, et un Français, Linant-Bey, fixés en Egypte depuis longtemps, firent des recherches qui leur donnèrent une moisson de trois cent soixante-huit manuscrits coptes, syriaques, éthiopiens, etc. Ils sont aujourd'hui au British-Museum, cette terre de la Grande-Bretagne qui absorbe tout. Tastam et Linant-Bey en trouvèrent cinquante autres, mais les moines de l'Orient, jaloux de ces richesses, les dérobent à toute investigation, en les enfouissant au fond de citernes à sec. Allez donc les chercher dans ces étranges bibliothèques !...

Ainsi donc les Egyptiens ont eu une littérature !

M. de Rougé, notre savant compatriote, a traduit une sorte de légende poétique, aussi amusante qu'un conte des *Mille et une Nuits,* écrite par un auteur égyptien du xve siècle... avant l'ère chrétienne...

— Jê continue mon récit en vous conduisant vers la seconde Pyramide, reprit l'historien légendaire Bigron : seulement, de prime-saut, remarquez qu'elle est moins belle que la première.

Pour y arriver, il faut mesurer cinq cents pas, au sud de la Pyramide de Souphi Ier, en suivant une ligne diagonale.

Cette Pyramide est celle de *Sensaouphi* (1). Mais encore faut-il vous

(1) De même que Chéops ou Chouphrou est traduit par Souphi, dans la traduction de Champollion jeune, de même il traduit *Chéphrem* par *Sensaouphi*.
D'autres auteurs le nomment Chaphra.
Mais Sensaouphi, Chaphra ou Chéphrem, c'est toujours le second Pharaon de la cinquième dynastie, auteur de la seconde grande Pyramide de Giseh.
Car, de nos jours, on nomme ces masses de pierres *Pyramides de Giseh*, du village qui en est proche. Ce sont les plus gigantesques de toute l'Egypte, qui en compte beaucoup d'autres, ainsi que des obélisques, mais bien plus réduites.
Elles occupent la rive occidentale du Nil, et là, depuis nombre de siècles, elles font l'admiration du monde.
« L'impression que produit leur aspect gigantesque, dit le R. P. Laorty-Hadji, est encore augmentée par la transition brusque où l'on passe en venant du Caire. Après avoir traversé le fleuve au Vieux-Caire, et marché pendant deux heures à travers des prairies verdoyantes et de frais jardins, tout-à-coup, à un quart de lieue des Pyramides, la végétation cesse et les sables commencent, avec le silence et l'isolement.
Dix lieues avant d'arriver, on les découvre, et quand on en approche, elles semblent fuir devant vous. Cependant le véritable sentiment de leurs proportions ne se manifeste que lorsqu'on est près de leur base. La rapidité de leurs pentes, le développement de leur surface, la mémoire des temps qu'elles rappellent, le calcul du travail qu'elles ont coûté, l'idée du déplacement de si énormes matériaux, tout saisit l'âme d'étonnement, d'humiliation, de respect.
— Soldats, s'écria Bonaparte, du haut de ces Pyramides quarante siècles vous contemplent !...
Ainsi parla le général Bonaparte, le 29 juillet 1798, à la glorieuse bataille des Pyramides. Et son langage laconien était, certes, bien éloquent.
« En arrière de la gauche de l'ennemi, dit M. de Norvins, s'élevaient les Pyramides, ces immobiles témoins des plus grandes fortunes et des plus terribles adversités. En arrière de la droite, coulait majestueusement le vieux Nil, brillaient les trois cents minarets du Caire, et s'étendaient les plaines jadis si fertiles de l'antique Memphis. »
Les Arabes paraissent être les premiers qui aient pénétré dans l'intérieur des Pyramides ; ils en ont pillé et dévasté les sarcophages, car la cupidité était leur seul mobile.
L'intérieur de la grande Pyramide est, depuis bien des siècles, accessible aux voyageurs. On y voit encore un sarcophage dans la chambre sépulcrale.
Belzoni est entré dans la moyenne.
En 1837, le colonel anglais Howart-Vyse, et quelques-uns de ses compatriotes, ont exploré l'intérieur de la petite. Dans la chambre sépulcrale était un sarcophage vide, en basalte brun et orné avec élégance. Dans la salle d'entrée, désignée sous le nom de *Grand'Chambre*, on a trouvé, sur un monceau de décombres, des ossements et une grande quantité de bandelettes de momies en étoffe de laine, plus un débris mutilé du cercueil en bois de sycomore que les Arabes avaient jadis arraché du sarcophage. Sur ces débris sont inscrites deux lignes d'hiéroglyphes, portion d'une prière adressée au Pharaon défunt, identifié avec Osiris, et dont voici la traduction : Osirien, roi, Men-ka-ré d'éternelle vie, engendré au ciel, fils de Nephté, qui agrandis ta mère...

dire que Sensaouphi succède à Souphi Iᵉʳ, et n'imite que trop l'orgueil stupide et barbare de son prédécesseur. Il opprime aussi ses sujets, et cela pour le stérile honneur d'élever, comme lui, une masse de granit, qui deviendra son sépulcre, et dont on dira dans les siècles futurs :

« Ceci est la Pyramide de Sensaouphi!... »

Comme la première, cette seconde Pyramide fait correspondre ses quatre faces avec les quatre points cardinaux. Seulement, au lieu de la rendre parfaitement carrée, comme sa sœur aînée, celle-ci se dessine plus longue dans un sens que dans un autre. Le corps de l'homme y trouvera son analogie, et sera plus à l'aise pour dormir de l'éternel sommeil. Elle a six cent cinquante-cinq pieds de largeur à sa base, et *trois-cent quatre-vingt-dix-huit pieds* de hauteur. Trente-six pieds de moins que la première. Mais au lieu d'être lisse de haut en bas, cette seconde Pyramide est composée de grandes assises en retraite qui forment escalier et permettent de la gravir. En outre, comme elle est placée sur un ressaut de rocher, quoique moins élevée en réalité que la Pyramide de Souphi, elle paraît plus haute.

Ses couloirs intérieurs sont bien moins longs et n'aboutissent qu'à un seul caveau destiné à renfermer la dépouille mortelle du Pharaon.

On lit en divers endroits, en caractères hiéroglyphiques, le nom de *Chephra.*

Hélas! Dieu, le Dieu du ciel, confond toujours l'orgueil de l'homme! Voyez-vous là-bas cette foule en fureur? C'est le peuple d'Egypte qui s'irrite et se révolte. Pendant plus d'un siècle, en effet, les deux Pharaons Souphi Iᵉʳ et Sensaouphi ont épuisé toutes les ressources de la contrée. Ils ont fait périr des millions de sujets. Aussi, à bout de souffrances, les Egyptiens menacent ces mauvais rois d'arracher leurs corps de ces tombeaux fastueux, et de la menace ils pas-

---

Ce nom de *Men-ka-ré*, qui signifie *donné au soleil*, est le même que celui de *My-cérinus*, d'après Hérodote, *Mé-ché-Rin,* d'après Diodore de Sicile, et *Men-ché-Res,* d'après Manéthon.

Ainsi, c'était les ossements du Pharaon Mycérinus qui gisaient de la sorte, sur ces décombres. O vanité des vanités !

Encore, était-ce bien la momie de Mycérinus ?

La traduction des hiéroglyphes formant le nom de ce Pharaon est la seule qui produise une similitude de nom presque complète entre M. Champollion, qui le nomme *Mankéri*, et les savants, qui l'appellent *Mankari* ou *Mycérinus*.

126   LES ORIGINES DU MONDE.

sent à l'exécution. En effet, voici que ces Pharaons éperdus, tremblants de crainte, s'éloignent en hâte, de crainte d'être victimes de la fureur populaire. Ainsi, les tombeaux qu'ils se sont préparés ne leur serviront jamais. Le peuple fait plus que chasser les mauvais rois : il publie la défense de prononcer leur nom abhorré. Et, comme un pâtre du nom de Philition faisait paître naguères ses troupeaux sur cette rive du Nil, maintenant foulée par le granit et le pied des travailleurs, on donne son nom à ces deux tombeaux.

Mankhéri succède alors à Sensaouphi.

Ce prince ne montre heureusement ni l'impiété ni la cruauté de ses devanciers. Il fait rouvrir les temples, offre des sacrifices aux dieux de l'Egypte, diminue les impôts, suspend les travaux dangereux ; mais il ne résiste pas au plaisir de se donner aussi une Pyramide.

A cinq cents pas de la seconde Pyramide, vers le sud encore, il fait élever cet autre sépulcre royal, toujours en harmoniant ses faces avec les quatre points cardinaux. Mais au lieu de granit, Mankhéri emploie la brique cuite au feu, afin d'épargner l'argent et d'éviter la colère de son peuple.

Cette dernière Pyramide n'a que deux cent quatre-vingts pieds de base, et sa hauteur s'élève à *cent soixante-deux.*

On revêt de granit la brique qui forme le corps du monument, et quoique de moindre apparence, cette Pyramide n'en forme pas moins une masse énorme.

Dans l'intérieur elle n'offre qu'un seul caveau qui, par exception, recevra le cadavre de Pharaon. On y lit en caractères hiératiques le nom de Menkari (1). Cette chambre mortuaire correspond du reste, par deux couloirs, avec un sanctuaire carré dans lequel sont encastrés deux caveaux vides, au fond, et sur le côté droit quatre, qui tous n'auront jamais de dépôt à garder.

La postérité pourra donc dire :

« Ceci est la Pyramide de Mankhéri ! »

Enfin, un rocher colossal surgissant de terre, en face du Nil, et non loin des Pyramides des Pharaons, on taille ce rocher en forme de sphinx gigantesque, et on lui donne la fonction de garder et protéger les tombeaux des Pharaons, à savoir les Pyramides destinées à de-

(1) Voir sur Menkari ou Mycérinus la note précédente.

meurer l'éternel séjour de ces princes (1). Ce sphinx ne compte pas moins de vingt mètres.

Je ne vais point vous parler de ces autres Pyramides, qui, beaucoup moins hautes que celles-ci, hérissent le sol de l'Egypte, surtout dans le voisinage de Memphis (2). Elles sont construites par les dynasties de Pharaons qui vont suivre.

Je ne vous dirai rien non plus des *Pyramides de l'Ethiopie* (3), de celles de *Méroë*, par exemple.

(1) Les *sphinx* étaient placés devant les temples, les tombeaux et les palais, comme gardiens et protecteurs.
Ce sphinx colossal des Pyramides cachait dans ses flancs une porte qui conduisait à des galeries souterraines creusées dans le rocher, et mettait en communication avec la grande Pyramide.
Les formes des sphinx égyptiens sont très diverses.
On appelle *Androsphinx* le sphinx à tête humaine, avec ou sans barbe, mâle ou femelle, et à corps de lion; *Criosphinx*, celui qui a la tête du bélier; *Hiéracosphinx*, celui qui offre la tête de l'épervier. On voit aussi des sphinx ailés.
Nous avons déjà cité les résultats des fouilles opérées en Egypte par M. Mariette. Mais voici ce que l'on dit à l'occasion du grand sphinx : « Le déblaiement du sphinx a fait découvrir l'existence d'un temple magnifique, enseveli sous les sables, *construit pour l'éternité*, comme les Pyramides, dont il est contemporain. »
Quelle était la signification du sphinx-colosse? Il était le dieu des Egyptiens, et les inscriptions d'alentour le signalent comme étant *Horus à l'horizon*, c'est-à-dire le *Soleil couchant*. Aussi avait-il la barbe peinte en rouge.
(2) Les Pyramides de Sakkarah et de Thanis, maintenant Aboukir, et une quantité d'autres, en tout une cinquantaine, formaient indubitablement la nécropole ou cimetière des rois et des personnes considérables de ces anciennes villes.
(3) En Ethiopie, les Pyramides de Méroë, évidemment égyptiennes, sont construites sur le même principe, plus petites, aussi nombreuses, et aussi sur le lieu de sépulture de cette ville.
Chose étrange, mystérieuse et qui occupera longtemps encore les historiens, les archéologues et les savants, dans l'ancien *pays des Aztèques*, le *Mexique actuel*, on voit des Pyramides à plusieurs assises, et dont les cônes suivent le méridien et le parallèle du lieu.
Ces Pyramides se trouvent dans la *vallée de Mexico*. On les nomme *téocalli*. On y observe surtout deux grandes Pyramides dédiées, l'une au soleil, l'autre à la lune, dieux des Aztèques. Elles sont entourées de plusieurs centaines d'autres Pyramides, qui forment des rues exactement dirigées du nord au sud et de l'est à l'ouest. La Pyramide du soleil est plus élevée que la Pyramide de Mankhéri.
D'après la tradition des indigènes, elles servaient à la sépulture des chefs.
Or, ces Pyramides, grandes et petites, ont une ressemblance de construction et d'harmonie avec les Pyramides d'Egypte, et nul ne peut dire leur origine.
A l'est de cette vallée de Mexico, dans une épaisse forêt, appelée Tajin, s'élève une autre Pyramide; *Papantha*, tel est son nom. Le hasard la fit découvrir à des chasseurs. Elle a sept étages, compte dix-huit mètres de hauteur, est toute de pierres de taille énormes, possède trois escaliers conduisant à sa pointe, montre trois cent dix-huit niches, nombre des jours du calendrier des Aztèques, et offre un revêtement orné de sculptures en *hiéroglyphes* !
Je ne parle pas de beaucoup d'autres Pyramides mexicaines, Cholula, Tlacotepec, etc.
Même dans l'*île de Pâques*, habitée par des sauvages, on voit des monuments étranges dont l'origine est inconnue, mais qui révèlent une certaine civilisation.

Les Pharaons les font élever à leur gloire, lorsqu'ils accomplissent quelque incursion victorieuse, comme trophée de leur victoire, et en honneur de leurs guerriers occis par le glaive des batailles.

Il me tarde de vous apprendre que, sous les dynasties de ces princes, les sciences et les arts naissent et se développent graduellement. Aussi, admirez comme l'Egypte devient puissante et forte!

Sous *Sésokhris*, *Aménémié* et *Aménémof*, spécialement, la voici qui exécute de grandes entreprises militaires au-dehors.

Mais un grand mouvement se produit aussi dans l'Asie.

C'est que Sémiramis envahit alors la Syrie, s'empare de la Palestine et menace l'Egypte à son tour. Elle fait plus; elle la rend tributaire de l'Assyrie.

Vient ensuite une effrayante invasion de Barbares.

Ces Barbares sont les *Hyskos* ou *Pasteurs*. Ces Arabes aux yeux bleus et aux cheveux roux, s'emparent du Delta, et ravagent tout sur le passage de leurs bandes pillardes.

Alors Thèbes, déjà florissante, reçoit les Pharaons de Memphis, et ceux-ci abandonnent leur patrie aux Hyskos.

Que cette période est sombre et triste! Voilà arrêtée à son début cette brillante civilisation des peuplades du Nil.

Maîtres de toute la Basse-Egypte, les Arabes-Hyskos élèvent la ville de *Hon* ou *Héliopolis*, là, à l'extrémité de la chaîne Arabique, et ils y construisent un temple admirable qu'ils consacrent au soleil, ou Vulcain, le dieu du feu, car, dans l'imagination de ces hommes grossiers, le soleil est le dieu du monde qu'il féconde.

De Héliopolis les envahisseurs font le premier anneau d'une chaîne de places fortes, et ils composent un campement qui reçoit le nom d'*Aouara* (1).

Ainsi parle mon orateur, et, en effet, l'Egypte déroule sous mes yeux sa verdoyante vallée, dans toute la splendeur de sa nature luxuriante; mais, hélas! elle m'apparaît aussi avec les ruines dont l'ont couverte les Hyskos envahisseurs. On voit que le peuple souffre. Il ne suffit pas que le territoire produise de riches moissons : il faut aussi que ces moissons restent la propriété de ceux qui les ont ar-

---

(1) *Aouara* existait sur l'emplacement qu'occupe aujourd'hui *Abou-Késheid*.

rosées de leurs sueurs. Or, les trésors du sol sont arrachés au colon qui a planté, qui a semé, qui a fécondé par son dur labeur, et deviennent la proie des chefs Pasteurs. Il ne suffit pas que l'Egyptien respire l'air de sa patrie, il faut qu'il foule le territoire d'un pied libre. Or, l'esclavage, plus rien que l'esclavage pour l'habitant de cette belle contrée.

Aussi, par tous les chemins, sur toutes les routes, dans toutes les villes, au centre de tous les marchés, voit-on errer, tristes et découragés, des hommes qui portent avec douleur le joug qu'on leur impose, des esclaves qui rongent leur frein misérablement, et des troupeaux d'adolescents et de jeunes filles, de femmes et de vieillards que l'on conduit, enchaînés, pour les mettre en vente et les forcer au service qu'ils refusent en restant libres.

A Tanis, parmi ces adolescents que l'on attache au poteau de l'infamie pour les exposer aux regards des acheteurs, quel est ce jeune Israélite dont la tête se tourne souvent vers les contrées du nord, et qui en sonde les profondeurs brumeuses d'un regard sombre et mélancolique?

C'est Joseph, hélas! l'innocent Joseph, que nous avons vu livrer aux marchands, par ses frères, entre Sichem et Dothaïm.

Je le reconnais. Pauvre fils, c'est à son père Jacob qu'il pense!

Mais voici qu'un prêtre, un prêtre attaché au service du temple du soleil, dans la nouvelle ville de Hon ou Héliopolis, Putiphar, l'examine, étudie sa constitution, le palpe, lui sourit, et enfin l'achète.

Heureusement le Dieu de ses pères est avec lui...

Déjà par la douce odeur de sagesse qui émane de sa personne, Joseph gagne la confiance de son maître, qui le fait intendant de la maison.

Mais, d'autre part, refusant de répondre aux vœux criminels de l'épouse de Putiphar, Joseph se voit accuser par cette femme, et son maître abusé le fait mettre en prison.

Avec lui, Dieu pénètre dans les ombres du cachot, et Joseph, inspiré par le Seigneur, explique des songes arrivés pendant la nuit à deux compagnons de sa captivité, un échanson et un panetier de chefs Hyskos. Il leur révèle le sort qui les attend, et l'événement justifie sa prédiction.

Instruit de ces succès, le chef Hyskos le mande pour lui demander l'interprétation d'un songe effrayant qu'il a eu lui-même. Dans son sommeil, il a vu sept vaches maigres dévorer sept vaches grasses, et sept épis grêles absorber sept épis chargés de grain. La science divine de Joseph lui fait annoncer sept années d'abondance suivies de sept années de stérilité, et par suite de disette.

Ravi de connaître l'avenir, le Pasteur met son anneau royal au doigt du jeune prophète : il le comble d'honneurs; il le fait son premier ministre, et, de la prison, Joseph passe sur les premiers degrés du trône. Et, comme la terre se couvre de moissons merveilleuses, par leurs trésors surabondants recueillis pendant sept années, notre sage administrateur prémunit l'Egypte contre la famine continue de sept autres années improductives.

Alors, quand les largesses de la terre sont épuisées et que la disette sévit sur le monde; quand les douleurs et les calamités viennent s'asseoir au foyer de chaque demeure, l'Egypte pourvue jouit de l'abondance et chante les soins pieux de son ministre Joseph.

Mais quelle est cette horde d'onagres sans fardeaux, poussés par dix jeunes hommes, qui descend de Chanaan vers l'Egypte?

C'est la nombreuse phalange des fils de Jacob. Ils ont entendu parler des ressources de la vallée du Nil : ils savent que les greniers de Memphis et de Thèbes sont ouverts à ceux qui n'ont rien, et ils s'acheminent vers cette terre bénie pour y acheter du blé. Seul des enfants de Jacob, Benjamin reste auprès du vieillard pour consoler ses vieux jours et lui faire oublier la mort de Joseph. Quant à ses autres fils, il les a priés de revenir en hâte. Aussi, voyez comme ils s'avancent à grands pas, tristes, taciturnes, car le remords pèse sur leur conscience de fratricides! Le soir, ils campent au bord de la mer, après avoir allumé des feux contre les rochers. Puis, aussitôt que les étoiles pâlissent dans le firmament et que les vagues se colorent des reflets de l'aube, ils reprennent leur chemin, poussant devant eux leurs bêtes de somme. Enfin, ils atteignent le Nil. Les voici à Memphis.

Là, pour obtenir le froment qu'ils désirent, on les met en présence du sage ministre. Joseph les reconnaît soudain : mais ils ne reconnaissent pas leur frère. Comment retrouveraient-ils le misérable esclave dans ce noble seigneur vêtu d'une longue robe brodée d'or, comme celle d'un roi, et dont la tête respire la dignité d'un souverain? Comment retrouveraient-ils les traits du jeune pâtre sous la longue chevelure noire qui couvre la tête du ministre du Pharaon? Ils se prosternent et l'adorent, n'osant pas le regarder. Cependant, alors que son cœur bat avec violence sous l'impression de l'amour filial et fraternel, Joseph rend sa voix sévère et interroge les nouveaux-venus, avec l'adresse que donne la curiosité sainte d'un fils à l'endroit de son père, et de Benjamin, enfant de Rachel comme lui-même.

Enfin, après le don du blé, après la restitution secrète de l'argent aux acheteurs, qui ne le voient pas remettre dans leurs sacs, Joseph congédie les étrangers, les invite à venir renouveler leur provision, mais leur recommande de lui amener alors ce Benjamin, le plus jeune de leurs frères, dont ils lui parlent, et qu'il désire connaître.

Ils reviennent en effet, après un long temps, et, cette fois, ils ont avec eux Benjamin, qu'à grande peine ils ont enlevé aux bras du vieillard.

En les revoyant, Joseph est ému : mais il dissimule et se contient.

— Votre père, ce bon patriarche si triste, ainsi que vous m'avez dit, vit-il encore? leur demande-t-il avec empressement.

Et, levant les yeux sur Benjamin, il ajoute avec un tremblement de cœur qui altère sa voix :

— Mon enfant, je prie Dieu qu'il vous soit favorable, car vous êtes sans doute... Benjamin?

Mais du cœur aux yeux les larmes font rapidement leur chemin... Et Joseph, qui va pleurer, se hâte de sortir...

Or, tout ce drame d'une magnificence biblique que rien n'égale, se passe sous mes yeux... J'en suis tous les détails avec avidité : j'en étudie les péripéties émouvantes; j'admire la naïveté de cette délicieuse comédie qu'improvise une belle âme pour tirer quelques rayons d'amour et d'inquiétude de ces poitrines brûlantes, pour unique vengeance d'un crime.

Alors, c'est la coupe du festin servi à ses frères étonnés, mise dans le sac de froment du pur Benjamin, qu'à la sortie de la ville des hommes armés arrêtent comme coupable de larcin;

C'est ensuite la terreur qui saisit ces pérégrinateurs tremblants ; c'est le cri d'angoisse qu'ils poussent à la pensée de la nouvelle douleur qui doit envahir l'âme de Jacob si on ne lui ramène pas son Benjamin, que le ministre veut retenir comme captif ; c'est la main de fer du remords qui serre les fils du patriarche, lorsqu'ils songent que par eux déjà leur père voit sa vieillesse découronnée de son cher Joseph : c'est la honte d'une accusation de vol...

Les voici devant leur juge. Le ministre veut poursuivre son rôle... Mais ses forces sont à bout : vaincu par l'épreuve même qu'il fait subir, vaincu par les larmes, les sanglots et l'effroi de ses frères qui se courbent le front dans la poussière :

— Je suis... Joseph! s'écrie-t-il.

Exclamation sublime! N'y ajoutons rien : à de pareils tableaux il faut le silence.

Comme dénoûment du drame, regardez maintenant Jacob mandé par Joseph et entouré de toute sa famille, qui vient s'établir dans la *terre de Gessen*, située à l'orient du Nil, et à l'extrémité nord de la chaîne Arabique, que lui donne le Pharaon.

Quel heureux moment que celui où Jacob serre Joseph dans ses bras, et où ces cœurs de père et de fils se sentent battre!

Mais, hélas! après quelques années de bonheur dans cette réunion, vient aussi l'heure de la mort. Elle sonne pour Jacob, et quand Israël n'est plus, l'Egypte toute entière s'associe au deuil de la famille. Un long cortége funèbre, conduit par Joseph, se forme de Gessen à Membré, où les fils pieux vont ensevelir le corps de leur père dans la caverne double du champ d'Ephron, vis-à-vis la vallée de Membré, avec Abraham, Isaac et Sarah.

Quant à Joseph, le Seigneur lui fait donner par Putiphar, le prêtre du soleil au temple d'Héliopolis, ayant des fonctions à la cour, sa fille *Aseneth* en mariage, et il en a bientôt deux fils, *Ephraïm et Manassé*, qu'avant de mourir Jacob put bénir encore.

Joseph à son tour disparaît de la vie, après avoir donné le conseil à ses frères les Israélites de rester toujours fidèles au vrai Dieu. Alors sa dépouille mortelle est embaumée ; on la dépose en un cercueil, elle reste à Gessen, parmi les descendants de Jacob.

C'est vers 2113 que se passent les événements que je viens de dire.

Mais ennuyé sans doute de n'avoir pas ouvert la bouche depuis longtemps, voici le comte qui prend la parole.

— Il n'y a que quelques années encore d'écoulées, après la mort de Joseph, lorsque diverses parties de l'Egypte supérieure s'affranchissent du joug des étrangers Arabes, et, à la tête de cette résistance paraissent des princes descendants des Pharaons égyptiens que les Hyskos ont détrônés.

L'un de ces princes, *Amosis*, rassemble assez de forces pour attaquer les Pasteurs jusque dans la Basse-Egypte. Il les chasse de Memphis et court les assiéger dans leur campement fortifié d'Aouara.

Aménof prend la place de son père Amosis, qui meurt sur ces entrefaites, continue le blocus d'Aouara, et force les Hyskos à quitter l'Egypte.

Alors, vainqueur, Aménof réunit toute l'Egypte sous la domination et relève le trône des Pharaons, comme chef de la dix-huitième dynastie.

Les barbares ayant tout détruit, tout est à reconstruire. Il n'épargne rien pour relever l'Egypte de son abaissement. Les canaux sont recreusés : l'agriculture et les arts encouragés, protégés; l'abondance renaît : l'ordre se rétablit.

Thouthmosis Ier, son successeur, continue son œuvre (1). Il reconstruit Thèbes, qu'il agrandit considérablement, et il y élève des quartiers nouveaux et des palais merveilleux.

Le *Palais de Karnac* est particulièrement son ouvrage.

Des rives du fleuve, du côté de l'orient, aux premières ondulations de la chaîne Arabique, il coupe toute la ville par une immense avenue de plus d'une demi-lieue, qu'il borde de maisons magnifiques et qu'il décore de six cents sphinx gigantesques, accroupis sur leurs bases, tous monolithes, et d'un aspect magique.

Cette admirable avenue conduit à un large et vaste monticule amoncelé de mains d'hommes, et qu'il entoure d'un mur de circonvallation ciselé, brodé, ouvragé, fouillé à jour, véritable dentelle de pierres.

Alors, à l'extrémité orientale de la plate-forme qui règne sur le mon-

---

(1) Thouthmosis Ier est sans doute le Pharaon nommé Busiris par quelques historiens.

ticule, il élève un splendide palais de granit, dont les salles immenses font l'admiration de l'Egypte. L'une d'elles, d'une élévation prodigieuse, ne compte pas moins de trois cents colonnes, et est destinée aux audiences royales, aux fêtes religieuses et publiques, aux cérémonies de l'initiation et à celles du couronnement.

Dans la même enceinte il construit un temple destiné à voir offrir chaque jour des sacrifices aux dieux.

L'entrée et la sortie du mur de circonvallation sont formées par de riches pylônes chargés des plus belles sculptures.

Nous verrons bientôt Aménof III achever ce palais.

Thouthmosis Ier ne veut pas laisser la rive gauche du Nil et la chaîne Lybique sans ornements. Il franchit donc le fleuve, et y conduit ses ouvriers les plus habiles.

Là, sur une éminence factice, à peu près en regard du palais de Karnak, une autre merveille sort bientôt de terre. C'est le *palais de Méïamoun* (1).

Un massif de pierres, de deux étages, avec des fenêtres carrées et des murs couronnés de créneaux, le compose.

Il est précédé d'un pylône très élevé qui conduit dans une cour dont les galeries du nord et du sud sont formées de colonnes et de gros piliers carrés et massifs, auxquels sont adossées des statues colossales. Ces cariatides impriment à cette enceinte un caractère de gravité qui subjugue en inspirant le recueillement et le respect.

Rhamsès III achèvera de même ce palais.

Enfin, c'est jusque dans la Nubie que Thouthmosis Ier porte son génie créateur.

Là, il élève les somptueux monuments de *Semnè* et d'*Amada* (2), palais, obélisques et temples qu'admirera la postérité.

Puis la mort livre son trône à *Thouthmosis II*, qui reconstruit des villes, relève les édifices consacrés à la religion, et achève d'effacer les ruines qui couvraient le sol égyptien.

---

(1) L'antique *palais de Méïamoun*, nommé aussi *Rhamsesséum*, parce qu'il fut complété et achevé par Rhamsès III, est connu et visité de nos jours sous le nom de *Médinet-Abou*.

(2) Dans la Nubie, à Kalabchek, à Mebarrakah, à Solib, on voit d'immenses ruines de temples, de palais, de pyramides et d'obélisques qui excitent l'admiration, quoiqu'elles soient loin d'atteindre à la magnificence de celles d'Ebsamboul, que Burkhard regarde comme plus belles que toutes celles de l'Egypte. (*A. Desmond.*)

Alors règne *Aménof I*er, appelé aussi *Osymandias*.

Ce prince a l'humeur guerrière. Aussi porte-t-il ses armes victorieuses jusque dans la Bactriane, où tu as vu Sémiramis faire le siége de Bactres et l'enlever d'assaut.

Rentré dans ses Etats, le voici qui ne s'occupe plus que de l'embellissement de sa capitale, et qui songe à illustrer son règne par des monuments impérissables.

Tu admirais déjà dans Thèbes tout-à-l'heure et la magnificence de ses quartiers, la richesse de leurs décorations, l'immensité de l'avenue de Karnak aux six cents sphinx, la beauté du mur de circonvallation et les splendeurs de ce palais de Karnak, sur la rive orientale. Sur la rive occidentale, tu n'admirais pas moins le Méïamoun et ses galeries, et ses pylônes.

Mais alors, que vas-tu penser de l'édifice qu'Osymandias élève sur la même rive gauche, un peu au nord du Méïamoun?

— En effet, dis-je, voici le plus gigantesque palais que puisse se figurer l'imagination de l'homme. Il efface et Karnak et Méïamoun, qui ne sont pas achevés, il est vrai : mais je crois qu'il ne nous sera pas possible de rien voir de plus majestueux.

— Ne te prononce pas ainsi, reprend mon oncle. Chacun de ces palais a son caractère, et, complets, jamais on ne pourra dire quel est celui qui efface l'autre.

L'édifice d'Osymandias a un triple but.

C'est un *palais* d'abord. Mais ce palais a deux accessoires, un *tombeau* et une *bibliothèque* (1).

Garde-toi de confondre ces sépulcres adossés au Roc Lybique, l'un des ornements de la partie occidentale de la ville de Thèbes, avec les dépendances du palais d'Osymandias. Non. Ce que tu vois au pied de la chaîne Lybique n'est autre chose que le lieu de sépulture consacré aux jeunes vierges (2) employées au service d'Ammon (3).

Avant d'étudier les détails de l'ensemble, dis-moi si tu n'es pas

---

(1) Le tombeau d'Osymandias est le plus dégradé de tous les grands monuments de Thèbes. On y remarque cependant encore la *Salle hypostyle*, dont trente colonnes sont encore debout intactes, etc. (W. W.)

(2) Quelques historiographes traduisent ce mot *vierges* par *courtisanes*.

(3) *Jupiter-Ammon* signifie *Jupiter-Brûlant*.

saisi d'enthousiasme en face de cette *Salle hypostyle*, ouverte au centre, et qui attire surtout le regard par sa hauteur, ses magnifiques proportions et les colossales colonnes qui en supportent les effrayants granits composant ses voûtes ?

C'est le lieu de réception et d'apparat adopté par le Pharaon pour la présentation des ambassadeurs, et les cérémonies publiques et religieuses.

D'abord, pour entrée, voici un pylône ou porte triomphale, longue de deux *pléthères* (1), et bâtie de pierres de diverses couleurs du plus heureux effet.

Après le pylône commence un péristyle en colonnade large du double du pylône. Chaque colonne porte une figure monolithe de seize coudées de haut, sculptée suivant l'usage du moment. Le plafond est composé de pierres monolithes de deux *orgies* (2), et on l'a peint en bleu parsemé d'étoiles d'or, ce qui produit le plus heureux effet.

Vient alors une galerie qui conduit à un autre pylône, après lequel se présente une salle immense ornée de toutes parts des sculptures les plus parfaites et de colonnes nombreuses. C'est la salle hypostyle.

Là, se montrent trois statues taillées dans un seul bloc de granit rose de Syène. L'une d'elles, qui représente Osymandias, est assise. Je n'ai pas besoin de te les signaler, elles frappent assez le regard. La statue du Pharaon est la plus grande de toutes celles que renferme l'Egypte jusqu'à présent. C'est un colosse qui n'a pas moins de *soixante-quinze pieds* (3). La mesure du pied surpasse sept coudées. Les deux autres statues ne vont qu'à la hauteur du genou du colosse,

---

(1) Cette mesure antique étant à peu près incertaine, nous nous abstenons d'en faire l'appréciation *métrique* de France.

(2) Nous dirons de l'*orgie* comme de la *pléthère* : voir la note 1.

(3) Cet énorme bloc de granit, aujourd'hui étendu par terre, scié, brisé, est si colossal que pour en reconnaître les formes, il faut s'en éloigner à une grande distance. Osymandias l'avait fait élever dans le but de braver les plus hardis efforts. Une cour toute entière est encombrée de ses débris. On dirait une carrière. On ne trouve plus réunis que la tête, la poitrine et les bras jusqu'aux coudes. Un autre bloc, le reste du corps, est couché non loin de là et n'a été divisé du reste de la statue qu'à force de coins dont on voit encore les entailles. Parmi ces ruines, les plus pittoresques de l'Egypte, c'est d'un mélancolique aspect de voir la tête monstrueuse du colosse, la face mutilée, et à quelques pas de là son pied gauche sur lequel jadis de saints anachorètes s'asseyaient souvent, au coucher du soleil, la Bible en main.

(*Note prise et à l'abbé Pinart, et à Denne-Baron.*)

l'une à droite, l'autre à gauche. Elles représentent la fille et la mère d'Osymandias. Dis-moi si dans cette masse énorme, fort précieuse sous le rapport de la matière, tu découvres une seule fissure, une seule tache? Assurément non. Comprends-tu dès-lors comme ce travail est digne d'admiration au point de vue de l'art? Voici l'inscription qui est gravée sur sa base en caractères hiéroglyphiques :

> Je suis Osymandias, roi des rois.
> Si quelqu'un veut savoir quel je suis et où je repose,
> Qu'il détruise quelques-uns de mes ouvrages !

Vois quel merveilleux péristyle, le troisième de cet édifice unique au monde, s'ouvre maintenant derrière le colosse d'Osymandias. Les bas-reliefs que tu ne peux distinguer qu'imparfaitement et qui décorent ses murs représentent Osymandias à la tête de quatre cent mille combattants à pied, et de vingt mille chevaux. Le Pharaon y paraît sous la forme d'un lion rugissant qui combat et déchire les ennemis à ses côtés, mâle emblème de la force et du courage du prince.

Le péristyle traversé, on pénètre dans une salle immense, nommée *Salle de Justice*. Voici ce qui frappe le regard, lorsque l'on entre dans son enceinte. Des statues nombreuses de plaideurs, taillées en bois, sont rangées à l'entour du tribunal. Le tribunal, longue table exhaussée, massive, ceinte de siéges de bois plus massifs encore, est occupé par les statues de tous les juges pris parmi les plus recommandables citoyens de Thèbes, de Memphis et d'Héliopolis, dont le statuaire a rendu parfaitement les traits. Le président le plus vertueux de tous les domine, et porte un collier d'or d'où pend une figure de la Vérité.

Une galerie succède à la salle, et conduit à une autre salle d'un grandiose inimaginable : si tu veux en connaître la destination, lis cette inscription qui se trouve gravée sur le granit de son portique. Elle porte en caractères sacrés cette légende :

TRÉSORS DES REMÈDES DE L'AME!

C'est te dire que nous sommes enfin arrivés à la fameuse et grande *bibliothèque d'Osymandias*. Vois quelle richesse de l'intelligence humaine! Tous ces rayons sont remplis de rouleaux de *papyrus* (1) sur lesquels sont tracés en hiéroglyphes les annales de tous les peuples depuis le déluge, et les progrès de l'esprit humain dans les sciences et les découvertes. Tout autour de la salle, ces portes que tu vois ouvertes font communiquer avec autant d'autres salles destinées à tous les usages de la science. L'une d'elles est dédiée au dieu *Thoth*, à tête d'ibis, et à la déesse *Saf*, dame des lettres et reine de la *Chambre des Livres*.

Nous touchons à la salle du Tombeau. Au centre, voici un magnifique cénotaphe ou tombeau vide. Destiné au Pharaon, le Pharaon craint la violation de sa sépulture et n'y reposera jamais. Sur le cénotaphe, considère quel immense cercle d'or, divisé en trois cent soixante-cinq degrés, représentation du cycle solaire. Chaque degré est d'une coudée, et c'est vraiment là une couronne digne de celui qui s'appelle le roi des rois.

Le vrai tombeau d'Osymandias est dans cette autre salle qui suit : mais le corps du Pharaon y sera si parfaitement caché, que difficilement on l'y trouvera jamais. Remarque ces vingt tables qui décorent son enceinte : elles sont entourées de lits sur lesquels reposent les images de Jupiter, de Junon et d'Osymandias.

Enfin, laisse ton œil curieux sonder les mystères de cette dernière et large galerie du palais, et tu vas y voir tous les apprêts d'un festin, table immense d'un banquet grandiose, chargée des mets les plus rares, aux formes les plus étranges et aux aspects les plus variés. Seulement, cette opulence et ce luxe de table sont en bois peint, et c'est une leçon philosophique et horacienne que les Egyptiens, toujours graves, ont voulu donner, en produisant les plaisirs de la vie en contraste avec le séjour de la mort (2).

Telles sont les beautés monumentales dont, avant et pour sa mort,

---

(1) Le *papyrus* est la feuille d'un arbre d'Egypte qui tient parfaitement lieu de papier, et brave plus longtemps l'humidité et la vétusté.

(2) *Hécatée*, écrivain antérieur à *Hérodote*, et *Diodore de Sicile*, ont laissé une description du palais d'Osymandias qui nous a servi, et qui est si détaillée que la commission des savants français, sous le général Bonaparte, en Egypte, a jugé que le monument funèbre d'Osymandias était un monument à part, dont ils ont retrouvé les ruines, et nullement le *Memnonium*, autre édifice avec lequel Strabon l'a confondu dans ses récits, et dont on trouve également les restes.

le Pharaon Osymandias enrichit sa belle ville de Thèbes. D'autres Pharaons l'enrichiront davantage encore de palais plus extraordinaires. Ce sera pour nous le moment de les contempler et de les admirer.

Uchoréus ou *Achoris* succède à Osymandias.

Ce n'est plus à Thèbes, mais à Memphis que ce Pharaon destine les embellissements qu'il rêve. Il agrandit considérablement cette ville d'abord : puis, comme l'enceinte de murailles et l'intérieur même de la cité sont exposés sans fin aux dégâts que cause le Nil dans ses inondations du côté du désert Arabique, il élève une longue chaussée qui servira tout à la fois de digue au fleuve, et de rempart contre les incursions des Arabes. En outre, il creuse des fossés profonds qui, remplis des eaux du Nil, complètent la défense de la place.

Mais voici venir, en 2010, un autre Pharaon, *Mœris*, nommé aussi *Thouthmosis III*.

Ce monarque songe plus efficacement qu'aucun autre au bien-être et à la prospérité de ses sujets.

Il ne pleut jamais en Egypte : seulement, comme nous te l'avons dit, pour remplacer les pluies, la Providence a voulu que le Nil débordât tous les ans. Ainsi que tu le vois, ce fleuve traverse du sud au nord toute l'Ethiopie. Avant d'arriver aux frontières de l'Egypte, il forme cinq cataractes de six à sept pieds. Une sixième signale son entrée dans le royaume des Pharaons, en face de Syène. Or, chaque année, au solstice d'été, c'est-à-dire vers la fin de juin, les eaux du Nil, jusque-là claires et limpides, commencent à changer de couleur. Elles deviennent rouges, limoneuses, grossissent, s'élèvent graduellement jusqu'à la fin de septembre, et couvrent toute la surface de l'Egypte. Mais alors, aux premiers jours d'octobre, elles décroissent, se retirent peu à peu et rentrent dans leur lit. La cause de ce mouvement des eaux n'est autre, comme nous te l'avons dit, que les pluies qui tombent pendant cinq mois dans l'Ethiopie. Cependant quelquefois la crue du Nil n'est pas assez abondante pour couvrir tout le pays. D'autres fois, au contraire, elle est trop forte, et les eaux séjournent sur les terres plus longtemps qu'il ne faudrait. Dans ces deux cas l'Egypte est menacée de disette.

Pour remédier à cet inconvénient, Mœris imagine de creuser un réservoir où le trop-plein du fleuve s'écoulera dans les années de trop grande inondation, et où, dans les années de sécheresse, on trouvera un supplément aux eaux du Nil pour rendre complet l'arrosement du pays. C'est sur les limites du désert Lybique, en un terrain stérile, que les ouvriers creusent ce réservoir.

On lui donne le nom de *Lac Mœris*.

Il a *soixante-cinq myriamètres* de tour et *quatre-ving-dix mètres* de profondeur. Alors, comme l'orgueil est le mobile des Pharaons, afin d'attester à la postérité que ce lac a été son ouvrage et non celui de la nature, Mœris fait dresser au milieu deux pyramides qui ont chacune *cent quatre-vingts mètres* de hauteur : de sorte que la moitié de ces masses de pierres est sous les eaux, et l'autre moitié s'élève au-dessus. Enfin, au sommet de la première on place la statue de Mœris, et celle de la reine couronne la seconde (1).

— Cette fois, je puis dire avec vérité que voici le simoun qui se lève sur le désert d'Arabie... Voyez quels flots de blanche poussière.

Et, en parlant ainsi, je montre à mes compagnons de voyage l'horizon voilé par une nuée vaporeuse qui poudroie dans l'air et s'avance vers l'Egypte : le simoun ne doit pas produire un effet différent.

— Tu te trompes encore, mon pauvre Théobald, répond le comte. C'est une seconde invasion des Arabes pasteurs dont te voilà témoin

---

(1) Selon *Hérodote*, *Strabon* et *Pline*, Mœris a fait creuser ce lac : mais comme il a près de quarante lieues de tour et une profondeur considérable, il faut croire qu'il existait déjà sous forme de marais, et que Mœris le fit seulement agrandir pour satisfaire au but si utile qu'il se proposait.

Le lac Mœris porte aujourd'hui le nom de *Birket-Karoun*.

Le lac actuel est de peu d'étendue, et ne rend aucun service. Son niveau est d'environ soixante-dix pieds. On ne voit ni végétation sur ses bords, ni barques de pêcheurs à sa surface : ses eaux nourrissent peu de poisson.

Le Labyrinthe et la ville d'Arsinoë sont assez éloignés de ses bords.

Quant aux deux pyramides, élevées en l'honneur de Mœris et de sa femme, elles existent encore à l'état de ruines. La partie intérieure, bâtie en blocs massifs, reste toujours debout, à une hauteur de vingt-six à vingt-sept pieds sur une base qui est elle-même haute de six à sept pieds.

L'argent qui provenait de la pêche de ce lac était réservé pour la parure et pour les parfums de la reine.

Ritter nous dit que quand Hérodote affirme que ce lac fut creusé de main d'homme, il veut parler seulement du canal qui le mettait en communication avec le Nil. Le lac autrement n'était pas et ne pouvait être artificiel. Où aurait-on transporté les trois cent vingt milliards de mètres cubes de terres produits par cette effrayante excavation?

de nouveau. Plus violente et plus terrible que la première, tout fuit devant la rage des Hyksos, troupeaux de bétail, peuple éperdu, et jusqu'au nouveau Pharaon, *Aménof II.* L'Egypte émigre dans l'Ethiopie, et, en proie à la plus vive terreur, les plus vaillants des Egyptiens se cachent dans les montagnes. Heureusement, après quelques années, ils reviennent avec des forces considérables, triomphent des Arabes, en exterminent une grande partie, et forcent l'autre à sortir de l'Egypte, qu'ils retrouvent affreusement dévastée.

Aménof II poursuit les Arabes avec tant de bonheur, qu'il dépasse l'isthme, traverse Chanaan, et, pénétrant jusqu'en Syrie, la rend tributaire, ainsi que les provinces qui en dépendent.

Monte ensuite sur le trône *Thouthmosis IV* qui, en 1822, envahit l'Abyssinie jusqu'à son midi, et rentrant en Egypte, porte ses armes victorieuses dans la plaine de Sennahar, qu'il envahit. Là, il se voit arrêté par les armées que lui opposent les Assyriens.

Puis voici venir *Aménof III-Memnon.*

Des victoires nouvelles agrandissent les domaines de l'Egypte.

Et, comme ses prédécesseurs, après ses conquêtes le Pharaon rend précieux son repos par les chefs-d'œuvre qu'il crée dans sa capitale.

A Suze, à Ecbatane, à Thèbes, des memnonium, c'est-à-dire des monuments, sont élevés par ce prince. Vous allez juger le mérite de l'édifice égyptien (1).

— Permettez-moi de vous faire les honneurs de celui des memnonium dont Thèbes se glorifie, dit alors Marius, et, pour cela, veuillez abaisser le regard sur la rive occidentale du Nil, et non loin du merveilleux palais d'Osymandias, vous verrez le tout aussi fameux palais d'Aménof III-Memnon.

Aménophium est aussi son nom, d'après l'orgueilleux usage des

---

(1) Les Grecs ont voulu s'attribuer ce Memnon à raison de sa gloire. Ils racontent que le bruit du siège de Troie l'émut et lui donna le désir de porter secours à la ville assiégée. Memnon se rendit donc vers Priam, suivi de vingt mille soldats. Il se distingua par sa bravoure dans la défense de la cité, tua Antiloque, fils de Nestor; combattit Ajax et tomba lui-même sous les coups d'Achille. A l'heure de ses funérailles, alors qu'on le plaçait sur son bûcher, ô prodige! on vit sortir de ses cendres une troupe d'oiseaux qui, pour honorer ses obsèques, se partagèrent en deux bandes et se combattirent avec fureur. Au désespoir de sa mort, l'Aurore versa des larmes abondantes qui se transformèrent en rosée.

Malheureusement pour cette fiction, Memnon vivait longtemps avant la guerre de Troie!...

Pharaons, qui n'édifient que pour livrer leur nom à la postérité en l'attachant à l'édifice même.

Bâti en forme de tombeau, le memnonium renferme, en effet, le sépulcre de ce prince. Ainsi que vous le voyez, l'ensemble du monument se compose de galeries circulaires à colonnades, qui relient entre eux des palais de granit et d'autres dépendances.

Dix-huit colosses, dont le moindre a *vingt pieds* de haut, tous monolithes, forment une gigantesque couronne à l'entour de l'édifice. Sur leurs bases on lit les noms des peuples soumis à l'Egypte par le Pharaon, et les statues de leurs rois vaincus les entourent, chargées des insignes de la captivité.

La façade principale du memnonium regarde le Nil. Mais dans l'espace qui s'étend du portique au fleuve, s'élancent de terre deux autres colosses géants de *soixante-quinze pieds* de haut, également monolithes, qui dominent leurs frères et toute la plaine.

Celui du nord est la *statue de Memnon*.

Celui du sud est la statue de son père.

Les deux Pharaons sont assis, les mains étendues sur les genoux, dans l'attitude du repos. Ces colosses sont formés d'un seul bloc de grès-brèche. La beauté de leur coiffure et les riches détails de leurs costumes sont ceux des souverains de l'Egypte.

Ils sont assis sur d'énormes trônes de grès-brèche également, et sur ces trônes sont sculptées des figures debout, dans la masse même de chaque monolithe. L'arrangement de leur chevelure et la beauté de leur toilette révèlent des reines épouses des Pharaons.

Entre ces figures debout, au centre de la face des trônes, l'artiste a gravé d'admirables reliefs représentant deux bustes emblématiques ayant de doubles mamelles, et attachant des plantes aquatiques au pied d'une sorte de table servant de support à des cartouches dont l'inscription hiéroglyphique porte :

Soleil, directeur de Justice, Aménophe, directeur du Pouvoir (1).

Ces personnages sont les symboles du Nil supérieur et du Nil in-

---

(1) M. Champollion a traduit ainsi l'inscription hiéroglyphique. M. Champollion est le savant français qui a le plus étudié les langues orientales et interprété le plus logiquement les hiéroglyphes d'Egypte, où il a passé bien des années de sa vie dans l'étude.

férieur, car l'un est coiffé de feuilles du *papyrus* (1) que produit le sud de l'Egypte, et l'autre porte un diadème de lotus, plante qui croît dans le nord de l'Egypte.

Sur les dossiers des trônes est gravée une longue légende dont voici l'explication :

Aroëris,
Modérateur des modérateurs,
Roi-soleil, directeur de Justice, fils du Feu,
Seigneur du Diadème, Aménophe, modérateur de la région,
Bien-aimé d'Ammon-Ra, roi des dieux, Horus brillant,
A érigé ce monument en l'honneur de son père Ammon,
Et lui dédie cette statue de pierre dure, etc. (2).

Apprenez maintenant, cher Théobald, que le colosse du nord, statue de Memnon, haute de soixante-quinze pieds, et placée sur un trône de trente-trois pieds trois pouces de long sur dix-huit pieds de large et douze pieds trois pouces de haut, qui repose lui-même sur un piédestal de même dimension que le trône, a le privilége de rendre des sons harmonieux au lever du soleil (3).

— N'en dites pas davantage, murmuré-je absorbé par l'admiration : laissez croire cette fable aux Egyptiens et souffrez que je ne sois pas aussi provincial que j'en ai l'air...

— On te dit, reprend impétueusement le Pirate, que cette statue, ce colosse de Memnon rend des sons harmonieux. C'est une sorte de craquement, un bruit pareil à celui qui peut résulter du choc d'un caillou sur une pierre sonore; ou bien encore un son pareil à celui d'un instrument dont la corde se brise. Et cela se fait aussitôt que les premiers rayons du soleil levant déposent leur premier baiser sur le granit du colosse.

(1) Le *papyrus* et le *lotus* sont des plantes originaires d'Egypte. La première étant desséchée, offre des feuilles qui servaient de papier aux Egyptiens.

(2) Traduction de M. Champollion. L'*Egypte sous les Pharaons, recherches sur... les écritures.*

(3) Comme tous les monuments antiques de l'Egypte, ces colosses sont renversés sur le sol aujourd'hui. Celui du nord, la statue de Memnon, est appelé à présent *Chama*, et celui du sud *Tama*. Tama est encore d'une seule pièce et pèse un million cinq cent mille livres. Chama, avant d'avoir été brisé par le milieu; ne pesait guère moins. Quel peuple de géants que celui qui a pu détacher de la montagne, transporter et établir sur leur base des blocs si énormes ?

— Comment alors expliquez-vous ce phénomène? demandé-je.

— M. de Humboldt dit quelque part dans ses ouvrages, répond Marius, que passant une fois la nuit, dans ses voyages, près des roches de granit qui avoisinent l'Orénoque, dans l'Amérique du Sud, aux premiers rayons du soleil levant il entendit, à en être stupéfait, un bruit souterrain qui évoqua chez lui l'idée de vibrations harmonieuses. C'est là un des mystères de la nature, dont l'auteur des mondes a, seul, le secret.

— Un savant Anglais de l'université d'Oxford, M. Gray, ajoute Arthur, fut témoin du même fait à Naïkous, sur la mer Rouge. Un bruit de cloches se mit à bourdonner à ses oreilles, contre toute attente, et à ce bruit sonore succédèrent des tressaillements d'une violence telle que la surface des rochers secouait le sable dont le simoun les avait couvertes. C'est donc un fait acquis que le grès-brèche en général, et en particulier le grès-brèche de la statue de Memnon, par un travail quelconque de dilatation causée par les rayons d'un soleil qui le frappent subitement après l'humidité saisissante d'une longue nuit, peut rendre des sons harmonieux (1).

(1) Le R. P. Laorty-Hadji, qui a fait plusieurs voyages en Egypte et en a étudié les monuments au double point de vue de l'histoire et de l'art, a vu et longtemps examiné *Chama* et *Tama*, appelés aussi par les fellahs *Sanamah*, nom qui veut dire *Idoles*. Il raconte que dans la statue du sud, Tama, la figure a entièrement disparu. Chama, le colosse du nord, a été rompu par le milieu. La partie supérieure a été rebâtie par assises, et le reste est d'un bloc assez bien conservé. Par suite de l'exhaussement de la plaine, les piédestaux se trouvent enfoncés en partie dans la vase du Nil. Ce qui caractérise Chama, d'après lui, c'est une foule d'inscriptions grecques et latines qui couvrent les jambes et les pieds. La plupart datent du règne d'*Adrien*, et *Sabine*, femme de cet empereur, est au nombre des visiteurs qui ont tracé leur nom sur le piédestal.

Voici la traduction de quelques-unes de ces curieuses inscriptions de touristes du Vieux-Monde :

« L. Julius Calvinus, préfet du canton de Bérénice : J'ai entendu Memnon avec Minutia Rustica, ma femme, le jour des kalendes d'avril, à la deuxième heure, l'an quatrième de Vespasien Auguste, notre empereur. »

« Titus Julius Lupus, préfet d'Egypte : J'ai entendu Memnon à la première heure. Bon présage ! »

« Quintus, néocore du grand Sérapeum de Memphis, après avoir attendu quelque temps, entend la voix de Memnon, à la... heure du jour, la septième année d'Adrien. »

« Marcus Ulpius Primianus, préfet d'Egypte : J'ai entendu Memnon, le 6 des kalendes de mars, à la deuxième heure du jour, l'empereur Septime Sévère étant consul pour la deuxième fois. »

« F. Charisius, stratège d'Hermontis, natif de Latopolis, accompagné de son épouse Fulvia, t'a entendu, ô Memnon, rendre un son au moment où ta mère éperdue, Aurore, honore ton corps des gouttes de sa rosée. »

— Il ne suffit pas à Aménof III-Memnon d'avoir construit le memnonium sur la rive gauche du Nil, dans la partie occidentale de Thèbes : il veut aussi donner sa part de décorations grandioses à la rive droite du fleuve, au quartier oriental de la belle cité.

Comme vous le voyez, la ville aux Cent-Portes est divisée en deux parts : le Nil la coupe par le milieu de son ruban d'argent; côté oriental ou rive droite; côté occidental ou rive gauche.

Mais la magnifique avenue de deux mille mètres de développement, avec ses six cents sphinx, qui conduit au palais de Karnak, en prenant le Nil pour point de départ, coupe également en deux parts le côté oriental de Thèbes, ce qui donne un quartier nord et un quartier sud.

Ce n'est pas assez pour le Pharaon Aménof III que cette avenue soit terminée par l'éminence entourée de la riche muraille de circonvallation que vous voyez, et par le palais de Karnak que vous admirez, et que l'on nomme le *Vieux-Palais de Karnak* : il le complète.

Ensuite, au point de départ de l'avenue, sur le Nil, Aménof III-Memnon fait dresser une éminence de main d'hommes, comme celle de Karnak, et sur cette éminence, comme à Karnak, on dresse un splendide édifice.

C'est le *Palais de Louksor*.

Ainsi le premier palais, Karnak, au pied de la chaîne Arabique; le second palais, Louksor, sur la rive du Nil, comme deux curieux qui s'observent de loin, semblent se contempler l'un l'autre à travers l'immensité de l'admirable avenue des six cents sphinx accroupis sur leurs bases, tous monolithes, ornée de pyramides, de pylônes, de propylées, d'obélisques et de colonnes, bordée des splendides demeures des courtisans du Pharaon, et longue de deux mille mètres de développement.

Arthur continue son récit, son tableau, sa peinture des merveilles qui nous charment le regard. Mais permettez-moi de ne pas le citer. J'ai vu, j'ai admiré, je sais, je puis donc raconter à mon tour.

Le R. P. Laorty-Hadji, qui était encore en Egypte en 1828, donne cette légende assez fruste, qu'il a lue aussi :... Ullius Tenax, de la douzième légion, la Fulminante, etc., etc.

Et au-dessous, ces mots curieux : J. P. Chouilloux, de la douzième demi-brigade, 2 ventôse an VII.

Or, puisque c'est Aménof III qui achève le palais de Karnak, et le même Aménof III qui construit Louksor, je vais vous révéler les beautés de Karnak, puis celles de Louksor.

Au centre de la belle muraille qui entoure Karnak, et faisant face à la grande avenue qui de Karnak conduit à Louksor, se présente un premier pylône dans un développement de trois cent quarante-huit pieds, sur une hauteur de cent trente-quatre.

Après avoir traversé son arcature, on pénètre dans une première cour de deux cents mètres de large, sur quatre-vingt-quatre de profondeur. Alors, à droite et à gauche, on voit régner de magnifiques portiques dont les colonnes ont six pieds de diamètre, et sont couronnées de chapiteaux en forme de boutons de lotus. Au nord, dix-huit colonnes de front composent le portique : au sud, un petit temple, du plus heureux effet, coupe la colonnade par le milieu. Des deux côtés, de petits escaliers conduisent sur les plates-formes de ces galeries, et de là une vue splendide s'étend au loin sur tout le bassin de Thèbes nageant dans les brumes chaudes et dorées du climat égyptien.

On passe alors sous un second pylône précédant une seconde cour carrée que décorent des piliers-cariatides, monolithes, de granit rouge, représentant des hommes et des femmes en marche. C'est la fin de la première partie de Karnak, celle qui est le plus au sud.

Vient alors un troisième pylône de quatre-vingt-onze pieds de haut, qui sert d'entrée au vieux palais de Karnak qui regarde l'orient, et que construisit Thouthmosis-III-Mœris, ainsi que nous l'avons vu (1).

Mais un mouvement s'opère dans notre navigation aérienne, et voici que nous glissons au-dessus de la splendide avenue qui unit les deux palais. J'admire en passant les sphinx, vrais colosses monoli-

---

(1) Dans l'histoire de son voyage en Egypte, le R. P. Laorty-Hadji fait la description des ruines de Karnak, et je lui emprunte ce qui suit :

« Karnak, au milieu des débris de Thèbes, frappe tout d'abord par l'imposante grandeur de son aspect. La longue avenue de sphinx, ses pylônes, ses propylées, tout saisit. Or, des sphinx de cette longue avenue, deux seulement sont encore debout. Ils sont distants l'un de l'autre de quatre coudées, etc.

» Le premier pylône n'a jamais été achevé : on le devine aux faces saillantes des pierres qui attendent la main de l'ouvrier.

» On ne trouve partout que ruines. L'action des eaux du Nil a contribué puissamment à cette destruction. »

Le palais se trouve, en effet, maintenant bien inférieur au niveau qu'atteignent les eaux lors de l'inondation.

thes, distants l'un de l'autre de vingt coudées, couchés ses jambes de devant étendues et celles de derrière repliées. Ils ont des têtes de bélier jointes à des corps de lion, avec une coiffure symbolique qui, couvrant la tête, retombe sur le dos et sur la poitrine.

Nous atteignons ainsi le palais de Louksor.

Son entrée principale regarde le nord, et montre un pylône composé de deux massifs pyramidaux longs de deux cents pieds, et hauts de cinquante-sept. Une gracieuse corniche la couronne. Les délicates sculptures qui le couvrent représentent, toutes, les hauts faits des Pharaons.

Quel admirable ensemble que ce palais de Louksor! L'espace qu'il occupe est de trois cent vingt mètres du nord au sud, et de quatre-vingts de l'est à l'ouest. Un quai superbe, solidement construit, en briques bituminées, lui sert de piédestal. Et ses mille édifices se profilent merveilleusement sur le ciel bleu d'Egypte, comme la demeure fantastique de quelque fée.

Lorsque le pylône est traversé, on entre sous un immense péristyle à double rangée de piliers.

Puis un autre pylône se montre à vous, et, derrière apparaît la colonnade du palais, de huit colonnes de quarante-cinq pieds de haut, dont les chapiteaux sont à fleurs de lotus.

Je ne vous ferai pas la description des salles, des galeries et des promenoirs. Comme Sésostris achèvera bientôt ce palais, ce sera l'occasion de vous en parler de nouveau.

Telles sont les œuvres d'Aménof III en Egypte.

En Nubie, dans la partie haute de cette province, le même Pharaon envoie ses hardis architectes et ses ouvriers construire d'autres merveilles.

Je vous signalerai le palais de *Sohleb*, dont les magnificences dépassent les plus beaux monuments de la vallée du Nil.

Son fils *Horus*, une fois maître du sceptre des Pharaons, châtie une révolte des Abyssins, puis continue les travaux de son père.

Il a pour fils et successeurs, d'abord *Théharaka*, que l'Ecriture nomme *Thérac*, qui ajoute, dans la grande cour du palais de Karnak, une magnifique avenue de vingt-six colonnes fort élevées, aux décorations de cette riche demeure. Ces colonnes dépassent cinquante-neuf pieds. Leurs chapiteaux méritent cette mention qu'ils sont composés de vingt-six pierres dont les joints verticaux se réunissent au centre de la colonne.

Ensuite *Aménof IV*, qui prend la couronne, vers 1580.

Mais entre les mains de ce faible Pharaon, que va devenir la gloire de l'Egypte? Je vois ce triste prince, mal inspiré, se livrer bientôt à un ignoble sentiment de jalousie, et à des actions indignes de notre ingratitude à l'endroit des fils de Jacob, les Israélites, qui occupent toujours la terre de Gessen et forment maintenant un peuple immense, tout-à-fait distinct de la nation égyptienne.

Oui, Joseph, le sage Joseph et les services précieux qu'il a rendus sont oubliés. Aménof IV perd de vue ses heureuses institutions et les bienfaits que le patriarche-ministre a semés dans toute l'Egypte, et que le trop long séjour et la domination des Hyskos ou Pasteurs arabes ont effacés. Aussi ce prince doit-il être détesté des peuples qu'il gouverne si mal.

— Vois-tu cette jeune cité fraîchement assise sur les rives du *Lac Butus*, dans le Delta, et à l'ombre de hauts platanes qui la garantissent des feux du soleil? me demande le comte de Froley, alors que nous nous dirigeons vers le nord.

C'est *Saïs*, et Saïs a un temple qui porte fièrement vers les cieux son dôme orgueilleux. Là, dans le sanctuaire de *Neith*, servait jusqu'alors la déesse une jeune fille qui porte le même nom que son idole, Neith. C'est l'enfant aimé de *Cécrops*, un Egyptien qui ne peut tolérer les actes iniques du Pharaon.

Aussi regarde : voici la jeune prêtresse et son père qui s'embarquent sur un frêle esquif que porte le Nil. Ils vont descendre le fleuve jusqu'à la mer : et une fois livrés aux vagues de l'Océan, ils iront où les portera le doigt de Dieu. Ils disent donc adieu à Saïs, leur patrie; à Neith, leur divinité chérie; à son temple si beau, dont le fronton porte en hiéroglyphes pour légende :

> Je suis ce qui a été, ce qui est, ce qui sera !
> Nul n'a encore soulevé le voile qui me couvre !

Mais ce *Temple de Neith-Isis* me rappelle que je dois te dire :

La religion des Egyptiens est une sorte de panthéisme dans lequel toutes les forces de la nature sont personnifiées et divinisées. Ce mot de panthéisme signifie *pan*, tout, *Theos*, Dieu. C'est te dire que les Egyptiens adorent tous les dieux qu'on veut proposer à leur vénération.

Ce panthéisme des peuples du Vieux-Monde s'explique par les phénomènes de la nature, par l'astronomie, par l'histoire, dont ils font des mythes, par la déification des vertus et des qualités propres à l'espèce humaine.

Les grandes divinités sont issues du culte de la nature révélée à la reconnaissance comme à l'effroi des mortels.

Les divinités intermédiaires viennent de l'étude des signes célestes.

Les divinités inférieures enfin prennent leur origine de quelques faits historiques travestis et perdus dans la nuit des temps.

Ce que je dis là des trois ordres de dieux est l'expression de la vérité la plus nette et la plus précise pour les Babyloniens, plus encore pour les Grecs, et puis pour les Perses, les Romains, etc.

En effet, dans toute tradition des dogmes religieux, il faut distinguer, à côté du culte sacerdotal, le culte populaire, multipliant à volonté les symboles et les figures célestes, et décernant l'immortalité aux héros chantés par les poètes (1).

De cette manière, on a la clef générale de l'existence de ces divinités qui forment la hiérarchie céleste dans la fable, et qui deviendront si nombreuses, sous les Romains, que le Panthéon les contiendra difficilement.

Cela dit, écoute la nomenclature des dieux des Egyptiens.

Au-dessus de tous leurs dieux se place un Dieu sans nom, éternel, infini, et qui est la source de toutes choses.

Au-dessous de lui viennent sept dieux supercélestes :

Knef, le créateur, qui a pour emblème le soleil, et des cornes de bélier : les Grecs en feront leur *Ammon ;*

Bouto, la matière, le limon primitif, sous la forme d'une sphère ;

Neith, la pensée, la lumière qui renferme le germe de toutes choses : ce sera la *Minerve* des Grecs ;

(1) F. Tissot, de l'Académie française.

Fta, le dieu du feu et de la vie, représentant le principe fécondateur, la virilité, l'amour;

Pan-Mendès, principe mâle, et *Athor*, principe femelle, qui sont les auxiliaires de Fta, générateur;

Fré, ou *Osiris*, le soleil;

Isis, ou *Pi-Joh*, la lune;

Parmi ces huit grands dieux primitifs, il faut surtout remarquer Knef, Fta et Fré, qui sont les trois dieux démiurges ou créateurs par excellence. On les désigne sous le nom générique de *Khaméfis*.

Viennent ensuite douze dieux célestes désignés sous le nom général de *Cabires*, savoir :

Six dieux mâles qui suivent le soleil : *Rempha, Pi-Zeous, Ertosi, Surot, Pi-Ermès, Imuthès* ou le ciel des étoiles, dont les Grecs feront Saturne, Jupiter, Mars, Vénus, Mercure et Esculape.

Et six dieux femelles : la *Lune*, l'*Ether*, le *Feu*, l'*Air*, l'*Eau* et la *Terre* ou *Rhéa*.

Enfin, au troisième rang se placent les dieux terrestres, issus tous de Rhéa. Les principaux sont :

Un autre *Osiris*, différent du premier, cité plus haut, génie du bien;

Horus ou *Haroéri*, fils du soleil;

Typhon, génie du mal;

Une seconde *Isis*, et *Nephthys*, reine de la nuit;

Et puis *Anubis* à tête de chien, *Thoth, Busiris, Bubastis*, le grand *Sérapis;*

Et puis encore le *bœuf Apis*, le *bœuf Mnévis*, le crocodile, l'hippopotame, le chien, le chat, l'ibis, les plantes, les légumes, etc.

A l'occasion de ces dieux terrestres, écoute les fables ridicules que peut débiter et croire un peuple assis à l'ombre de la mort, quand il oublie le vrai Dieu et perd la lumière de la sagesse.

Les Egyptiens disent avec un flegme imperturbable qu'Osiris, je parle de l'Osiris terrestre, qu'*Osiris, Hysiris, Sirius, Arsaf, Ousri* et *Ousrireï*, ce dieu porte tous ces noms, naquit de lui-même, et eut pour femme *Isis*.

Or ou *Horus* fut leur fils.

A eux trois, ils représentent le BIEN.

Typhon et *Nefté*, frère et sœur d'Osiris, représentent le MAL.

Un jour, d'Osiris et de Nefté, naquit *Anubis* ou *Ambo*. De là, grande colère de Typhon.

Osiris, note-le bien, est très certainement quelque héros égyptien, qui aida les indigènes à sortir de la barbarie : que ce soit Cham, le fils de Noé, le premier homme qui vint en Egypte, ou que ce soit Ménéï, le premier roi, ou tout autre bienfaiteur du pays, peu importe. Qu'ils confondent ce héros avec le soleil, autre bienfaiteur de la nature et son fécondateur, peu importe encore.

Ce qu'affirment les Egyptiens, c'est qu'il se pose en civilisateur. Alors qu'Isis initie le peuple des campagnes à l'agriculture et à l'usage de la charrue traînée par des bœufs, Osiris, lui, institue le mariage, révèle l'écriture, donne les premières notions des arts et des sciences, de l'astronomie surtout, puis s'abandonne à la fantaisie de voyager pour la propagation de ses idées.

Mais Typhon a pris les intérêts de Nefté insultée par Osiris, et dans son désir de vengeance, il ne veut pas moins que soustraire à son frère le trône, le pouvoir et l'influence dont il use en Egypte. Isis, informée à temps, le fait mettre à la raison. Alors Typhon a recours à la ruse.

Au retour d'Osiris, le voici qui donne des fêtes éblouissantes, et pendant qu'on se livre au plaisir et à la joie, l'artificieux personnage montre traîtreusement, avec mystère, un coffre des plus curieux que toute la cour admire avec enthousiasme. Osiris, imprudent, laisse même percer l'envie de le posséder.

Typhon promet le coffre, mais à la condition qu'Osiris en essaiera la grandeur en s'étendant au fond. Osiris consent. Mais à peine le prince a-t-il prouvé qu'il peut tenir dans le coffre, que Typhon rabat le couvercle, le ferme solidement et le jette incontinent dans le Nil.

Isis en deuil le retrouve à Byblos et l'ensevelit.

Mais Typhon ouvre la tombe, coupe le corps d'Osiris en quatorze parts et les dissémine par toute l'Egypte.

Isis pourtant parvient encore à les recueillir tous, sauf un seul, et lui donne de nouveau la sépulture.

Alors la croyance se fait en Egypte que l'âme d'Osiris, qui apprit aux Egyptiens à labourer la terre à l'aide des bœufs, et dont le cadavre a été coupé par quartiers et divisé par catégories comme celui d'un bœuf, est passée dans le corps d'un bœuf.

De là le culte rendu au bœuf Apis, que les Egyptiens disent être Osiris lui-même.

En même temps, par concomitence, ils font une vache d'Isis.

De sorte que, pendant qu'Abydos se glorifie de posséder le corps mortel d'Osiris, Memphis, elle, se vante de posséder son âme enclose dans le bœuf noir au croissant blanc qui se nomme Apis.

Avant de terminer, je te dirai encore, Théoabald, que les Egyptiens donnent à Osiris la présidence de l'*Amenti*, sous le nom de *Sérapis*. Or, l'Amenti chez les Egyptiens, c'est le *Tartare* chez les Grecs, ce sera le *Ténare* chez les Romains, c'est notre *Enfer*. Donc, en qualité de Sérapis, le président de l'Amenti a un temple à Memphis que l'on nomme le *Sérapéum*. Tu auras bientôt l'occasion de l'admirer.

Quant à Isis, méprisée par Horus pour avoir pardonné à Typhon qui s'enfuit et alla se cacher dans le désert, elle reçut de son fils les cornes d'une vache, qu'il lui appliqua sur la tête en signe de dédain, et c'est ainsi qu'elle est représentée dans ses temples.

Je dois te dire encore qu'Anubis, fils d'Osiris et de Nefté, est honoré sous la figure d'un chien fidèle, parce qu'il se tourmenta beaucoup pour retrouver son père lorsqu'il fut jeté dans le Nil.

— Ainsi donc, concluons de cette légende bizarre qu'il y a, sous ce texte ridicule, une réalité palpable, dit enfin le sérieux Marius. Cette réalité, la voici :

Un homme a-t-il fait du bien à l'Egypte ? C'est Osiris.

Le principe qui féconde le monde, le soleil, Osiris.

Le Zodiaque et les saisons, Osiris.

Le Nil qui fertilise et le bœuf noir qui laboure, Osiris.

La compagne du soleil, l'astre des nuits, la lune, Isis.

La nature qui produit et conserve, Isis.

La vache munie de cornes et aux mamelles généreuses, Isis.

Un homme fait-il du mal à l'Egypte ? C'est Typhon.

La sécheresse qui jaunit et atrophie la nature, Typhon.

Le bœuf roux et sauvage du désert, Typhon.

Le désert, ses sables pernicieux et son dangereux simoun, Typhon.

Voilà le résumé (1) de la religion égyptienne.

Ajoutons, si vous le voulez, que dans sa grossière superstition, l'Egypte adore comme des dieux, flatte, caresse, vénère les animaux qu'elle aime, parce qu'elle en reçoit de bons services, ou qu'elle redoute, parce qu'ils lui nuisent et sont mauvais pour elle. Ainsi le chat, le chien, le crocodile, l'ichneumon, l'ibis, l'épervier, etc., etc., sont pour elle des divinités bienfaisantes ou hostiles. A ces deux titres elle leur dresse des autels pour les remercier ou pour les rendre bienveillants. Ces animaux ont des villes, Crocodilopolis, etc., Cunopolis, etc., et dans ces villes des temples, et dans ces temples des hommes voués à leur service, dont les fonctions sont héréditaires dans les familles. Les dépenses nécessaires pour leur entretien sont faites au moyen de revenus de terres consacrées à cet usage. Non-seulement on leur donne une nourriture abondante et délicate, mais on leur prodigue aussi les soins les plus recherchés. Ils sont régulièrement baignés, parfumés, couverts de riches étoffes, couchés sur de moelleux tapis, et, devant eux, brûlent des parfums et de l'encens dans des cassolettes d'or.

Tuer, même involontairement, un de ces animaux, est un crime puni de mort. Plutôt que d'y toucher, dans une famine, vous verrez les Egyptiens mieux aimer se manger les uns et les autres. Lorsque

---

(1) Le soleil a été et est encore le dieu de certains peuples.
Baal ou *Hercule-soleil*, chez les Assyriens, *Osiris*, chez les Egyptiens, *Phébus*, chez les Grecs, *Apollon*, chez les Romains, *Mithra*, chez les Perses, c'est toujours le même dieu, le soleil, le feu.

La religion des Egyptiens doit être considérée comme un tableau symbolique des phénomènes célestes et des causes agissantes de la nature. Leurs animaux et leurs plantes sont affectés à chacun des signes du Zodiaque, dont chacun de leurs dieux est l'image. Ainsi Osiris sous la forme d'un bœuf noir, est Apis, image du bien. Sous celle d'un bœuf roux, Mnèvis, Typhon devient l'image du mal. Osiris paraît sous la forme d'un bélier aux cornes recourbées pour annoncer le printemps. Avec une figure de lion, il annonce le solstice d'été et l'exaltation du soleil. On le voit aussi avec une tête de crocodile pour figurer le Nil sur lequel il exerce sa puissance. Monté sur une *oaris*, et parcourant le fleuve, c'est Osiris-Nilus.

Après le soleil, de toutes les planètes la lune est celle dont le culte a été le plus répandu. Les Egyptiens en ont fait Isis ou la Vache, et la représentent avec des cornes. Les Phéniciens la nomment *Astarté*. Les Grecs l'appelaient *Séléné*; les Romains *Diane*, beaucoup de peuples *Vénus*. (*Ch.er A. Lenoir*.)

Chose remarquable, un peuple ancien du Mexique, les Aztèques, dont j'ai parlé ailleurs, ont laissé des monuments hiéroglyphiques et mystérieux comme ceux des Egyptiens, presque identiques, et ils avaient les mêmes dieux, le soleil et la lune. Et pourtant, quel espace les séparait !...

Cambyse attaquera l'Egypte, pour vaincre plus facilement l'armée qu'elle lui opposera à son entrée dans le Delta, il placera en avant de ses troupes des légions de chiens et de chats, et les Egyptiens, n'osant tirer leurs arcs et lancer leurs flèches de crainte de blesser leurs dieux, seront vaincus et se livreront à Cambyse.

Du reste, les Egyptiens ne s'accordent pas dans leur culte. Ici, le crocodile est honoré : là, c'est l'ichneumon. Aussi des guerres religieuses éclatent-elles d'une ville contre une autre.

Ainsi, à Thèbes et aux environs du lac Mœris, on choisit un crocodile que l'on instruit à se laisser toucher avec la main. On lui met des pendants d'oreilles d'or, et on lui attache aux pieds de devant de petites chaînes ou bracelets de même métal. On le nourrit avec la chair des victimes et tous les aliments prescrits par le rituel.

Au contraire, ceux d'Eléphantine et de son voisinage ne regardent pas les crocodiles comme sacrés, et même ils ne se font aucun scrupule d'en manger.

Les hippopotames qu'on trouve dans le nôme Papremite sont sacrés ; mais dans le reste de l'Egypte on n'a pas pour eux les mêmes égards et on les tue quand on le peut.

Près de Thèbes, les serpents jouissent des plus grands honneurs.

Aussi, un jour, une voix éloquente, faisant allusion à cette étrange promiscuité des dieux de l'Egypte, s'écriera-t-elle (1) :

« Si vous entrez dans un temple, un prêtre s'avance d'un air grave, en chantant un hymne sacré. Puis il soulève un peu le voile, pour vous montrer le dieu. Que voyez-vous, alors ? Un chat, un crocodile, un serpent ou quelque autre animal dangereux. Oui, le dieu des Egyptiens paraît... C'est une bête sauvage se vautrant sur un tapis de pourpre (2). »

(1) Clément d'Alexandrie.
(2) Voici ce que dit Hérodote du crocodile. Il ne mange pas pendant les quatre mois les plus rudes de l'hiver. Quoiqu'il ait quatre pieds, il est néanmoins amphibie. Il pond ses œufs sur la terre et les y fait éclore. Il passe dans les lieux secs la plus grande partie du jour, et la nuit entière dans le fleuve, car l'eau en est plus chaude que l'air et la rosée. De tous les animaux que nous connaissons, il n'y en a point qui devienne si grand après avoir été si petit. Ses œufs ne sont guère plus gros que ceux des oies, et l'animal qui en sort est proportionné à l'œuf ; mais il croît insensiblement, et parvient à dix-sept coudées et davantage. Il a des yeux de cochon, les dents saillantes et d'une grandeur proportionnée à celle du corps. C'est le seul animal qui

Mais de tous les animaux divinisés, les plus célèbres sont le bœuf noir, Apis, adoré par amour à Memphis; et le bœuf roux, Mnévis, adoré par terreur à Héliopolis.

A la mort de l'un de tous ces dieux, les familles sont plongées dans le deuil et la douleur.

On les embaume comme des princes, et ils sont déposés dans des villes spéciales, selon leur espèce. A Bubastis, les chats; à Buto, les éperviers, et les ibis à Hermopolis.

Enfin, on adore jusqu'aux plantes et jusqu'aux légumes, tels que le lotus, le poireau, les oignons, etc.

Aussi Juvénal s'écrie-t-il :

— Heureux peuple, dont des dieux croissent dans les jardins!

— Mais, en effet, dis-je, passe le culte des animaux : le bœuf est l'emblème du labourage; le chien garde les maisons et les troupeaux; le chat détruit les rats si nombreux en Egypte; l'ibis est l'adversaire des serpents; l'ichneumon est l'ennemi du crocodile... Mais les légumes!

— Par la simple raison que leurs plantes sont le produit de tel ou tel signe du Zodiaque, et que les signes du Zodiaque étant des dieux pour eux, les Egyptiens adorent même les plantes de chaque saison, ajoute Marius.

Mais je ne puis bien l'entendre. Notre navigation aérienne reprend son cours : nous quittons l'Egypte, nous sommes au-dessus d'une mer tachetée de grandes îles.

Quel beau, quel admirable spectacle!

---

n'ait pas de langue. Il a les griffes très fortes, et la peau est tellement couverte d'écailles sur le dos, qu'elle est imperméable. Le crocodile ne voit pas dans l'eau, mais, à l'air, il a la vue très perçante... »

On a longtemps contesté la fidélité de ces curieuses observations sur le crocodile; mais Geoffroy Saint-Hilaire, dans ses savantes études sur les animaux du Nil, a rendu un éclatant témoignage à la véracité d'Hérodote.

Le crocodile n'a pas de langue apparente; sa langue ne s'est montrée que sous le scalpel des anatomistes.

Croira-t-on qu'il est un petit oiseau des grèves qui va chercher sa nourriture dans l'effroyable gueule du crocodile, en la débarrassant des insectes qui s'y attachent et piquent l'animal? Aussi le trochilus, c'est le nom de cet oiseau, est-il en paix, et le seul animal en bonne amitié avec le crocodile.

LA RACE BLANCHE.

Apparition de l'Europe. — Croquis et silhouettes. — Les îles des Nations ou la Grèce. — Où Cécrops arrive au pied du Penthélique. — Cécropia. — Neith, fille de Cécrops. — Les Pélasges. — Leur origine. — Le Phénicien Inachus. — Premières constructions pélasgiques ou cyclopéennes. — Argos et son *Phonoricon*. — Climat de la Grèce. — Peintures et paysages. — Phénomènes volcaniques et aqueux. — Marécages convertis en Attique. — Béotie et *Orchomène*. — *Coronée*. — *Éleusis*. — *Pharsale*. — *Sicyone*. — La Thessalie. — Le Pénée. — La vallée de Tempé. — Origine de l'oracle de Delphes. — *Mycènes*. — Sparton. — Sparte. — Achaïe. — Danaüs et Danaïdes. — Corinthe et son golfe. — Cécropia devenant Athènes. — Où Minerve intervient. — Comment Europe donne son nom à une partie du monde. — Thèbes. — Montagnes de la Grèce. — Lac Copaïs. — Hélicon et Cythéron. — Les infortunes de Niobé. — La colère de Latone. — Les dieux et les Titans. — Escalade des cieux. — Prométhée. — Déluge de Deucalion. — Le mont Parnasse. — Éoliens, Doriens, Ioniens, Achéens. — Ce qu'on entend par Hellènes. — Confédération amphictyonique. — Retour en Égypte. — Ménephtha I*er*. — Dix-neuvième dynastie des Pharaons. — Rhamsès IV ou Sésostris. — Son éducation. — Sa vie. — Ses conquêtes. — L'Égypte sous son règne. — Le temple du soleil. — Épisode biblique. — Les magnificences d'Héliopolis. — Le Delta. — Coup d'œil pittoresque. — Le Nil et ses bouches. — La ville des chiens. — Temple de Buto. — Canope et ses curiosités. — Saïs et ses fêtes. — Sanctuaire de Busiris. — La cité d'Isis. — Les carrières de Syène. — Péluse. — Isthme de Péluse. — Œuvres monumentales de Rhamsès IV. — Thèbes. — Allée de six cents sphinx. — Prodiges d'architecture. — Palais de Karnak. — Colonnes, pylônes, cariatides. — Description de la salle hypostyle. — Le vieux palais. — Quel genre de coursiers Sésostris attelle à son char. — Les merveilles de Louksor. — Ses colosses. — Sanctuaire d'Ammon-Ra. — Haoux et Menechs naviguant sur le Nil. — Tableau.

Au sud-est de l'Europe, et baignée par les tièdes vagues de la mer Méditerranée, du haut des airs, le regard d'un aéronaute qui viendrait de l'Afrique pourrait découvrir une terre qui n'est ni massive, ni compacte comme l'Asie, mais frangée de détroits, de golfes et de promontoires; brodée d'îles et d'îlots; dentelée de montagnes aux pics chauves, aux cimes neigeuses les unes, les autres aux flancs boisés, aux sites pittoresques, aux mornes arrondis; capitonnée d'émeraudes, ce sont les prairies; décorée de turquoises, ce sont les lacs; passementée de fils d'or, ce sont les fleuves; çà et là semée de topazes, ce sont des monuments bronzés par le soleil ; si splendide et si riche de beautés poétiques qu'elle fait honte aux plus ravissantes toilettes de fiancées, de houris et de bayadères.

Cette terre, c'est la *Grèce*.

C'est la Grèce, que les Livres saints nomment les *Iles des Nations*.

Jusqu'à cette heure cette contrée n'a eu pour habitants que des fils de Japhet qui, sans aucun ressouvenir de leur origine, se croient *authocthones*, c'est-à-dire nés de la terre. Ils se nourrissent de racines et de plantes sauvages, comme les bêtes fauves de leurs solitudes parfumées. Entrés par le nord dans cette vaste péninsule, ils ont d'abord peuplé la Thrace, puis formé la Macédoine, l'Illyrie, l'Epire, la Thessalie, enfin ce qui compose la Grèce du nord, et ensuite la presqu'île de la Grèce du sud.

Maintenant, puisque nous avons vu tout-à-l'heure l'Egyptien *Cécrops* quitter sa patrie et s'en éloigner suivi de sa fille *Neith*, et que les voici livrés sur leur frêle embarcation aux flots dangereux de l'élément perfide et cinglant vers la Grèce selon toute apparence, précédons-les, nous serons alors témoins de leur arrivée sur le sol sauvage à la rencontre duquel ils me semblent marcher. D'ailleurs Neith, ainsi nommée de la déesse égyptienne Neith, dont elle desservait les autels à Saïs, Neith est une charmante jeune fille aux yeux noirs. Elle couvre sa poitrine et ses épaules d'une peau de chèvre aux longs poils ; sa tête est à l'abri des injures de l'air sous une sorte de coiffure d'argent ou d'or qui brille au soleil. Ses cheveux noirs flottent au gré de la brise sur son cou. Et en vérité il y a tout plaisir à savoir ce que Neith deviendra.

— Voici que nous dominons la Grèce, me dit bientôt Even, lorsqu'en effet cette belle terre se montre à nous dans toute la splendeur de sa magnifique nature, et à présent que vous avez déjà vu les grandeurs d'une civilisation avancée, celle de l'Egypte, comme contraste étudiez à l'aise les peuplades barbares de ce continent encore inconnu pour vous. Elles forment une masse d'êtres grossiers, attachés à la glèbe, et se condensant en de certaines régions qu'ils préfèrent, ou se réfugiant dans les montagnes les plus abruptes, d'où ils s'élancent souvent sur les plaines en vrais pillards.

D'autres d'entre eux émigrent du continent et remplissent les îles dont vous voyez que les mers d'alentour sont semées.

Voici ce que l'on peut dire de leur origine :

Japhet, le troisième fils de Noé, habitait non loin de la mer Caspienne, au pied du mont Caucase, si fameux dans les traditions des Grecs, par le supplice de Prométhée.

Javan, son fils, vint s'établir au nord de la Grèce.

Il eut quatre fils, *Ellas*, qui donna son nom aux *Hellènes* ou *Graïci*, Grecs;

Tharsis, le père des Thraces;

Cettim, qui peupla la Macédoine, que l'Ecriture nomme le *pays de Cettim*;

Et enfin *Dodonaïm*, du nom duquel on veut tirer celui de *Dodone*, ville de l'Epire.

La Grèce fut donc peuplée par le nord, et elle tire son nom des Graïci ou Hellènes, sous la dénomination desquels se confondirent les descendants de ces divers enfants de Javan.

Ces Graïci ou Hellènes formeront toujours le fond de la population et perpétueront le nom, malgré la venue d'un *Pélasgus* qui leur applique le sien pendant un temps (1) et les fait appeler *Pélasges*, parce qu'il leur apprend à demeurer sous des huttes de bois, à manger le fruit du hêtre et du chêne, et à se vêtir des peaux de bêtes fauves, au lieu de coucher dans les bois, à la belle étoile, de disputer aux animaux féroces les cavernes des montagnes et de se nourrir de racines.

En reconnaissance de cette naïve civilisation, les Grecs proclament Pélasgus *fils de la terre*, parce qu'il rend le sol plus utile aux hommes qu'il n'a jamais été jusque-là.

En effet, ce nom de Pélasges semble dériver de deux mots grecs qui signifient *l'ancien de la terre*.

Pélasgus eut pour fils *Arcos*, qui se montra tellement féroce que sa cruauté lui mérita, disent les Grecs, d'être changé en ours (2).

---

(1) C'est ainsi que les *Gaulois* n'ont pas cessé, sous l'empire des *Romains*, comme sous celui des *Franks*, d'être, dans leur Gaule conquise, le fond de la population, la partie la plus nombreuse des habitants. (*Poirson et Caïx*.)

(2) Ces fables sont dues à la signification du nom de ces personnages, *arctos*, ours, et *lucos*, loup, *Arcos* et *Lycaon*.

Arcos donne le jour à cinq autres fils :

Lycaon, qui, tout aussi barbare que son père, devient *loup;*

Azan, Aphidas, Stympalus et *Elatus* qui, s'acheminant vers des points différents, deviennent chefs de plusieurs peuplades qui un jour élèveront Orchomène, Mantinée, Tégée et d'autres bourgades encore, au sud-est de la Grèce septentrionale.

Des métamorphoses en ours et en loup d'Arcos et de Lycaon, il faut conclure ceci : que les Pélasges sont fourbes, méchants et cruels. Malgré ce vice de nature, néanmoins les premières lueurs de la civilisation se montrent chez eux. Parmi ces hommes ignorants, il en est qui étudient déjà la fonte des métaux, l'architecture, une architecture brute, massive, mais grandiose comme la nation du pays, mais *titanique,* pourrais-je dire par allusion aux Titans, qui entassèrent montagne sur montagne afin d'escalader le ciel et d'en chasser Jupiter.

Arrive, un jour, des rivages de l'Egypte, sur un misérable radeau, un étranger suivi d'une horde de pâtres d'Arabie, de trafiquants de Phénicie, de transfuges de toutes les contrées. Ces nouveaux-venus abordent sur la côte nord-est de la Grèce méridionale, et les voilà qui s'établissent dans la vaste plaine qui se montre à eux, non loin de la mer. Les Pélasges se confondent avec eux, et reconnaissent pour leur roi le chef qui a dirigé ces bandes, et qui a nom *Inachus.*

Celui-ci, le premier, réunit les Pélasges en société. Il leur apprend que les hommes sont nés pour vivre ensemble et s'aider mutuellement. Il leur fait choisir les sites déjà fortifiés par la nature, ouvrir des clairières dans leurs forêts vierges, détacher des montagnes d'énormes blocs de rochers, que trois et quatre chevaux suffiraient à peine à mouvoir, les entasser les uns sur les autres, comme s'ils étaient des géants, en composer des masses formidables liées entre elles par leur propre poids sans l'aide du ciment, et donner à ces murailles gigantesques la forme de citadelles, d'acropoles, de campements, d'enceintes, de palais ou de tombeaux.

Ces monuments prennent alors le nom de *monuments pélasgiques* (1).

(1) La cité d'*Argos* étant la première ville qui ait été bâtie en Europe, doit offrir un grand attrait à la curiosité du savant et de l'antiquaire. Malheureusement,

Phoronée, fils aîné d'Inachus et son successeur, continue l'œuvre de son père, et avec le secours des Pélasges, il fonde la forteresse de *Phoronicon*, sur une élévation rocheuse; et autour des murailles pélasgiques de cette citadelle, sur les rampes de la colline, il bâtit la première ville qu'ait encore vue l'Europe.

Cette ville est ARGOS.

A la mort de Phoronée, les Pélasges enferment sa dépouille mortelle dans un immense *tombeau pélasgique*, qui jusqu'aux siècles les plus reculés attestera la puissance inexpugnable, même par le temps, de ces étranges et brutes constructions.

Toutefois, l'acropole d'Argos, le Phoronicon, prendra un jour la nouvelle appellation de *Larisse* (1).

c'est 1850 ans avant J.-C. que cette première ville fut élevée, c'est-à-dire près de quatre mille ans maintenant. En outre, la Grèce est bien loin de notre France ! Mais, si je disais à nos amateurs d'antiquités que sans quitter notre Paris, cette ardente curiosité de voir l'antique acropole d'Argos peut être satisfaite, que penseraient-ils ? Eh bien ! qu'ils se transportent sur le quai Malaquais, à l'Institut de France. Qu'ils pénètrent dans la bibliothèque Mazarine, et qu'ils aillent s'extasier devant les monuments cyclopéens de la galerie pélasgique. Là, ils se verront en face d'une reproduction parfaite de ce qui reste encore debout de nos jours, juillet 1857, des murs de *l'acropole d'Argos*, de la *citadelle de Larisse*, du *Phoronicon de Phoronée*.

Ce pan de mur qui a bravé les intempéries de quatre mille ans fait encore l'admiration des touristes. Le modèle parfaitement exact, que nous en possédons, est dû à M. Abel Blouet, qui le copia en 1829.

Au temps de *Pausanias*, écrivain grec qui vécut à Rome au iie siècle ap. J.-C., et qui, après avoir écrit l'histoire de la Grèce primordiale et la description de ses monuments, mourut très vieux, on voyait encore dans l'acropole d'Argos, en 174 de notre ère, la colline tumulaire du roi Phoronée, le fondateur d'Argos, à laquelle on faisait toujours des sacrifices anniversaires.

Rien n'est gigantesque comme les blocs de rochers qui ont servi à la construction de cette acropole d'Argos.

La plaine actuelle d'Argos est nue et jaune; elle forme un contraste frappant avec la fertile contrée qui en est voisine.

Vers le milieu de cette plaine s'élèvent les deux citadelles d'Argos, Larisse, sur la montagne, et Phoronicon, sur la colline de ce nom, au nord-est de la première.

Au-dessous de l'acropole, dans la plaine, est la moderne Argos, sur l'antique Agora.

M. de Lamartine nous dit de l'Argos de nos jours :

« Une vaste plaine stérile et nue, entrecoupée de marais, s'étend et s'arrondit au fond du golfe. Elle est bornée de toutes parts par des chaînes de montagnes grises.

» Au bout de cette plaine, à environ deux lieues dans les terres, on aperçoit un mamelon qui porte quelques murs fortifiés sur la cime, et qui protège de son ombre une bourgade en ruines : c'est Argos!... Tout près de là se trouve le tombeau d'Agamemnon. »

(1) Les homonymies locales de la géographie nous dévoilent dans les temps anciens, comme dans les temps modernes, les rapports les plus intimes de l'origine commune des villes. Partout où il y a, par exemple, une citadelle du nom de *Larisse*, on ne peut douter de ses anciens rapports avec la *Larissa d'Argos*, qui est la plus ancienne cité de l'Europe. On en compte onze de même nom dispersées entre la Macédoine et l'Assyrie.

Alors, sur plusieurs points du voisinage d'Argos, et dans d'autres contrées de la Grèce, s'élèvent d'autres cités pélasgiques, qui braveront ue même les efforts du temps.

Mais il ne faut pas confondre les constructions pélasgiques avec les *monuments cyclopéens,* qui sont posiérieurs.

Ces derniers ne sont pas l'œuvre de cyclopes fabuleux, tels que nous les représente la mythologie, géants monstrueux n'ayant qu'un œil au milieu du front. Les cyclopes en question sont tout simplement des hommes industrieux qui, connaissant l'art de tirer des carrières d'énormes blocs de pierre, en construisirent des murailles et toutes sortes d'édifices, moins grossiers que les monuments pélasgiques. En effet, les monuments cyclopéens diffèrent de ceux des Pélasges en ce que ces derniers n'employaient que des pierres absolument brutes, tandis que les cyclopes taillaient d'abord les blocs dont ils faisaient usage. Mais ni les uns ni les autres ne se servaient de ciment.

Le tombeau de Danaüs, de Danaüs que les Grecs élevèrent à ce prince, dans Argos encore, et non loin du *tombeau pélasgique* de Phoronée, comme nous pourrons voir bientôt, et que les siècles à venir contempleront aussi avec étonnement, est un modèle du genre cyclopéen.

Maintenant, pourquoi donna-t-on le nom de cyclopes à ces ouvriers grecs? Par suite du besoin de merveilleux qui occupait toujours l'imagination de ce peuple. Les ouvriers mineurs ou tireurs de pierre des carrières souterraines, pour descendre dans les entrailles de la terre, s'attachaient au front, avec un cercle de fer, une lampe de même métal, qui éclairait leurs travaux. De là, les Grecs supposèrent que ces gens avaient un œil unique au milieu du front (1).

Vous pouvez remarquer que le climat de la Grèce est délicieux, et le sol fertile quoique montagneux. Ses nombreuses collines sont couvertes de forêts d'oliviers et de lauriers. Elles recèlent beaucoup de mines, surtout de plomb et d'étain. Mais vous pouvez remarquer plus facilement encore que c'est la contrée de l'Europe qui a le plus éprouvé l'action de phénomènes volcaniques et aqueux. De grandes catastrophes diluviennes et ignées sont liées à ses premières tradi-

---

(1) Le mot *cyclope* vient de *cuclos,* cercle, et *ops,* œil.

tions. Le sud-est de la Grèce septentrionale surtout était couvert d'immenses marécages, entretenus par de fréquents ravages de la mer, qui rendaient ses côtes inhabitables. Heureusement un des Graïci essaie d'assainir les terres, d'exhausser le littoral et de disputer la contrée à l'envahissement des vagues.

Cet homme a nom *Ogygès*, et comme le nouveau sol qu'il soustrait ainsi à l'Océan semble échapper à un déluge partiel, on le désigne sous le nom de déluge d'Ogygès, et on prétend que cet habile pionnier est fils de Neptune, le dieu de la mer.

La contrée ainsi assainie devient l'*Attique* et la *Béotie*.

Aussitôt les peuplades d'alentour se présentent pour habiter ce pays, et choisissent Ogygès pour leur roi.

Alors sortent tour à tour de terre des cités cyclopéennes, aux enceintes, aux acropoles, aux tombeaux pélasgiques :

Orchomène, Coronée, Haliarthus, en Béotie (1);

Eleusis, Anagyrus, Rhamnus, dans l'Attique (2);

Cyrrha, dans la Phocide (3);

Pharsale, dans la Thessalie (4);

---

(1) Sous le n° 59, dans la galerie pélasgique, bibliothèque Mazarine, on peut voir l'effigie en relief de ce qui reste de la muraille cyclopéenne d'*Orchomène*, en *Béotie* maintenant *Scripons*, en *Livadie*.

Sous le n° 61, on trouve également en relief la reproduction de la ruine actuelle de la muraille cyclopéenne de *Coronée*. Ce sont d'énormes rochers en zig-zags, comme pour toutes ces bâtisses.

Sous le n° 60, on verra de même, composé de trois roches gigantesques, un immense débris de la cité pélasgique d'*Haliarthus*, en *Béotie*, maintenant *Tridouni, Livadie*.

(2) Au n° 55, on trouve la ruine actuellement encore debout dans l'Attique, d'une portion de l'*Hiéron d'Eleusis*, à présent *Lessina, en Livadie*. L'Hiéron est le fameux temple d'Eleusis.

Au n° 57, on voit un mur cyclopéen de tombeaux, existant encore à *Anagyrus*, en Attique, aujourd'hui.

Et au n° 56, un mur hellénique debout à cette heure à *Rhamnus, Tauro-Castro, Morée*.

(3) Sous le n° 69, Cyrrha ou Crissa, en Phocide, aujourd'hui en Livadie, offre de même une muraille gigantesque aussi solide que si elle était d'hier.

(4) Au n° 70, on voit l'*acropole de Pharsale*, en *Thessalie*, maintenant *Satadjé, Livadie;* mais il est de deux époques, l'époque pélasgique où les rochers énormes étaient posés comme les donnait la nature, c'est-à-dire en losanges, en zig-zags, et l'époque suivante, où la pierre fut taillée et mise d'équerre, c'est-à-dire d'appareil semblable aux nôtres.

Halyzéa, en Acarnanie (1);

Et *Scylluns*, en Elide (2).

Peu à peu les tribus grecques descendent ensuite vers le sud, franchissant l'isthme qui sépare la Grèce septentrionale de la Grèce méridionale, et fondent sur le rivage de la mer des Alcyons une autre ville à laquelle ils donnent *Egialée* pour roi, en 2164.

C'est Sicyone, également cité pélasgique par la puissance de ses murailles (3).

Au nord-est de la Grèce septentrionale, un lac immense couvre une partie du sol. On lui creuse une tranchée et les eaux s'écoulent. Alors, bientôt après, au lieu même qu'occupait le lac, se montre une magnifique vallée qu'arrose un fleuve délicieux qui, désormais sans obstacle et libre de tout frein, décore des prairies délicieuses ombragées de jeunes bois.

La contrée devient la *Thessalie;*

Le fleuve prend le nom poétique de *Pénée;*

Et le gîte du lac s'appelle la *vallée de Tempé.*

Là, un jour, sur les pelouses fleuries d'une clairière que borde le Pénée, débarque une horde d'étrangers qu'amène le fleuve sur un léger esquif. Ebahis, les Pélasges arrivent en foule. Alors, pendant qu'une svelte fille au visage lutin, aux longs cheveux noirs mélangés, aux tresses de perles qui couronnent sa tête, les mains et les pieds étreints dans des manilles d'or et de corail, danse avec une grâce inconnue au son des cinnors, et tient fixés sur elle les regards du corps et les pensées de l'âme, les étrangers, maudits enfants de la rapine, font monter sur leur nacelle rapide les plus jolies des jeunes Grecques qui les suivent par attrait de curiosité, et, les enlevant à leur patrie,

---

(1) *Halyzéa,* en *Acarnanie,* aujourd'hui *Natalico, Livadie,* montre aussi l'effigie en relief d'un rempart encore debout. C'est au n° 66 qu'il faut le chercher.

(2) Enfin, au n° 43, on peut voir des fragments des murs de l'*acropole* de *Scylluns,* en Elide, et sous le n° 44, une *poterne de la forteresse,* encore visibles en *Morée,* à *Scillonte.*

(3) A moins que vous n'alliez en Grèce même, visiter les ruines grandioses que je signale ici comme subsistant encore de nos jours et bravant les siècles, continuez à venir visiter avec moi la galerie pélasgique de la bibliothèque Mazarine, et sous le n° 42 vous verrez l'effigie en relief de la belle ruine de *Sicyone,* maintenant *Vasilico, Morée.* Elle consiste en un mur pélasgique énormément haut, peu large, mais proclamant la grandeur et la puissance de l'antique Sicyone d'Egialée.

s'éloignent à force de rames. Ainsi, pour une esclave qu'ils sacrifient, ces indignes pirates en gagnent cent, qu'ils conduisent aux marchés de Babylone, de Ninive, de Damas, ou de Tyr et de Thèbes.

Abandonnée, l'esclave égyptienne cesse la danse et s'émeut. Mais se souvenant que naguère encore elle servait Isis dans les temples de Memphis, et voyant la misère d'un peuple sans dieu, elle s'arrête sous l'ombre épaisse d'un chêne, établit sa demeure dans une grotte voisine, et donne aux Pélasges les premières notions d'un culte idolâtre, créant ainsi sous le chêne séculaire

L'*oracle de Dodone*. Là, prêtresse de Jupiter, ses prophéties sont rendues par l'arbre *fatidique*, organe du Destin, *fatum dicere*. Elle interprète tantôt le bruissement de ses feuilles, tantôt le son rendu par des vases de cuivre suspendus au chêne sacré, tantôt le chant des colombes cachées dans son feuillage.

— Cependant, de Phoronée, le fondateur d'Argos, il est une sœur et des frères désireux de marcher sur les traces de leur aîné, dit alors Arthur, qui laisse à Even le repos de la parole.

D'abord *Mycènes*, sa sœur, fonde non loin d'Argos, au nord de son enceinte, et au pied de hautes montagnes qui la séparent de l'isthme, une ville beaucoup plus belle que sa rivale.

C'est *Mycènes*, car la fille d'Inachus lui donne son nom. Elle se divise en deux villes, la ville basse, aux larges voies, aux palais cyclopéens, et la ville haute, l'acropole, la cité aérienne. Aussi, voyez quelle masse imposante et quel coup d'œil majestueux ! Voilà la seconde ville importante dont s'enrichit l'Europe (1). Sa couronne

(1) D'après l'inspection des n°˙ 47, 48, 49 et 50, vous verrez que de nos jours encore, à *Mycènes*, à cette heure *Karvathy* ou *Karvathos*, *Morée*, la roche de l'acropole est toujours couronnée du mur cyclopéen dont *Euripide* désignait ainsi la situation supérieure : *les murailles aériennes des cyclopes*. Ce n'est pas là sans doute la partie de la ville qu'Homère caractérisait par l'épithète, *aux larges voies*, en parlant de Mycènes. Il voulait peindre par ce mot les rues de la ville inférieure, dont les murs sont détruits à rase terre, mais visibles, et que l'on peut reconnaître comme étant de la construction non plus cyclopéenne, c'est-à-dire en losanges et zig-zags, mais rectiligne, c'est-à-dire d'appareil à équerre.

Aussi, à cette occasion suis-je obligé de dire que l'acropole de Mycènes est de plusieurs époques, ainsi que les murailles d'enceinte, par la raison que Mycènes a eu plusieurs fondateurs, la fille d'Inachus d'abord, qui lui donna son nom de Mycènes, ensuite Persée, qui l'agrandit considérablement et la décora de magnifiques palais. Ce fut lui qui acheva l'acropole. Enfin Mycènes eut pour roi le roi d'Argos, Agamemnon, qui travailla d'autre part à en faire une cité sans rivale.

royale, faite d'une citadelle formant un large carré, s'élevant à une grande hauteur, renfermant dans son enceinte un temple consacré au dieu du feu et entouré de remparts, couvert de vastes plates-formes, décoré d'une magnifique *porte aux Lions*, ainsi nommée des lions qui la décorent, fait son ornement et sa gloire. Aussi Mycènes sera-t-elle chantée par les poètes, et deviendra-t-elle le théâtre de grands et mémorables événements, surtout quand Persée aura mérité d'en être nommé son second fondateur, et que les reflets de la gloire d'Agamemnon lui mériteront que Virgile dise d'elle dans quelques siècles :

Or, les constructions de Mycènes offrent le cachet de ces diverses époques.

Ainsi, on voit d'abord, sous le n° 47, une énorme ruine du mur de l'acropole de Mycènes, où l'on observe un arrachement qui marque l'interruption du mur de la fondation primitive de la fille d'Inachus sur lequel est fondée une muraille pélasgique d'une époque postérieure qui va joindre, à la porte des Lions, le mur en construction rectiligne de la fondation ajoutée par Persée.

Sous le n° 48 on voit le mur de l'acropole de Mycènes qui fait face au tombeau d'Atrée, qui ayant été tué à Argos, par Thyste, fut inhumé à Mycènes. Cette portion de mur est cyclopéenne et date de la reine Mycènes.

Sous le n° 49, on trouve la cour intérieure, immense, carrée, bâtie toute entière d'appareil rectiligne, reposant sur des roches énormes de la colline, et jointes au mur d'appareil cyclopéen du n° 47. Au fond de cette cour se montre, au fond, la magnifique porte aux Lions. C'est une porte formée de deux énormes roches debout que couronne un linteau gigantesque d'une autre roche cyclopéenne qui couvre et déborde les deux rochers servant de montant. Mais au-dessus l'effrayant linteau, sont sculptés deux grands lions levés sur leurs pattes de derrière, et appuyant celles de devant sur un autel en forme de candélabre antique, à un seul pied, du sommet duquel s'échappe une flamme. C'est l'*autel du feu*.

Sous le n° 50, on retrouve la partie intérieure de la *porte aux Lions* de la même acropole, et il est fort curieux en ceci qu'il présente à gauche l'extrémité du mur cyclopéen, fondé par Mycènes, vers l'an 1750 avant J.-C., en blocs calcaires; ensuite à gauche la fondation de Persée, vers 1390 avant J.-C., par assises presque rectilignes en blocs de poudingue; puis enfin, au centre, la restauration plus récente d'une brèche, trois époques parfaitement distinctes.

La porte des Lions paraît dater de la seconde fondation de la ville, par Persée. Elle est probablement encore dans le même état où elle se trouvait lorsque Pausanias parcourait la Grèce. Le sol, très exhaussé et couvert de broussailles, empêche d'en saisir l'ensemble et les proportions. Le linteau consiste en une seule pierre de quatre mètres quatre-vingts centimètres de longueur. Les portes pliantes, qu'on assujétissait par des barres, jouaient sur des pivots dont les tourillons sont encore visibles sur la surface intérieure du linteau.

« Cette porte doit surtout sa célébrité au bas-relief qui la surmonte et qui lui a donné son nom. C'est sans doute le plus ancien que nous possédions de l'art des âges héroïques qui ont précédé la guerre de Troie. Il est sculpté dans une pierre triangulaire. Au centre s'élève une sorte de pilier semi-circulaire, qui, à l'inverse de l'ordre dorique, diminue de haut en bas. Le chapiteau est composé de trois annelets l'abaque est celui de l'ordre dorique. Aux côtés du pilier se dressent deux animaux qui semblent servir de supports. Les pattes de devant s'appuient sur le soubassement. » (E. Breton. *Quatre jours dans le Péloponèse*.)

. . . . Agamemnoniasque Mycenas.

Mais revenons aux œuvres des frères de Phoronée, fils d'Inachus.

Sparton, entraîné par l'exemple des siens, descend au sud de la Grèce méridionale, et s'arrête presqu'au milieu de la Laconie, sur un terrain coupé par des collines, dernières ondulations du *mont Taygète*, et presque environné par le *fleuve de l'Eurotas* aux rives chargées de lauriers roses et aux ondes sillonnées par des cygnes nombreux. Là, le fleuve forme une péninsule. Or, au centre de cette péninsule, dans une enceinte à laquelle il donne un développement de quarante-deux stades, c'est-à-dire environ une lieue, Sparton fonde une cité dont la renommée sera grande.

C'est SPARTE, à cette heure modeste bourgade, que vous voyez calme et paisible se mirer dans les belles eaux de l'Eurotas.

Un autre frère de Phoronée, de Mycènes et de Sparton, remonte vers le nord, et se fixant dans la Thessalie, voit bientôt ses deux fils

Achœus former la *province d'Achaïe*, et y bâtir la charmante bourgade de *Larisse*, dont il devient roi;

Et *Pthius* composer la *région de Pthiotide*, et bâtir *Pthie*, où il règne.

Mais voici qu'un exilé de la terre de Chanaan, en Asie, *Lelex*, avec ses compagnons appelés *Lélèges*, du nom de leur guide, vient s'établir à Sparte, d'où il envoie ses amis former la Messénie, pendant qu'il gouverne la cité fondée par Sparton.

De là les liens qui, selon l'Ecriture sainte, uniront un jour la république de Sparte avec celle des Juifs.

Vous allez comprendre comment l'imagination des Grecs, enflammée par les chaleurs du midi et la beauté de leur climat, arrange à son gré les faits qui se passent sous leurs yeux.

Au lieu d'adorer le vrai Dieu, comme toujours, hélas! les habitants de l'Argolide adoptent pour divinités les hommes qui se distinguent par quelque action d'éclat, ou les êtres imaginaires qu'ils se figurent présider à leurs villes, aux éléments, etc. C'est Jupiter, qu'ils disent roi du ciel; c'est Neptune, qu'ils croient maître de la mer; c'est Pluton, qu'ils imaginent régner dans les enfers; c'est Junon, leur sœur, reine du firmament.

Or, voici qu'un jour, disent-ils, Neptune et Junon se mettent en querelle. Inachus, à raison de sa justice, est choisi pour juge. Le monarque d'Argos se prononce en faveur de la déesse, et met ainsi sous l'heureux patronage de la reine du ciel sa nouvelle cité d'Argos, que Junon jure de protéger toujours.

Sous *Gélanor*, son neuvième descendant, aborde dans sa ville une *pentecontore*, navire léger que cinquante rameurs font voler sur les eaux. Cette pentecontore porte un Egyptien que la fortune a béni dans son union, car il est père de cinquante filles.

Danaüs est son nom, et *Danaïdes* le nom de ses filles.

Ce nouveau venu monte sur le trône après Gélanor, et il importe dans ses Etats de nouveaux germes de civilisation.

Sans nul doute vous avez remarqué déjà, Théobald, que la Grèce a la forme d'un 8. Ce 8 se divise naturellement en deux parties, et comme lui divise la contrée. Les deux branches du 8 enferment la Grèce septentrionale, qui est la plus vaste : et le nœud ou la boucle du même 8 forme la Grèce méridionale. Nous verrons plus tard comment et pourquoi cette seconde partie, la Grèce inférieure, se nommera Péloponèse.

Remarquez aussi que l'étranglement du 8 est dû à deux bras de mer dont l'un, celui de l'est, appartient à la *mer de Grèce*, et l'autre, celui de l'ouest, appartient à la *mer d'Ionie*.

Le premier bras, le bras oriental, a nom *golfe Saronique*.

Le second bras, le bras occidental, s'appelle à cette heure *mer des Alcyons*, à cause des nombreux alcyons qui habitent ses rivages. Mais elle va porter bientôt le nom de *golfe de Corinthe*.

Car, dans le temps où Sparton fonde Sparte, voici sa fille, l'ardente *Ephyre*, qui, visitant la Grèce, avise sur la langue de terre qui sépare le golfe Saronique de la mer des Alcyons, un mamelon pittoresque qui formerait un magnifique piédestal à une ville, assise ainsi entre deux mers, adossée à une montagne qu'elle couronnerait d'une forteresse, et pouvant surveiller deux ports. Ephyre se met à l'œuvre, et fonde la cité.

Ephyre sort de terre à sa voix (1).

(1) Certains auteurs prétendent qu'*Ephyre* perdit ce nom dans celui de *Corinthus*, fils de Marathon et frère de Sicyon, qui bâtit une ville tout à côté. Je ne parle pas des noms de *Centhyre*, d'*Epopé* et d'*Héliopolis*, qu'on dit avoir été aussi ceux de Corinthe. Ils ne furent sans doute que bien passagers ou accessoires, car il en est fait fort peu mention dans les auteurs.

Mais CORINTHE sera bientôt le nom qui effacera celui d'Ephyre.

Acro-Corinthe deviendra le nom de la forteresse.

Léchée, ainsi s'appelle le port de la mer des Alcyons.

Cenchrée, ainsi se nomme le port du golfe Saronique.

Golfe de Corinthe, telle est la métamorphose de la mer des Alcyons elle-même.

Tout ce que je vous montre là est à l'état de naissance, et sort à peine des langes du berceau. En ce moment je vous signale simplement les origines, sans même vous faire pressentir les grandeurs futures qui s'élanceront fièrement de ces germes sauvages dignes à peine de fixer le regard : mais nous y reviendrons, et alors quelle ne sera pas votre admiration en face des grandes scènes et des drames terribles et glorieux qui se passeront sur ce théâtre petit, étroit, mais dont la renommée élargira les limites.

C'est ainsi que, aux jours où resplendissent déjà Babylone et Ninive de toute la beauté de leurs monuments et de toute la puissance de leurs conquêtes; au moment où Thèbes et Memphis se couvrent de merveilles, et répandent la splendeur de leurs richesses; aux jours où Damas grandit et devient forte, où l'Afrique et l'Asie fourmillent déjà de populations actives et de cités qui jettent à la lumière leurs premiers sourires d'amour et de bonheur de vivre : à son tour, en Europe, la Grèce jette ses dépouilles sauvages, se réveille aux premières lueurs d'une civilisation dont les côtes de l'Asie et des rivages de l'Afrique on lui apporte des lambeaux, et s'empare avec coquetterie d'abord, mais pour les laisser tomber avec mépris, et bientôt apparaître radieuse, brillante, pleine de virilité et d'une majesté telle qu'elle sera la reine la plus belle, la plus poétique, la plus sage, mais, hélas! cependant, la plus frivole du monde.

— Arrivons enfin à la plus fameuse des villes qui vont illustrer la Grèce, dit alors Even, qui ne craint pas d'interrompre le savant Bigron, sans doute par sympathie pour le sujet qu'elle va traiter.

Puisque nous avons dit ce qu'étaient de nos jours Mycènes, Argos, etc., demandons-nous dès à présent : Qu'est-ce aujourd'hui que Corinthe? Quelques groupes épars de dix ou vingt maisons, en total cinq cents, séparées par des jardins d'orangers et de citronniers, accompagnées d'un mauvais bazar. Cette ville a tout perdu, si ce n'est le grandiose et le pittoresque de son acropole naturelle, l'Acro-Corinthe, dont trois cent cinquante tours flanquent les rochers...

Reconnaissez-vous, Théobald, me dit-elle, cette colonie qui aborde sur les côtes de l'Attique, là, au sud-est de la Grèce septentrionale, dans cette péninsule orientale que forment les terres sur le golfe Saronique, au-dessus de l'étranglement du 8, et dans cette partie du littoral enlevé à la mer par Agygès?

— Assurément, répondé-je, c'est la famille et la colonie de Cécrops, cet Egyptien que nous avons vu parler de Saïs tout-à-l'heure, et que suit sa fille Neith, charmante vierge aux yeux noirs, à la poitrine voilée d'une blanche toison de chèvre, aux longs cheveux noirs couverts d'un casque d'or. Seulement, pour s'aider à gravir la colline, première rampe du *mont Penthélique,* qui domine l'Attique, avec le *mont Hymette,* voici qu'elle arme son bras d'une lance, et, à la voir ainsi alerte et joyeuse, les Pélasges, qui la contemplent de la plaine, peuvent la prendre pour une déesse.

— C'est, en effet, ce qui arrive, reprend Evenor. Les Pélasges que l'on vous a dit avoir pris pour dieux, par l'inspiration des Phéniciens ou des Egyptiens, les propres dieux de ces peuples, auxquels ils donnent les noms de Jupiter, Neptune, Pluton, Junon, etc., sont aussitôt enthousiasmés de la présence de Neith.

Et comme elle leur dit que c'est au nom de Neith, la déesse d'Egypte, qu'elle se présente et vient, avec son père, bâtir une ville, là, au confluent de deux rivières, l'*Ilissus* et le *Céphise,* ils proclament leur déesse désormais la déesse de l'Egypte, Neith, et lui donnent en leur langue le nom d'*Athénès,* qui se traduit par *Minerve.*

Or, Neith plante sa lance sur le sommet de la colline, et Cécrops y bâtit une citadelle dont il fait sa résidence, et qu'il nomme *Cécropia.*

Puis il dessine une ville future au pied de la citadelle, sur le talus de la colline, au confluent de l'Ilissus et du Céphise, et les Pélasges tendent déjà à lui donner le nom de leur déesse.

Ce sera donc ATHÈNES, Athènes la ville de Minerve, la reine de l'Attique, la fleur de la Grèce, la souveraine maîtresse des arts, des sciences, de la philosophie, de l'urbanité, le modèle offert à l'univers entier.

A l'occasion de la naissance de cette cité, les Grecs, dont l'imagination rêvet tout de poésie, raconteront un jour que Neptune et Minerve, la déesse égyptienne que Neith leur a donnée, se disputant l'honneur de donner leur nom à la ville qui se forme autour de la citadelle de Cécrops, Neptune parce qu'il est le dieu des mers, et que les mers l'entourent de toutes parts, Minerve parce qu'elle a planté sa lance sur la colline, il est décidé que cette gloire sera le prix réservé à celle des deux divinités qui fera le don le plus utile à la nouvelle cité. Aussitôt Minerve produit sur les monts d'alentour l'*olivier*, symbole de paix et d'abondance. Neptune, au contraire, fait sortir de terre un *cheval*, symbole de guerre. Le prix est adjugé à Minerve, et ainsi la ville de l'Attique reçoit le joli nom d'Athènes.

Si Junon s'est rendue la protectrice d'Argos, Minerve se fait la patronne d'Athènes.

C'est en 1643 que ces premiers faits se passent.

— A mon tour de vous montrer l'origine d'une autre ville fameuse et voisine d'Athènes, dit Arthur Bigron.

Il était naguère en Phénicie, sur les côtes de l'Asie occidentale, un roi du nom d'Agénor. Ce prince eut deux enfants, Cadmus et Europe.

Europe fut bientôt aimée de Jupiter. Jupiter, afin d'enlever plus facilement Europe, prit la forme d'un taureau, chargea la jeune princesse sur son dos, se jeta dans la mer, et vint aborder avec sa proie sur le rivage de Grèce, en un lieu qui prit le nom de *Béotie*, de *bous*, *bœuf* ou *taureau*, le nom de l'animal qui déposa Europe sur la côte.

Depuis ce moment, cette partie du monde où aborda Jupiter reçut le nom d'*Europe*.

Cadmus, le frère d'Europe, fut aussitôt envoyé à la recherche de sa sœur par le vieil Agénor, inquiet de la disparition de sa fille. Le prince traversa comme elle la mer de Grèce, et, comme elle aborda en Béotie. Mais d'Europe il ne trouva nulle trace. Craignant alors de retourner près de son père, Cadmus avisant une montagne qui baignait son pied dans les eaux du fleuve *Isménus*, et se mirait dans le cristal du *lac Hilyca*, frère du *lac Copaïs*, son voisin, au sommet de cette montagne il bâtit une citadelle qu'il nomma *Cadmée*.

Mais *Thèbes*, nom bien célèbre, fut donné à la ville qui se forma presque aussitôt sous les murs de Cadmée.

A Cadmus, devenu roi de la contrée, succède bientôt *Lycus*, qui a pour femme *Antiope*, rendue mère de deux enfants par Epaphus, roi de Sicyone. Ces deux fruits de l'adultère sont exposés tout après leur naissance sur le *Cithéron*, cette montagne qui, avec l'*Hélicon*, forme cette petite chaîne de montagnes que vous voyez sillonnant la Béotie. Heureusement des pâtres disputent à la mort ces innocents jumeaux. Alors devenus grands, *Amphion* et *Zéthus* s'emparent de Thèbes, où ils règnent ensemble.

Apollon, un dieu que nous vous ferons connaître, le dieu de la poésie, trouvant dans Amphion l'amour des vers et de la musique, lui fait un jour don d'une lyre d'or. Aussitôt Amphion, inspiré par le dieu, produit de si merveilleux accords avec son instrument que, charmées par la douceur de sa mélodie, voici les pierres de la montagne qui s'agitent en cadence. Amphion profite soudain de cette disposition, et conduisant les pierres comme un chœur de danseuses, il forme avec elles, à l'aide de sa lyre, à sa ville de Thèbes, une enceinte double de la première.

Puis, comme il a épousé la fille de Tantale, roi de Siphyle, en Phrygie, dans l'Asie-Mineure, *Niobé*, la plus gracieuse des vierges de Phrygie, de Grèce et du monde, et que Niobé lui a donné sept filles, il perce dans les remparts, élevés au son de sa lyre, autant de portes qu'il a de filles, sept, et leur donne à chacune le nom de chacune de ses filles, de sorte que Thèbes devient la *ville aux sept portes*, *Heptapyle*.

Vous reconnaissez là l'imagination des Grecs. Il faut pour eux du merveilleux dans toutes les origines des cités, et vous en trouverez dans tous les faits de leur histoire. Cette fable de la ville agrandie par la lyre d'Amphion signifie tout simplement qu'Amphion embellit considérablement la capitale de la Béotie.

Hélas! je dois vous avouer, mon cher Théobald, que notre belle Niobé, trop fière de ses sept filles, qui donnent leur nom aux sept portes de la ville, trop fière surtout des sept fils qu'elle met au monde pour la gloire d'Amphion, a un malheureux jour la folle audace d'insulter *Latone*, une fille du Titan Cœus et de Phœbé, dont Jupiter avait deux enfants, Apollon, dont la lyre fit l'amour d'Amphion, et Diane, que les Grecs ont fait déesse de la chasse. Pour se venger, Latone ne trouva rien de mieux que de faire tuer les sept fils et les sept filles de l'infortunée Niobé, à coups de flèches, par Diane, la chasseresse. Puis, faisant transporter l'orgueilleuse mère sur le mont Siphyle, qui domine Siphyle, sa patrie, entre la Phrygie et la Lydie, elle la fit changer, par Jupiter, en statue de marbre noir, dans l'attitude de la douleur.

Autre fable rêvée par l'imagination poétique des Grecs, et que vous devinez assurément. Les flèches de Diane ne sont autre chose qu'une horrible épidémie qui ravage la Béotie, et fait mourir la nombreuse postérité d'Amphion et de Niobé. Et, comme Niobé était une excellente mère, désespérée de la mort de ses enfants, elle s'éloigne de Thèbes, repasse la mer de Grèce, rentre dans Siphyle, sa patrie, meurt de chagrin et est enterrée sur la colline du Siphyle, au-dessous d'un rocher qui a reçu le nom lugubre de Niobé.

Nous sommes en 1500, et le moment est venu de porter les yeux sur cette contrée située au sud des monts *Scordus, Rhodope* et *Hœmus*, aux frontières méridionales de la Thrace, et arrosée par le *Sperchius* au sud, et au nord par le Penée, ce fleuve de la vallée de Tempé où nous vous avons montré une danseuse phénicienne qui crée l'oracle de Dodone. Appelée d'abord *Hémonie*, et habitée par les *Thessali*, peuple sorti de la Thesprotie, ainsi que par les Dolopes, les Mirmidons, les Lapithes, les Phtyotes, etc., elle a pris enfin le nom de *Thessalie*.

Or, dans cette Thessalie, de grands événements se passent. Ecoutez-en la courte analyse.

Comme nous vous le dirons plus tard, Jupiter, Neptune, Pluton, etc., fils de Saturne et de Cybèle, s'étant partagé le royaume du ciel et de la terre, des enfers et de l'Océan, les Titans, leurs cousins, se révoltèrent et entassant montagnes sur montagnes, prétendirent détrôner Jupiter qui régnait dans les cieux. Jupiter les foudroya, et l'enfer les engloutit tous. Un seul échappa : ce fut *Prométhée*.

Prométhée, dans le but de jouer un mauvais tour à Jupiter, qui se pose en maître des dieux et des hommes, compose avec de l'argile une statue d'homme si parfaite de formes qu'il ne lui manque que la vie. Afin de l'animer et de lui donner cette vie qui lui manque, Prométhée dérobe à Jupiter du feu du ciel, et à l'aide de ce feu rend vivante sa statue. Le voici donc à son tour créateur et père de l'homme. Grand courroux de Jupiter ! Il faut un exemple qui détourne les audacieux mortels de suivre le funeste exemple du rebelle Prométhée. Le dieu du ciel crée *Pandore* et l'envoie porter à Prométhée une boîte mystérieuse que celui-ci s'empresse d'ouvrir. Du fatal coffret s'échappe aussitôt et se répand sur le monde la nuée effroyable de tous les maux, de toutes les douleurs, de toutes les calamités, ainsi que l'indique le nom de Pandore, *pan dôron*, toutes misères. Puis, le pauvre Prométhée est saisi, conduit sur le *Caucase*, ce mont qui sépare le Pont-Euxin de la mer Caspienne; on l'attache sur un rocher avec des chaînes d'airain. Là, un horrible vautour s'abat sur sa poitrine, lui déchire les chairs de ses serres aiguës, lui mange le foie, qu'il dévore de son bec, et ce foie qui renaît sans cesse perpétue l'horrible supplice du coupable, et renouvelles sans fin ses atroces tourments.

Prométhée a un frère, *Epiméthée*, qui bientôt épirs d'amour à l'endroit de la terrible Pandore, l'épouse et a d'elle une charmante fille, *Pyrrha*. Et comme, de son côté, Prométhée a un fils, *Deucalion*, Deucalion prend Pyrrha pour femme, et la fait asseoir avec lui sur le trône de Thessalie.

Il règne paisiblement en donnant à ses sujets, ainsi que Pyrrha, l'exemple de toutes les vertus, lorsque le *lac Copaïs,* que vous voyez, en Béotie, étinceler comme une nappe d'argent sous les feux du soleil, qui reçoit le *Céphise* et grand nombre d'autres ruisseaux, et qui communique avec la mer de Grèce par des canaux souterrains, ayant un de ces vastes conduits engorgés par un éboulement considérable, reflue et déborde sur la contrée avec une telle violence, que le pays est promptement couvert par ses eaux furieuses, dont la rage détruit, noie, engloutit et dévore comme un véritable déluge.

Ce déluge, le *déluge de Deucalion*, n'épargne personne. Hommes, animaux, maisons, récoltes, tout périt. Les dieux veulent perdre la terre sans doute, car les Pélasges croient que c'est la vengeance des dieux qui produit ce cataclysme. Toutefois, Deucalion et Pyrrha, conservés seuls à cause de leur justice, se réfugient sur le *mont Parnasse*, dont la très haute cime, à l'ouest de l'Hélicon, domine la Thessalie. Là, par la bouche de l'oracle de *Delphes*, ville de la *Phocide*, située sur la pointe méridionale de la même montagne, où Apollon a un temple, Thémis, fille d'Uranus et nourrice d'Apollon, leur donne l'ordre de jeter derrière eux les os de leur grand'mère, afin de repeupler la terre.

— Portaient-ils donc partout avec eux, comme les sauvages, les ossements de leurs ancêtres? demandé-je.

— Eh! mais le voilà qui nous dit des joyeusetés! fait le comte. Tu deviens facétieux, mon cher... C'est très bien. A toi la devise : *Utile dulci!*

— Nullement, me répond gravement le sage Arthur. Comprenant qu'il s'agit de la terre, dont les pierres sont les os, Deucalion et Pyrrha, prennent toutes les pierres qu'ils rencontrent et les jettent derrière eux. Celles que lance Deucalion se changent en hommes, et celles que Pyrrha fait pirouetter se transforment en femmes.

En outre de cette nouvelle manière de repeupler la Thessalie, les deux époux donnent le jour à *Hellen* et à *Amphictyon*.

Hellen, à son tour, a trois fils, *Eolus, Dorus* et *Xuthus*.

Xuthus, de même, obtient deux enfants, *Ion* et *Achœus*.

Or, Eolus devient le père des *Eoliens*, qui bientôt quittent la Grèce, et vont en Asie-Mineure habiter une province qui, de leur nom, devient l'*Eolide;*

Dorus forme la race des *Doriens,* qui se fixent au pied du Pinde, et appelle *Doride* cette contrée;

Ion donne la vie et son nom aux *Ioniens*, qui, comme les Eoliens, quittent la Grèce pour l'Asie-Mineure, où nous les verrons dans l'*Ionie;*

Enfin, Achœus fonde la tribu des *Achœéns*, qui s'établissent au Péloponèse, dans la région qui reçoit d'eux le nom d'*Achaïe*.

Alors cette race des *Hellènes*, descendants d'Hellen, substitue sa domination presque sur tous les points à celle des Pélasges.

— En attendant, ajoute Evenor, qu'à son tour elle soit dépossédée par les Héraclides, ou descendants d'Hercule, en 1220, et que la Grèce ou *Hellade* devienne, comme nous le verrons, l'une des régions de l'univers où l'homme ait le plus à s'extasier devant le génie héroïque, l'esprit guerrier, l'industrie, l'éloquence et le goût sublime de ses artistes, de ses rhéteurs et de ses philosophes.

Quant à Amphictyon, le frère d'Hellen, il partage avec son frère les Etats de Deucalion, obtient la partie orientale de la Grèce, et règne aux *Thermopyles*, où il fonde la *Confédération amphictyonique*, puis sur l'Attique, après Cranaüs.

Mais pour le moment laissons l'Hellade devenir la plus fameuse contrée du monde, et retournons en Egypte, où de grandes merveilles nous attendent.

Hélas! mes yeux quittent avec peine les cimes inégales de ces belles montagnes de la Grèce, ces rivages qui me semblent si richement dessinés par la nature, ces profils de côtes et la gracieuse ondulation de leurs lignes, toutes choses endormies dans le brouillard flottant qui les enveloppe. Oui, j'ai peine à en détacher mon regard. La scène de ce magnifique théâtre de célèbres événements est presque vide encore. Prenons donc patience, et bon espoir. Bientôt je reverrai dans toute leur gloire ces groupes de collines, de caps, de vallées que l'œil embrasse comme un seul tableau, comme une île sur l'Océan, du point élevé d'où nous planons. Imperceptible coin du monde, à toi seul tu feras plus de bruit, tu produiras plus de gloire, tu enfanteras plus de prodiges et tu laisseras fleurir plus de vertus, et paraître plus de crimes que la réunion de tous les continents... A l'aspect de tous ces horizons, tant rêvés lorsque je faisais, bien mal pourtant, mes pauvres études et que j'épelais de travers les grands noms de leurs héros, je sens mon esprit qui s'ouvre, mon intelligence qui travaille et ma curiosité qui prend feu. Je fais la revue des montagnes, des lacs et des îles dont est semée la vague bleue qui les entoure. C'est bonheur de les voir élancer dans l'éther à brume d'or leurs sommets arrondis. Le globe du soleil descend derrière leurs croupes pittoresques et les rend chauds comme des dômes de cuivre doré. Les crêtes les plus rapprochées de nous encore, mais que l'astre a déjà franchies, se teignent de violet pourpré et nagent dans une atmosphère chargée des plus riches couleurs; tandis que plus près de nous d'autres monts couverts déjà de l'ombre du soir s'enveloppent du manteau de leurs sombres forêts. Enfin, les ondulations du premier plan, celles dont l'écume des flots lave les falaises, sont plongées dans la nuit. A peine y distingue-t-on quelques anses, des promontoires avancés, et les îlots qui les bordent.

Vue du haut des airs, cette Hellade poétique, à l'heure où le soir l'enveloppe de ses illusions de couleur, est certainement la plus belle forme terrestre que mon regard ait encore rencontrée. Et puis nous glissons si mollement au-dessus de la belle mer Méditerranée... l'air est si doux, si parfumé... la brise de nuit si pure!...

Aussi ne soyez pas étonné si je vous dis que m'étant endormi en Europe, je me réveille en Afrique, au-dessus de l'Egypte, au-dessus de cette Egypte qui a tant de prodiges à nous montrer encore.

Alors Even prend la parole.

— L'an 1535 avant J.-C. est venu, me dit-elle, et pendant que l'Egypte voit sans peine Aménof IV descendre dans la tombe, car ce roi débile a laissé se perdre en peu d'années l'influence que l'Egypte exerçait sur les contrées voisines.

Heureusement *Ménephtha I*ᵉʳ monte sur le trône, relève la gloire du pays et porte ses armes victorieuses en Syrie, à Babylone, et jusque dans le nord de la Perse.

Ce prince ouvre la dix-neuvième dynastie des Pharaons.

Il a pour fils Rhamsès, et il le prépare dès son berceau à devenir un monarque fort et puissant. Voyez comme il fait rassembler du moindre coin de l'Egypte tous les enfants nés le même jour que son petit Rhamsès. Il les réunit près du royal héritier de son trône, il les entoure des mêmes soins que lui. On leur donne les mêmes leçons, ils vivent à la même table, mais en même temps ils sont rompus aux mêmes épreuves d'une vie de labeurs et de fatigues. Ainsi Ménephtha prépare-t-il au futur Pharaon une légion d'élite avec laquelle, devenu roi, Rhamsès pourra marcher à la conquête du monde.

En effet, après s'être exercé avec ses jeunes compagnons à la chasse des bêtes féroces dont abonde l'Egypte dans le désert, Rhamsès, que l'on nomme aussi Sésostris, sent dans ses veines couler le sang d'un héros.

Sésostris-Rhamsès prend la place de son père, lorsqu'il compte à peine vingt ans. Mais fier des prédictions que proclament les oracles, il assure d'abord la tranquillité de l'Egypte par de sages institutions, puis, se levant comme un géant, il tire le glaive des batailles.

L'armée qu'il commande ne compte pas moins de six cent mille fantassins, de vingt-quatre mille cavaliers et d'une multitude de chars de guerre armés de faulx et suivis d'innombrables valets.

Alors il subjugue les Arabes de la mer Rouge.

Puis il dompte les Ethiopiens, et soumet la Lybie.

De l'Afrique passant en Asie, voyez avec quelle audace il va camper au centre de l'Inde, qui reconnaît sa loi, prendre la Scythie, écraser la Perse, et rendre tributaires la Colchide, la Thrace, l'Arménie, Babylone et Ninive.

C'était son immense armée que vous voyiez tout-à-l'heure noircir les sables du désert, et que vous compariez à une nuée de sauterelles s'abattant sur le sol pour en dévorer la verdure.

Revenu en Egypte avec l'or des nations vaincues, Sésostris-Rhamsès divise son royaume en trente-six *nômes* ou provinces, et fonde des villes qu'il décore des monuments les plus beaux.

Contemplez ces légions d'artistes et d'ouvriers qui entreprennent mille travaux à la fois, ici amoncellent les terres en monticules, là les nivellent, taillent la pierre péniblement arrachée aux entrailles des carrières, édifient des temples, dressent des obélisques, cisèlent des statues, creusent des canaux, établissent des glacis de remparts, travaillent à mille édifices splendides sous l'inspiration du grand Pharaon. Ces artistes et ces ouvriers ne sont autres que les nombreux captifs ramenés par le vainqueur des contrées qu'il a conquises. La fatigue les fait périr par milliers... mais qu'importe? Alors, comme aujourd'hui, le droit du plus fort est toujours le meilleur.

C'est ainsi qu'*Hermonthis*, cette cité de la rive gauche du Nil, à deux lieues sud de Thèbes, devient une ville magnifique qui possède des temples admirables. De la plate-forme de ses édifices on distingue les pylônes, les palais, les temples et les maisons de Thèbes.

C'est ainsi que *Latopolis*, sur la même rive, est agrandie et voit s'élever un sanctuaire merveilleux que l'on consacre au dieu *Amoun*, nom qui veut dire *Lumière éternelle*, et un second temple plus riche encore que le premier, à la déesse *Bouto*, dont les Grecs feront leur Latone. Un zodiaque de granit, richement peint, y montre la science astronomique des Egyptiens (1).

---

(1) *Latopolis*, maintenant *Esné*. Des savants français ont rapporté à Paris et placé dans la bibliothèque Impériale ce fameux zodiaque. Certains philosophes ont usé de ce zodiaque pour montrer la fausseté des récits de Moïse. Ils n'ont prouvé que la niaiserie de leurs allégations.

Tentyris, dont le temple principal, également décoré d'un zodiaque, atteste à son tour la magnificence de Sésostris (1).

Abydos, dans l'intérieur des terres, sur un bras du Nil, devient la seconde ville de la Thébaïde, et son *temple d'Osiris* la rend si fameuse, que son *palais de Memnon* lui amènera un jour des cohortes de visiteurs.

Dans la Moyenne-Egypte, *Hermopolis-la-Grande*, une des plus importantes cités, après Thèbes et Memphis, sort de terre et offre déjà à la vénération des Egyptiens le dieu *Toth*, qui préside à la parole, à l'écriture et aux sciences. Les Egyptiens lui attribuent toutes les inventions. Osiris, dont nous vous dirons bientôt l'histoire, n'est que le disciple de Toth, son envoyé sur la terre. Il est en outre l'*esprit de la lune*. Il est représenté tantôt avec la tête d'un ibis, oiseau des marais d'Afrique, très aimé des Egyptiens, tantôt avec une tête de chien.

Voici de même *Oxyrinque*, qui tire son nom d'un poisson au bec pointu qu'on y adore. Elle est placée sur le *canal de Joseph*, grand bras du Nil creusé par Joseph, alors qu'il gouvernait l'Egypte, à l'occident du fleuve qu'il longe pendant plusieurs lieues, et dont les habitants sont très renommés pour leur grande vénération à l'endroit de leurs dieux (2).

Enfin, remarquez encore *Arsinoë*, ou *Crocodilopolis*, à cause des crocodiles qu'y adorent les Egyptiens, ces amphibies méritant leur vénération pour les services qu'ils rendent en détruisant chaque année des reptiles et autres bêtes malfaisantes très nombreuses sous ce brûlant climat. On prend ces crocodiles dans la partie supérieure du Nil qu'ils fréquentent de préférence, comme plus haut encore on y trouve des hippopotames. Les crocodiles sont placés, à Crocodilopolis, dans d'immenses et riches réservoirs de marbre, entourés de colonnades et de palais. Ils y sont grassement entretenus aux frais du trésor public.

(1) *Tentyris*, à cette heure *Denderah*. Son zodiaque devint aussi une arme formidable pour les impies. Mais si formidable qu'elle fût, les vrais savants l'ont retournée contre les philosophes.

(2) Aux IV° et V° siècle de notre ère, cette ville, différemment pieuse, était remplie de solitaires et de religieux. Les monastères y étaient plus nombreux que les maisons particulières. On y comptait dix mille moines et vingt mille vierges.

Cette ville est au nord-ouest du lac Mœris, et c'est tout près d'elle qu'on élèvera bientôt le célèbre Labyrinthe.

Dans la Basse-Egypte, Sésostris fait élever par des Babyloniens venus à sa suite, au nord de Memphis, sur la rive droite du Nil, *Babylone*, cité sans grandeur et peu digne du nom qu'on lui impose.

Byblos est fondée ensuite à égale distance de la branche *Bolbitine* et de la branche *Sébonitique* du beau fleuve de la vallée

Maintenant, sur ce canal du Nil, à l'orient du fleuve, à l'extrême pointe orientale de la chaîne Arabique, reconnaissez-vous *On*, cette ville que vous avez vu construire par les Arabes, lors de leur invasion en Egypte ?

Héliopolis est son nom d'à présent. Elle le doit à ce splendide édifice dont la masse grandiose domine toute l'enceinte de palais qui lui fait cortége. C'est le *temple du Soleil*. Lorsque cette *ville du Soleil, êlios polis*, n'était encore que On, ce temple existait déjà et comptait parmi ses prêtres Putiphar, qui fit de Joseph son esclave, en l'achetant sur le marché, et à qui plus tard il donna sa fille Aseneth en mariage, lorsque Joseph fut devenu le ministre du Pharaon. On nourrit dans ce sanctuaire le bœuf *Mnévis*, symbole de l'astre du jour (1), et il y est, comme à Memphis le bœuf Apis, l'objet d'un culte particulier. Pour faire honneur au dieu et décorer son temple, Sésostris fait dresser à son entrée principale les deux obélisques que vous voyez : ces monolithes sont les plus hautes qui aient jamais existé. Elles portent les noms des nations vaincues par ce héros.

Cette ville possède un *collége* où les prêtres enseignent les hautes sciences, et spécialement l'astronomie et la philosophie. Ce sera à cette école qu'un jour Hérodote et Platon s'initieront aux sciences et aux mystères sacrés des Egyptiens.

— Mais, dis-je à Even, à l'entrée de la plaine qui précède Héliopolis, quelle est cette oasis fraîche et riante qui attire le regard et d'où s'échappe comme un charme sacré qui fascine?

— Là, me répond Even, un jour, dans quelques siècles, arrivera de l'Asie une famille composée d'un vieillard, d'une vierge et d'un enfant

---

(1) C'est dans le *temple du Soleil*, à *Héliopolis*, que, d'après les Egyptiens, le *phénix*, oiseau fabuleux, arrivait de l'Orient, après une vie de quatorze siècles, pour mourir sur un bûcher de myrrhe et d'encens et renaître de ses cendres.

porté dans les bras de la vierge, assise sur un onagre. Ces modestes pérégrinateurs s'arrêteront près de la source qui jaillit sous les platanes. Exilés de leur pays, ces élus de Dieu attendront là des jours meilleurs pour retourner dans leur patrie. Le vieillard aura nom *Joseph*, la vierge s'appellera *Marie*, et l'enfant sera le doux et aimable enfant JÉSUS! Ainsi le dira la tradition aux siècles les plus reculés.

Mais reprenons les travaux de Sésostris-Rhamsès, continue Even.

Voici *Athribis*, sur la rive droite du Nil. On rend cette ville très importante en y ouvrant deux magnifiques rues de cent trente pieds de large, se coupant à angles droits et partageant ainsi toute son étendue en quatre grands quartiers.

Enfin, admirez la ville de *Bubaste*, qui existe déjà depuis longtemps sur la branche *Bubastique* du Nil, mais que l'on décore d'un *temple de Bubastis*, déesse représentée sous la figure d'une chatte, qui n'est autre que la lune, et dont les Grecs, collectionneurs de divinités, feront leur Diane. La fête de cette idole n'attire pas moins de sept cent mille étrangers à Bubaste chaque année. On est étonné des énormes proportions du temple et de la richesse des sculptures.

Telles sont les villes principales que je vois ou fonder, ou décorer, par Sésostris-Rhamsès dans la Haute et Moyenne-Egypte.

Quant au Delta proprement dit, s'il a été le dernier à se peupler et à se couvrir de villes, le voici qui se capitonne de toutes parts de nombreuses et belles cités. La campagne y déploie des aspects qui ne se retrouvent dans aucun autre pays. C'est une surface immense, sans montagnes, sans collines, enceinte dans les bras puissants du Nil, coupée de nombreux canaux de communication, et couverte de riches cultures. Çà et là se montrent des bois touffus dans les clairières desquels vont et viennent des pâtres conduisant d'innombrables troupeaux; des prairies où paissent l'onagre et le coursier; des routes que sillonnent les caravanes des chameaux d'Asie chargés des mille produits de l'Orient; des massifs de cassiers aux fleurs jaunes, des limoniers aux fruits d'or, et des bosquets verdoyants; des parties de terres noires couvertes d'alluvions, dont la fécondité semble inépuisable; et puis les cent méandres des eaux qui glissent en silence, ou murmurent, ou bouillonnent, ou mugissent, selon les accidents du sol :

Car le Nil, comme vous voyez, Théobald, va se jeter à la mer par sept embouchures. Ce sont, de droite à gauche, d'orient en occident, les branches :

Pélusiaque ou *Bubastique*, courant de Bubaste à Péluse, à l'ouest du *lac Serbonis;*

Tanitique, passant à Tanis et se jetant dans le *lac Mendès;*

Mendésienne, allant aussi au lac Mendès;

Phathnitique, débouchant dans la mer;

Sébénitique, tombant dans le *lac Butique;*

Bolbitine, arrivant droit à la mer;

Et *Canopique* ou *Héracléotique*, portant ses eaux au *lac Maréotis*.

Alors, sur ce sol heureux et au milieu de ces canaux ombragés par des bananiers, des cédrats, des bigarrades, des myrtes et des sycomores; sous ces belles et larges voûtes de verdure, çà et là resplendissent au soleil ou nagent dans les brumes dorées de l'horizon :

Cynopolis, où les chiens, autres dieux de l'Egypte, à raison de leur utilité reçoivent mille honneurs et l'encens des Egyptiens, comme les crocodiles à Crocodilopolis, dans le *temple d'Anubis*, idole moitié homme moitié chien, frère d'Osiris et dieu de l'Amanti, enfer de la religion égyptienne;

Puis, sur un mamelon pittoresque dominant la rive orientale du Nil, en face d'une île charmante où croissent l'aloès, le dattier et le henné, *Métélis*, la première bourgade du Delta;

Ensuite, non loin du lac Maréotis, comme un nid d'alcyon parmi les roseaux, *Hermopolis parva*, modeste et frais village assis dans des bocages d'une luxuriante exubérance;

Sur la branche Bolbitine, *Naucratès*, le seul port auquel les Pharaons permettent d'aborder aux navires étrangers;

Bolbitine, sur la même branche, et qui sera un jour la maritime *Rosette;*

Sur le *lac* Butique, *Butis ou Buto*, possédant un *temple de Latone* creusé dans une seule pierre, qui n'a pas moins de quarante coudées de long sur autant de large, et couverte d'une autre pierre immense qui lui sert de toiture;

A l'ouest encore, entre le lac Maréotis et la mer, dans la presqu'île destinée à porter un jour Alexandrie, *Canope*, que rendent déjà célèbre le *temple de Sérapis* et l'autre *temple de Canope*. Dans le premier, les Égyptiens adorent avec des rites infâmes le dieu *Sérapis*, celui qui ressuscite et donne la santé. On le représente enveloppé de longs tissus, entouré de serpents avec un *modius* (1) sur la tête, l'air grave et pensif. Dans le second, c'est au dieu *Canope* que l'on brûle un encens impur. Canope y est représenté sous la forme d'un vase surmonté d'une tête d'homme ou d'animal. D'après mon ami Marius, ce n'est autre chose qu'une image des crues plus ou moins abondantes du Nil, et les figures dont je le vois surmonté indiquent les signes du Zodiaque auxquels cette crue correspond.

Et puis, à *Saïs*, sur la rive occidentale du Nil, c'est une immense avenue de sphinx et de statues colossales qui conduit au merveilleux *temple de Neith*, dont, à l'arrivée de Cécrops en Grèce, les Pélasges ont fait *Minerve*. Au moment où mes yeux se portent sur cette belle ville, mère d'Athènes, des milliers de lampes flamboient autour des maisons de la cité et forment un magnifique cordon de feu le long des grandes lignes du temple, car le soir vient. Or, à Saïs, chaque année on célèbre en l'honneur de Neith la *fête des lampes*, et ce jour est précisément celui qui me place en face de cette fête splendide. Aussi des festins ont lieu sur le devant des habitations, on danse dans les bocages et sur les pelouses : c'est un mouvement et une vie qui réjouissent l'œil.

— C'est dans cette ville, reine du Delta, que reposera le corps du Pharaon Psammétichus... me dit Marius, et un jour, lorsque régnera Amasis, deux mille hommes seront employés pendant trois ans à transporter d'Eléphantine à Saïs, l'espace de six cents milles, une pierre monolithe qui sera placée devant l'entrée principale du temple, et dans laquelle pierre, large de quatorze coudées et longue de vingt-et-une sur huit de haut, on creusera une chapelle, ex-voto offert à Neith.

— Maintenant, s'il te plaît de connaître *Mendès* et d'y voir le bouc qu'on y adore, regarde sur les bords du lac qui nous fait face au nord, dit mon oncle.

(1) *Modius*, boisseau.

Voici de même *Busiris*, dont tu vois s'élancer vers les cieux les assises magnifiques et le couronnement superbe du *temple d'Isis* et d'*Osiris*. Là aussi, chaque année les Egyptiens célèbrent une grande fête en l'honneur de ces dieux. On y voit accourir (1) une multitude de pèlerins des deux sexes, qui, après s'être frappés et lamentés, mangent les restes d'un bœuf offert dans le temple.

Plus loin, au nord, voici encore *Isidis Oppidum*, la *ville d'Isis*, et c'est un autre *temple d'Isis*, dont tu vois briller les dômes au soleil. La ville est renfermée dans une enceinte quadrangulaire de mille quatre-vingt-six pieds de long, sur sept cent vingt-trois de large, et cinq issues débouchent à l'ouest, autant au sud, et le nord n'en a qu'une. Au centre s'élève le temple, composé de pierres granitiques de couleurs variées. La tête d'Isis se trouve reproduite partout, sur les architraves, aux chapiteaux, le long des frises et sur toutes les faces du monument. La lumière arrive dans l'intérieur par des soupiraux ouverts de distance en distance dans le granit, et les escaliers qui se présentent au visiteur ont plusieurs degrés, taillés dans le même bloc. Les bas-reliefs représentent des offrandes présentées à la déesse, dont la coiffure est formée d'un disque enveloppé des cornes d'un taureau. Les différentes scènes de ces sculptures sont séparées par des rangées d'étoiles ou des hiéroglyphes. Il faut convenir, d'après ces détails, que la science architecturale des Egyptiens est déjà fort avancée, n'est-ce pas?

— Certes! dis-je à mon oncle : mais je remarque néanmoins que cette architecture granitique, si merveilleuse en soi, n'a pas l'élégance et la sublimité de l'architecture babylonienne.

— Nous t'avons prévenu de cette différence, répond le comte. Toutefois examine, compare et juge. Tu es ici pour cela, et c'est par l'examen que tu arriveras à te former le goût et à prendre le sentiment de l'art.

A cette heure, avant de remonter vers la Haute-Egypte, tourne-toi vers le nord-est et jette les yeux sur cette ville qui baigne ses pieds dans un des bras du Nil, au sud du *lac Mendès*, non loin de la mer.

C'est *Tanis*. Je ne te la signale que pour appeler ton attention sur elle, dans un autre moment. Nous aurons l'occasion d'en parler.

(1) Récit d'Hérodote.

Enfin, à l'orient de ce même lac Mendès, lagune de la Méditerranée, sur le rivage même de la mer, et assise à la tête de la plaine nue et stérile qui forme l'isthme de l'Egypte, vois cette autre ville forte placée là comme une sentinelle vigilante.

Péluse est son nom. C'est le boulevard destiné à garantir l'Egypte contre les attaques de ses ennemis. Cette ville importante n'a pas encore de hauts faits à raconter, si ce n'est qu'elle voit passer sous ses murs tantôt l'Egypte triomphante et chargée des dépouilles de l'Asie, tantôt l'Asie vainqueur à son tour et fière des richesses de l'Egypte : mais viendra un jour où elle sera témoin de la première bataille entre les Perses conquérants et envahisseurs, conduits par Cambyse, et les Egyptiens humiliés et envahis. Elle assistera de même, froide et immobile, au meurtre du grand Pompée, dont le sang souillera ses murs, et à la conquête par les Romains du territoire qu'elle est chargée de défendre.

Maintenant, pendant qu'une douce brise du nord nous pousse vers le sud de l'Egypte, je laisse notre archéologue te parler des grandes œuvres architecturales dont, à son tour, Sésostris-Rhamsès, surnommé le Grand depuis ses conquêtes, décore sa belle capitale, la ville aux cent portes.

Je me substitue à Marius, chers lecteurs, et comme j'ai parfaitement retenu ses leçons, maintenant que nous dominons les prodiges de granit de Thèbes, je vais achever de vous peindre les palais que la main du Pharaon rend les merveilles du monde.

Vous vous rappelez l'allée des six cents sphinx qui part du Louksor, sur la rive orientale du Nil, coupe le quartier de Thèbes assis sur la rive droite en deux parties, et aboutit à Karnak. En face de cette allée vous voyez le beau pylône qui ouvre la riche muraille de circonvallation entourant l'éminence sur laquelle Karnak est construit.

Vous vous souvenez qu'après avoir traversé ce pylône on entre dans une vaste enceinte de deux cents mètres et demi de large, sur quatre-vingt-quatorze mètres de profondeur. Des édifices entiers s'y trouvent contenus : au nord et au sud, des galeries avec des colonnes de six pieds de diamètre couronnées de chapiteaux en forme de boutons de lotus, ferment cette cour immense; la colonnade du nord compte dix-huit colonnes. Sur les dés carrés des chapiteaux, repose un entablement composé d'un architrave et d'une corniche. Vers l'extrémité des murs du fond s'ouvrent deux portes. Il n'y a ni sculptures, ni tableaux symboliques, ni hiéroglyphes dans cette partie de l'édifice. La colonnade du sud offre dans son milieu un petit temple qui la divise en deux. Chacune de ces galeries offre un petit escalier qui conduit sur les plates-formes des colonnades.

C'est au milieu de cette cour que se déploie l'avenue des vingt-six colonnes de soixante-neuf pieds de haut, dont vingt-six (1) pierres réunissent en un point concentrique leurs joints verticaux. Elles sont rangées sur deux files, et je vous ai dit qu'elles étaient l'ouvrage de Pharaon Théharaka, que l'Ecriture nomme Thérac. Cette avenue du colonnes se dirige de l'ouest à l'est, dans le sens de l'avenue de sphinx dont elle est la continuation à l'intérieur du palais.

On passe alors sous un second pylône et on se trouve dans une seconde cour que distingue une autre galerie composée de piliers-cariatides de granit rose représentant des hommes et des femmes en marche.

Toute cette première partie de Karnak est l'ouvrage d'Aménof III, qui l'éleva en avant de celle construite par Thouthmosis Ier, et qui a pris la dénomination de Vieux-Palais.

De sorte que, après avoir laissé derrière soi les deux premiers pylônes, les cours, les galeries à colonnades, le temple de droite qui sont l'ouvrage d'Aménof III, et l'avenue de colonnes qui est de Théharaka, nous arrivons au Vieux-Palais, qui est de Thouthmosis Ier.

Alors se présente un troisième et merveilleux pylône de quatre-vingt-onze pieds de haut, qui donne entrée au Vieux-Palais de Karnak.

A peine l'a-t-on dépassé, qu'en avant du Vieux-Palais, on est en face de la merveille qu'y fait construire Sésostris-Rhamsès-le-Grand.

---

(1) Toutes ces colonnes sont tombées, moins une ; c'est l'avant-dernière de la ligne du sud. On peut se faire une idée des autres, par celle qui reste. Elle est formée de vingt-trois assises. Le chapiteau en a cinq et le dé trois. (*Laorty-Hadji.*)
Les décombres amoncelés autour des galeries qui entourent la cour n'arrivent pas jusqu'à cette colonne unique : c'est ce qui l'a préservée de la destruction.

C'est la *salle hypostyle* ou le *temple de Karnak* (1).

Figurez-vous un rectangle de cent cinquante-neuf pieds de large sur trois cent dix-huit de profondeur. Dans ce rectangle grandiose représentez-vous trois nefs immenses, et, pour distinguer ces nefs élevez cent trente-quatre colonnes, dont les plus grosses, celles de la nef du milieu, comptent *onze pieds de diamètre* et *soixante-dix-huit pieds de hauteur,* — c'est-à-dire la portée de la colonne Vendôme de notre Paris. Couronnez ces colonnes gigantesques de monstrueux chapiteaux de *soixante-quatre pieds de développement.* Comprenez-vous bien? Soixante-quatre pieds de surface à des chapiteaux de colonnes ! Enfin, sur les architraves portés par ces cent trente-quatre colonnes asseyez des pierres plates d'une longueur et d'une largeur inouïes, formant plafond... C'est à être fasciné du prodige !

— Si je ne voyais, m'écrié-je avec l'accent de l'enthousiasme, si je ne voyais ce miracle d'architecture, je me refuserais à croire l'existence d'une œuvre cyclopéenne aussi extraordinaire. Des chapiteaux de soixante-quatre pieds de surface !

— Cela est, et vous l'avez sous les yeux... me dit Marius.

— L'essai en a été fait, ajoute le Pirate, la surface de ces chapiteaux permet à *cent hommes,* note bien cela, Théobald, je dis cent hommes, de s'y tenir debout ou assis.

— C'est-à-dire, reprend Even, que d'après les immenses proportions de la salle hypostyle, notre belle métropole de Paris, la cathédrale de Chartres, voire même la splendide basilique de Bourges, tiendraient facilement dans ce temple de Karnak !

— Voilà comme les Egyptiens comprennent l'architecture ! ajoute Arthur Bigron pour terminer la série de nos phrases admiratives.

J'ajoute aussi que ce sanctuaire étonnant de grandeur et d'élégance sans pareilles, est resplendissant de sculptures, d'inscriptions hiéroglyphiques, de hauts et bas-reliefs, de statues, et tout éclatant d'or,

---

(1) On appelle *salle hypostyle* une salle dont le plafond est supporté par des colonnes, comme la voûte d'un temple.

La salle hypostyle de Karnak est d'une telle solidité, qu'aucune de ses colonnes n'a cédé aux efforts du temps.

Dans l'un des murs de cette salle on voit des pierres, employées comme matériaux, qui feraient croire que Karnak, déjà si vieux, aurait été construit avec les débris d'un édifice plus vieux encore.

d'ivoire, de pierreries qui ruissellent et rutilent du plafond sur toutes les murailles de son pourtour.

Telle est l'œuvre sans rivale de Sésostris-Rhamsès-le-Grand. Vous conviendrez, j'espère, qu'il paie bien sa part aux riches décorations de la ville aux cent portes!

A la sortie de cette merveille de granit on pénètre dans une troisième cour, la première qui précède le Vieux-Palais. Aux centres des deux foyers que dessine son ellipse, se dressent deux obélisques de granit rose, hauts de soixante-neuf pieds (1).

Puis s'élève un quatrième pylône, le premier mis en vedette devant le Vieux-Palais, et derrière s'ouvre une quatrième cour, la seconde qui ouvre devant le même palais.

Cette cour est ornée de cariatides, et du milieu s'élance vers le ciel un obélisque unique, de quatre-vingt-onze pieds, le plus haut que l'Egypte ait vu tirer de ses carrières (2).

C'est aussi l'œuvre de Sésostris.

Enfin un cinquième pylône conduit au Vieux-Palais. Il est tout en granit.

Vous vous rappelez qu'il est la création de Thouthmosis Ier, création perfectionnée par Aménof III, augmentée par le même prince, et riche en appartements de toutes grandeurs et de toutes formes.

Le Vieux-Palais, lui aussi, renferme notamment une salle hypostyle qui ne possède pas moins de trois cents colonnes gigantesques. C'est sans contredit la salle des audiences royales, le théâtre des fêtes publiques et religieuses, des cérémonies du couronnement, etc. Pour la vie de chaque jour, les Pharaons se retirent dans les appartements qui l'entourent. Là, tout est mieux approprié aux besoins ordinaires. On y a sacrifié les idées d'ensemble à l'utilité.

Vous possédez sans doute à présent le plan et les beautés du palais de Karnak, n'est-ce pas?

(1) Des deux obélisques de cette troisième cour, un seul est resté debout. Le second est couché sur le sol.

(2) L'obélisque unique de la quatrième cour occupe encore la place que lui donna Sésostris-Rhamsès, au centre de la cour.

Comme effet général, le palais de Karnak en ruines, vu à quelque distance, ne satisfait pas le regard. C'est un amas confus de fragments de murs, d'obélisques renversés, de colonnes brisées, de portiques croulants : en un mot, c'est une forêt de colonnes, de pylônes, de péristyles, de galeries, etc.

Je dois vous dire cependant, avant de le quitter, qu'à la suite du Vieux-Palais, il se montre encore une foule de constructions, colonnes, portiques, obélisques, avenues de sphinx, porte triomphale, qui font face à la chaîne Lybique.

Au moment où nous planons sur cette splendide demeure, le mouvement habituel à la cour d'un grand roi se fait dans le service du Pharaon. Seigneurs, courtisans, officiers, gardes et soldats s'agitent, vont et viennent dans les avenues et sous les portiques de Karnak. Des coursiers richement caparaçonnés sont amenés des écuries, et de l'une des galeries de l'intérieur, dans un flot de femmes, parmi cent hommes de guerre, nous voyons apparaître Sésostris-Rhamsès et la reine.

Un char est là qui attend : mais, chose étrange! nul cheval n'y est encore attaché. Alors, sur un signe du Pharaon, voici que l'on fait sortir d'une salle basse, sous l'escorte d'officiers, des rois : oui, des rois! car ces hommes que nous apercevons, humiliés sous les insignes de la captivité, portent en même temps, par l'ordre de l'orgueilleux monarque, les insignes du pouvoir dont il les a dépouillés, le diadème! Hélas! vaincus, ils subissent la loi du plus fort. J'en compte huit. Me croirez-vous? A l'aide de larges courroies dorées, on attache ces princes au char du Pharaon leur vainqueur. Aussitôt un écuyer, armé d'un aiguillon, force ces rois à marcher, traînant ainsi Sésostris et la reine assise à ses côtés, entourés d'une brillante cavalcade que le char domine comme un trône domine des courtisans. Le cortége royal se rend sur les rivages ombreux du Nil et disparaît bientôt sous les hauts platanes qui bordent le fleuve.

Des monarques réduits à l'état de bêtes de somme, par un Pharaon qui se nomme Rhamsès-le-Grand! J'avoue que ce spectacle allume mon indignation. De l'extase je passe au mépris. Aussi me hâté-je de détourner le regard.

Suivez-moi, je vais vous parler de Louksor.

Louksor, vous vous en souvenez, est l'œuvre d'Aménof III. Mais que de choses lui manquent encore pour en faire un palais comme le rêve Sésostris!

Voyez-vous encore l'entrée grandiose, plongeant sa base dans le

Nil, en face de la grande avenue de sphinx, et ouvrant du côté du septentrion, comme je vous l'ai dit?

Oui? Alors, sachez que Sésostris, comme accompagnement à ce pylône, qui se compose de deux massifs pyramidaux larges de cent pieds chacun et hauts de cinquante-sept, fait placer de chaque côté un obélisque de granit rose de Syène (1).

Le premier compte vingt-trois mètres d'élévation,

Le second vingt-cinq.

A raison de leur inégalité, la base de l'un est plus élevée que celle de l'autre.

En outre, il fait adosser aux massifs pyramidaux du pylône deux statues colossales. Elles sont d'un granit rouge mélangé de noir. Deux mètres couronnent leurs têtes, et leur chevelure paraît très soigneusement arrangée. De riches colliers ondulent sur leur sein, et leur vêtement est d'une étoffe rayée et plissée que serrent, à leur taille une ceinture, et des cordons à leurs genoux (2).

(1) Le plus petit de ces obélisques, celui qui n'a que vingt-cinq mètres, mais le plus intéressant au point de vue de l'histoire, pour la finesse et la beauté des hiéroglyphes, a été donné à Louis-Philippe, roi des Français, par le vice-roi d'Egypte, Méhémet-Ali, en 1822, et décore à présent le centre de la place de la Concorde, à Paris.

Cet obélisque provient des carrières de Syène, et les minéralogistes appellent *syénite* son granit. Ce qui est assez remarquable, c'est qu'actuellement encore les carrières de Syène semblent aussi récentes que si les ouvriers venaient de les quitter. Bien qu'on trouve du syénite dans d'autres contrées, et notamment des veines fort belles dans les Vosges, nulle part on ne peut en extraire des blocs comparables à ceux qu'on rencontre sur les bords du Nil. Dans la carrière de Syène on voit encore aujourd'hui un énorme obélisque, extrait de la veine, taillé, et hiéroglyfié en partie, puis abandonné, aussi frais que s'il était d'hier.

(2) Le R. P. Laorty-Hadji parle ainsi de Louksor, dans son *Voyage en Egypte* :

Les perspectives de Louksor ne sont ni plus arrêtées, ni plus régulières que celles de Karnak, et cependant elles offrent un ensemble admirable.

Un assez grand nombre d'habitations modernes se sont élevées au milieu des ruines de Louksor, mais elles disparaissent devant la majesté imposante des monuments antiques qui les écrasent de leur masse.

C'est maintenant le village de Louksor, habité par les fellahs, qui y ont élevé des huttes, et quelques marabouts à coupoles blanches.

On ne remarque guères qu'un grand bâtiment construit en partie avec des matériaux antiques : c'est la *Maison de France,* où logèrent les officiers de marine de l'expédition de Louksor, et que Méhémet-Ali a donnée au gouvernement français.

C'est dans la partie méridionale du village de Louksor que s'accumulent les ruines.

Des deux statues colossales adossées au pylône d'entrée, au nord, la partie inférieure est enfoncée dans les décombres : leur visage est horriblement mutilé, et à peine le reste de leurs formes est-il reconnaissable.

A l'extrémité de la colonnade qui touche au changement d'axe des deux palais, le

Après avoir passé sous la voûte du pylône qu'il fait couvrir de nouvelles sculptures racontant ses exploits, on entre sous un immense péristyle à double rangée de piliers.

Puis un autre pylône se montre à vous, et derrière apparaît un portique de sept colonnes de quarante-cinq pieds de haut, dont les chapiteaux sont à fleurs de lotus.

Cette première partie est d'Aménof III-Memnon.

Là, le palais change d'axe, et les constructions qui suivent sont de Sésostris-Rhamsès.

Mais le palais de ce Pharaon devient indescriptible. Cours, bâtiments, colonnades, salles immenses, temple magnifique entouré de l'ensemble des édifices... c'est à s'y perdre; c'est à ne s'y plus reconnaître!

Ce temple est le sanctuaire d'Ammon-Ra, le roi des dieux, dédié au soleil par Aménof III.

Derrière Louksor s'élèvent les maisons du quartier sud de Thèbes, et se dessinent les rues nombreuses, immenses, populeuses, de la ville aux cent portes. Car le peuple de Thèbes habite peu sur la rive gauche, à l'occident du Nil, où les demeures sont rares, et avec laquelle on communique difficilement. Ainsi les six cent mille habitants de Thèbes se groupent dans les deux grands quartiers de la rive droite du Nil, celui du nord de l'allée des sphinx, et celui du sud de la même allée.

L'autre rive, la rive gauche, a aussi des habitants, mais en bien plus petit nombre. Elle n'est guère consacrée qu'aux monuments royaux et publics, et à la sépulture des morts, ainsi que nous le verrons quand nous allons parler de ses richesses architecturales.

Avant de traverser le fleuve, je dois dire que, pour ne pas fatiguer dans cette étude de Thèbes ressuscitée, j'ai omis de parler d'une dé-

---

premier d'Aménof III, et le second de Sésostris-Rhamsès, on rencontre de petites chambres de granit dans l'intérieur desquelles sont plusieurs niches circulaires et des peintures chrétiennes. Ces chambres ont servi de chapelles aux solitaires de la Thébaïde, dans les premiers siècles de l'ère chrétienne.

Nulle part autant que dans les monuments de Louksor ne règne la confusion des ruines. Il faut s'isoler par la pensée pour reconstruire ce que l'on voit.

En sortant de ces divers édifices, on arrive sur une butte factice qui formait jadis tout un quartier de Thèbes. Plus on se rapproche de Karnak, plus les ruines se multiplient.

viation de l'allée des six cents sphinx qui conduit vers le sud par une avenue plus large encore, formée de béliers accroupis posés sur des piédestaux, et terminée par un arc de triomphe.

Au débouché de cet arc de triomphe se montrent deux temples, l'un massif et lourd, rendu sombre par sa noire colonnade de grès : l'autre, petit édifice consacré à Isis, et d'une pierre brillante, toute chargée de délicates ciselures.

Or, au milieu de ces forêts d'obélisques, de pylônes, de portes triomphales, de portiques, de colonnes, de galeries; au milieu de ces palais, gravissant les propylées, cheminant sur les avenues, errant sur les places, se montrant aux fenêtres des palais et des maisons, le long des quais, au milieu du fleuve, partout, au-dehors de la ville comme au-dedans, figurez-vous, ainsi que je les vois, la foule, le peuple, hommes de guerre, courtisans, hiérophantes, prêtres, marchands, gens du peuple, cavaliers, chars, dromadaires, chameaux, onagres, voyageurs arrivant par toutes les routes ou partant pour toutes les directions; *haoux* et *menechs,* esquifs de toutes sortes, cinglant du nord au sud, en amont ou en aval; des caravanes d'Asie ou d'Ethiopie poudreuses et harassées; des Arabes galopant vers le désert; des radeaux lourdement chargés de monolithes de granit qui descendent de Syène sur le fleuve; des attelages les prenant aux radeaux pour les conduire aux ateliers : et tout ce monde dans les costumes les plus variés de formes et de couleurs, et vous aurez une faible idée du spectacle que j'ai sous les yeux.

Mais le moment est venu de traverser le Nil et d'aller admirer tour à tour

Les *palais, tombeau* et *bibliothèque d'Aménof I*er*-Osymandias;*

Le *Memnonium* ou *Amenophium* d'*Aménof III-Memnon;*

Le *temple* d'*Isis-Athor;*

Les *Syringes;*

Les *Menephtheum* ou *Rhamsesseum de Sésostris* (1) ;

L'*Hippodrome.*

Les commencements du futur *Meïamoun* (2);

Et les *hypogées* du peuple et des Pharaons.

Je m'y rends; veuillez me suivre.

(1) Les ruines de ce palais portent maintenant le nom de *Kournah.*
(2) *Médinet-Abou,* tel est le nom actuel du Meïamoun.

LES PREMIERS DRAMES DE LA TERRE.

L'Egypte vue de haut. — La vallée des Morts. — Palais, bibliothèque et tombeau d'Aménof Ier ou Osymandias. — Le Memnonium ou Amenophium. — Temple d'Isis-Athor. — Les Syringes. — Le Menephtheum ou Rhamsesseum. — Sésostris. — Origine du Meïamoun. — Les Hypogées de Pharaon et du peuple. — L'Hippodrome. — Etudes des Egyptiens. — Mœurs et coutumes. — Manière d'embaumer les corps. — Le lac Aréchusia. — Jugement des morts. — Momies. — Ce que l'on fait des momies. — Sépultures du Roc Lybique. — La Salle dorée. — Ce que l'on trouve dans les nécropoles. — La plaine des Momies, à Memphis. — La ville des Tombeaux, à Boudah. — Le puits des Oiseaux. — Memphis. — Palais des Pharaons. — Cortège du bœuf Apis. — Fêtes. — Apothéose. — Difficulté de trouver le Dieu. — Le Dromos. — Description du temple du Bœuf. — Vie et délices de Sa Hautesse. — Noyade de l'infortuné quadrupède. — Inscription du tombeau. — La prison de Joseph. — Chambre verte. — Mort de Sésostris ou Rhamsès-le-Grand. — Servage et martyre des Israélites. — La fille du Pharaon. — Le bain sous les palmiers. — Les cris d'un enfant dans les roseaux du Nil. — La corbeille flottante. — Moïse sauvé des eaux. — Education du petit Hébreu. — Comment on tue un Egyptien. — Fuite de Moïse à Madian. — Où il épouse Séphora. — La voix de Dieu. — De pâtre ambassadeur. — Aaron et Moïse à Tanis. — Le Forum de Tanis. — En face de Rhamsés II. — Refus du Pharaon de rendre la liberté aux Juifs. — Les dix plaies d'Egypte. — L'Ange exterminateur. — Départ des Hébreux. — Caravanes. — Regrets du Pharaon. — Poursuite avec armée et chars de guerre. — La route miraculeuse. — Délivrance des Israélites. — Engloutissement des Egyptiens. — Drame de la mer Rouge.

Au voyageur qui n'aurait pas les moyens de locomotion dont j'ai l'avantage de disposer, je ne sais trop comment, et tant pis s'il y a du sortilége dans ma façon de voyager, je dirais :

— Gravissez le Roc Lybique, à l'occident du Nil, entre la belle vallée que l'on nomme Egypte et le désert de sables que l'on appelle Lybie : placez-vous sur la crête la plus élevée de cette longue chaîne de rochers; là, tournez le dos au couchant de l'Afrique et regardez devant vous.

Voyez Thèbes, voyez la vallée! Voyez les magnificences de l'art, voyez les splendeurs de la nature!

Le riche bassin de la ville aux cent portes se développe, dans une étendue à peu près égale, sur les deux rives du Nil. Son enceinte est bornée d'un côté par le Roc Arabique et de l'autre par le Roc Lybique. A partir du fleuve, le terrain monte en suivant une inclinaison qui est sensible à l'œil. De cette façon les monuments sont superposés les uns aux autres et se trouvent placés en amphithéâtre peu élevé. Des champs de cannes, des plantations de palmiers, des massifs d'acacias servent d'encadrement à cette magnifique corbeille, dont les deux rocs sont les anses. Le Nil sillonne majestueusement l'ensemble, tel qu'un serpent azuré qui déroulerait ses anneaux parmi des vagues d'or entourées d'émeraudes colossales.

Dites-moi si votre œil a jamais savouré pareil spectacle?

Votre regard rencontre, à droite, des statues colossales qui vous révèlent le palais, le tombeau et la bibliothèque d'Aménof Ier-Osymandias.

Presque en face vous avez le Memnonium avec sa statue harmonieuse, dont la sœur est plus discrète et garde le silence.

Plus loin, voici Meïamoun avec son palais de deux étages et ses pylônes grandioses.

A côté, un peu plus au nord, vous devinez l'Hippodrome, avec son vaste et beau mur d'enceinte percé de tant de portes.

A gauche, c'est le palais de Kournah, son temple et ses deux statues gigantesques.

Le monument sur lequel votre œil plonge à pic, c'est le Menephtheum ou Rhamsesseum.

Voici le temple d'Isis-Athor, cet édicule si gracieux.

J'imagine que ces richesses artistiques sont suffisantes pour la rive occidentale du Nil.

De l'autre côté du fleuve, sur la rive orientale, au versant du Roc Arabique, cette ville de granit qui rutile au soleil, c'est Karnak déployant ses colonnades et ses portiques; ce sont ses étoiles d'avenues étalant leurs sphinx, leurs béliers, leurs colonnes, leurs pylônes;

Et puis, sur le fleuve même, et se mirant dans ses eaux, c'est Louksor montrant ses obélisques.

Enfin, c'est l'immense cité entourant le tout de ses innombrables maisons et de ses mille palais.

Au milieu de ces merveilles d'architecture, le Nil roule flegmatiquement, et tranche sur l'ensemble de ce panorama unique par la verdure de ses îles et le ton blafard de ses eaux.

Sachez maintenant que si vous avez devant vous sur ces deux rives la grande cité des vivants, ici vous avez sous vos pieds mêmes la grande cité des morts. Au-dessous de vous, dans les entrailles de ce roc sont les hypogées, sépultures de Thèbes, nécropole des grands personnages, cimetière souterrain du peuple.

Et derrière vous, dans ce pli du roc décharné, dans cette aride vallée encaissée par ces hautes roches coupées à pic, sillonnées de larges fentes, crevasses béantes qui semblent être les bouches de la terre, gisent, englouties dans des profondeurs ténébreuses creusées dans le sol, les momies de plusieurs dynasties de Pharaons.

C'est la vallée des Morts.

Mais vous êtes désireux de savoir ce que sont tous ces monuments épars devant nous? Regardez-les et écoutez-moi :

Je vous signale d'abord le plus ancien, celui que vous voyez à votre droite, là, presque au centre du quartier occidental de Thèbes. A son pylône d'entrée, au péristyle en colonnade qui suit le pylône, à la galerie qui conduit à un autre pylône, et de là à la salle hypostyle aux si nombreuses colonnes; enfin, aux statues colossales qui s'élèvent de sa cour principale, et dont la plus élevée mesure soixante-quinze pieds; enfin, à la salle de justice et au tombeau, toutes choses dont nous avons parlé, sans nul doute vous reconnaissez

Le *palais*, le *tombeau* et la *bibliothèque* d'*Aménof I*er*-Osymandias*.

Presque en face, ces galeries circulaires, et les colonnades que relient entre elles des palais de granit; ces dix-huit colosses dont le moindre a vingt pieds de haut, tous monolithes; la façade de l'ensemble qui regarde le Nil, et les deux autres colosses géants de soixante-quinze pieds de haut, qui se dressent entre l'édifice et le fleuve, vous disent que c'est

Le *Memnonium* ou *Aménophium* d'*Aménof III-Memnon*.

Tout près de là, ce petit temple coquet et charmant n'est autre que

Le *temple* d'*Isis-Athor*.

Sur ces rampes de notre chaîne Lybique qui borne Thèbes à nos pieds, voici les fameuses Syringes.

Les *Syringes* sont un dédale de puits, de citernes, un labyrinthe de profondes cavernes avec des galeries souterraines qui s'étendent fort loin.

Près des Syringes commence cette belle avenue, large autant que longue, composée d'une infinité de statues colossales, de sphinx et de colonnes qui aboutit à un palais annoncé par la double rangée d'édifices qui bordent l'avenue.

C'est le *Menephtheum* ou *palais de Kournah*.

Commencé par Ménephta Ier, père de Sésostris-Rhamsès Ier, son fils le fait achever, et le consacre à la mémoire de Ménephta, dont il porte le nom.

Un portique formé d'un rang de huit colonnes lui sert d'entrée. Mais pour ajouter à la majesté de son aspect, le Pharaon a dressé de chaque côté deux grands colosses qui représentent Aménof III.

On lit cette légende sur l'entablement du portique :

<blockquote>
L'Aréorie de la Région Inférieure,
Le Régulateur de l'Egypte,
Celui qui a châtié les contrées étrangères,
L'Epervier d'or, le Soleil de la Vérité,
Rhamsès chéri d'Ammon-Ra,
A exécuté ces travaux et embelli ce palais en l'honneur
De son père Ménephta-Boréï.
</blockquote>

L'Hippodrome vient ensuite.

Vous le reconnaissez à sa forme circulaire. Il est grand sept fois (1) comme notre Champ-de-Mars de Paris. A lui seul il mérite le surnom d'Hécatompyle, dont Homère gratifiera Thèbes, car il est environné dans son immense pourtour des plus beaux monuments, décoré de pylônes et de murailles richement sculptées et percées de nombreuses portes. C'est là que les Egyptiens s'exercent aux courses de chevaux et de chars, leur passion favorite.

Au nord de l'Hippodrome, au pied même de la chaîne Lybique, et dans tout l'espace qui l'entoure, surgissent des édifices dont l'énumération serait trop longue, temples, pylônes, merveilles de tous genres (2).

---

(1) L'abbé Pinart.

(2) Les ruines de Thèbes sont tellement merveilleuses de grandeur et de beauté, que quand l'armée française fut arrivée en face de cette ville, en 1799, et que du haut des collines qui forment son bassin elle put contempler ses imposants décombres, épars

Mais remarquez plus particulièrement cette vaste construction inachevée. Elle est l'œuvre de Thouthmosis Ier, qui mourut sans avoir pu terminer ce palais. Ce sera un jour

Le *Méïamoun*, lorsque Rhamsès-III-Méïamoun-le-Grand y aura mis la dernière main.

Enfin, veuillez suivre des yeux ce chemin qui gravit sous l'ombrage de hauts palmiers, et qui arrive à un enfoncement pratiqué dans le rocher de la chaîne Lybique, sur une grande longueur. Là, vous devez découvrir, non sans étonnement, une série de portes dont l'aspect offre quelque chose de sinistre.

Ce sont les *hypogées* (1).

Les hypogées, comme leur nom l'indique, sont de vastes souterrains dans lesquels Thèbes dépose ses morts. Toutes les classes d'Egyptiens y possèdent leurs tombeaux. Aussi le nombre des galeries sépulcrales que renferment les hypogées est prodigieux : et encore les cadavres que la dessiccation a rendus momies à l'aide d'aromates y sont rangés avec ordre sur plusieurs rangs de hauteur.

J'en suis là de mon examen attentif lorsque, m'adressant à Marius, je lui dis :

à perte de vue, dans une étendue de plusieurs lieues, quoique habituée déjà aux merveilles de l'ancienne Egypte, elle poussa un cri spontané d'admiration, et les soldats, sautant pour manifester leur enthousiasme, chantant et mettant leurs coiffures au bout de leurs baïonnettes, comme leurs généraux et leurs officiers, répétèrent ce cri que l'écho des ruines répéta tristement :
— Thèbes ! Thèbes ! Thèbes !

(1) *Hypogées* vient des deux mots grecs : *upo*, sous, *gès*, la terre.
« Pour arriver aux hypogées de Thèbes, dit le R. P. Laorty-Hadji, il faut gravir des sentiers étroits, pratiqués dans le roc. Quand on approche de leurs ouvertures, il est essentiel de se tenir sur ses gardes, car les Arabes maraudeurs ont établi là leur résidence. Ces cavernes sont leur domaine. Lorsqu'ils n'y détroussent pas les voyageurs, ils les exploitent dans la vente de petites statuettes ou de momies apocryphes. Le nombre des galeries souterraines est immense, et leur intérieur dans un état de dévastation difficile à décrire. Les momies ne sont pas dans leurs caisses, ni à leurs places : elles jonchent le sol, au point que le passage en est obstrué. On marche sur elles, et comme elles cèdent sous le poids du corps, on a souvent le pied embarrassé dans les ossements et dans les langes. Le séjour dans ces caveaux mortuaires est très fatigant. L'air y est chargé d'exhalaisons bitumineuses. On y trouve des masses d'amulettes, de statuettes, de morceaux de bronze, de porphyre, de terre cuite, de bois peint et doré, de petites images de momies, de figurines votives, de lampes, de vases, de boules percées. »

On trouve aussi des lambeaux d'étoffes précieuses de l'Inde, beaucoup de **fragments de cercueils de bois de sandal**, etc., toutes choses qui prouvent les relations nombreuses de l'Egypte avec l'Inde, dont elle avait fait la conquête. **A. D.**

— Puisque nous nous occupons du séjour des momies, veuillez donc m'expliquer comment s'opère l'embaumement des corps en Egypte.

— Depuis bien longtemps, me répond-il, les Egyptiens ont voulu donner aux cadavres de leurs morts le plus de durée possible.

La raison en est simple :

Ils croient que l'âme ne vit pas plus que les corps, ou tout au moins qu'après un temps déterminé elle revient l'animer une seconde fois et le rendre immortel comme elle.

Ils croient que l'âme, dont le corps a complètement péri, revient aussi sur la terre, mais avec un corps nouveau, et par conséquent soumis, ainsi que le fut le premier, à toutes les misères de la vie humaine.

C'est pour cela qu'ils abhorrent la mer, si fertile en naufrages, et qui laisse les corps sans sépulture;

C'est pour cela qu'ils jettent dans le Nil les corps de ceux qui ont été criminels et qui ont mal vécu;

C'est pour cela qu'ils veulent réserver à l'âme le corps purifié par une première vie, dans la persuasion que la seconde sera toute de bonheur pour l'âme et pour le corps.

Aussi l'Egyptien se frappant le front pour en contenir l'idée, s'est mis à courir les campagnes, à gravir les rochers, à étudier les plantes. Avec ces plantes analysées il a inventé des baumes magiques qui disputent les cadavres au néant. Chaque génération qui a vécu s'endort, et chaque génération qui vivra s'endormira du dernier sommeil, mais sans tomber en poussière, car le ver est exclu du tombeau. De sorte que ces corps desséchés, superposés, couchés dessous, couchés dessus, intacts et gardant la forme qu'ils auront eue pendant leur vie, couvriront la surface de l'Egypte et seront plus nombreux que les vivants.

La mort vaincra la vie! Il n'y aura plus de néant.

J'arrive à la façon de rendre les corps impérissables.

Vous vous rappelez d'abord, ajoute-t-il, que les Egyptiens sont divisés en trois castes distinctes : les prêtres, les soldats, les artisans ou le peuple.

Or, sachez que, même devant la mort, subsiste l'inégalité des rangs. Chaque caste a sa sépulture à part.

Les funérailles diffèrent également selon le rang.

Il n'est pas jusqu'à l'embaumement qui ne varie.

Aussitôt qu'une personne a rendu le dernier soupir, les femmes de la famille se barbouillent le visage et la tête de poussière et de boue; et, tandis que la moitié des parents restent auprès du cadavre, elles s'en vont avec l'autre moitié courir les rues de la ville, les cheveux en désordre, et poussant des cris et des hurlements.

Ensuite on procède à l'embaumement suivant le prix que l'on veut ou que l'on peut y mettre.

Les opérateurs commencent par vider le crâne, au moyen de crochets de fer qu'ils introduisent par les narines. Ils remplacent ensuite la cervelle et les matières qu'ils ont enlevées par des drogues qu'ils font entrer par la même voie (1).

Cela fait, un des opérateurs trace sur le flanc du corps les dimensions et la forme que doit avoir une incision que l'on doit faire. Un de ses aides s'empresse alors de pratiquer cette incision avec une pierre d'Ethiopie, tranchante comme un rasoir. Mais cette ouverture n'est pas plus tôt faite, que ceux à qui elle est due se prennent à fuir de toutes leurs forces, et les assistants les poursuivent en leur jetant des pierres, et en les accablant de malédictions et d'injures. Car, on regarde comme méprisable et impie celui qui porte sur les morts des mains sacrilèges : aussi, par ce faux semblant de poursuite (2), les Egyptiens rendent hommage à leurs principes de respect pour les morts.

Alors, par l'ouverture faite au côté du cadavre, les embaumeurs enlèvent les intestins. Puis ils lavent le corps et la plaie avec du vin de palmier et des eaux odorantes. Enfin ils remplissent toutes les cavités avec de la myrrhe en poudre, de la casse et d'autres substances, et salent le corps avec du nitre.

On laisse ensuite le mort pendant soixante-dix jours s'imprégner d'une mixture d'aromates dans laquelle il infuse, et que l'on nomme *natron*.

Mais après ce terme, les opérateurs reviennent, lavent le cadavre, l'emmaillottent avec des bandelettes de toile qu'ils passent une

---

(1) Hérodote.
(2) Diodore de Sicile.

infinité de fois autour du corps, en commençant par la tête et descendant par-dessus les bras, qu'on tient allongés sur les côtés, et successivement sur les cuisses et les jambes jusqu'aux pieds, de sorte qu'une momie prend l'apparence d'un bloc sans bras ni jambes. Puis on l'enveloppe dans un linceul de soie, et on la couche dans le cercueil, en arrosant toute cette dépouille d'une dissolution de gomme (1).

Les embaumeurs procèdent avec tant de soin et d'adresse, que tous les membres restent entiers, et que, sous la finesse de la toile de lin appliquée sur la tête, le visage conserve cheveux, barbe et jusqu'aux cils des paupières. La ressemblance du mort reste parfaite.

Enfin la famille rentre en possession du mort. Elle le place dans une sorte de longue boîte peinte, vernie, qui a la forme et la figure d'un corps humain. La partie inférieure de ces boîtes possède un piédestal, afin qu'on puisse les faire tenir debout. Avec les momies on enferme dans la boîte des rouleaux de toile, ou du papyrus contenant l'histoire de la famille écrite en caractères hiéroglyphiques, des idoles à tête d'épervier ou de chien, de terre cuite, de pierre, de bois ou de métal. A certaines momies on dépose des feuilles d'or sur le nez, sur les yeux, sur le front, et quelquefois même sur tout le corps. Parfois aussi on leur passe des anneaux ou des bracelets précieux aux doigts et aux bras (2).

Tel est l'embaumement des premières castes.

Les cadavres de la dernière classe ne reçoivent aucune incision. On les enveloppe tout simplement de substances balsamiques, ou même, plus simplement encore, on les trempe dans le bitume, qui, les cou-

---

(1) Les Arabes enlèvent jusqu'à la substance qui a servi jadis aux embaumements, qu'ils appellent *moumia*, et qu'ils vendent. Cette substance, noire comme le bitume, fond à la chaleur, bouillonne sur le feu, et répand une fumée semblable à celle de la poix blanche. Les anciens Egyptiens tiraient la moumia du lac Serbonis et du lac Natron. Ils en avaient aussi une espèce qui jaillissait liquide des montagnes, mêlée avec de l'eau, et se coagulait à l'air comme la poix minérale. (*De Marlès*.)

(2) Ce sont les découvertes de ces bijoux que les Arabes font de temps en temps, qui les entretiennent dans leurs convoitises, et les poussent à mutiler et à violer toutes les sépultures. Quand ils ne trouvent ni or ni bijoux, ils enlèvent la toile qui forme les enveloppes des momies. On a vu des momies dont l'enveloppe se compose de *mille tours* d'une toile très fine.

Dans toutes les parties de l'Egypte où il y a des nécropoles, des hypogées, mais surtout dans la *plaine des Momies*, au nord de Memphis, et cimetière de cette ville, on trouve des Arabes qui vous offrent de vous indiquer des *puits vierges*, c'est-à-dire des puits qui n'ont jamais été ouverts. C'est une tromperie.

vrant d'une couche conservatrice, rend ces momies parfaitement inaltérables.

Enfin, vient l'heure de la sépulture.

Non loin de Memphis, et sur la rive gauche du Nil, il est un lac que l'on nomme *Achérutice*. Le lac entoure une île verdoyante au centre de laquelle se tiennent constamment assis sur leur tribunal des juges vêtus de noir. Pour obtenir les honneurs de la sépulture, chaque famille doit amener ses morts à ce lac, au rivage duquel se tient toujours un nocher prêt à passer dans la nacelle le funèbre cortége. Les parents présentent le cadavre aux juges : ils lui déclarent son nom; mais ils ne peuvent déposer la momie sur le rivage, tant que la sentence n'est pas portée. On prend l'heure pour le jugement, et au moment fixé, tout citoyen peut se présenter et porter une accusation contre le défunt.

Est-elle prouvée? les juges condamnent le mort à être privé de sépulture, et aussitôt la momie est précipitée dans le Nil, dont les eaux la portent à la mer.

Est-elle calomnieuse? peines sévères contre ses auteurs.

Garde-t-on le silence? la momie est portée triomphalement devant les juges, et désormais tous les honneurs peuvent lui être rendus. On la conduit donc dans l'hypogée de la ville qu'habite la famille, et elle y prend sa place pour toujours.

Alors les parents quittent le deuil : on fait le panégyrique du mort; on vante son éducation, son amour pour les dieux, sa tempérance, sa justice et toutes ses vertus. Et le peuple de curieux, qui fait foule en pareil cas, bat des mains et se joint à la prière des adieux.

Certaines familles n'ont-elles pas de tombeaux? on place leurs momies debout, contre une muraille, dans la maison même qu'habitait le mort, et la cérémonie s'arrête là.

Quelquefois, lorsqu'un corps a été privé de sépulture par la sentence des juges, avant de le jeter dans le Nil on obtient un sursis. En pareil cas, il n'est pas rare que les parents du mort, si la fortune le leur permet, trouvent moyen de laver le mort de ses fautes à l'aide d'argent, et obtiennent sa réhabilitation.

Un fait à signaler et qui est tout à l'éloge de l'Egyptien, c'est que le respect pour les parents morts est tel que l'on prête de l'argent sur la momie d'un père ou d'une mère, et on est sûr de ne jamais le perdre. Mais si, par hasard, l'emprunteur ne retire pas le gage du prêt, alors il devient un infâme que l'on abhorre et dont tout le monde s'éloigne.

— Remarque bien encore, ajoute mon oncle, comme pour clore la série d'enseignements que l'on me donne, remarque bien que les Pharaons mettent le Nil entre leur vie présente et leur vie future. Sur la rive droite, le théâtre de leur gloire; sur la rive gauche, là, derrière les hypogées de Thèbes, dans une vallée de rochers (1), le lieu de leur dernier repas.

Le rocher de la chaîne Lybique a été creusé dans cette vallée funéraire, où la nature livre tout à la mort, et seize tombeaux sont destinés à recevoir les dépouilles mortelles des Pharaons. Les dynasties thébaines y ont seules été admises jusqu'à ce moment.

Lorsqu'on pénètre dans les galeries qui les renferment, et après que l'on a parcouru de longs corridors chargés de sculptures peintes des plus vives couleurs, on arrive à des salles fort élevées, soutenues par de riches piliers, et décorées d'hiéroglyphes. Ces salles, disposées en cercle, enferment à leur centre la plus vaste de toutes.

On la nomme la *Salle dorée*.

Au milieu repose la momie du dernier Pharaon mort; et elle y reste jusqu'à ce que le Pharaon régnant meure à son tour, et prenne sa place. Elle est renfermée dans un immense sarcophage de granit. Dans les caveaux qui entourent cette salle dorée, peinte et ornée de décorations à filets d'or, dorment les momies de beaucoup d'autres Pharaons.

La plus belle, après la Salle dorée, est celle qui doit renfermer la dépouille mortelle de Sésostris-Rhamsès. Son plafond est creusé en berceau, et brille de l'éclat des peintures les plus vives. Les lambris sont tellement couverts de sujets sculptés et peints, ainsi que de caractères hiéroglyphiques explicatifs, que le regard se fatigue à les contempler.

Dans quelques-unes de ces peintures, les Pharaons sont symbolisés par une image du soleil, à tête de bélier, parcourant l'hémisphère supérieur qui est la vie, puis la région inférieure, qui est la mort.

(1) On nomme aujourd'hui cette vallée *Biban-el-Molouk*.

Celui qui ouvrirait les tombes de ces hypogées royales ou même les cercueils de certains Egyptiens savants, riches ou courtisans, trouverait assurément des trésors bien précieux en manuscrits égyptiens, sur papyrus, écrits dans tous les genres de caractères. Les familles des Pharaons ou des grands les déposent entre les cuisses ou les bras de leurs morts. Ils placent chaque volume, roulé sur lui-même de gauche à droite, et enduit de gomme et d'une peinture extérieure. Sec et cassant, on ne pourrait dérouler ce papyrus qu'après l'avoir humecté. Mais en outre de ces livres, que d'objets précieux confiés à l'obscurité du sépulcre, et offerts en hommage aux squelettes des rois, urnes, monnaies, colliers, statuettes, armures, lampes funéraires, diadèmes, etc., ne trouverait-on pas dans ces mystérieux écrins du trépas (1).

Du reste, l'Egypte entière, avec sa fantaisie de disputer l'homme à la mort, deviendra un jour une vaste nécropole. Toutes les villes d'Egypte ont leurs hypogées; et, pendant que dans notre Europe nos dépouilles mortelles redeviennent terre et se confondent avec le sol, ici la population morte reste occupant sa place, s'entassant, s'amoncelant, se superposant, et attendant dans l'affluence toujours nouvelle de survenants innombrables le moment où la surface de la contrée ne suffira plus à les porter.

Ainsi Memphis a sa *plaine des Momies* (2).

L'île de Boudah possède sa *ville des Tombeaux*.

---

(1) Les produits de l'industrie égyptienne, répandus sur tous les marchés de la Grèce et de l'Asie, se retrouvaient jusque dans les tombeaux du peuple. Les objets trouvés dans les hypogées, dans les coffres à momies, les scènes figurées dans les peintures et les sculptures, démontrent l'activité industrielle des villes de l'Egypte. On y excellait surtout dans la fabrication du verre, de la porcelaine, des vases, des meubles, des étoffes de coton, lin, chanvre, du papier, etc.; dans les travaux à l'aiguille, notamment dans la broderie.

Nous qui écrivons cet ouvrage, nous avons vu, à Florence, dans un musée particulier fort curieux, un char, oui, un char, fort bien conservé, et qui avait été trouvé dans un des souterrains royaux de la vieille Egypte.

(2) La *plaine des Momies*, voisine de Memphis, sur une surface d'environ trois lieues de diamètre, n'offre qu'une couche immense de sable de six pieds d'épaisseur, recouvrant un fond de roche. C'était dans cette plaine que les habitants de Memphis creusaient leurs tombeaux, dont l'entrée ne consistait qu'en une ouverture ronde, d'une coudée de diamètre : par cette entrée difficile on descendait dans un caveau divisé en divers compartiments. Chacun de ces compartiments renfermait un certain nombre de niches destinées à recevoir les cercueils des momies.

Le *puits des Oiseaux* (1).

— Assez, cher oncle, assez parlé de cadavres! assez de ces hypogées! assez de momies! En vérité, lorsque le regard se fixe sur tous ces corps inanimés, privés de vie et pourtant debout comme s'ils allaient marcher, on se demande, en remontant par la pensée plus haut que la matière :

— Où sont les âmes qui ont habité ces demeures d'argile?

Et rien n'est plus poignant que la réponse perçue par votre oreille, hélas!

Ainsi parlé-je, moi, Théobald, dont les nerfs s'irritent à cette odeur nauséabonde de bitume et de cendres humaines. Heureusement Even comprend mon malaise, et pour répondre à mes désirs, la voici qui donne le mouvement à notre locomotion, qui se fait lentement, majestueusement, comme pour nous faire savourer la jouissance, le plaisir artistique de voir Thèbes, ses monuments, son riche encadrement, ses collines s'éloigner à l'horizon, nager voluptueusement dans les tons limpides et purs d'un éther teint de toutes les nuances de l'opale. Nous voguons à une grande hauteur; mais ce ne sont pas les merveilles de l'empyrée que cherchent nos yeux : ce sont les splendeurs de cette belle terre d'Afrique, la vallée diaprée d'émeraudes et de topazes, le grenier plein de fruits, la corbeille fleurie, l'avenue décorée d'obélisques et de pyramides, le jardin bordé de sphinx, de pylônes et de temples qui a nom l'Egypte.

Les aspects changent. A une ville succède une autre ville, aux collines les plaines, au fleuve droit les bras recourbés du Nil, à la solitude l'agitation, à Thèbes Memphis.

Oui, voici Memphis, la superbe Memphis, et dans Memphis le spectacle que je vais dire.

(1) Le *puits des Oiseaux,* situé non loin de Memphis aussi, n'est autre chose qu'une petite pièce circulaire dans laquelle on s'introduit par une ouverture qui n'a pas vingt pouces de diamètre. Cette pièce est percée de portes qui servent d'entrée à autant d'allées qui courent en tout sens, se coupent, se croisent, s'entrelacent, et offrent mille occasions de s'égarer si on s'engage dans ce dédale sans le secours d'un cordon. C'est dans ces allées qu'on dépose les momies de tous les oiseaux, tant ceux qu'on nourrissait dans les temples que ceux qui appartenaient aux particuliers. Ces momies sont renfermées dans des pots de terre surmontés d'un couvercle.

Les Arabes en ont déjà tiré des milliers pour les vendre : mais il en reste encore.

Ces Arabes vous suivent partout pour vous vendre des momies, etc. Gardez-vous de donner dans le piège, lorsqu'ils disent qu'ils vont vous montrer une sépulture **non** exploitée encore : ils y sont descendus mille fois. (*De Marlès.*)

D'abord laissez-moi répéter une fois encore que rien n'est magique comme cette Egypte que j'ai sous les yeux.

L'été, pendant lequel les eaux couvrent la vallée, n'est plus, et l'hiver est venu. Or l'hiver, en Egypte, est une saison délicieuse. Verdure efflorescente, fleurs de bocages, chants d'oiseaux, doux murmures du grand fleuve, mouvement dans les campagnes, délices dans les villes, du désert même vagues rumeurs lointaines; tout plaît, tout charme, tout enchante.

Chaudement étalée au soleil, Memphis nous apparaît dans une gloire telle qu'un jour elle l'emportera sur Thèbes, sa rivale, et à son tour deviendra la capitale de l'Egypte. Quel aspect merveilleux. Non, en vérité, jamais la physionomie féerique de cette ville ne sera autant splendide dans l'imagination des hommes qu'elle l'est en réalité devant nous.

Pour en jeter les fondements, vous vous rappelez que Ménéï, le premier Pharaon, détourna les eaux du Nil par des digues, et fit couler le fleuve plus à l'orient. Une partie de la ville occupe ainsi l'ancien lit du Nil, et Memphis remplit tout l'espace compris entre ses nouveaux bords et la chaîne Lybique.

Uchoréus l'agrandit, la décora de monuments magnifiques, et en est regardé comme le second fondateur.

On l'a environnée de nombreux canaux pour faciliter l'écoulement du trop-plein des eaux. Ses quais de briques, reliés par le granit, sont bordés de somptueux édifices, et son enceinte renferme des monuments d'une grandeur et d'une richesse inouïes.

Le *palais des Pharaons*, à lui seul, s'étend dans toute la longueur de la ville, à l'orient du fleuve, et la partage en deux (1).

(1) Aujourd'hui Memphis n'existe plus. Elle a été successivement *Alexandrie* et *Fossat*. Maintenant elle s'appelle *le Caire*.
Mais comment se fait-il qu'on n'y trouve plus le moindre vestige de ses monuments, à l'exception du *Sérapéum* que M. Mariette, un Français, vient de retrouver dans des fouilles très heureuses, au sein des sables du désert?
Cela tient à plusieurs causes : 1° Cambyse, roi de Perse, dans son invasion en Egypte, a horriblement ravagé, dévasté et volé Memphis; 2° chacun des monuments de cette ville a été exploité comme une carrière pour fournir les matériaux des nouvelles cités, Alexandrie, Fossat et le Caire; 3° enfin, la plupart des constructions de Memphis, autres que les statues et les monolithes, étaient en *pierres calcaires* tirées des carrières voisines, et non de granit rose, etc., pris à Syène, comme les monuments de Thèbes. Or, les modernes habitants de l'Egypte actuelle ont depuis longtemps la manie économique de détruire tous les édifices en *pierres calcaires*, pour les broyer et en faire de la chaux pour leurs maisons nouvelles.
Au contraire, tous les monuments en grès et en granit sont encore debout.

Ses temples, ses édifices, les maisons de ses habitants sont si vastes, si grandioses, que Memphis, me dit-on, ne compte pas moins de dix lieues de tour et de huit cent mille citoyens.

Elle possède spécialement le *Sérapéum*, le sanctuaire d'Osiris-Sérapis, le roi de l'Amenti, dont nous parlions tout-à-l'heure.

Elle possède aussi le *temple de Knef*, *Phtah* et *Fré*, ou Osiris-Feu, Osiris-Flamme, Osiris-Chaleur (1), et bientôt, m'apprend-on aussi, nous verrons Sésostris-Rhamsès faire placer dans l'enceinte de ce temple sa statue et celle de la reine son épouse, chacune d'un seul bloc de pierre de treize mètres et demi de haut, et les statues de ses fils, hautes de neuf mètres.

Enfin Memphis possède le *palais d'Apis*, cet heureux bœuf auquel on prodigue les joies et les honneurs de la vie, parce qu'il porte en ses flancs sacrés l'âme d'Osiris!

Donc, au moment où Memphis m'apparaît, la grande cité se met en liesse, c'est la fête d'Apis.

Figurez-vous le plus étrange cortége de cavaliers vêtus d'étoffes aux couleurs les plus vives; de soldats de pied laissant flotter au vent les banderoles de leurs piques et leurs manteaux écarlates; de prêtres en robes de fine laine blanche, à longues barbes, aux cheveux couronnés de branches de verdure; d'hiérophantes en chlamydes rouges, aux ceintures et aux diadèmes d'or.

Figurez-vous aussi le plus gracieux défilé de jeunes Egyptiennes, toutes vêtues de tuniques recouvrant à moitié leurs longues robes traînantes, bleu sur jaune, du tissu le plus doux au toucher, serrées à leur taille par des ceintures aux figurines hiératiques, et bordées de dessins hiéroglyphiques aux nuances les plus délicates. Les énormes nattes de leurs cheveux noirs comme l'aile du corbeau, semées de perles d'Ophir, tombent de leurs épaules brunies par le soleil jusqu'au bas de leurs mantilles qui flottent au vent. Elles sont coiffées d'un casquet de pourpre et d'or qui, muni d'une sorte de bavolet par derrière, se retire par devant en une petite proue gracieuse qui se termine en un bec de cygne d'or se recourbant sur leur front poli comme le marbre. On dirait qu'un oiseau d'or et de pourpre les cou-

---

(1) C'est de *Knef*, *Phtah* et *Fré*, que les Grecs feront leur *Vulcain*, dieu du feu.

vre de son riche plumage (1). A leurs bras nus elles ont des bracelets enchâssant d'éblouissantes pierreries, et leurs pieds sont chaussés de cothurnes verts que ferme une double rangée de rubis d'Asichon. Une branche de palmier se balance dans leur main et les préserve des morsures du soleil.

Figurez-vous encore des flots de sagittaires aux armures étincelantes, de piquiers casqués de fer poli, cuirassés d'airain; de mille cohortes et phalanges aux carquois et aux flèches d'acier, marchant d'un pas harmonié, comme un seul homme, et précédés de musiciens faisant entendre de joyeuses fanfares de leurs longs tubes de cuivre recourbés ou arrondis en spirales.

Figurez-vous surtout une foule de seigneurs venus de toutes les nomes de l'Egypte; de gouverneurs de toutes les villes, depuis Eléphantine jusqu'à Péluse; de gens de cour empressés de briller autour de leur souverain; de hérauts cavalcadant sur des chevaux pleins de feu; d'écuyers et de pages montés sur des dromadaires; de femmes dans les costumes les plus splendides, assises sur d'énormes éléphants houssés de pourpre; et au centre de cette pompe radieuse, cheminant avec un flegme imperturbable et une majesté suprême, un bœuf, un bœuf noir, complètement noir, mais ayant sur le côté droit une marque blanche, une tache en forme de croissant de lune, le bœuf Apis en un mot, le dieu de l'Egypte.

Figurez-vous enfin un char de triomphe, véritable édifice rutilant de tout ce qui peut étinceler le plus, traîné par vingt chevaux attelés sur cinq rangs, alternativement noirs et blancs, et portant sur un vaste trône d'or le grand et radieux Sésostris-Rhamsès, le Pharaon d'Egypte, le roi des rois, et la reine, la belle reine compagne de sa vie, de sa gloire, de ses triomphes et de ses honneurs. L'un et l'autre sont venus de Thèbes à Memphis pour la grande fête d'Apis.

(1) Les Egyptiens excellaient dans l'art de la bijouterie.
M. Mariette, dans des fouilles accomplies à Myt-Rahynet, a trouvé une foule d'objets, bijoux et autres, qui formaient l'ameublement des maisons de l'antique Egypte. Ainsi, un jour, il se trouva soudain en face de tout un atelier de fondeur en métaux. C'était la demeure d'un orfèvre travaillant l'or et l'argent pour en faire des bijoux. On trouva dans cet atelier beaucoup d'argent en lingots, et vingt-trois pièces grecques destinées par lui à la fonte. Elles sont fort curieuses, car elles ont été frappées dans les îles colonies de la Grèce, longtemps avant l'époque d'Alexandre-le-Grand.

Une seconde armée termine cette marche triomphale, et cette merveilleuse procession perce difficilement la multitude qui ondule ainsi que les vagues d'un océan; tout un peuple accouru des frontières de l'Egypte, ce peuple pittoresque dans sa riche parure orientale, groupé, massé tout à l'entour des sphinx des avenues, monté sur les bases des obélisques, échelonné sur les degrés des temples, et, dans le désordre de ses poses, ressemblant à des grappes de mirmidons, tant l'homme paraît petit près des prodigieux colosses des places publiques.

— Que veulent dire ces splendeurs? demandé-je enfin.

— Il est difficile de trouver un merle blanc, n'est-ce pas? me répond le bon Pirate; eh bien! il est presque aussi difficile de trouver un bœuf noir avec un croissant blanc au flanc droit. Tout autre bœuf ne renfermerait pas l'âme d'Osiris. Or, l'Apis précédent étant trépassé, depuis quelque temps l'Egypte était en quête de celui-ci. On vient de le trouver depuis peu. D'abord on lui a fait passer quarante jours dans la solitude, servi seulement par des femmes. Puis, après cette préparation à ses hautes destinées, on l'a installé sur le vaisseau décoré avec magnificence que tu vois aux amarres du quai, et on l'a amené à Memphis. A présent on va le présenter dans le temple d'Osiris-Feu, puis dans le sien propre, le *Sérapéum* Osiris-Sérapis, roi de l'Amenti, et en dernier lieu on le conduira dans le palais qui lui est réservé. De ce moment nulle femme ne pourra plus paraître devant sa majesté (1).

(1) M. Mariette était attaché au Musée égyptien du Louvre, lorsqu'une irrésistible passion l'entraîna vers l'étude de l'archéologie égyptienne. Il obtint la mission d'aller en Egypte recueillir, pour la France, ce qui aurait échappé... aux investigations de toutes sortes.

Dire les difficultés sans nombre qu'il eut à vaincre serait trop long.

Un matin qu'il parcourait la plaine bordant le Nil, dans le voisinage de Memphis, il vit un objet quelconque qui perçait à travers les sables du désert. Bien vite il le fit extraire par quelques *fellahs,* ou paysans du pays. C'était un sphinx entier, accroupi sur sa base, et notre archéologue de juger... que ce sphinx se trouvait sur la direction d'une avenue conduisant à un temple.

Ses lectures de Strabon lui rappelèrent aussitôt que ce géographe très savant parle du *Sérapéum de Memphis,* comme placé à l'entrée du désert et constamment menacé par les sables. Dès-lors M. Mariette ne doute pas qu'il ne soit sur la voie, et qu'il va découvrir le sanctuaire illustre dans lequel le *bœuf Apis* recevait, après sa mort, le culte que, pendant sa vie, les Egyptiens lui adressaient dans le temple de Phtah ou Vulcain.

C'était là, en réalité, que devaient se trouver ces sépultures d'Apis, dans lesquelles

En effet, je vois le somptueux cortége de fête suivre une longue avenue, ouverte au centre de la plaine orientale du Nil, qui n'est

on enfermait tant de trésors scientifiques. Qui pouvait dire que ce tombeau général ne serait pas retrouvé?... C'était peut-être un rêve!...

Non : ce rêve devint une réalité! Les fouilles, commencées le 1ᵉʳ novembre 1850, mirent à jour peu à peu des sphinx formant, en effet, une avenue, et enterrés sous une couche de sable de vingt mètres. Néanmoins, le 25 décembre, notre intrépide fouilleur était parvenu au bout de l'avenue, qui cependant mesurait mille neuf cent quatre-vingts mètres, et il avait rendu à la lumière cent quarante-et-un sphinx, et la base d'un plus grand nombre d'autres.

Les fouilles continuèrent. Quel ne fut pas l'étonnement de M. Mariette de voir apparaître alors la statue de Pindare, portant son nom écrit en grec ; puis, tout un hémicycle formé d'autres statues, grecques toujours : Lycurgue, Solon, Euripide, Pythagore, Platon, Eschyle, Homère, Aristote, reconnaissables la plupart à leurs noms ou aux attributs qui les accompagnaient?...

Enfin, entre l'hémicycle et les deux sphinx ultièmes de l'allée, se montra tout-à-coup un dromos transversal dont la branche gauche conduisait à un temple construit en l'honneur d'Apis, par Amyrthée, et dont la branche droite faisait face au... Sérapéum!

Ce dromos de droite, long de cent mètres, était bordé de chaque côté par un mur bas, etc., choses décrites par Marius, dans l'ouvrage que voici. Mais ce que Marius ne peut dire à son auditeur Théobald, c'est... ce que M. Mariette rencontre dans les entrailles et les souterrains du Sérapéum.

Or, se présente à lui, tout d'abord, à l'intérieur du temple, une magnifique statue du bœuf Apis, très probablement la même que Strabon a vue et décrite. Elle est aujourd'hui au Louvre, et personne ne se refusera à reconnaître que c'est un des spécimens de l'art antique, le plus précieux que possède notre Musée égyptien.

Se présentent ensuite des lions en granit, également déposés au Louvre, identiques entre eux, et absolument semblables aux lions en basalte qui se voient au Vatican, et qui ont été tirés également du Sérapéum, dont ils ornaient le pylône faisant face au pylône des lions du Louvre.

En outre, le 21 mai 1851, découverte, dans une sorte de niche, de quatre cent vingt-huit figures en bronze, de grandeurs variées, représentant surtout Osiris, Isis, Apis, Phtah, etc.

Vient ensuite l'exhumation du souterrain sépulcral des bœufs Apis...

Ce fut dans la nuit du 12 novembre qu'elle eut lieu.

Les ouvriers vinrent réveiller M. Mariette en sursaut.

— Nous sommes en face d'une très belle porte!... lui dirent-ils.

M. Mariette ne fit qu'un bond de son lit au Sérapéum. La porte en question était celle d'un immense souterrain. Une bougie introduite dans ce gouffre noir s'éteignit soudain. Malgré l'impatience fiévreuse du savant, il fallut attendre l'introduction de l'air respirable. Au lever de l'aurore, M. Mariette entra. C'était une véritable cité souterraine dans laquelle il se trouvait.

Mais il fallut dissimuler bien vite cette porte. Un véritable orage politique éclatait sur l'investigateur...

Dire les tracasseries, longues et cruelles, dont M. Mariette devint le point de mire, quand on avait connu sa découverte des quatre cent vingt-huit bronzes, serait impossible. Ce bronze se transformait en or, aux yeux des Égyptiens modernes, et cinq cent vingt-quatre objets, fort riches et très curieux, destinés au Louvre, coururent les plus grands dangers. La prudence et l'adresse de M. Mariette triomphèrent néanmoins de toutes les difficultés.

Bref, après huit mois d'interruption, les fouilles furent reprises, et M. **Mariette** pénétra dans le mystérieux souterrain des Apis, dont **la découverte était un secret, secret** heureusement fidèlement gardé.

autre qu'une nécropole, à en juger par les cent édifices qui la couvrent et me révèlent qu'elle est destinée à recueillir les morts de Memphis. Cette avenue incomparable se compose de deux cents sphinx, véritables colosses, à l'état de repos. A l'extrémité de l'avenue se dessine un *dromos*, sorte de place circulaire, où Marius m'apprend

D'ailleurs, pendant l'interruption des travaux, M. Mariette, chaque nuit, s'était introduit dans le souterrain...

D'abord tombeaux des Apis morts sous la dix-huitième dynastie et sous les premiers Pharaons de la dix-neuvième. Chacun de ces Apis avait une chambre isolée et taillée dans le roc vif. Heureux bœufs !

Toutefois ces chambres avaient été violées dans l'antiquité... Une seule avait échappé aux profanateurs. M. Mariette y entra, le 19 mars 1852. Deux monuments en bois, peints en noir, en forme de sarcophages, s'élevaient à droite et à gauche de la porte. Sur le sol, debout, quatre immenses vases d'albâtre, en forme de canopes. De petites niches pratiquées dans le mur du fond contenaient des statues en pierre, et tout le sol était jonché de statuettes funéraires en faïence émaillée.

Sous le sarcophage en bois de droite, autre sarcophage; puis au-dessous, un troisième ; enfin un cercueil en forme de momie, ayant la face dorée, et portant sur la poitrine ces mots : *Ceci est Osiris-Apis, qui réside dans l'Amenti, à toujours.* M. Mariette enlève le cercueil, et reconnaît que ce n'est qu'un couvercle appliqué sur le roc, et cachant une cavité destinée à recevoir la momie d'un bœuf. Mais pas de momie, et, à sa place, un amas de bitume dans lequel sont noyés des ossements d'homme et de bœuf, des bijoux, des statuettes et de petits vases. Enfin, pas plus d'apparence d'une tête humaine ou bovine. Evidemment c'était là un simple cénotaphe commémoratif d'Apis. Mais quel était le consécrateur de ce cénotaphe et de la chambre entière ? C'était un prince de sang royal, vice-roi de Memphis ; c'était Scha-en-Djom, fils du grand Sésostris lui-même. Cela fut confirmé par l'exploration du sarcophage de gauche. Celui-ci présenta les mêmes détails que le premier. Seulement un bijou unique y était sur la masse de bitume, ainsi que le cartouche de Rhamsès-le-Grand, père de Scha-en-Djom. De tous ces bijoux, le plus beau est un large épervier en or, à tête de bélier, avec des ailes déployées et formées d'émaux cloisonnés simulant des plumes.

Les quatre canopes ne contenaient que du bitume mélangé de parcelles d'or, sans traces de viscères d'homme ou de bœuf.

M. Mariette continua ses recherches dans le vaste cimetière des Apis, divisé en un nombre considérable de rues et de galeries. Il reconnut qu'il avait été inauguré en l'an 52 du règne de Psammèticus Ier, et qu'il avait servi de sépulture aux Apis jusque sous le dernier des Ptolémées. Il y trouva douze cents stèles, dont quatre cents principales sont au Louvre. Il y rencontra enfin un bœuf momifié, et précisément celui que Cambyse, roi des Perses, ayant conquis l'Egypte, tua de sa main dans un moment de fureur. Les ossements de cet Apis sont aussi à Paris. En dernier lieu, il découvrit une momie humaine qui avait la face couverte d'un masque formé d'une feuille d'or, et portant au cou deux admirables chaînes de même métal, travail exquis et dans lesquelles étaient enfilées des amulettes en quartz rouge, en feldspath et en serpentine. Sur la poitrine était placé un charmant épervier d'or aux ailes déployées. Autour de la momie, le sol était jonché de statuettes funéraires.

Mais quel avait été cet homme, et comment se trouvait-il là, déposé dans le tombeau des dieux et entouré de tant de luxe ?...

M. Mariette déblaya aussi le grand sphinx qui regarde le Nil et garde les grandes Pyramides. Nous en avons parlé en son lieu... (*D'après un long article de M. de Saulcy.*)

qu'un jour les Grecs, devenus alors zélateurs et adeptes du culte de Sérapis, dresseront sur des piédestaux, comme hommage de leur vénération, les statues de leurs plus grands hommes : Lycurgue, Solon, Pythagore, Euripide, Platon, Eschyle, Homère, Pindare et Aristote.

Là, une branche du dromos, celle de gauche, conduit au palais du bœuf Apis, construit par le Pharaon Amyrthée, ainsi que l'annonce le cartouche de ce prince placé aux pieds de deux sphinx de plus grande taille que les autres et qui gardent la porte du sanctuaire.

Une autre branche du dromos, celle de droite, parée de larges dalles, conduit au pylône principal de l'enceinte sacrée du Sérapéum, qui se dresse enfin à sa suite. Cette autre avenue, longue de cent mètres, est coupée dans son milieu par un édicule égyptien qui renferme une belle statue du bœuf Apis (1). Elle est bordée dans toute sa longueur par un mur peu élevé, en forme de piédestal, que, d'après Marius encore, les Grecs surmonteront plus tard, comme *ex-voto*, de groupes de marbre représentant des enfants à cheval sur une panthère, sur un lion, sur un cerbère, lesquels n'ont guère que deux mètres de hauteur. D'autres groupes, moins volumineux encore, offrent l'image d'un phénix, d'un autre oiseau à chevelure de femme dont les ailes sont déployées; d'un sphinx femelle assise, et de quatre lions d'un style étrange qui ont la crinière hérissée.

Tout autour du monument, des pierres à libation forment une couronne qui l'enceint, et plusieurs de ces pierres sont gravées en caractères phéniciens (2).

— Sous les fondations de ces pierres à libation, me dit mon savant archéologue, se trouve le trésor d'innombrables statuettes de bronze représentant surtout Osiris et Isis, Apis et Osiris-Phtah, sous formes d'éperviers et de scarabées. Car il faut que vous sachiez que c'est un usage des Egyptiens (3) de jeter ainsi les statuettes de leurs dieux

---

(1) et (2) La statue d'Apis et une pierre à libation sont maintenant au Louvre, envoyées par M. Mariette.

(3) M. de Saulcy, *Fouilles du Sérapéum*, par M. Mariette, en 1852. — M. de Saulcy ajoute que, avec beaucoup d'autres curiosités, M. Mariette a trouvé dans les caveaux du Sérapéum un travail d'orfèvrerie qui ferait gloire à nos plus habiles artistes. C'est un large épervier en or, à tête de bélier, avec les ailes déployées et formées d'émaux cloisonnés simulant des plumes.

dans les fondations des temples, afin de sanctifier les murailles de leurs constructions saintes.

Enfin, continue Marius, le Sérapéum doit nous occuper, maintenant que ses avenues nous sont connues.

Vous le voyez, Théobald, c'est un édifice grave, un monument sévère, peu élevé, entouré de colonnes, de piliers-cariatides et renfermant dans son enceinte l'autel d'Apis. La porte est ouverte ; regardez : En face de cet autel est suspendu à la voûte un magnifique vaisseau en bois de cèdre, intérieurement doublé en argent, et en or extérieurement. Il est placé là comme *ex-voto*, et consacré à Osiris-Sérapis par Sésostris-Rhamsès, qui l'a fait construire en mémoire des victoires de sa flotte dans ses expéditions d'Asie.

Le cortége entre dans le sanctuaire ; les sacrifices vont commencer. Laissons les Egyptiens à leurs cérémonies religieuses.

Pour vous, apprenez que comme plus tard la roche Tarpéienne, à Rome, sera bien voisine du Capitole, c'est-à-dire la honte près de la gloire, le supplice près du triomphe, l'abîme et le précipice au-dessous de l'élévation, de même sous le Sérapéum, trône du bœuf, il est d'immenses cryptes, hypogées magnifiques, sépultures du même bœuf.

Car, si Apis reçoit des Egyptiens des honneurs divins, il en reçoit aussi une mort cruelle. Tout n'est pas rose pour ce bonhomme de bœuf. Il a bien un palais superbe en face du Sérapéum : sa demeure, aussi vaste que notre château des Tuileries, est tout aussi richement ornée : délicieuses galeries, cours, promenoirs, pelouses aux herbages aromatiques ; et puis, çà et là, magnifiques salles soutenues par des colonnes aux plafonds peints des plus riches couleurs ; et dans un tel Eldorado, râteliers d'or, vasques d'argent, housses brodées de perles à clochettes retentissantes, diadèmes à rendre un jour Cléopâtre jalouse : mais...

— Comment ? Mais ! Y a-t-il un mais pour le bœuf Apis ? demandé-je, étonné.

— Un terrible ! me répond Marius, et tout dieu qu'il est, à côté de son Capitole, Apis a sa roche Tarpéienne. Vient pour lui un mauvais quart d'heure. Cela veut dire, Théobald, que le bœuf Apis ne doit vivre qu'un certain nombre d'années, et, comme il a l'honneur de représenter Osiris, et qu'Osiris a eu la mauvaise chance d'être noyé, puis repêché, puis coupé par morceaux, après vingt-cinq ans de bonheur, le pauvre Apis est noyé, solennellement noyé, puis repêché, puis coupé par morceaux, et envoyé dans chaque nome. Mais aussitôt qu'il est mort, les prêtres du dieu se rasent la tête en signe de deuil, et l'Egypte se livre à la désolation.

Il faut ajouter que le bœuf, avant de mourir, a la précaution de transfuser l'âme d'Osiris dans un autre bœuf, qui sera son successeur, mais qu'il s'agit de trouver, et que l'on cherche de toutes parts. Cependant, on emplit le squelette du mort de pains de pure farine, de raisins secs, de miel, de figues, d'encens et d'aromates. Ensuite on l'arrose d'huile et on fait brûler le tout, après quoi l'on transporte les cendres qui restent dans les hypogées du Sérapéum, et on les place avec ordre dans des sarcophages de bois peint en noir, en rangeant tout autour des vases d'albâtre, de ceux que nos antiquaires appellent *canopes*. De petites niches pratiquées dans le mur du fond contiennent des statuettes de pierre, et tout le sol de la crypte est jonché de figurines funéraires en faïence émaillée. Souvent le sarcophage recouvre un cercueil en forme de momie, ayant la face dorée, avec cette inscription en hiéroglyphes :

« CECI EST OSIRIS-APIS, QUI RÉSIDE DANS L'AMENTI, A TOUJOURS! »

Quelquefois ce n'est qu'un cénotaphe commémoratif, sans nulle relique bovine. Parfois aussi on place, avec les débris de l'animal, des hommes vivants destinés à périr de la sorte, enduits dans le bitume, pêle-mêle avec des statuettes et des bijoux. Enfin ce sont des *stèles* ou inscriptions de toutes les époques.

Ajoutez à cela que dans certaines chambres de ces hypogées, ce ne sont pas des bœufs dont on ensevelit les cendres, mais des momies d'hommes, probablement les hiérophantes ou prêtres supérieurs du dieu. La face de ces momies est couverte d'un masque formé d'une feuille d'or, et elles ont au cou d'admirables chaînes d'un art exquis, et composées d'amulettes en quartz rouge, en feldspath et en serpentine : quant à leurs légendes, elles sont toujours au nom d'Osiris-Apis.

— Dites donc à mon cousin, cher archéologue, fait Even en souriant, qu'à l'entrée de cette allée de deux cents sphinx qui conduit au Sérapéum, il est un lieu sacré dont les Egyptiens n'ont aucun soin, et que les sables du désert ont presque enfoncé déjà sous leurs masses mouvantes. C'est la *prison de Joseph*, cette prison dans laquelle il expliqua les songes de l'échanson et du panetier du Pharaon, ce qui fit son triomphe.

— En vérité? mais alors, c'est un souvenir précieux qui mérite, en effet, notre attention et notre respect... dis-je à Even.

— Oui, ce sont là les souvenirs bibliques que le ciel perpétuera dans la contrée, tant que le monde sera monde. En ceci, les peuples se montreront reconnaissants plus que les rois mêmes...

Je ne vais pas faire la description de toutes les autres splendeurs architecturales de Memphis, ami lecteur : je craindrais de tomber dans la monotonie, d'autant plus que bien d'autres villes doivent nous passer sous les yeux.

Toutefois, je dois vous signaler un édicule fait d'une seule pierre, ce monolithe appelé la *Chambre verte*, à raison de la couleur de porphyre du granit. A l'extérieur, des statues également monolithes, dignes des Titans, et, à l'intérieur, des figures d'astres, de sphères, d'hommes et d'animaux, font de ce sanctuaire une merveille sans égale. Cet édicule décore la rive gauche.

Sur cette même rive se trouve un *temple d'Osiris-Phtah*, le dieu du feu, et sa richesse principale, en outre de ses immenses portiques, est la statue monolithe du dieu, haute de soixante-quinze pieds.

A présent, disons adieu, au moins pour quelque temps, à Memphis, à ses beautés, au Sérapéum et aux monuments qu'elle renferme...

Le vent souffle, et nous sommes emportés dans l'espace. L'horizon change, car nous voguons dans les plaines de l'air, vers le Nil supérieur. Voici Thèbes encore, Thèbes qui remplace Memphis dans notre étude, Thèbes dont on ne se lasse jamais de contempler les magnificences.

— Nous avons à vous faire connaître la fin du règne de Sésostris-Rhamsès-le-Grand, me dit Arthur Bigron. Malheureusement le dénoûment de cette illustre vie d'un héros ne répond pas au début. Ou plutôt, nous devons dire que, pour nous mieux faire comprendre la vanité des grands hommes de la terre, le ciel a voulu nous ouvrir les yeux par l'exemple de Sésostris.

Ce prince, que nous voyions naguère conduire si fièrement son char attelé de nobles rois vaincus, ce prince qui, avec six mille soldats, avait soumis le monde, des sources du Nil aux rives du Gange et du Tanaïs; ce Pharaon qui partout où il porta ses pas, afin d'immortaliser le souvenir de ses grandes victoires, avait fait ériger des stèles (1) chargées d'inscriptions hiéroglyphiques; ce Pharaon qui écrivait partout en son honneur :

« A SÉSOSTRIS, ROI DES ROIS ET SEIGNEUR DES SEIGNEURS, ETC. »

Ce législateur fameux qui avait divisé l'Egypte en trente-six nomes, fondé des villes, préparé la communication de la mer Rouge avec la mer Méditerranée, exécuté de si grandes choses en un mot, vaincu lui-même par le bras de Dieu qui s'appesantit sur lui, devient aveugle et perd la lumière du soleil en même temps que le bonheur de contempler les richesses qu'il avait entassées sur le sol de son royaume.

Aussi voyez-le, mélancolique et sombre, errer tristement sous les pylônes, les galeries et les mille détours de son immense palais. Ne dirait-on pas qu'il nourrit quelque sinistre projet? Oh! qu'il lui semble dur et cruel, à lui le grand Pharaon, après avoir régné pendant quarante-quatre ans pour la gloire et la renommée, de se trouver, comme le dernier sujet de ses vastes Etats, réduit à emprunter le bras d'un serviteur pour se conduire. Hélas! à pareil sort la mort lui paraît préférable.

Voyez, à cette heure où baissent les ombres du soir, il s'est enfoncé, plus découragé que jamais, dans des solitudes écartées, et voici que l'on vient de trouver le Pharaon, tombé sans vie, à l'état de cadavre, glacé déjà. Comment a-t-il péri? nul ne saurait dire si c'est par l'effet du hasard ou de sa volonté. On ne prononce qu'un seul mot :

— Sésostris est mort!

---

(1) Stèle, *stêlê*, pierre en vue, colonne commémorative. Hérodote dit avoir vu de ces *stèles* en Palestine, en Ionie, etc. On retrouve des stèles de Sésostris en Lybie.

Mais ce mot, comme un poignard, plonge le deuil dans tous les cœurs. Certes! le monarque de l'Egypte était autant aimé qu'admiré. Voyez : c'est un malheur domestique que pleure chaque famille en pleurant ce malheur public! Comme tous ces groupes de gens effarés offrent bien l'attitude non suspecte d'une affliction bien sentie! Aussi les temples se ferment, les sacrifices cessent. Nulle fête ne sera célébrée pendant soixante-dix jours. Hommes et femmes déchirent leurs vêtements et couvrent leurs têtes de poussière. Réunis en troupes de deux ou trois cents, ils parcourent les rues de la ville, et, dans les carrefours ils célèbrent par des chants funèbres les vertus du Pharaon enlevé à leur amour. Nulle part dans toute la ville, comme dans l'Egypte, on ne mange plus, on ne boit plus, on s'interdit l'usage des bains et des parfums.

Cependant les préparatifs des funérailles se font, et quand le jour fixé par la loi est venu, on conduit en grande pompe le cercueil de Sésostris-Rhamsès dans le vestibule du tombeau qui lui est destiné. Mais il n'a pas le droit d'y entrer encore. Il faut auparavant que le jugement sur ses actions et sur sa vie ait été porté par le tribunal chargé de prononcer sur le sort des trépassés.

Il est près de Memphis un bras du Nil nommé *Achéron*. Sur ses rives la nature a creusé un lac que le fleuve alimente de ses eaux et qui a nom Achérusia (1). C'est sur ce bras du Nil que les Egyptiens

---

(1) Dans la géographie ancienne, cinq fleuves différents portaient le nom d'*Achéron*. Ils étaient tous destinés, imaginairement, à l'usage suivi, mais réellement, par les Egyptiens. Ces Achérons n'étaient que la contrefaçon de l'Achéron d'Egypte, le plus ancien de tous.

Le plus fameux, après celui de Memphis, était l'*Achéron d'Epire*, qui, traversant le *lac Achéruse*, coulait au milieu des rochers du *mont Cassiopée* et allait se jeter dans la *mer Ionienne*.

Une grotte de Cerbère, nommée *Achérusis*, était près du *fleuve Achéron*, à *Héraclée*, en *Bithynie*.

Il existait aussi un gouffre dans la *Campanie*, entre *Cumes* et le *cap Misène*, que les anciens nommaient *Achérusia*, et dont parle Virgile :

. . . . . *Quandò hìc inferni janua regis*
Dicitur et tenebrosa palus Acheronte refuso...
(*Enéï*, liv. VI, v. 107 et 108.)

Hinc via Tartarei quæ fert Acherontis ad undas
Turbidus hic cano, etc., etc. (V. 295.)

Cet Achéron de Virgile est maintenant une saline très importante.

C'est Orphée qui rapporta de son voyage en Egypte le récit de cet usage des morts chez les Egyptiens, et engendra chez les Grecs la fiction de l'Achéron, et la croyance

transportent leurs morts pour les enterrer dans une île du lac, ou sur l'autre rive, ou dans leurs tombeaux de ville ou de famille, si le jugement a été favorable au défunt, ou pour précipiter leurs dépouilles dans le fleuve, lorsque le juge des morts les a condamnés.

Comme le dernier pâtre de son vaste empire, c'est au lac Achérusia qu'est amenée la royale dépouille de celui qui fut Rhamsès-le-Grand! Là, Caron, batelier des morts, le transporte par-delà les ondes redoutées et désirées. Le tribunal est composé de quarante juges. Devant cet aréopage du trépas, Sésostris est trouvé juste et son titre de grand lui est confirmé. Aussi quelle explosion de triomphe et d'allégresse éclate et tonne dans l'air, sortant de toutes les poitrines de cette incommensurable multitude qui a fait cortége au Pharaon.

Alors, enfin il est introduit dans son tombeau. Puisse la gloire lui être légère, puisse son cadavre reposer en paix pendant de longs siècles, sous son dais de granit et de marbre!

— Un mot, un seul mot, le dernier. Il a pour but de vous entretenir de l'ami de l'homme, de son brave compagnon dans ses plaisirs, comme il est son défenseur, son sauveur même dans ses dangers, au milieu des batailles, du Cheval donc, mais du cheval chez les Egyptiens, du cheval qui figure pour la première fois dans les grandes conquêtes de Sésostris, par exemple... dit avec emphase le comte de Froley.

au jugement des morts. Des Grecs, la fiction et la croyance passèrent aux Romains, et à d'autres peuples de second ordre. Tout d'abord, chez ces peuples, c'était quelque temps avant d'expirer qu'on vous appelait au tribunal de la Mort : interrogatoire absurde, car quelles paroles, quelle défense devait-on obtenir d'un moribond ? Toutefois on s'aperçut que les puissants et les riches séduisaient les juges, et que l'Elysée s'emplissait de fortunés coupables, et le Tartare de pauvres vertueux. Une requête à ce sujet fut présentée à Jupiter, nom collectif de plusieurs princes de cette époque, et Jupiter statua que le jugement dernier n'aurait lieu dorénavant qu'après la séparation de l'âme d'avec le corps. Le sage Minos, roi de Crète, le sévère Rhadamante, son frère, et le modeste et équitable Eaque, roi d'Epire, furent établis juges des ombres. Leur terrible tribunal fut dressé dans le champ de Vérité, aux confins du Tartare et des Champs-Elysées. Minos, son président, tenait l'urne fatale, selon *Homère*, et quelquefois le sceptre, selon *Virgile*. Eaque était chargé de juger les Européens, et Rhadamante les Africains et les Asiatiques. Selon *Properce*, debout à côté d'eux les Euménides exécutaient les condamnations. C'étaient elles qui plongeaient les coupables dans le Tartare : quant aux justes, ils passaient dans les Champs-Elysées, où les attendaient de nouveaux gazons, de nouveaux soleils, et de nouvelles étoiles selon *Pindare*. Les ombres de ceux qui n'avaient point eu de sépulture étaient condamnées à errer cent années sur les tristes grèves du Styx, imitation égyptienne, et purgatoire grec.

Mais tout cela était imaginaire chez ces peuples. *(Denne-Baron.)*

Un savant, M. Lenormant, a établi, d'après l'inspection des anciens monuments, que le cheval n'a pu être introduit dans la vallée du Nil que par l'invasion des Hyksos ou Arabes pasteurs. Il prouve que son usage s'y généralisa dès-lors, avec autant de rapidité qu'il se répandit en Amérique après l'arrivée des Espagnols.

Au temps du ministère de Joseph, c'est-à-dire sous un des derniers règnes de la dynastie des Pasteurs, la Genèse nous présente le cheval comme un animal figurant avec avantage dans les grandes luttes des humains contre les humains.

Plus tard, le prince des poètes, Virgilius Maro, chante sa merveilleuse rapidité.

Naguère, ce généreux quadrupède vivait par bandes innombrables, à l'état sauvage, comme cela se voit encore dans le sud du Nouveau-Monde; mais déjà l'homme commençait à en apprécier les services.

On élevait depuis peu le cheval dans l'Egypte. On trouve, en effet, dans les grandes représentations historiques des exploits des conquérants de la dix-huitième et dix-neuvième dynastie, et dans les représentations civiles des tombeaux de Thèbes, de nombreuses figures de chevaux.

En ces temps-là, les chars de guerre furent traînés tout d'abord par deux chevaux. Ce sont ces chars de Pharaon que le livre de l'Exode montre engloutis dans la mer Rouge, et l'un de ces chars, découvert dans une sépulture thébaine (et que l'auteur de cet ouvrage a vu, étudié, examiné à loisir), existe en original dans un musée privé de Florence.

Les Pharaons d'Egypte n'avaient pas, à côté de ces chars, de cavalerie proprement dite. L'équitation était alors un art peu pratiqué. M. Wilkinson a figuré une curieuse hache de la collection Salt, dont le fer découpé à jour montre un Egyptien monté sur un cheval, mais c'est le seul témoignage que l'on puisse invoquer jusqu'ici en faveur de l'équitation chez les Egyptiens. Pour l'Egyptien, le cheval était avant tout un animal de trait.

Dès la dix-huitième dynastie, on attachait beaucoup de prix à la pureté de la race chevaline et à sa généalogie. On retrouve dans les bas-reliefs jusqu'aux noms des chevaux qui traînaient le char du

Pharaon. C'est ainsi que l'on sait que l'attelage favori de Rhamsès II, Sésostris, s'appelait *Puissance en Thébaïde*, et l'autre *Repos dans la Région supérieure*. Ces chevaux avaient tiré Sésostris d'un très mauvais pas, au moment où il allait tomber dans une embuscade des khétas. *Puissance en Thébaïde* fut aussi célèbre chez les Egyptiens que *Bucéphale* d'Alexandre, chez les Grecs.

Tous les peuples de la Syrie, de la dix-huitième à la vingtième dynastie, combattirent les Egyptiens avec des chars attelés de deux chevaux.

Les Chananéens de la Palestine, *Khali*, les Héthéens des bords de l'Oronte, sont figurés combattant sur des chars attelés de chevaux. Ces peuples pratiquaient plus l'équitation que les Egyptiens.

Les Assyriens, les Arméniens faisaient également usage des chars.

On peut donc avancer, d'après les monuments égyptiens, que le cheval était universellement employé dans toute l'Asie antérieure, à l'époque des grandes conquêtes pharaoniques.

En Afrique, au contraire, le cheval n'avait alors pénétré que dans l'Ethiopie de Napata, la Haute-Nubie de nos jours, avec tous les éléments de la civilisation de l'Egypte, et jusqu'à la langue.

Les nègres du Haut-Nil, que les monuments représentent si souvent combattant pour voler des esclaves, ne possédaient que l'âne et le bœuf. Les Libyens de race blanche, établis sur la côte septentrionale de l'Afrique, et que soumirent successivement Rhamsès II, Mérenphtah et Rhamsès III, ne combattirent qu'à pied. Dans la suite, ils empruntèrent le cheval à l'Egypte, car Hérodote montre plus tard leurs descendants, les Lybiens du lac Triton, se présentant au combat sur des chars à quatre chevaux.

Les Egyptiens, même à l'époque de leurs conquêtes les plus étendues, eurent peu de rapports avec les peuples de l'Europe. Toutefois, les Takkaro, sans doute les Thraces et les Philistins, — Salasta, — venus de la Crète, tentèrent une invasion par mer sur les côtes de la Palestine. Les épisodes de cette guerre sont retracés dans les sculptures du temple de Médinet-Abou, à Thèbes. Les envahisseurs furent vaincus. On les trouve représentés avec leurs chars légers, et combattant à la façon des héros d'Homère.

Tels sont les principaux renseignements que l'on peut réunir en étudiant les monuments des dix-huitième, dix-neuvième et vingtième dynasties.

Il est de même certain que, ensuite, l'élève du cheval fixa tout spécialement l'attention des Egyptiens. Les chevaux d'Egypte devinrent célèbres en Asie, et jusque dans la Perse et la Médie, où l'on élevait cependant déjà d'excellents chevaux.

Au temps de Salomon, c'est-à-dire au temps où la vingt-et-unième dynastie régnait à Tanis, et les grands-prêtres d'Ammon à Thèbes, le roi d'Israël tirait de l'Egypte tous les chevaux de sa cavalerie et de sa maison. Il en faisait même commerce, et revendait des chevaux aux rois des Aruméens et des Héthéens.

Les haras étaient alors, en Egypte, une chose royale.

Notre consul en Egypte, M. Mariette, a trouvé, au Gebel-Barkal, une très curieuse stèle, où il est dit comment, vers l'an 745 avant J.-C., un roi éthiopien, nommé Piankhi-Méziamen, conquit momentanément l'Egypte, alors divisée en une multitude de petites principautés rivales. Il ressort clairement du récit que le point qui préoccupait le plus les princes vaincus, c'était la perte de leur haras. C'était ce qu'ils pouvaient offrir de plus précieux au vainqueur. Et, en effet, le roi égyptien, en parcourant la contrée, pénétrait avant tout dans les haras, et se mettait fort en colère lorsque les haras étaient mal soignés.

— Par ma vie, criait-il, par l'amour du dieu Ra, qui renouvelle le souffle à mes narines, il n'y a pas de plus grande faute à mes yeux que de laisser affamer mes chevaux !...

Quatre-vingts ans plus tard, quand un roi d'Assyrie, du nom d'Assourbanipol, prit et pilla Thèbes, en 665, il mentionna sur un document cunéiforme, que possède maintenant le Musée britannique, parmi son butin, « de grands chevaux. » Cette qualification de — grands chevaux — se joint aux preuves laissées par les sculptures des temples pour montrer qu'il s'était formé en Egypte une race particulière, plus haute et plus forte que celle de l'Arabie et de la Syrie. On la retrouve encore intacte dans le Dongolah, et seulement à partir d'Assouan.

M. Richard Owen prétendait, d'autre part, qu'il n'existait, sur les monuments égyptiens de la période qui s'étend jusqu'à la quatrième dynastie, c'est-à-dire 4000 ans avant l'ère chrétienne, aucune figure d'âne ou de cheval.

Là-dessus, M. Lenormand, désireux de conserver à l'âne son antique origine, proclame que ce dernier apparaît sur les monuments égyptiens, aussi haut que ceux-ci peuvent remonter.

L'image de l'âne est très fréquente dans les tombeaux de l'ancien empire, à Gizeh, à Sakkarah, à Aboukir. Le bas-relief du tombeau de Ti, — cinquième dynastie, — représente une troupe d'ânes, dont le moulage, apporté par M. Mariette, figurait à l'Exposition universelle de 1867.

Dans la quatrième dynastie, l'âne était un animal aussi multiplié en Egypte qu'il l'est encore aujourd'hui.

Dans les inscriptions du tombeau de Schafra Ankh, à Gizeh, publiées par M. Lepsius, il est question d'un troupeau de sept cent soixante ânes élevés sur les propriétés du défunt, haut fonctionnaire de la cour du fondateur de la seconde pyramide de Gizeh, — quatrième dynastie.

Dans les légendes d'autres tombeaux encore inédits, découverts par M. Mariette, certains propriétaires se vantent d'avoir possédé des milliers d'ânes.

Enfin les peintures du célèbre tombeau de Noumhettipe, à Béni-Hassan-Etkadim, en Arabie-Pétrée, représentent l'arrivée d'une famille d'Aamon, c'est-à-dire de nomades pasteurs de la race sémitique, qui viennent s'établir en Egypte avec leurs troupeaux, sous un des premiers règnes de la douzième dynastie, — environ 3000 ans avant notre ère. — Or, leurs bêtes de somme consistent en ânes, qui portent les bagages et les enfants.

Du reste, lorsque la Genèse énumère les richesses des premiers patriarches, elle parle de leurs chameaux, de leurs chamelles, de leurs onagres ou ânes. Elle n'oublie donc pas les ânes, vous le voyez. En outre, elle énumère leurs troupeaux de moutons.

Mais jamais, alors, elle ne parle de leurs chevaux.

A l'époque décrite par l'Exode, le cheval se montre, et se montrera désormais comme une conquête assurée de l'homme.

Maintenant reprenons notre série de faits se rattachant à l'histoire de l'Egypte, et voyons à l'œuvre Phéron ou Rhamsès II, fils et successeur de Rhamsès-le-Grand.

Nous sommes en 1538 avant J.-C., et comme Rhamsès II est né en 1577, et qu'il est à la fleur de l'âge, on peut tout attendre de sa vigueur et de son énergie. Hélas! le jeune prince dément toutes les belles espérances que l'on avait conçues du fils d'un si grand homme. Phéron ne montre rien ni du génie ni de la grandeur d'âme de son père. Il agit au contraire dans un sens tout opposé. Rendu stupide par son orgueil, il pousse le délire à ce point que, dans ses crues annuelles, le Nil débordant une fois au-delà des limites ordinaires, et causant d'assez grands ravages, il lance un javelot contre le fleuve pour le châtier. Ensuite, oublieux des immenses services que Joseph, l'Israélite Joseph, le fils de Jacob, le petit-fils d'Abraham, rendit autrefois à ses prédécesseurs, voici qu'il porte un décret contre les Hébreux, dont la nombreuse famille couvre non-seulement la terre de Gessen qu'on leur a donnée, mais aussi se mélange sur tous les points aux indigènes. Ce décret les déclare esclaves, les condamne aux travaux les plus pénibles, les frappe de mille sujétions vexatoires, et en un mot les livre à l'abaissement le plus abject.

Portez votre vue sur la Basse-Egypte et voyez :

Sous Sésostris, les captifs des nations vaincues étaient seuls employés aux fortifications des villes, à la construction des temples et des monuments nouveaux. A cette heure, ce sont les malheureux Israélites, qui, comme un vil ramassis de manœuvres déguenillés, bâtissent à la sueur de leur front, et le corps brûlé par le soleil, *Phitom*, plus tard appelée *Héroopolis*, dans la terre même de Gessen, sur la ligne qu'un jour occupera le canal de la mer Rouge au Nil, et du Nil à la Méditerranée. Sous le fouet de ce despote farouche et cruel, les fils d'Abraham ont à peine le repos des nuits; et, après d'horribles fatigues, à peine aussi leur donne-t-on pour nourriture de grossiers ognons et quelques raves malsaines. Et cependant ils n'ont pas encore oublié le vrai Dieu. Mais si le vrai Dieu les éprouve, d'autre part il punit Phéron, car il le rend aveugle et abreuve sa vieillesse d'amertumes.

— Avant sa mort, quel événement se passe donc là, sur les bords du Nil, dans la ville de Tanis? dis-je à mon tour. Voici toute la plèbe qui sort de la cité, en criant, en courant, en manifestant un fol empressement. Des gardes la repoussent... Ah! je devine! Voici que s'avancent, seules, de belles jeunes filles aux longs vêtements de fin tissu blanc qui flottent au vent du soir. L'une d'elles surtout, plus belle que la plus belle, une couronne de perles et d'or sur la tête, de riches bracelets à ses bras nus, portant une tunique bleue nouée au milieu du corps, et par-dessus une tunique blanche plus légère encore et plus courte, se dirige vers le fleuve, suivie de ses compagnes. Si nous étions dans une ville capitale, à Thèbes ou à Memphis, je dirais que cette ravissante fille d'Egypte est la fille du Pharaon. Bien! les voici qui s'arrêtent sous un massif de palmiers, et s'abritent sous les larges éventails de feuilles de lotus que produisent les rives du Nil. Maintenant aucun regard indiscret ne peut arriver jusqu'à elles, à moins que j'en excepte celui d'une jeune fille des Israélites qui se cache en tapinois derrière un énorme aloès et qui les observe.

Soudain l'une d'elles pousse un cri. Ses yeux jettent des éclairs de joie : sur sa belle figure s'épanouissent l'étonnement et une curiosité puérile... C'est, des jeunes Egyptiennes, celle dont la tête porte un diadème.

— Un enfant, un tout petit enfant dans une charmante corbeille de joncs! s'écrie-t-elle en appelant ses compagnes avec l'enthousiasme du cœur et la jubilation dans la voix.

— Vous comprenez l'histoire de cette scène touchante, jeune homme, me répond Arthur Bigron en me prenant le bras. La belle jeune fille à tunique bleue, c'est la princesse, fille de Phéron, le Pharaon d'Egypte. Venue à Tanis, avec son père, pendant que le monarque s'occupe dans la ville des affaires de son gouvernement, l'Egyptienne, avec ses suivantes, visite les bords du Nil, afin de se baigner dans ses eaux.

Or, comme le Pharaon a publié depuis peu cet ordre :

« Jetez dans le fleuve tous les enfants mâles qui naîtront des » Israélites, afin que ce peuple ne se multiplie pas et que cette race » périsse... toutefois réservez les filles... »

Il est advenu que dans la tribu de Lévi, un homme du nom d'Amram, ayant épousé Jochabed, une femme de la même tribu, cette femme enfanta un fils. Alors, voyant qu'il était beau, elle le cacha pendant trois mois : mais ne pouvant le dissimuler davantage, elle a pris une corbeille de joncs, elle l'a enduite de bitume, et l'a exposée parmi les roseaux du Nil, avec une secrète intention. Car en même temps elle fait tenir la sœur de cet enfant pour voir ce qui arrivera, ce qu'elle espère... Elle n'espère pas en vain. Dieu envoie la fille du Pharaon lui-même, laquelle, à la vue de l'enfant, tendrement émue, s'écrie :

— C'est un pauvre petit enfant des Hébreux !

Jusqu'alors abritée sous son aloès, la sœur de l'enfant apparaît.

— Vous plaît-il, dit-elle, que je vous aille chercher une femme des Hébreux qui puisse nourrir cet enfant ?

La proposition est acceptée. L'Israélite va chercher sa mère.

— Prenez cet enfant, dit la princesse, nourrissez-le-moi, et je vous récompenserai de vos bons soins...

Comme Dieu dispose toutes choses selon ses vues !

On est en 1492. Phéron meurt. Son fils Aménof lui succède. Mais en même temps qu'il monte sur le trône, voyez-vous arriver à la cour de Thèbes le jeune Hébreu, qui veut saluer la princesse, sœur d'Aménof, sa mère d'adoption.

— Vous serez mon fils, lui dit-elle, et vous vous nommerez *Moïse*, c'est-à-dire *je vous ai sauvé des eaux*, et vous demeurerez ici.

Cependant Aménof, plus barbare encore que Phéron, son père, donne l'ordre aux gouverneurs de ses provinces d'imposer aux Hébreux des travaux insupportables, afin de les faire mourir, pour en délivrer l'Egypte.

Or, Moïse devenu grand quitte Thèbes un jour, et obtient de la princesse qu'il ira voir ses frères les Israélites. Il se rend donc dans le Delta, et il devient témoin de l'affliction dans laquelle ils se trouvent et de la géhenne qu'on leur impose. Il se trouve près de l'un des Hébreux, brûlé par le soleil, et soulevant avec effort un fardeau trop lourd pour sa vaillance, car, hélas ! cet Hébreu compte bien des jours et ses cheveux sont blancs. Un Egyptien, qui passe, rit des efforts du vieillard, et le brutalisant dans sa bonne volonté, le frappe et l'injurie.

Moïse regarde tout autour de lui, et ne voyant personne, il se précipite sur l'Egyptien, le tue, et cache son cadavre dans le sable.

Le lendemain, à l'aube, lorsque les Hébreux reprennent le collier de servitude, Moïse voit aussi deux Hébreux qui se querellent, et il dit à celui qui outrage l'autre :

— Pourquoi frappez-vous votre frère?

— Voulez-vous donc me tuer comme, hier, vous avez tué l'Egyptien? lui répond l'Israélite.

— Comment cela s'est-il découvert? se demande Moïse.

Et, apprenant que le Pharaon, prévenu, veut le faire mourir, le protégé de la princesse égyptienne a peur, et le voici qui fuit, traverse la terre de Gessen, passe le soir sous les murs de Péluse, franchit l'isthme qui sépare la Méditerranée de la mer Rouge, et arrivant au sud de la terre de Chanaan, dans l'Asie, s'arrête à *Madian*, dans la ville qu'a fondée Madian, un des fils d'Abraham et de Céthura, au pays des Madianites, ses descendants, et non loin du *mont Horeb*.

Or, il atteint Madian, vers le soir, à l'heure où rentrent dans leurs étables les troupeaux des Madianites, que vous pouvez voir revenir de leurs pâturages. En même temps que Moïse s'approche d'une source d'eau fraîche, il voit venir à la même source sept jeunes filles, une amphore de marbre sur la tête, pour puiser de l'eau, afin d'abreuver les troupeaux de leur père. Mais des bergers intervenant chassent les sept jeunes filles. Moïse se lève alors de la pierre sur laquelle il se repose, et prenant la défense des jeunes bergères, il fait boire leurs brebis.

Rentrées dans la demeure de Jéthro, leur père, Séphora, l'une d'elles, raconte l'aventure de la soirée. A ce récit, le pasteur qui est en même temps prêtre, à Madian, sort à la recherche de l'étranger, le trouve, et l'amène en sa maison.

Puis il lui donne Séphora en mariage, et Séphora devient mère d'un premier fils que Moïse appelle *Gersam*, c'est-à-dire *Voyageur sur la terre étrangère*, puis un second fils qui reçoit de son père le nom d'Eliézer, c'est-à-dire *Mon père a été délivré par Dieu*.

Ce Dieu, le Dieu d'Abraham, d'Isaac et de Jacob, se rappelle alors l'alliance qu'il a faite avec ces illustres patriarches : et, comme il voit les calamités qui engloutissent leurs descendants sur la terre d'Egypte, un jour que Moïse garde les troupeaux de Jéthro, son beau-père, dans les prairies qui verdoient sur le mont Horeb, voici que tout-à-coup un des buissons sous lesquels s'abrite Moïse prend feu, au grand étonnement du pasteur, qui le regarde brûler et s'extasie du prodige, car le buisson brûle, mais ne se consume pas.

— Moïse! Moïse! dit en même temps une voix.

— Me voici... répond le pasteur.

— N'approchez pas, dit la voix, mais ôtez les chaussures de vos pieds, car ce lieu est saint.

Alors, Moïse reconnaît que c'est l'Eternel, Dieu, qui lui parle, et se prosternant il adore, en écoutant la voix entamer un colloque sacré qui constitue Moïse le défenseur du peuple de Dieu, des Hébreux opprimés, et lui ordonne d'aller travailler à leur délivrance.

— Qui suis-je, moi, pour aller au Pharaon et sauver Israël? s'écrie Moïse effrayé.

— Je suis Celui qui est! répond Jéhovah. Vous irez donc au Pharaon, et vous lui direz : Je viens au nom de Celui qui est!

Dieu dit encore bien d'autres choses à Moïse dans ce mystérieux entretien. Aussi Moïse se décide à partir, car à sa dernière hésitation le Seigneur ajoute :

— Que tenez-vous en votre main?

— Une verge... répond Moïse...

— Jetez-la à terre... dit le Seigneur.

Moïse obéit, et aussitôt la verge devient un long serpent, si effrayant que le pasteur s'enfuit.

Mais Dieu le rappelle et lui dit encore :

— J'ai fait ceci, afin qu'ils croient que le Seigneur, le Dieu de leurs pères, vous a apparu, le Dieu d'Abraham, d'Isaac et de Jacob.

Moïse insiste, malgré d'autres miracles qu'opère le Très-Haut.

— Je ne puis parler, dit-il; ma langue s'embarrasse...

— Aaron, votre frère, va venir au-devant de vous, je le sais, car c'est moi qui l'envoie. Faites-vous suivre de lui. Allez : je serai dans votre bouche et je vous apprendrai ce que vous aurez à dire.

Moïse, vaincu, adore, cède et s'éloigne. Il annonce à Jéthro son départ, emmène sa femme et ses fils, qu'il fait monter sur des ânes de

Madian, rencontre Aaron, son frère, s'en fait suivre, arrive en Egypte, parle aux Israélites, fait des prodiges devant eux avec la verge miraculeuse qu'il porte à la main, et les Hébreux, convaincus, se prosternent devant lui sur le sable.

Puis, les deux frères, Moïse et Aaron, vont trouver le Pharaon.

Il est, au milieu des bocages et des vertes prairies du Delta, une ville égyptienne qui a nom Tanis, sur la branche du Nil qui s'appelle Tanitique. Elle a été fondée sept ans après la cité d'Hébron, qui, dans la terre promise, florissait déjà du temps d'Abraham. La Bible lui donne le nom de *Tzouan*. Elle est magnifique et grande. Un forum spacieux ayant la forme d'un vaste parallélogramme décore son enceinte. De merveilleux palais, à leur tour, bordent le forum. C'est dans cette ville, entourée de bosquets toujours verts, que sillonnent des eaux toujours fraîches, ornée de monuments toujours splendides, que souvent les Pharaons viennent résider pendant les jours les plus chauds de l'année. La ville aux cent portes alors devient inhabitable pour eux (1), et Tanis est heureuse et fière de leur offrir ses eaux, sa verdure et ses splendeurs. Nous voici en face de cette métropole du nome Tanitique, et vous pouvez la contempler à loisir.

Je regarde, en effet, et je suis avec une extrême curiosité le grand drame qui commence.

D'abord deux hommes, grands et forts, enveloppés de longues robes brunes et d'une sorte de *peplum*, l'un violet, l'autre vert, se présentent aux portes du palais qu'habite à cette heure le Pharaon. Ils sollicitent une audience, l'obtiennent, et lui parlent en ces termes :

— Voici ce que dit le Seigneur, Dieu d'Israël : Laissez aller mon peuple, afin qu'il me sacrifie dans le désert...

— Qui est le Seigneur, pour que je sois obligé d'écouter sa voix ? Je ne laisserai pas sortir Israël, répond le Pharaon.

Et au refus qu'il fait avec rudesse, le Pharaon joint l'ordre expédié

---

(1) Les chaleurs sont excessives dans la Thébaïde. Vers le solstice d'été, le thermomètre, mis à la surface du sol, monte jusqu'à cinquante-quatre degrés. Il est imprudent alors de poser ses pieds sur la terre brûlante. On ne touche pas impunément un caillou exposé aux ardeurs du soleil. A plus forte raison le granit échauffé pendant plusieurs mois rend-il insupportable la résidence dans les palais. La chaleur est parfois si forte qu'on entend les animaux pousser des hurlements, et qu'on les voit se précipiter dans le Nil, où ils se plongent avec une extrême avidité.
(Note des *Leçons de Géographie*, par D. Pinart.)

dans les nomes de surcharger encore plus de travaux les Hébreux qui prétendent obéir à un autre qu'à lui-même. Et, en effet, on refuse aux Hébreux la paille nécessaire pour pétrir leurs briques, et, tout en leur prescrivant d'aller chercher eux-mêmes cette paille, on exige d'eux la même quantité de briques.

Angoisses, perplexités, douleurs, agonie des Hébreux !

Seconde visite des deux frères aux Israélites pour les encourager, et au Pharaon pour lui dire :

— Laissez sortir de l'Egypte le peuple de Dieu !

Second refus du monarque Aménophis.

Moïse, alors, sent la colère monter sous ses cheveux blancs. Il compte déjà quatre-vingts ans, mais son vieux sang de vieillard s'échauffe, et à une troisième visite, voici que jetant sa verge, elle devient un serpent furieux.

Moïse croit tout-puissant et décisif ce moyen de conviction, et regarde le Pharaon. Le Pharaon se prend à rire, et avec lui, pour le flatter, tous ses courtisans et ses officiers.

— Qu'on fasse venir mes magiciens ! dit-il.

Les magiciens sont mandés sans retard. Ils arrivent, voient ce qui se passe, et chacun d'eux jetant aussi sa verge à terre, toutes sont changées immédiatement en serpents. Mais le serpent de Moïse dévore les serpents des magiciens, à la grande surprise de tous les assistants.

Néanmoins, le cœur du Pharaon s'endurcit de plus en plus. Il refuse aux Israélites leur liberté avec plus d'obstination que jamais.

Alors, par l'ordre de Dieu, Moïse et Aaron se rendent un matin sur les bords du Nil, alors qu'ils savent y rencontrer le Pharaon, dont on dispose pour une promenade la splendide nacelle royale. Le prince paraît. Aussitôt Aaron étend la verge de Moïse sur le fleuve, et tout-à-coup l'eau d'azur devient un sang épais : les poissons de ses flots meurent et nagent inanimés à leur surface; le fleuve se corrompt, et tous les ruisseaux de l'Egypte, tous ses marais, ses lacs et ses fontaines changent leurs eaux en sang, et cette *première plaie* dure sept jours.

Mais comme les magiciens du roi contrefont ce prodige, le cœur du Pharaon persévère dans son endurcissement.

Cette fois le refus du roi d'Egypte irrite plus fort Moïse. Il ordonne à Aaron d'étendre sa main sur l'Egypte, et incontinent des grenouilles, en nombre infini, couvrent la surface de tout le royaume.

Hélas! les magiciens, eux aussi, par leurs enchantements, imitèrent cette *seconde plaie*. Toutefois, Pharaon demande grâce enfin, promettant le renvoi des Israélites. Aussitôt les grenouilles meurent dans les maisons, dans les villages, dans les champs. On les met en monceaux, et la terre en est infectée.

A peine délivré du fléau, Aménophis revient sur sa parole.

Dès-lors, *troisième plaie*. La poussière de l'Egypte entière est changée en moucherons par la verge d'Aaron.

Enfin les magiciens ne peuvent plus produire ce prodige. Aussi le Pharaon crie merci. Mais le pardon devient pour lui le signal d'un nouveau déni de liberté en faveur des Hébreux.

Quatrième plaie : celle de mouches très dangereuses.

— Mais sacrifiez donc à votre Dieu dans l'Egypte même! dit-il aux deux frères.

— Dieu ne le permet pas, répondent Moïse et Aaron. Il veut pour son peuple bien-aimé le désert et la liberté...

— Qu'il reste mon esclave, ce peuple abhorré! s'écrie le roi.

Cinquième plaie : la main d'Aaron s'étend sur l'Egypte, et voici que chevaux, mulets, dromadaires, chameaux, méharis (1), onagres, bœufs, génisses, brebis et chiens tombent sur le sol, privés de vie, frappés par la peste.

Et pendant que tous les animaux des Egyptiens périssent, ceux des Israélites cheminent, travaillent, mangent et vivent.

Le Pharaon voit le prodige, et s'endurcit dans son refus.

— Prenez plein vos mains de la cendre qui est dans le foyer, et que Moïse la jette au ciel devant le roi d'Egypte... dit le Seigneur : ce sera la *sixième plaie!*

Moïse obéit, et la cendre, en retombant sur la vallée du Nil, produit aussitôt des ulcères et des tumeurs sur tout ce qui est vivant. Les magiciens eux-mêmes ne peuvent tenir sous la violence de la douleur qui les dévore.

Mais le Pharaon résiste toujours.

---

(1) Le *méharis* est un dromadaire blanc, utilisé en Egypte pour le transport, et maintenant employé en Afrique pour la traction de l'artillerie par les Français.

— Que la grêle soit la *septième plaie!* s'écrie Moïse.

A peine a-t-il parlé, et la baguette sacrée dont Dieu arma son ministre est à peine levée, qu'au milieu des foudres et des éclairs fond sur l'Egypte une horrible grêle. Hommes et bêtes meurent : l'herbe est hachée; les arbres sont brisés.

Huitième plaie : les sauterelles. Un matin, le Seigneur fait souffler un vent brûlant, qui amène du sud de telles nuées de sauterelles, que tout ce qu'avait épargné la grêle sur les prés et dans les bois est aussitôt dévoré par ces orthoptères.

— J'ai péché contre le Seigneur et contre vous : partez, partez tous! s'écrie Aménof.

A cette parole de soumission aux ordres du ciel de la part du souverain de l'Egypte, un vent, contraire à celui qui avait apporté les sauterelles, les emporte, et l'Egypte respire.

Mais alors le Pharaon retire sa promesse.

A ce refus d'un prince indigne de voir le jour, la verge de Moïse s'étend de nouveau, et il se forme sur toute la vallée du Nil, du Roc Lybique au Roc Arabique, et des cascades du fleuve à ses embouchures, des ténèbres tellement épaisses, que le fils ne reconnaît plus son père, ni la fille sa mère. Or, pendant cette *neuvième plaie,* le jour le plus pur luit sur toutes les parties de la contrée où se trouvent les enfants d'Israël.

— Liberté, liberté pour les Hébreux : mais rendez-nous la lumière! s'empresse de crier Aménof en levant des mains suppliantes.

Le soleil reparaît à peine, lançant ses feux dans l'éther, que le même Pharaon, se ravisant, se prend à dire :

— Que ce soit fait de Moïse et d'Aaron! Je veux qu'on les mette à mort... Au moins me laisseront-ils le repos...

A cette parole de l'ingrat et obstiné monarque, Moïse n'insiste plus. Mais s'éloignant, il donne aux Israélites l'ordre de se ceindre les reins pour le départ, de prendre à la main le bâton de voyage, de préparer dans leurs maisons le festin d'adieu, et pour cela d'égorger un agneau, l'agneau de la Pâque (1); qu'ils mangeront debout, comme

---

(1) *Pâque, Pascha,* mot qui dérive de *pessar,* et qui signifie *passage,* attendu que pendant cette dernière nuit, la mort passa sur les maisons des Egyptiens, et que les enfants d'Israël passèrent de la servitude à l'indépendance.

des pèlerins, et avec le sang duquel ils feront une croix rouge à leurs portes.

Les fils d'Israël obéissent. Tout est prêt pour la fuite dont Moïse leur donne tout bas le mot d'ordre : *Pâque et croix de sang !*

Or, voici que pendant la nuit de la Pâque, alors que la croix de sang de l'agneau, symbole de la croix du Christ, futur Rédempteur des hommes, marque le linteau des portes, un ange du ciel, l'Ange exterminateur chargé des vengeances de Dieu, pénètre dans toutes les maisons de l'Egypte qui ne sont pas marquées de la croix de sang, et, de son glaive flamboyant il frappe tous les premiers-nés des Egyptiens, depuis le premier-né du Pharaon qui a le sceptre en main, jusqu'au premier-né de la pauvre esclave qui couche sur la paille des étables. Et quand se lèvent l'aube, puis l'aurore, puis le soleil, et que

La pâque devint ainsi le symbole de la Pâque future, c'est-à-dire de la délivrance des hommes esclaves du péché, par J.-C., qui les rendit à la liberté des enfants de Dieu.

La Pâque des Hébreux est restée depuis lors leur fête nationale par excellence, la seule à laquelle il n'est pas permis à l'étranger de prendre part directe. Elle arrive au premier de l'année, en avril, et dure sept jours, dont le premier et le dernier sont seuls consacrés au repos. Toutes les cérémonies rappellent les circonstances de la sortie d'Egypte.

La veille du premier jour on goûte l'herbe amère trempée dans le vinaigre, pour retracer l'amertume de la servitude. Ensuite on raconte les dix plaies d'Egypte sur un ton cadencé. Puis on mange l'agneau pascal, debout, le bâton à la main, comme à l'heure d'un départ. Au second jour, le grand pontife offre une poignée d'épis et la fait tournoyer dans sa main, pour signaler l'heure où il n'était plus défendu de manger du pain ou des graines diversement préparées de la nouvelle récolte. Mais l'obligation la plus remarquable consiste à n'admettre dans les plus somptueux repas qu'un pain sans levain, le pain de l'esclavage, qui lassant l'estomac et pesant sur le cœur, fait ajouter un nouveau prix au pain savoureux qu'on doit à l'indépendance nationale.

Depuis trois mille ans et plus, les Hébreux ont répété la même Pâque. Chose étrange ! dans les siècles mêmes où cette famille, l'une des plus antiques et la plus malheureuse du globe, avait son front abattu sous le poids de la malédiction divine et l'oppression humaine, chaque année elle entonnait des hymnes à la liberté et des chants de grâces à la puissance suprême, témoin son admirable *Super flumina Babylonis !...*

C'est avec raison que les auteurs sacrés nous ont montré dans l'agneau immolé pour la Pâque, et dont le sang avait préservé les enfants d'Israël des coups de l'ange exterminateur, une figure de J.-C. Un évangéliste nous fait remarquer que l'on ne brisa point les jambes à Jésus crucifié, parce qu'il était écrit de l'Agneau pascal : Vous ne briserez point ses os ! Il est bien singulier et digne de remarque aussi que le Sauveur ait été mis à mort le même jour précisément que les Juifs étaient sortis de l'Egypte, et que du haut de la croix il ait vu les préparatifs qui se faisaient à Jérusalem pour l'anniversaire de leur délivrance.

D'après une vieille tradition juive, c'était à ce même jour que Dieu avait fait alliance avec Abraham et lui avait annoncé la naissance d'Isaac.

(*L'abbé J.-G. Cassagnol.*)

ce qui reste d'Egyptiens contemple la mort sanglante qui montre ses pâles violettes au retour de la lumière sous le toit de sa demeure, un immense et sinistre cri de désespoir se fait entendre du nord au sud et de l'orient à l'occident. Pas une maison qui n'ait son trépassé!

Telle est la *dixième plaie!*

— Retirez-vous! éloignez-vous! partez! mugit Aménof à ses officiers, qui répètent à Moïse et à son frère cette parole de délivrance.

Aussitôt il se fait un grand mouvement parmi les Israélites. Ils chargent sur leurs épaules toutes les provisions prescrites par Moïse. Ils demandent aux Egyptiens, par l'ordre de Dieu, leurs vases d'or et d'argent, ainsi que leurs habits les plus précieux. Puis, sur un signal de Moïse, ils s'ébranlent et se mettent en route.

Non loin de Pitom, ou Héroopolis, la ville que les Hébreux ont bâtie, mais plus à l'est, il est une ville du nom de *Ramessès* (1), où six cent mille Hébreux, sans compter les enfants, se sont réunis et d'où ils s'éloignent pour marcher vers la mer. Ils sont suivis d'une multitude innombrable de petit peuple, et ils font marcher avec eux une quantité considérable de brebis, de buffles et de bêtes de toutes sortes.

Longtemps encore en s'éloignant du lieu de leur servitude, les Israélites voient dominer la plaine l'immense statue de Sésostris-Rhamsès placée au milieu des habitations de Ramessès. Puis, le soir venu, leurs tentes sont placées non loin de la mer, en un lieu qui prend le nom de *Socoth*, qui veut dire *tente*, du repos qu'ils y goûtent (2).

Car Moïse et Aaron ne font pas prendre le chemin de l'isthme de Péluse à cette immense armée. Ils craignent le regret du Pharaon, qui peut les poursuivre, et ils vont droit à la mer Rouge, bornant l'Egypte à l'orient, afin de la longer sur ses rivages sinueux et de la mettre le plus vite possible entre eux et leurs ennemis. Mais cette mer s'avance

---

(1) A *Tel-Musrouta*, on trouve les vestiges de cette *Ramessès* des Pharaons d'Egypte, dernière demeure des Hébreux, plus tard appelée *Héroopolis*, sous les Ptolémée. Ce lieu est appelé aujourd'hui par les Arabes *Abou-Rechel*, le *père de la statue*. On y voit encore en effet la statue de Sésostris-Rhamsès, et dans un bon état de conservation.

(2) *Tel-Moaser* est le *Socoth* de la Bible, première station des Hébreux, partis de Ramessès. Les Arabes l'appellent *Om-Rihiam*, la *mère des tentes*. Ainsi la tradition a conservé ce mot de Socoth, qui, en hébreu, signifie tente.

fort près de Péluse du reste, et, comme de nos jours elle n'en est pas éloignée de trente lieues. Aussi les Hébreux marchent-ils avec courage, portant leurs vivres, leurs armes, leurs enfants, aidant leurs femmes à se hucher sur les bêtes de somme, et emportant même le cercueil renfermant les ossements de Joseph, leur ancêtre béni.

Sortis de Socoth le second jour, ils viennent camper à *Etham*, à l'extrémité de la solitude, et sur les rives de la pointe occidentale que forme la mer (1). Or, pour leur montrer le chemin, le Seigneur fait paraître de jour une colonne de nuée, et pendant la nuit une colonne de feu.

— Les laisserai-je donc partir ainsi? se demande le jour même, alors que le deuil de la mort de son fils s'efface de son cœur, le rébarbatif Aménof.

Et, appelant à lui ses officiers, ses gardes et ses hommes de guerre, le Pharaon, revenu à ses idées farouches, et respirant la vengeance, ordonne que l'on convoque immédiatement son armée. On lui prépare alors ses armes, dont il se couvre : on lui amène son char, sur lequel il monte; et il se met à la tête de six cents chariots choisis, et de tous les nombreux cavaliers que ses généraux ont pu faire venir d'aussi loin que les trompettes ont pu se faire entendre.

Aussitôt, comme un lion en courroux, le Pharaon s'élance, poursuivant les Hébreux, flairant leurs traces et reconnaissant enfin leur dernier campement aux feux qui brûlent devant les tentes, et à la colonne lumineuse qui brille en tête du camp.

Il s'étonne de cette merveille, et sans reconnaître qu'il veut lutter contre Dieu même qui opère déjà tant de prodiges pour ce peuple, il s'avance frémissant de rage.

Les Hébreux, faibles dans leur confiance au Seigneur, de trembler à l'approche de cette armée formidable dont le poids ébranle le sol. Moïse les rassure en leur disant :

— Que craignez-vous? Le Seigneur n'est-il pas là?

En effet, l'ange de Dieu qui marchait en avant des Hébreux se met à l'arrière de leurs tribus, car la colonne qui guide la fuite opère ce mouvement. Alors, au point du jour, lorsque déjà les cieux empour-

---

(1) *Etham* est un plus au sud de la ligne suivie jusqu'alors par les Israélites, qui était de l'ouest à l'est, en ligne droite.

prés des feux de l'aurore embrasaient la mer Rouge, dont les vagues déferlaient avec bruit sur le sable, Moïse étend la main sur les eaux, au lieu appelé *Phihahirot*, vis-à-vis de Béelséphon (1). A ce signal de l'homme de Dieu, les flots de la mer se creusent, un large et long sillon se dessine profondément dans l'abîme, à droite et à gauche, d'un rivage à l'autre l'onde amère se dresse en une muraille de cristal, un chemin se montre dans le sein des eaux. Puis s'élève un vent violent qui sèche cette route nouvelle, tracée entre les vagues suspendues, et lui donne une surface solide. A la vue de ce miracle qui s'opère sous ses yeux, la famille d'Israël descend avec enthousiasme dans le chemin creux que lui offre la mer, et marchant à pied sec dans ses profondeurs, et admirant les vagues debout, qui respectent son passage, elle atteint assez rapidement Béelséphon.

Aménof et ses Egyptiens ne sont point arrêtés dans leur furie par la vue du prodige. Ils prétendent au contraire en user à leur profit. Aveuglés par l'orgueil, ils continuent à poursuivre le peuple de Dieu. Eux aussi descendent dans l'abîme entr'ouvert, et généraux et soldats, chars et chevaux, pêle-mêle se précipitent à l'envi dans la tranchée faite à la mer par le pouvoir divin.

Mais quand le dernier Israélite arrive au rivage opposé, quand au contraire l'armée égyptienne est tout entière engagée entre les deux murailles formées par les vagues, de nouveau l'homme de Dieu étend la verge fatale sur la mer, et, à cet ordre, les vagues suspendues s'abaissent, la muraille de droite et de gauche se fond, les eaux reprennent leur place, les flots s'agitent comme auparavant, la surface de la mer s'anime et se cabre comme toujours, le sillon disparaît, le chemin creux est submergé, et dans l'abîme se trouvent pour toujours engloutis le Pharaon Aménof, ses généraux, ses cavaliers, ses chars de guerre, et la multitude de serviteurs qui marchent à leur suite.

(1) *Rouébé-tel-Bouze,* en arabe *terre au bois de roseaux,* est le *Pit-Herioot* de la Bible, et ce nom a la même signification qu'en hébreu.

A l'époque de la fuite des Hébreux, le golfe Héroopolite ou occidental de la mer Rouge, celui que les Hébreux traversèrent à pied sec, montait plus haut vers le nord, et rétrécissait l'isthme. Aujourd'hui, par suite d'atterrissements successifs, les eaux se sont retirées, et l'isthme s'est élargi. Mais la terre ferme, encore creusée en golfe toutefois, remplace le lieu occupé par les eaux de la mer que franchirent les Hébreux, et où furent engloutis le Pharaon d'Egypte et son armée.

— Ainsi le Dieu du ciel délivre Israël de la servitude d'Egypte! me dit Even, me dit mon oncle, me disent Arthur et Marius.

Chose étrange! je suis tellement absorbé par l'attention que réclame de moi l'action terrible et prodigieuse qui se passe sous mes yeux, que mon âme est tout entière livrée à ce drame biblique. Aussi, lorsque je vois le mouvement des eaux se faire pour reprendre leur lit creusé dans les entrailles de la mer, il me semble, par l'effet de je ne sais quel vertige, que, moi aussi, je suis entraîné dans l'abîme avec le farouche Aménof. Ebloui par un miroitement bizarre, entraîné par une inexplicable fascination, ma tête entraîne mon corps, je perds pied, je tombe, je...

Quel cri violent poussé-je? Je ne saurais le dire : il ne devait avoir rien d'humain. Mais je tombe, et déjà l'eau me baigne le visage. Je sens ma tête pénétrer dans les vagues... déjà je suffoque, un mouvement de détresse et de lutte s'opère en moi, c'est l'instinct de la conservation qui se met en jeu, aussi je me démène comme un bélier qu'on veut saisir par les cornes, je...

Oh! qui croira cela? Je regarde autour de moi, les yeux grands ouverts, et... ce n'est pas dans la mer Rouge que je me trouve, mais bien dans un excellent fauteuil, au beau milieu de l'atelier de mon oncle, au centre même de l'hôtel du comte de Frolcy, rue Blanche, à Paris.

Arthur et Marius sont là, à quelque distance, formant un groupe avec le comte, et l'interpellant sur je ne sais quel sujet. Even s'occupe de remettre en ordre des gravures et des dessins dans un carton qu'elle place à côté de très beaux atlas.

Pour moi, j'ai le visage inondé d'eau : un verre vide est là sur la table, à côté de moi, près d'une carafe. J'ai hâte de m'essuyer le front, les yeux, les joues, les habits.

Que s'est-il passé? Où étais-je? Que m'a-t-on fait?

Ces Messieurs sont d'une indifférence complète à mon endroit : Even ne me regarde même pas.

Comment dire tout ce qui vient de m'arriver, raconter tout ce que j'ai vu, à des gens qui ne semblent pas me compter dans leur société?

Et, cependant je ne suis pas victime d'une illusion, certes! j'ai été bien réellement charmé, ravi, en errant le long de ces grands fleuves de l'Egypte et de l'Assyrie, ou sur les plateaux des poétiques promontoires de la Hellade, en face d'inimaginables contemplations des premiers âges. Tant de merveilleux tableaux m'ont souri du sein des nuages roses des contrées orientales, dans lesquels j'ai tenu si longtemps mon regard avidement plongé ! Et quelles suaves harmonies s'échappaient tout-à-l'heure encore des flots bleuâtres et parfumés des mers de ces régions charmantes, baignant des îles magiques se jouant sur les eaux, telles que des flottilles de blancs alcyons!

Avec quel délice j'ai entendu le brisement mélodieux de la vague contre le futur cap de Sunium, les murmures des vieux cèdres des oasis égyptiennes, aspiré les brises des monts de Laconie, les douces causeries des lauriers de l'Eurotas, ou celles des sources de l'Hippocrène, que fit jaillir du rocher le sabot du très fougueux Pégase!

Ecoutez, et recueillez cette vérité, lecteurs :

Il est parfaitement vrai que nos facultés d'intelligence grandissent d'une étrange manière en présence des localités célèbres. Les scènes de certains événements, les paysages illustrés par de grands actes de vertu, comme aussi par des crimes, les champs de bataille que les destinées des peuples ont rendus fameux, les ruines de monuments glorieux, les sites mêmes que la mythologie enveloppe de son ombre, tout nous intéresse, autant que les personnalités les plus considérables.

Sémiramis a pourfendu ces chaînes de rochers pour y faire passer ses armées; Sésostris a vécu dans ce palais, dont le vent des siècles a dispersé l'atmosphère; Alexandre s'est baigné dans l'eau de ce fleuve; Salomon a fait construire cet édifice!

Aussitôt nous croyons nager dans le même air qu'ont respiré ces héros. Il nous semble voir la grande reine de Babylone, ses *capilli d'oro* coiffés de la cidaris assyrienne, offrant à ses légions rebelles cette physionomie lumineuse qui faisait rentrer soudain ses soldats dans le devoir. Nous subissons l'ascendant des yeux illuminés de phosphore et des joues flamboyant de l'incarnat africain de la grande Cléopâtre, tout en rêvant près de son tombeau de Canope...

A la recherche de l'histoire, donc, et par tous les moyens! Le souvenir que les héros laissent sur la terre s'évanouirait trop vite, si la piété de l'écrivain ne s'empressait de recueillir jusqu'aux moindres reliques des personnages illustres et des nobles événements qu'acclame l'humanité.

Or, tout cela, je l'ai vu, de mes yeux vu!

Non, ce n'est pas un rêve que je viens de faire; non, je n'ai pas été victime d'une illusion, en regardant passer cette immense danse macabre dont mes yeux ont suivi le long défilé, et dont s'est saturée mon âme, si maladive, si pauvre tout-à-l'heure encore.

— Mes amis, à demain! dit le comte, en reconduisant Arthur et Marius.

— Bonsoir, Théobald! me dit Even en s'éloignant après m'avoir fait une majestueuse révérence.

Je prends le parti de monter dans ma chambre et d'aller me coucher... mais, en vérité, c'est trop fort!

REVUE RÉTROSPECTIVE

ET TABLEAUX BIBLIQUES.

Absence de sommeil. — Le boa repu. — Besoin et volonté de retrouver les visions perdues. — Où l'on se rend deux émotions vibrantes trop vite enlevées. — Invocation à la muse chrétienne. — Ce qui était arrivé à un premier départ, mais ce qu'on n'avait pu dire alors. — Phénomène aérien. — Un lever de soleil en Orient. — Le géant du globe, le colossal Himalaya entrevu de loin. — Comment on revoit l'Eden. — Essai de description. — Les aspects du paradis terrestre. — Le premier homme et la première femme. — Ce que disent les savants de l'Eden. — Les aspects actuels du jardin de délices. — Adam et Eve au milieu des splendeurs de leur domaine. — La tentation, le péché, le mal et la mort. — Où la vie quitte Eve. — Le tombeau de la mère des hommes. — Le cimetière de Djeddah. — Caïn et Abel. — Les jeunes filles d'Hénochia. — Scène biblique. — La morsure d'un serpent. — Hommes géants et femmes géantes. — Une première peste. — La fosse commune. — Causerie sur les géants qui figurent dans l'histoire. — Apparition de Noé. — Ses chants prophétiques. — La terre après le déluge. — Renaissance du monde. — Où l'on voit la terre de Chanaan. — Les trois provinces de la Terre-Sainte. — Féerie des paysages de Galilée. — Source du Jourdain. — Les charmants rivages du lac de Génézareth. — Tableau. — Le soleil sur la mer de Tibériade. — Ce qui rappelle N.-S. en Galilée. — Le Thabor. — Le Carmel. — Paysage de la future Jérusalem.

Oui, c'est trop fort!

Mais j'approfondirai le mystère; je chercherai la vérité; je trouverai le moyen de sortir du labyrinthe dans lequel je me sens enfermé! Comment! voilà un, deux peut-être, peut-être trois voyages aériens que je fais à l'entour du monde nouvellement sorti de la main du Créateur, et ces voyages qui m'ont offert les scènes les plus mystérieuses et les plus admirables, les plus étranges et les plus instructives, je ne saurai pas comment ils ont commencé et pourquoi ils ont fini? J'aurai vu l'Orient et ses incomparables splendeurs, et il ne me sera pas donné de connaître quelle main puissante ou capricieuse me les a montrés? Oui encore, oui toujours, c'est trop fort de vivre en face d'un pareil problème!

Et cependant, après tout, je jouis de surprises étonnantes; je me sature d'un ineffable bonheur; j'éprouve des saisissements inexprimables; et de quelles suaves sensations je suis en possession, à me plonger ainsi dans l'inconnu!

Mais, peut-être même, au lieu de chercher à dépister les personnages qui m'entourent et que je crois être les moteurs de ma singulière aventure, ne ferais-je pas mieux d'attendre les événements et de voir jusqu'où prétendent me conduire ceux qui font de moi l'objectif de leurs épreuves? Car, en résumé, j'apprends; je sens que je m'instruis, que mon âme, mon esprit, mon cœur, tout ce qui est moi, s'enrichit. Je vais être bientôt ardent, enthousiaste à mordre à la grappe du savoir.

Attendons donc, et prenons patience.

M'est avis que je marche vers la juste et curieuse appréciation de l'humanité.

Néanmoins, je le dirai encore, à part moi :

— C'est trop fort!

Vous croyez peut-être que je dormis dans ma cellule de l'hôtel de Froley? Pas une minute! J'étais brisé de fatigue; je haletais d'épuisement; les émotions m'enfiévraient. Mais dormir... quand j'avais l'imagination en feu! Dormir... quand je voyais encore, il y avait à peine une heure, les somptueux paysages de la Palestine et de la Syrie, les sites les mieux ensoleillés, les plus merveilleux de l'Egypte, du roc d'Arabie, de la mer Rouge! Dormir... quand je venais d'être témoin et presque acteur d'un drame biblique qui m'avait rendu blême d'effroi!... Cela n'était pas possible...

J'étais comme un boa constrictor repu à l'excès, à la physionomie de qui sa digestion dificile donne des yeux égarés, un étonnement burlesque, et qui rumine péniblement les aliments trop abondants qu'il a ingurgités.

Je ruminais donc mes visions, moi. Je rappelais tous mes souvenirs; je recherchais dans ma mémoire les moindres détails de ces visions extraordinaires, enchantées, terribles, qui m'avaient passé sous les yeux.

Dans notre voyage incomparable, si tant est qu'il y eût voyage; en tout cas, dans cette ineffable hallucination qui me faisait voir tant de magnificences et de choses singulières, mon oncle le comte de Froley, sa fille Even et leurs amis ne me permettaient pas toujours, il s'en faut, d'arrêter longtemps mon regard scrutateur sur les paysages qui me charmaient, sur les scènes qui m'émotionnaient, sur les personnages que j'aurais voulu pouvoir mieux contempler. Il me fallait aller plus loin; notre véhicule aérien nous emportait. Il me fallait cesser de jouir de tel drame qui m'intéressait, car mon oncle tout-à-coup m'en signalait un autre. Quand je portais ici mon attention, Marius, soudain, l'appelait là. J'aurais voulu du silence à certains moments, et, pas du tout, au lieu de me livrer à mes réflexions, j'étais contraint d'écouter, car on me parlait; je devais prêter l'oreille quand même, et parfois à de longs et interminables récits.

Dans ma chambre, du moins dans mon lit, j'étais seul, et dès lors je pouvais me recueillir, tout revoir par la pensée, tout reprendre dans une analyse rétrospective, tout contempler à mon aise, étudier et me dilecter à ma fantaisie, car, par suite de l'éveil de ma curiosité et de mes recherches dans ma mémoire, mieux peut-être que les yeux de mon corps, les yeux de mon âme me faisaient tout retrouver, tout reconnaître, tout juger, tout apprécier, tout synthétiser, et enfin jouir en paix, à mon gré, d'un spectacle admirable, sublime, inexprimable.

Il est surtout deux émotions vibrantes que je n'ai pu décrire comme je l'aurais voulu, deux impressions sacrées, saintes et divines, qu'il me tarde de faire revivre, parce que je ne les ai pas assez savourées.

Elles s'appliquent à deux paysages que je veux retrouver, que je suis heureux de revoir dans mon imagination, et qui vont certainement me livrer à l'ivresse de l'enthousiasme, actuellement que nul témoin ne me distrait, que je suis seul en présence de moi-même, bien recueilli, enveloppé du plus profond silence, mais l'âme plongée dans un brasier de feu, le feu de l'amour et de la foi.

Il s'agit de l'Eden, du paradis terrestre!

Il s'agit de la Terre-Sainte!

Pour esquisser ces deux sanctuaires de la bonté de Dieu, ces deux berceaux où l'humanité naît à la vie de la terre, et où elle renaît à la vie de la grâce acquise par la rédemption du Sauveur, si je ne pouvais et si je ne devais parler très simplement, ce serait le moment de m'écrier, comme au début d'une épopée :

— Puisse ma muse chrétienne ne pas raser de trop près les fanges d'ici-bas ! Puisse-t-elle m'inspirer et s'élever dans les sphères les plus pures de l'origine du monde et planer au-dessus des nuages !

Pendant une des nuits qui suivirent notre départ de l'atelier du comte de Froley, nous avions franchi les Alpes, les Apennins, les chaînes helléniques, l'Athos, l'Hœmus, le Rhodope, la mer Noire, le Caucase, et nous arrivions dans la Haute-Asie.

Dans le lointain, les premières lueurs du jour blanchissaient le ciel, jusque-là constellé de myriades d'étoiles rutilantes. Mais quelques nuages légers se formèrent, voilant le firmament. Notre véhicule aérien perça bientôt cette humide barrière, et peu après nous atteignîmes une région très sereine, vivement éclairée par le soleil levant, et nous y fûmes témoins d'un indescriptible mirage.

L'image de notre locomobile, très nettement dessinée à la surface supérieure du plus gros amas de nuages, se montra entourée pendant assez longtemps de magnifiques bandes circulaires ou anneaux brillant de toutes les couleurs du spectre solaire. Puis, quand nous nous abaissâmes vers la terre pour voir de plus près l'espace compris entre plusieurs fleuves qui, semblables à des écharpes d'argent, miroitaient sur une vaste plaine, le centre du nuage se trouva complètement envahi par de petits cristaux de neige et de glace, se déposant sur toutes les surfaces horizontales ou légèrement inclinées. En outre, l'électroscope, que mon oncle consultait sans relâche, indiquait que le voile de nues était fortement électrisé, si électrisé qu'Evenor tirait une quantité d'étincelles d'un fil de cuivre, armé à son extrémité supérieure d'un pointe soutirante.

J'étais plongé dans une extase toute admirative, lorsque, soudain, des accords de harpe font entendre une mélodie aérienne, qui me rend à moi-même. Je porte les yeux sur mes compagnons de voyage. Mon oncle, Marius et Arthur sont silencieux et attentifs. C'est Even qui, encapuchonnée d'un burnous blanc de la plus fine toison, lutiné par la brise du matin, improvise un prélude pieux sur une harpe suspendue à son cou par une torsade d'or, et, comme dans un théâtre, où l'orchestre annonce en sourdine l'apparition de quelque personnage, nous prépare, par une charmante introduction, un spectacle sublime qui sans doute va frapper nos regards.

En effet, en ce moment même, le jour déborde à l'horizon, sur toute la ligne sinueuse de montagnes colossales qui dominent l'incommensurable plaine que nous commençons à franchir. Des rochers élancés en pyramides, arrondis en cônes, affectant toutes les formes, se dressent au loin, comme une masse pittoresque, tout-à-l'heure vaguement éclairés par les pâles reflets de la lune, maintenant se colorant d'une admirable teinte rose, rappelant les doigts classiques de la classique Aurore. Ce sont très probablement les hautes montagnes du gigantesque Himalaya, ou au moins leurs énormes contreforts, leurs grandioses ramifications que nous voyons ainsi monter vers les cieux et s'y estomper en assises formidables. Leurs cimes dentelées ressemblant à des forteresses flanquées de bastions et de tours, laissent passer par leurs brèches profondes, immenses créneaux de ces remparts de l'Asie, les premiers rayons du soleil, le plus éblouissant que puisse se figurer l'imagination. Le vent de nuit, converti en un léger zéphyr, souffle de manière à rafraîchir seulement nos visages enfiévrés par la curiosité, et les palmiers sans nombre et de toutes les tailles, qui capitonnent la plaine, n'agitent plus que faiblement leurs éventails, inclinés sur le sol. Sur le ciel d'un bleu d'azur, dont aucun nuage n'altère plus la pureté, planent des aigles ou des vautours aux larges ailes rondes ; et des bandes innombrables d'oiseaux aquatiques, bécassines, pluviers et courlis, qui s'élèvent tout-à-coup dans les airs, mêlés à des cigognes, des tourterelles bleues, des hérons au long cou, et des flamants roses, effrayés peut-être par l'aspect inconnu d'eux de notre équipage, annoncent et font pressentir le voisinage de quelque fleuve, de quelque lac, en un mot la présence des eaux.

J'entrevois en effet des anses parsemées de roseaux s'enfonçant, ici et là, sous des massifs de verdure, et, tout entier aux splendeurs de la plus délicieuse matinée, matinée orientale, j'admire, encore plongées dans la demi-teinte d'un poétique clair-obscur, les vallées silencieuses qui se déroulent aux flancs des montagnes abruptes, formant amphithéâtre aux derniers plans de cette plaine, toutes parées d'une luxuriante végétation.

Je me figure alors voir la première aurore éclairant le monde, au lendemain de la création, lorsque Even, déposant sa lyre, se prend à dire, en passant sa main effilée sur ses grands yeux enthousiastes :

— La Mésopotomie et la Chaldée!... Et, au confluent de ces deux fleuves, le Tigre et l'Euphrate, le paradis terrestre!

Je vous laisse à penser si mes yeux ont assez de puissance et d'énergie pour voir et contempler...

Assurément, dans le premier moment de mon extase, au début de ces récits, j'ai dû vous entretenir des impressions saisissantes que je subis à la vue de ce séjour divin où la bonté divine fit naître nos premiers parents.

Mais j'en ai fait l'aveu, tout ce que la bouche de mes guides et de mes interlocuteurs fit entendre à mes oreilles, m'instruisit sans doute et m'apprit ce que je ne savais pas, ou ce que je savais mal. Alors, tout en rougissant de mon ignorance, je n'étais que trop absorbé par les paroles que j'entendais, et pas assez occupé, pour en sonder et en étudier les détails, des choses que je voyais.

Maintenant que je suis seul, à cette heure que j'ai soif du savoir, je tiens à revoir ces choses, à les revoir sans être interrompu, distrait, appliqué à recueillir des mots; je tiens à les revoir avec toute la fraîcheur et le relief de leur apparition, avec toute la ténacité qu'inspire la passion de connaître, avec toute la saveur qui dilecte une âme émue, désireuse de goûter, de juger, avec toute l'impétuosité qui fait se jeter à corps perdu dans les voluptés intellectuelles et s'abandonner aux emportements de l'ivresse du bonheur.

Donc, l'imagination en feu, le cœur embrasé, l'âme déployant au plus haut des cieux les ailes du souvenir, éclairé par le nom sacré du paysage sacré dont les plans merveilleux se développent successivement sous l'examen de mes investigations, je contemple avidement les magnificences à nulle autre pareilles sur la surface de ce monde, pourtant si beau, si riche, si pittoresque, si sublime!

Ce que je vois, lisez-le dans cette esquisse bien pâle, hélas! et de beaucoup inférieure aux splendeurs qui l'inspirent :

Le *paradis terrestre*, l'*Eden*, maintenant plus près de nous, voyageurs aériens, couronne de sa verte enceinte, comme d'un rempart agreste, le sommet aplati d'une solitude escarpée. Les côtés abruptes de ce désert, hérissés d'un épais buisson, capricieux et sauvage, défendent tout abord. Sur sa cime élevée croissent à une insurmontable hauteur les plus hardies des futaies de cèdres, de sapins, de palmiers; c'est toute une scène silvestre.

On y admire cet arbre magnifique de l'Inde, qui, en droite ligne, montant à une élévation prodigieuse, incline ensuite ses branches retombant sur le sol, pour s'y implanter et reproduire ainsi de longues arcades de verdure aérienne. On y voit le seguoïa gigantea dont l'altitude perpendiculaire, sans aucune déviation, est de trois cents mètres, soit neuf cents pieds. On y rencontre le formidable baobab, dont la circonférence colossale peut abriter des tribus entières. Et, comme leurs rangs superposent ombrages sur ombrages, ils forment un amphithéâtre de forêts de l'aspect le plus majestueux. Cependant, plus haut encore que leurs cimes, monte une muraille verdoyante, qui est la limite de l'Eden.

Enfin, au-dessus de cette muraille, qui s'étend en forme de cercle, apparaît un épais massif disposé par bouquets d'arbres superbes, chargés des meilleurs et des plus beaux fruits. Fleurs de ces arbres, et fruits de ces fleurs, composent un riche émail de couleurs mélangées. Le soleil y imprime ses rayons avec plus d'éclat que dans un beau nuage du couchant, ou dans l'arc-en-ciel, alors que Dieu fait pleuvoir sur la terre.

Tel est le sol du paradis terrestre, l'Eden (1), ce point du globe où Dieu traça lui-même le plus charmant jardin.

(1) Ce mot *Eden* est hébreux, et signifie *bonheur!*
Eden est le nom d'un point célèbre de notre globe, situé à l'occident de l'Asie. L'Eden est souvent cité dans l'Ecriture sainte, d'une manière très précise, par Moïse, dans le *Bereschit*, — la Genèse.
C'est là que se trouvait le *paradis terrestre*.
Ce paradis, les délices de nos premiers parents, et seulement aujourd'hui l'espérance du chrétien après sa mort, tire son nom du chaldéen *parades*, verger.
Les Septante, dans leur version grecque de la Bible, ont gardé ce nom si doux, en le transformant en celui de *paradeisos*, et les Grecs, à l'oreille si euphonique, en ont enrichi leur idiome, où il signifie *jardin*.
Le jardin, paradis terrestre ou Eden, de Moïse, a été longtemps parmi les érudits un sujet de discussion. Les uns prennent le mot *Eden*, dans un sens d'appellation, pour un lieu de délices. Mais les Septante, tout d'abord au viiie verset de la Genèse et les Pères grecs avec eux, l'interprètent comme une contrée.

C'est donc là qu'il fit sortir de la terre féconde les arbres de la plus riche espèce pour la vue, l'odorat et le goût.

A notre point de vue, il s'agit de déterminer autant que possible, d'après le texte de Moïse, écrivant sous l'inspiration de Dieu, la situation de l'Eden comme région.

Nous abandonnerons aux illuminés, aux poètes, à la rêverie orientale, toutes les utopies qui placent Eden, comme jardin de délices ou paradis terrestre, les unes dans Sérendib ou l'île enchantée de Ceylan, aux îles Fortunées ou Canaries, en Amérique, en Suède même, par-delà l'Océan, et jusque dans le sein de la terre ; les autres dans la lune ou dans les espaces célestes.

Laissons Moïse lui-même tracer le plan géographique de l'Eden. On est assuré qu'il ne décrit pas une contrée imaginaire ou mystique. En effet, il cite les fleuves connus de son temps, et dont l'un, des plus célèbres, l'Euphrate, conserve encore son nom.

Ce cosmologue dit au IIe chapitre, 10e, 11e, et 12e versets de la Genèse : « Et un fleuve coulait dans Eden pour arroser ce jardin, et de là se divisait et formait quatre canaux.

» Le nom du premier était *Phison*, celui qui environnait toute la terre de *Havilah*, qui était le lieu de l'or, et l'or de cette terre était bon ; lieu du *beddolah* — bedellium, — et de la pierre *shoham* — agathe onyx.

» Le nom du second était *Gihon*, celui qui entourait la terre de *Chousk*, — mot mal interprété dans la Vulgate par Éthiopie ;

» Le nom du troisième était *Hiddekel* — le rapide, c'est-à-dire le Tigre, — qui va du côté d'*Assur*, — l'Assyrie.

» Et le fleuve quatrième était *Phrate*, — l'*Euphrate*. »

En traduisant mot pour mot, sans la moindre inversion, ce très court fragment du texte hébreu, nous nous complaisons à offrir à la curiosité du lecteur, non-seulement une idée du génie et de la phraséologie de la langue hébraïque, mais un plan exact du pays de l'Eden, tracé par Moïse.

Toutefois, faisant l'aveu que si, dans cette statistique de l'Eden, le Phrate ou l'Euphrate n'eût pas servi de point de ralliement aux commentateurs, aux rêveurs et aux ascétiques, on serait encore à savoir où était situé cet immense et délicieux jardin que Dieu donna à l'homme, l'an 1er du monde, 3996 avant J.-C.

Sans tenir compte des opinions de ceux qui veulent, les uns, que la terre d'Eden ait été située dans la Terre promise que les Israélites habitèrent par la suite ; les autres, qu'elle ait occupé une partie de la Médie, aux environs de la mer Caspienne, ou non loin de l'Arménie, près de laquelle se trouvent les sources de l'Hiddekel et du Phrate, — le Tigre et l'Euphrate ; — ceux-ci, dans la région la plus au sud de la Mésopotamie et la plus proche du confluent du Tigre et de l'Euphrate ; ceux-là, dans la Babylonie septentrionale ; sans admettre, avec plusieurs, le glaive flamboyant du séraphin commis à la garde du paradis, après le péché, pour la ligne enflammée de l'équateur, en ces temps où la sphère était encore parallèle, nous dirons :

D'après les observations géologiques, il est évident, en effet, que Dieu, depuis ces temps, a changé la face de la terre. Le cours du Tigre et de l'Euphrate a varié, même depuis Moïse. Le sol de la Terre promise a été bouleversé par des volcans postérieurs. Par exemple, peut-on nier l'engloutissement de Ségor, de Sodome et de Gomorrhe, dont le naphte qui recouvre leurs fondements prend feu quelquefois encore ? Monsieur de Châteaubriand, monsieur de Saulcy, et d'autres savants explorateurs, ont vu nettement au fond du lac Asphaltite, que les Hébreux nommaient si tristement la mer de sel, comme des maisons, des palais, des *monuments retournés*...

D'autre part, une ville, à l'est de l'Euphrate, dans la terre de Nod, s'appela Hénochia, du nom du fils de Caïn, le fratricide.

L'arche de Noé laboura les hauteurs du mont Ararath, en Arménie. Ce patriarche finit par habiter paisiblement, avec ses fils, la plaine de Schinhar, et son doux nom signifie *repos*...

Au midi, à travers l'Eden, passe un large fleuve; il ne change point de cours, mais il s'engouffre bientôt sous une montagne ru-

Comme les scènes de ces événements sont rapprochées!

Dès lors, pourquoi donc en écarter celle du paradis terrestre, de l'Eden de nos premiers parents?

Les événements, les temps et les lieux doivent se tenir, dans l'histoire sacrée, qui présente d'ailleurs tant d'unité, non moins fortement que dans l'histoire profane.

Aussi nous empressons-nous d'affirmer que l'opinion la plus commune, la plus savante, la plus arrêtée, et la plus conforme au texte de Moïse, est que le pays d'Eden fut à peu près situé au confluent du Tigre et de l'Euphrate, appelé de nos jours *Shat-al-Arab* ou fleuve des Arabes, et qui se décharge par plusieurs bouches dans le golfe Persique. Il se trouvait entre le 32e et le 34e degré de latitude.

« Le Shat-al-Arab, dit un auteur qui a écrit en anglais, est la rivière qui sort de l'Eden. Considérée suivant la disposition de son lit, et non suivant le cours de ses eaux, elle se divise en quatre branches, qui sont les quatre rivières : deux dessous, savoir le Phrat et le Dylat, ou l'Euphrate et le Hiddekel. Suivant cet arrangement, la branche occidentale du Shat sera le Phison, et la partie d'Arabie la plus prochaine vers le golfe Persique, sera Havilah. La branche orientale, le Gihon, qui entoure le pays de Cush ou Khusestan, qui est une province d'Iran, à qui les Persans donnent encore aujourd'hui ce nom. »

Le mot *beddolah*, qu'on trouve dans le texte de Moïse, et qu'on croit signifier *perle*, attesterait le voisinage d'Ormuz, dans le golfe Persique, où se fait toujours une pêche abondante de cette nacre précieuse. Cette circonstance vient donc encore à l'appui de notre opinion.

Bien plus, les voyageurs font un tableau ravissant d'une petite ville située en Irak, sur les deux rives du Tigre. Elle est bordée par des jardins verdoyants et frais, que décorent de splendides portiques dont la symétrie et la grâce orientale se réfléchissent dans le fleuve. L'aménité de ce lieu, qui, dit-on, n'a pas de rival en Asie, lui mérite le nom de *Quatre-Paradis*.

Tout ce que nous pouvons raconter du délicieux Eden de Moïse, est le peu de mots qu'en a dit lui-même le chef du peuple hébreu : « Qu'il était rempli de beaux arbres, dont les fruits étaient d'une délicieuse saveur, et que, parmi eux, Dieu avait planté l'arbre de vie, qui rendait immortels ceux qui mangeaient de son fruit ; mais aussi l'arbre du bien et du mal, qui donnait la mort... » (*D. Baron.*)

Peut-être le lecteur désire-t-il connaître ce que sont de nos jours les lieux célèbres dont nous venons de l'entretenir? Qu'il parcoure donc les lignes suivantes, et il verra comment Dieu a frappé de sa malédiction le premier séjour de l'humanité et le sol où s'est accompli le péché qui a perdu la race humaine.

L'Euphrate prend sa source dans les montagnes de la Géorgie. Il décrit vers l'ouest un vaste demi-cercle à travers l'Asie-Mineure, et le point où ce fleuve se rapproche le plus de la Méditerranée, et en face d'Antioche, éloignée de 225 kilomètres.

Arrêté dans sa course par un barrage de rochers et de collines, l'Euphrate fait alors un coude prononcé vers le sud-est pour aller se jeter dans le golfe Persique, après avoir reçu, à Kornah, le Tigre, qui forme avec lui un angle très aigu.

L'espace compris entre les deux fleuves, au nord de leur confluent, est l'ancienne Mésopotamie, berceau de l'humanité, et remarquable par les ruines magnifiques dont il est couvert.

Au premier tiers de notre siècle, un voyageur, venant de Damas, et voulant traverser le désert d'Arabie jusqu'à Annah, sur l'Euphrate, pour descendre ensuite ce fleuve jusqu'à la mer, se mit en route, avec une caravane qui se rendait à Bagdad, monté sur un chameau du pays, plus rapide que les dromadaires. Un âne réglait la marche, car pendant la route les chameaux s'écartent toujours pour brouter broussailles ou maigre gazon. Le premier jour, la caravane n'atteignit pas encore le désert, et les animaux, délivrés de leur charge, purent, pendant quelques heures, avant

gueuse. Alors l'onde, à travers les veines de la terre poreuse, jaillit en fraîche fontaine, et arrose le jardin d'une multitude de ruisseaux.

de se coucher en cercle, paître l'herbe du voisinage. Quant aux Arabes, ils soupèrent avec quelques dates et du pilau.

Le lendemain, on était en plein désert, plaine monotone, parfois sablonneuse, parfois couverte de petits arbrisseaux appelés *épines de chameau*, parce que ce ruminant, faute de mieux, en fait ses délices, en voyage dans ce désert. Les Arabes s'efforçaient de dissiper l'ennui de la route par ces fantasias fameuses, qui rendent si évidentes les admirables qualités de leurs chevaux, ou bien par des essais de petite guerre. Mais le voyageur se laissait peu distraire, car il avait pour but d'étudier la contrée.

Bientôt la caravane fut en vue des merveilleuses ruines de Palmyre. Hélas! il fallut renoncer à les visiter, car, le quatrième jour, l'eau ayant manqué, on dut se mettre avant tout en quête d'un marais.

Guidés par le soleil, les Arabes rejoignirent une ancienne route qui allait de Palmyre au palais d'été de Zénobie, sur les bords de l'Euphrate. A partir de là, le paysage devient plus varié. A l'ouest on aperçoit les montagnes qui dominent Palmyre; à l'est une immense plaine parsemée de grands arbres qui de loin font l'effet de collines coniques. De temps à autre, se montrent des mouettes volant vers la mer, ou bien des gazelles qui fuient effrayées. La végétation devient plus abondante; un épais gazon tapisse le sol, et de nombreux arbustes tapissent la plaine.

Enfin, après nombre de journées de marche, on vit poindre à l'horizon des collines crayeuses, assises sur la rive gauche de l'Euphrate, et peu après la caravane atteignit les bords du fleuve.

Là, notre voyageur s'embarqua sur une simple plate-forme de planches d'une largeur de quinze pieds, avec un creux à l'arrière, et reposant sur un tissu de branches entrecroisées, sous lesquelles flottaient des outres remplies d'air. Ce genre de radeau est le mode de navigation le plus usité dans le pays. Un pilote arabe, un drogman, un jeune esclave et deux Arabes chargés de diriger le radeau et de le maintenir au milieu du courant, composaient la suite du touriste.

Aux environs d'Annah, le passage est de toute beauté. On voit défiler sous ses yeux des moulins à eau, des aqueducs, des bois, des chapelets d'îles verdoyantes. Ici, rapide et profond, l'Euphrate coule encaissé entre deux collines élevées couvertes de broussailles; là, il suit les contours des montagnes zébrées de champs en culture et de bouquets de grands arbres. Souvent les rives sont nues, mais cependant elles conservent un aspect des plus pittoresques, grâce aux nombreux aqueducs qui les dominent. De longues files de maisons, cachées derrière les arbres, s'égrènent le long des bords du fleuve et dénotent une population nombreuse, adonnée à l'agriculture.

Après Hit, les sites plaisent moins à l'œil. Plus d'aqueducs; mais toujours des villages, toujours des Arabes dans la plaine. Les habitants portent des sandales, un mouchoir sur la tête et un vêtement flottant. Quant aux femmes arabes, elles ont une robe de coton bleu et un ornement d'or passé dans le cartilage du nez.

Vient ensuite Félujah. Là, le fleuve, large et profond, a les apparences du Nil pendant l'inondation. Mais ses rives, couvertes d'Arabes faisant paître d'innombrables troupeaux, sont bien plus animées.

Apparaissent les grandes ruines de Babylone, placées à une courte distance de la rive gauche de l'Euphrate. Tout d'abord on voit un rempart quadrangulaire, et plus loin d'immenses décombres de palais. Des arcs-boutants, des briques jaunies par un indestructible ciment, signalent l'emplacement des célèbres jardins de Nabuchodonosor. Au sommet de ces ruines, plane encore un cèdre isolé, qui semble pleurer la mort de ses congénères. A l'ouest sont semées les ruines de Babel, la fameuse tour, auxquelles des ouvrages avancés, en forme de bastions, placés au sommet de chaque angle, donnent un caractère particulier.

Il n'est rien au monde qui puisse faire comprendre l'impression de souveraine

Ces ruisseaux réunis tombent ensuite d'une clairière escarpée, et rencontrent au-dessous le fleuve qui ressort de son obscur passage.

Alors, divisé en quatre branches principales, il prend des routes diverses, errant au travers de pays et de régions nouvellement formés.

Tel est ce lieu sacré, asile heureux et champêtre d'un aspect constamment varié; bosquets dont les arbres riches pleuvent des larmes de baumes et de gommes parfumées; bocages dont le fruit d'une écorce d'or poli se présente à la bouche, en répandant la plus suave odeur; fable vraie de l'Hespérie. Entre ces bosquets sont interposés de ravissantes perspectives, de vaporeuses clairières, des pelouses d'une délicieuse fraîcheur, de blancs troupeaux paissant l'herbe tendre, des animaux de toutes les formes et de toutes les couleurs errant sous les futaies, des oiseaux de toutes les grandeurs vêtus des plumages les plus éblouissants voltigeant sur les branches des plus beaux arbres; et puis, ici et là, des accidents de terrain plantés de palmiers s'inclinant en tout sens; des vallons fleuris, des parterres semés de tout ce que la flore orientale peut produire de plus charmant pour les yeux et de plus exquis pour l'odorat.

D'autre part, on aperçoit des antres et des grottes ombragées qui peuvent servir de fraîches retraites. La vigne les enveloppant de son manteau, étale sur la verdure de ses feuilles ses grappes de pourpre.

C'est là, sous ces grottes, parmi ces pelouses, sur ces éminences fleuries, au sein de ces vallons, à l'ombre de ces arbres luxuriants

---

tristesse que produit l'aspect grandiose de ces débris gigantesques, que jamais plus ne foule le pied de l'homme, et qui ne sont plus habités que par les bêtes féroces.

Malgré soi on songe aux gloires de cette cité morte, à ces incomparables magnificences, à ses armées innombrables, à sa population dépassant les grains de sable de ses ruines; et malgré soi aussi, on chante à mi-voix le lugubre *Super flumina Babylonis*.

Hélas! l'Arabe est voleur; il est toujours à l'affût de ce qui appartient au voyageur. A New-Lamlum, notre explorateur fut dépouillé de ses provisions, de ses habits, de son argent. Le cheik chargé de le protéger lui ravit à son tour ce qui lui restait...

Il put se rendre à Kornah cependant. A Kornah, le Tigre se réunit à l'Euphrate, avons-nous dit. Les deux fleuves deviennent alors le Shat-el-Arab, et ils forment un puissant cours d'eau.

Bassora, ville autrefois importante, aujourd'hui réduite à 60,000 habitants, se trouve à 50 kilomètres de l'embouchure du Shat-el-Arab. Là s'arrêta le voyageur, tombé malade.

Tels sont les paysages actuels de l'ancien paradis terrestre.

(*Analyse du travail de M. Clavé.*)

que se tiennent et jouissent de la vie les nouvelles créatures sorties de la main puissante du divin Créateur.

Deux d'entre ces créatures, mais d'une forme bien plus noble, d'une stature droite et élevée, vêtues de leur dignité native, s'avancent dans ce paradis terrestre, et en paraissent être les souverains seigneurs.

Dans leurs regards divins brille l'image de leur puissant auteur.

Ces deux créatures ne sont pas égales, de même que leur sexe n'est pas le même.

L'un est ADAM, le premier homme; l'autre est EVE, la première femme.

L'homme semble formé pour la contemplation et le courage; la femme pour la beauté, la grâce.

Le front large et beau du premier et son œil sublime annoncent la suprême puissance. Ses cheveux noirs, partagés sur le devant, flottent sur ses épaules. Eve porte comme un voile sa longue chevelure blonde, qui se roule en capricieux anneaux tout autour de son buste, comme la vigne replie ses attaches.

L'heureux couple, dans toute son innocence, n'évite ni la vue de Dieu, ni la présence des anges.

A l'ombre d'un bouquet de splendides palmiers, sur les bords d'une limpide fontaine murmurant sur des gazons verts, Adam et Eve s'asseoient, en se tenant la main dans la main. Ils ne sont point fatigués du labeur de leur riant jardin : ils jouissent de tous ses trésors, et je les vois cueillir les fruits qui doivent composer leur frugal repas. Ils sucent des pulpes savoureuses, ils boivent, dans l'écorce des fruits, l'eau qui tombe du rocher.

A ce festin ne manquent ni les doux propos ni les tendres sourires. Autour des deux époux, folâtrent les animaux créés pour couvrir la terre. Le lion, en se jouant, berce dans ses griffes le tendre chevreau. Les ours, les tigres, les léopards, les panthères gambadent à l'entour. Le colossal éléphant, pour les amuser, emploie toute sa force et contourne en tout sens sa trompe flexible; le serpent, se glissant tout auprès, entrelace en nœud gordien sa queue repliée et donne déjà des preuves de sa fatale astuce. D'autres animaux, couchés sur la prairie et saturés d'aliments, regardent au hasard, ou ruminent à moitié endormis.

Pendant ce temps, le soleil hâte sa carrière inclinée vers les îles de l'Océan, et, dans l'échelle ascendante du ciel, se lèvent les étoiles qui introduisent la nuit.

Alors Adam, s'adressant à Eve, lui dit :

— Compagne de ma vie, l'heure de la nuit, et toutes choses allées au repos, nous invitent à un repos semblable. Dieu a rendu le travail et le repos, comme le jour et la nuit, alternatifs pour nous. La rosée du sommeil, en tombant à propos avec sa douce et assoupissante pesanteur, fait fermer nos paupières. Les autres créatures, tout le long du jour, errent oisives et ont moins besoin de sommeil : mais l'homme a son ouvrage quotidien assigné, soit du corps, soit de l'esprit, ce qui déclare sa dignité, ce qui montre l'attention que le ciel donne à toutes ses voies. Les animaux, au contraire, rôdent à l'aventure, désœuvrés, et Dieu ne tient pas compte de ce qu'ils font. Demain, avant que la fraîche matinée annonce dans l'orient la première approche du soleil, il sera bon de nous lever et de retourner à nos agréables occupations. Nous avons à émonder là-bas ces berceaux fleuris, ces vertes allées, ces longs promenoirs qui font notre abri à l'heure chaude du jour, et qui sont embarrassés par l'excès de leurs rameaux. Ils se rient de notre insuffisante culture, et demanderaient plus de mains que les nôtres pour élaguer leur folle croissance. Ces fleurs aussi, et ces gommes qui tombent, restent à terre, raboteuses et désagréables à la vue. Elles veulent être enlevées, si nous désirons marcher à l'aise. Maintenant, selon la volonté de la nature, la nuit nous commande le repos.

Eve, heureuse d'entendre son époux, lui répond :

— Souverain bien-aimé, tu commandes et j'obéis. Dieu le veut ainsi. Dieu est ta loi; toi, tu es la mienne...

En causant avec toi, j'oubliais les heures. A demain, donc!

Douce est la brise du matin, doux le lever du soleil, lorsque, dans cet Eden exquis, l'astre du jour répand ses premiers rayons sur l'herbe, sur l'arbre, sur le fruit, sur la fleur brillante de rosée. Mais charmante aussi est la nuit silencieuse, et cette lune si belle, et ces perles du ciel qui forment sa cour étoilée.

Mais ni le souffle du matin, quand il monte vers l'empyrée avec le charme des oiseaux babillant dans les fourrés, ni le soleil levant, ni l'herbe, ni le fruit, ni la fleur brillante de rosée, ni le soir paisible et gracieux, la nuit silencieuse et sa lune si belle au milieu des perles qui l'entourent, n'ont pour moi de douceur et de charme sans toi!

Ils parlent ainsi, et la main dans la main, Adam et Eve pénètrent sous le berceau qui leur tient lieu de tente. C'est un lieu choisi par le divin Créateur, quand il forma toutes choses pour l'usage de ses deux créatures. La voûte de l'épais retiro est formée de branches entrelacées de myrtes et de lauriers. L'acanthe et des buissons touffus et odorants composent à l'entour des murailles de verdure. Sous les pieds, la violette et l'hyacinthe en riche marqueterie brodent la terre.

Là, les deux époux s'agenouillent et adorent le Dieu généreux qui fit à la fois pour eux le ciel, la terre, l'air, le ciel qu'ils contemplent avec bonheur, la terre dont ils aspirent les parfums enivrants, l'air dont la fraîcheur baise leur chevelure et dispose leurs esprits au calme et au repos.

Dans l'histoire de l'humanité, il est de telles scènes, si saisissantes, si étranges, tellement intraduisibles, que la plume ne peut essayer de les produire.

Aussi ne vous parlerai-je plus de la création d'Adam et d'Eve.

Je ne vous dirai non plus rien du péché qui cause la mort du premier homme, sur le mont Moriah, à l'endroit même où le Juste par excellence, le Fils de Dieu, rendra l'âme à son père, pour le salut du genre humain.

Où mourut Eve, notre mère? C'est le secret du ciel.

Au début des âges, il y eut des géants, dit-on. Adam fut grand de corps, paraît-il; Eve également fut de taille élevée. Mais qu'importe? Nous avons à nous occuper de leurs descendants (1).

---

(1) A Djeddah, sur les côtes occidentales de la mer Rouge, et non loin d'une porte de cette ville, la porte de Médine, on voit un cimetière qui, entre autres morts illustres, aurait, d'après une chronique dont l'origine est difficile à établir, l'insigne honneur de renfermer les restes de Eve, notre aïeule à tous. Dans la contrée, on croit fermement que là repose la première femme, et les habitants de Djeddah ont l'air fort étonné que l'on puisse en douter. Il est si commode et si facile de croire jusqu'à preuve du contraire, que j'ai fait comme eux, dit le voyageur Noël; et je me suis incliné devant l'autorité des inscriptions arabes qui rappellent philosophiquement aux

Certes, avec le péché, la révolte de la nature se produit sur la terre. Tout-à-l'heure, dans les tableaux qui frappent successivement mes regards, tout était innocence, bonheur, calme et sérénité. Maintenant, tout est crime et désordre, orage et tempête!

Il fait une chaleur accablante dans les régions au-dessus desquelles nous cheminons dans l'air. Des nuages amoncelés se dressent tout autour de l'horizon, comme des montagnes aux reflets cuivrés. Les arbres, comme fatigués par une sécheresse qui les épuise, laissent pendre leurs feuilles roussâtres, et quoique la brise venant de la mer ne souffle que faiblement à des intervalles irréguliers, il se forme çà et là, sur la grève des fleuves et dans les solitudes des plaines, des tourbillons qui enlèvent à de grandes hauteurs des masses de sable et de poussière. Gonflées comme des outres, les nuées montent vers le firmament et se dissipent dans l'espace sans verser sur le sol altéré une seule goutte de pluie. Et pourtant des éclairs violets déchirent leurs flancs, et les roulements de la foudre ébranlent les montagnes et les collines. Enfin, un coup de tonnerre plus violent éclate du côté du midi, et tous les rochers arrondis en cône dans le lointain, les cimes dentelées ressemblant à des forteresses flanquées de donjons et de tours qui, au lever de l'aurore, laissaient passer par leurs brèches profondes les premiers rayons du soleil, prennent feu subitement et s'illuminent de tous les reflets de l'incendie.

Bref, la pluie tomba enfin avec une puissance et une énergie incom-

---

pèlerins, en présence de la cendre de la mère commune, qu'ils doivent être tous frères.

Quoi qu'il en soit, l'espèce humaine a dégénéré depuis l'origine du monde, car l'épouse d'Adam, d'après les dimensions de son tombeau, n'aurait pas eu moins de cent soixante mètres de haut.

La tête repose sous un pavillon de maçonnerie et sous l'unique dattier qu'il y ait peut-être à dix lieues à la ronde. Sur l'ombilic d'Eve s'élève une petite mosquée à coupole ronde; enfin les pieds s'allongent jusqu'au mur d'enceinte du champ de repos.

Tout le corps est renfermé entre deux petits murs parallèles qui courent, à droite et à gauche, de la tête aux pieds, soit cent soixante mètres.

En entrant dans la mosquée, on est introduit dans une chambre ronde, au-dessous de la coupole, et au centre de laquelle, entourée d'une grille et recouverte d'une draperie de soie verte brodée d'or, se trouve une pierre noire qui marque exactement la place de l'ombilic de notre mère Eve, sur laquelle les pèlerins sont admis à déposer respectueusement un baiser filial. A la voûte, sont suspendues des lampes en verre coloré de formes diverses.

Dans une autre pièce, attenante à ce sanctuaire, la dernière sultane validé, qui est morte pendant son pèlerinage à la Mecque, a l'honneur de reposer à côté de l'aïeule du genre humain.

parables. Avec ses averses formidables, arriva le vent du large, qui se prit à secouer avec rage les branches des plus gros arbres. Bientôt ce fut un ouragan indescriptible, ce que nous nommons un cyclone dans notre langage moderne. Quel réveil de cette nature si placide naguère, avant le péché de l'homme, et qui sommeillait depuis si longtemps !

Tout-à-l'heure encore, dans l'Eden, le long des méandres capricieux des ruisseaux, et dans les bocages enveloppés dans l'ombre des grands arbres croissant sur les rives du fleuve, les lézards inoffensifs couraient sous les pieds, les insectes bourdonnaient autour du front des innocents époux, et les oiseaux gazouillaient au-dessus de leurs têtes. Mais à présent qu'ils sont coupables, à présent que le crime et la mort sont entrés dans le monde, les cocotiers échevelés se courbent sous l'effort de la tempête, l'écume des eaux bondit sur le sable, les brisants qui marquent les rivages de la mer disparaissent sous des vagues monstrueuses qui semblent vouloir envahir l'Asie, et toujours la foudre éclate à travers les hautes montagnes qui hérissent les limites de l'amphithéâtre si pittoresque qui fut le paradis terrestre.

Ce n'était là encore que la guerre des éléments. Mais la guerre des animaux contre l'homme, la guerre des sujets contre leur souverain allait commencer, elle aussi.

Puis viendront les guerres de l'homme contre l'homme, hélas !

Avant tout, nous connaissons tous, et trop ! le terrible drame d'Abel, le premier né d'Eve et d'Adam, tué par son frère Caïn (1).

---

(1) Ecoutons Bossuet, dans son magnifique début du *Discours sur l'Histoire universelle* :

« La terre commence à se remplir et les crimes s'augmentent ; Caïn, le premier enfant d'Adam, fait voir au monde naissant la première action tragique ; et la vertu commence dès lors à être persécutée par le vice. Là paraissent les mœurs contraires des deux frères : l'innocence d'Abel, sa vie pastorale et ses offrandes agréables ; celles de Caïn rejetées, son avarice, son impiété, son parricide et la jalousie mère des meurtres ; le châtiment de ce crime, la conscience du coupable agitée de continuelles frayeurs ; la première ville bâtie par ce méchant, qui se cherchait un asile contre la haine et l'horreur du genre humain ; l'invention de quelques arts par ses enfants, la tyrannie des passions et la prodigieuse malignité du cœur humain toujours porté à faire le mal ; la postérité de Seth fidèle à Dieu. Mais cette dépravation, le pieux Hénoch miraculeusement tiré du monde, qui n'était pas digne de le posséder ; la distinction des enfants de Dieu avec les enfants des hommes, c'est-à-dire de ceux qui vivaient selon l'esprit d'avec ceux qui vivaient selon la chair, leur mélange et la corruption universelle ; la ruine des hommes résolue par un juste jugement de

Une scène sinistre et lugubre, qui se passe dans le voisinage d'Hénochia, la ville, la première des cités, fondée par Caïn fugitif, après son fratricide, comme contraste des scènes bibliques de l'Eden, nous révèlera mieux que toutes choses les résultats du péché...

Il était soir, moment où les jeunes filles avaient coutume de sortir de la ville d'Hénochia, fondée par Caïn, lorsqu'il s'éloigna de son père et de sa mère, après le meurtre de son frère Abel, et qu'il éleva à l'est de l'Euphrate et de l'Eden. Ces jeunes filles allaient puiser de l'eau dans un puits creusé près des portes, sur la route du désert.

En ce temps-là, c'était la coutume des pasteurs d'Hénochia, après avoir ramené leurs troupeaux vers les portes de la ville, de s'arrêter pour les compter. Alors les chèvres fatiguées se couchaient sur le bord du chemin. Leurs mamelles pleines traînaient sur l'herbe.

Les onagres, les chameaux, les dromadaires se roulaient ou se reposaient sur le sable que ne brûlait plus le soleil, et, au signal du pasteur, les troupeaux rentraient enfin dans la ville, pour gagner leurs étables remplies de paille.

Or, les pasteurs ayant fait boire leurs chameaux, leurs onagres, leurs dromadaires, leurs chèvres et leurs brebis, rentraient également, et les derniers mugissements des troupeaux allaient se perdant dans le lointain.

Déjà le soleil avait disparu de dessus la terre; mais ses rayons embrasaient encore le faîte des murailles de la ville de Caïn, et en faisaient des murailles de feu.

Cependant les jeunes filles ne rentraient pas dans Hénochia. Suivant la coutume des femmes de leur peuple, elles étaient vêtues d'une robe et d'un voile de lin blancs.

Elles avaient rempli les urnes et les vases qu'elles portaient sur

---

Dieu, sa colère dénoncée aux pécheurs par son serviteur Noé, leur impénitence et leur endurcissement punis enfin par le déluge; Noé et sa famille réservés pour la réparation du genre humain, voilà ce qui s'est passé en 3636, tel est le commencement de toutes les histoires, où se découvre la toute-puissance et la bonté de Dieu, l'innocence heureuse sous sa protection, sa justice à venger les crimes, et en même temps sa patience à attendre la conversion des pécheurs; la grandeur et la dignité de l'homme dans sa première institution, le génie du genre humain depuis qu'il fut corrompu; le naturel de la jalousie et les causes secrètes des violences et des guerres, c'est-à-dire tous les fondements de la religion et de la morale.

(BOSSUET, *Disc. sur l'Hist. univ.*)

l'épaule, et les déposant à terre, elles se reposaient sur un palmier qui s'élevait là, près du puits.

Quelques-unes des femmes des enfants de Dieu paissaient elles-mêmes leurs troupeaux de brebis, et je les voyais laver dans une fontaine leurs voiles blancs comme la neige.

Les plus jeunes, assises sur leurs urnes pleines, cueillaient des fleurs sauvages qui croissaient à leurs pieds, entre les fentes humides des pierres.

Et elles poussaient des rires bruyants.

D'autres, silencieuses, regardaient le désert au loin.

Dans l'ombre du soir, on entrevoyait les noirs créneaux de la cité d'Hénochia, fille de l'homicide.

Les murailles de cette ville, couleur de rouille, étaient brûlées par le feu du ciel, comme les donjons brunis de l'enfer.

Devant les portes d'orient, croissaient deux palmiers stériles, avec des figuiers, sur une pelouse désolée.

Le désert, des montagnes calcinées, des forêts desséchées, des torrents sans eau entouraient la cité de Caïn.

Hors quelques oiseaux voyageurs, hors quelques colonnes de fumée, tout était désert dans ces parages.

Le vent sifflait sur l'hysope et sur les landes.

Bientôt les lueurs du crépuscule enveloppaient Hénochia.

La lune se leva, comme un globe d'albâtre noyé dans les brouillards. Sa pâle lumière blanchissait les cimes des palmiers.

On n'entendait plus, au loin, que la voix du grillon, dans la gorge des monts; et, dans l'aride campagne, que les coassements des grenouilles.

Alors j'aperçus, dans le creux d'un vallon, un serpent qui déroulait ses anneaux, et qui, dans la nuit sombre, dardait les feux de ses yeux.

Or, en ce moment même, des femmes au visage creusé par la misère et la douleur, venaient au-devant des jeunes filles assises sous les palmiers.

Nul ne voyait le serpent qui s'approchait.

Mais pendant que ces femmes appelaient les jeunes filles, et les engageaient à revenir sous les tentes couvertes de peaux de buffles noirs que l'on voyait à l'intérieur des remparts, le serpent s'était glissé près de l'une de ces filles, enfants de la race de Caïn, qui s'était endormie, assise sur son urne, et le dos appuyé contre le rocher de la source.

C'était un serpent des plus redoutés, un *cobra-di-capello*, qui roulait ses anneaux avec cette lenteur défiante caractérisant les reptiles.

Néanmoins l'animal rampait et s'approchait toujours.

Je voyais le danger. Mais, hélas! que pouvais-je faire? D'ailleurs je me sentais pris de vertige.

Le reptile touchait presque le visage incliné sur l'épaule de sa victime. Une minute encore, et sa dent pointue, son dard cruel, allait verser un poison mortel dans les veines de la pauvre fille.

A cet instant, une des femmes au visage souffreteux aperçut la tête horrible du monstre près de la tête charmante de son... enfant... Elle allait pousser un cri... Mais elle se tut, car c'était l'exposer à faire un mouvement qui l'eût perdue.

Elle pouvait heurter du front ou toucher de la main la tête menaçante, la gueule béante de l'horrible animal, qui, s'animant par degrés, gonflait son cou et l'élargissait d'une façon démesurée.

Alors, faisant appel à son courage, à ce courage de femme qui part du cœur, la mère s'élance vers le *cobra-di-capello*; elle l'excite, en agitant un lambeau de lin, elle attire sur elle-même son attention et sa colère.

Surpris de cette brusque attaque, le reptile, qui se dresse sur la queue, bondit vers la jeune fille.

Celle-ci se réveille soudain. Epouvantée, transie de frayeur, elle pousse un cri qui expire dans sa gorge.

Car l'affreux animal se jette à l'entour de son cou, l'enlace de ses replis, l'étreint avec violence, l'étouffe, lui mord les lèvres, et la sentant tomber inanimée, pantelante, se jette sur la mère, qui veut le saisir, et l'enveloppant de ses anneaux, lui broie les os que l'on entend craquer, et les chairs d'où jaillit le sang, un sang violacé, noir, d'où jaillit la vie, et que remplace la mort...

— Le péché! toujours le péché! s'écrient les autres femmes, filles de Dieu...

Et toutes, jeunes filles et vieilles femmes se hâtent de rentrer dans l'enceinte des remparts d'Enochia (1), pour éviter les étreintes du monstre... Mais elles ne s'éloignent pas sans jeter un regard de compassion sur les deux cadavres des victimes du serpent, qui gonflés déjà par la violence du virus, vont devenir la proie des hyènes et des chacals...

Après les patriarches, dont la longue vie fut sainte et selon le cœur de Dieu, les descendants d'Adam et d'Eve oublient peu à peu leur créateur et leur maître. Ils se livrent à tous les excès, surtout les fils de Caïn, race géante, adonnée au crime. Les Colossiens, c'est le nom que l'on donne à ces familles dégénérées, se livrent à tous les désordres : leurs iniquités montent, montent comme les flots de la mer.

Or, voici une autre scène que j'ai vue. Elle se passe sous mes yeux, non loin d'Hénochia, dans la partie du désert qui conduit aux montagnes de l'Asie centrale.

Ce sont des géants qui en sont les acteurs, car, à l'origine du monde, la terre a porté des races de géants, des familles, des tribus, des peuplades de géants. Ainsi donc prenez bien mon récit pour une vérité, puisque l'Ecriture sainte elle-même, au *Livre des Rois*, nous dit : Il y avait alors des géants sur la terre, etc. (2).

---

(1) Henoch ou Enoch, fils de Caïn, bâtit la première ville avant le déluge. Il la nomma *Hénochia* et l'entoura de remparts et de bastions, dans le but de défier la colère de Dieu. Cette ville était située dans le désert, à l'orient de l'Euphrate. Hénoch était né vers l'an du monde 4729. Les eaux du déluge ne laissèrent pas trace de la ville qu'il avait fondée.

Un autre Enoch, patriarche pieux, père de Mathusalem, vécut vers 4342. Il fut enlevé au ciel, à cause de ses vertus, et ne subit pas la mort.

(2) *Géant*, en latin *gigas*, terme d'origine grecque, formé de *gê*, terre, et de *gaô*, je nais, c'est-à-dire *fils de la terre*, en hébreu *nophel* et au pluriel *néphilim*, exprime un homme qui dépasse de beaucoup la taille ordinaire de la race humaine.

La Phénicie fut particulièrement féconde en hommes de haute taille.

Mais, au commencement du monde, dans la descendance de Caïn il y eut une **race** entière de géants. L'Ecriture leur donne les noms de *Néphilim*, ceux qui terrassent ; de *Réphaïm*, ceux devant lesquels nous tombons en défaillance ; d'*Emim*, les terribles ; de *Gibborim*, les forts.

Les Néphilim vivaient avant le déluge.

Les Emims, anciens habitants du pays de Moab, avaient tous des proportions démesurées. Ils faisaient partie intégrante des Réphaïm, les premiers possesseurs connus de la terre de Chanaan.

Les Enakim ou fils d'Enak, dans la Palestine, étaient d'une taille si effrayante, que les éclaireurs de l'armée de Josué rapportèrent « qu'ils avaient vu un peuple devant lequel ils n'étaient que comme des sauterelles. »

En faisant ici la part de l'exagération, des peurs paniques, il semble, d'après le témoignage de l'Ecriture et des historiens, que cette race d'hommes géants appartenait

En ce temps-là, les géants se rassemblaient dans les blanches solitudes pour s'y livrer à leurs joies et à leurs fêtes. Mais, un matin, ils presque exclusivement à la Palestine, où naquirent Og, fils d'Enak, roi de Basan, dont le lit avait plus de quinze pieds, et Goliath, haut de six coudées et une palme.

Voici, à ce sujet, le verset précis du *Livre des Rois* :

« En ce temps-là, il y avait des géants sur la terre, et aussi depuis que les enfants de Dieu s'allièrent avec les filles des hommes. »

Parmi les géants dont parle l'Ecriture, les plus fameux sont Nembroth ou Nemrod, l'ardent chasseur, qui fonda Babylone et Ninive;

Og, roi de Basan, qui fut exterminé, ainsi que tout son peuple ;

Les fondateurs de la ville d'Hébron, surnommée la *Cité des Géants*, et les hommes de guerre Achiman, Sisaï et Tholmaï.

Croira-t-on qu'un érudit n'a pas craint, dans un tableau spécial, dressé par dates et générations, d'assigner à Adam une taille de 123 pieds 9 pouces, et à Eve celle de 118 pieds 9 pouces 3/4, — le chroniqueur a oublié les lignes? — De cela, notre savant établit une règle de proportion entre la taille des hommes et celle des femmes, à raison de 25 à 24. Cette taille démesurée alla, selon lui, toujours en dégénérant. Noé avait déjà 20 pieds de moins qu'Adam ; Abraham n'en avait plus que 28 ; Moïse 13 ; Hercule 10, et ainsi jusqu'à Jésus-Christ, époque où heureusement pour nous et pour notre postérité, s'arrêta cet appauvrissement de l'espèce humaine.   (*D. Baron.*)

A l'endroit de la taille gigantesque d'Adam et d'Eve, les habitants de Djeddah, ville assise sur les bords de la mer Rouge, partageaient la croyance de l'halluciné dont il est question dans la note précédente, puisque dans le cimetière de la localité on montre le tombeau de notre mère Eve, qui ne compte pas moins de 160 mètres...

A l'occasion des géants, ajoutons encore qu'il est, dans les Pyrénées, entre Cauterets et Saint-Sauveur, un village, du nom de Saligos, — honni soit qui mal y pense! — lequel fut habité jadis par des géants. Toutes les exhumations qui ont lieu par hasard rendent à la lumière des ossements supérieurs de beaucoup à notre taille ordinaire. Examinés de près et étudiés par des savants, ces ossements sont reconnus comme ayant appartenu, non pas à des mastodontes ou autres colosses, mais parfaitement à des humains.

Au commencement des temps et dès l'origine du monde, Dieu, comme nous le voyons dans le cours de cet ouvrage, avait créé des animaux gigantesques, effrayants, tellement horribles que la nature en a eu honte et les a voués au néant. C'était assurément un essai de la part du Créateur.

Pourquoi n'aurait-il pas produit aussi des races géantes parmi les hommes?

Ces races se sont éteintes heureusement, car elles ne pouvaient être agréables à la vue, ni dans les rapports sociaux, car les géants d'autrefois étaient tous des hommes cruels, violents, d'une superbe incomparable. Ceux d'aujourd'hui, qui ne sont plus que des phénomènes très rares et des oublis de la nature, en outre de leur laideur, sont d'une étrange stupidité. La matière domine, et l'intelligence ne se produit aucunement.   A. D.

Ne quittons pas, sans l'épuiser, la question des géants, qu'il s'agisse des géants de l'origine du monde, ou des géants inventés par l'imagination des peuples anciens. Ce travail épuisé, même mythologique, nous n'aurons plus à y revenir.

Ce qui frappa sans doute l'esprit de certains hommes, ce furent certainement ces monstrueuses images d'hommes, ces statues colossales de pharaons, qui dominaient, comme des montagnes, les avenues des temples de Memphis et de Thèbes. Telle était celle d'Osymandias, dont un pied seul avait sept coudées de longueur.

Aussi, ces hommes-colosses d'abord, puis les géants de la Phénicie, de la terre de Chanaan ou Palestine, impressionnèrent vivement l'imagination des Grecs, qui donnèrent bien vite place aux géants dans leurs mythes.

se dirent les uns aux autres : Bathuel est mort!... Samson expirait tout-à-l'heure, Ismahel n'est plus depuis hier !...

Ces êtres monstrueux sont au premier plan dans l'histoire de leurs dieux. Ils les font enfants du Ciel et de la Terre.

Leur poète, Hésiode, en fait naître du sang qui jaillit de la blessure d'Uranus, *Ouranos*, Ciel, mutilé par ses enfants.

Mais bientôt les convulsions géologiques du voisinage de Thèbes, d'Athènes, d'Argos ; les monts Olympe, Ossa, Pélion, et autres, incessamment foudroyés ; les antres des vallées pullulant de reptiles éclos des fanges du déluge partiel de la Grèce, toutes ces images terribles fermentent dans ces cerveaux helléniques, et les voilà personnifiant jusqu'aux roches inorganiques.

A plusieurs d'entre elles, ils assignent un être monstrueux dans la nature, malfaisant et furieux. Des pierres, ce peuple de poètes fait leurs os ; des exhalaisons, des flammes souterraines ; des vents embrasés, il fait leur haleine ; des forêts, leur chevelure ; des torrents, leurs cent bras ; et des dragons rampants leurs jambes.

C'est après la guerre des Titans, famille illustre, originaire de Crète, et divisée entre Saturne et Jupiter, que ces sublimes menteurs, les poètes grecs, font naître aussi du Ciel et de la Terre, les géants Encelade, Polybotès, Alcyonée, Porphyrion, Ephiaste, Othus, Eurythus, Clytius, Tityus, Pallas, Hippolytus, Agrius, Thaon, Egion ou Briarée, qui a cent bras et cinquante têtes, les deux Aloïdes, et Typhon, le plus redoutable de tous.

Pallène, péninsule des côtes de la Macédoine, retraite de Protée et de ses phoques, les champs phlégréens du voisinage de Cumes et de Naples, les plaines de la Thessalie, au nord de la Hellade, tels sont dans leurs bons jours la demeure de prédilection de ces géants. C'est de là que la Terre, leur mère, irritée de les avoir vus vaincus une première fois, les lance sur le mont Olympe, où ils assiègent Zeus, l'usurpateur, le Jupiter Crétois, venu prendre possession de ces sommets flamboyants.

Leurs armes sont des roches qu'ils détachent, des arbres qu'ils déracinent, les monts Pélion qu'ils entassent sur l'Ossa, après l'avoir arraché aux fondements de la terre.

Zeus ou Jupiter est prompt à la riposte, mais son artillerie éthérée ne prévaut pas. Les dieux, qui sont blottis derrière lui, prennent la fuite et vont se cacher en Egypte sous la figure d'animaux. Ces divinités ne sont que de faibles chefs que ce roi-dieu a sous ses ordres. Mais bientôt il appelle à lui Hercule-Alcide, — le chef-fort, — et les géants défaits sont ensevelis sous les rocs mêmes qu'ils lancent : Encelade, sous les laves de l'Etna ; Typhon, sous les blocs noirs d'Ischion, Ephiaste, Briarée, etc., tous livrés à des supplices ou à la mort.

Typhon, un de ces géants, génie du mal chez les Egyptiens, est opposé à Osiris, le génie du bien. Nous l'avons dit ailleurs.

Mais, ici, ajoutons que ces deux principes incontestés, entre lesquels les prêtres de Memphis avaient établi une lutte, furent le type moral, sévère et même lugubre sur lequel les poètes hellènes formulèrent leur fable si amusante de la guerre des Géants.

Osiris était dieu et roi de l'Egypte.

Zeus, ou plutôt Jupiter, était dieu et roi de Crète.

Or, la guerre que Jupiter, roi de Crète, eut à soutenir contre les Titans, famille puissante du pays, a fait tomber dans l'erreur poètes et mythologues.

D'autres veulent que les Géants aient été des brigands cruels, irrités contre la civilisation naissante, et que Jupiter de Crète vint châtier dans leur pays même, en Thessalie. Ils disent que ce roi et ses chefs se fortifièrent, sur le mont Olympe ceux-ci, ceux-là sur Ossa et Pélion. Une partie de ces brigands étant tombés écrasés ou

Et une autre voix disait : Une femme est tombée à terre près de moi, ce matin. Le fléau a fondu sur elle avec une grande violence; ses ongles, ses lèvres ont noirci comme le charbon; un froid a suivi, et elle a expiré dans les chaleurs.

En effet, paraît-il, pendant la nuit un vent brûlant avait commencé à souffler sur le désert. Et, dès le lendemain, au milieu de la chaleur du jour, les géants, pêle-mêle comme des troupeaux immondes, tombaient sur la poussière, en se tordant dans les rues de leurs campements, comme sur les places d'Hénochia.

Et le souffle de la contagion s'échappant des cadavres, dès le premier jour il y eut cinquante morts, cent le jour d'après, puis trois cents, puis mille, puis deux mille, puis six mille.

L'air était lourd et impur. La face du soleil n'apparaissait plus que couverte de taches sanglantes. Au moment de se coucher, il ne dardait sur la mer que des rayons d'un feu terne, comme un reflet de l'enfer. Les vapeurs du sol, rouges et cuivrées, semblaient pétrifiées, dans le ciel morne.

Parfois, la foudre sillonnait les crevasses qui s'allumaient subitement comme un océan de feu. Les flots rougissaient ainsi que du sang. L'homme respirait dans une atmosphère semblable à du métal fondu, et le malade étouffait sous ces exhalaisons empestées par l'odeur de la mort.

Des traîneaux de platane et de cèdre, remplis de corps, conduisaient sans fin les victimes de la peste, à la nuit tombante, à leur dernière demeure. En avant, des Colossiens portaient des lampes faites avec des coquillages, des urnes remplies de parfums, et des sapins embrasés pour chasser l'odeur infecte.

Au loin, dans le désert, on avait tracé une enceinte formée de quar-

---

plessés sous les rochers de ces montagnes, les poètes encore feignirent que les uns avaient été précipités dans le fond du Tartare, et les autres ensevelis vivants dans le sein de la terre.

Le berger Polyphème, dans l'*Odyssée* d'Homère, est un diminutif des géants thessaliens, comme ce poème lui-même est un diminutif de l'*Iliade*. Polyphème est le type des ogres, dont nous fatiguons les oreilles de nos enfants.

Orion, Antée, Hercule, Hyllus, son fils, Cécrops, Ajax, Eryx, Oreste, Pallas, fils d'Évandre, Géryon de Gadès, les Cyclopes dont les colossales constructions, en Grèce et en Italie, sont appelées, de leur nom, *cyclopéennes*, après les terribles assaillants de l'Olympe, passaient pour les hommes de la plus haute taille de l'antiquité.

(*D. Baron.*)

tiers de roches. C'était là qu'on rendait les victimes à la terre. On y voyait des tombes colossales en marbre noir. Au sommet de quelques tours de mausolées, des cigognes avaient placé leurs gros nids, et l'on entendait des rossignols pleurant sur les ifs et les mélèzes qui ombrageaient les gazons.

De là on voyait la mer, comme je la vois moi-même du haut de notre mystérieux véhicule, tantôt sombre et orageuse, d'autres fois azurée, et des montagnes arides et nues, tantôt sous une pluie d'orage, tantôt étincelantes des rayons du soleil, qui gercent leur sein noir et brûlé.

Or, c'était là que l'on avait creusé une fosse commune, là que les traîneaux faisaient glisser leurs faix de morts, là que roulaient ensemble, avec un bruit sinistre, face contre face, pères et fils, mères et filles, frères et sœurs, comme les glands détachés de l'arbre par le vent du nord.

En ces temps-là, Noé, venant des rives de l'Euphrate et du Tigre, vint et s'assit sur une pierre, à l'ombre d'un palmier, sur le bord du chemin, non loin de la porte du cimetière.

Son âme était pleine d'amertume, tant il gémissait sur les malheurs des hommes, tant il pleurait sur leurs crimes, causes de leurs calamités.

A ses pieds gisait le corps d'une jeune fille morte dans une grande douleur; plus loin, gisaient d'autres cadavres de jeunes hommes, de vieillards, de femmes, d'enfants, surpris par le mal et enchaînés par la mort.

Alors levant tout-à-coup ses yeux devant le désert, Noé sentit vibrer en lui l'inspiration prophétique, et il dit d'une voix qui mugissait sur le monde comme le ronflement sinistre d'une mer orageuse :

— Fais silence, terre; monde, prête-moi l'oreille...

Géants, enfants de la nuit et de l'erreur, le moment de votre ruine est proche. La milice de la vengeance divine se rassemble dans la vallée de Gehenne, elle se réunit au son d'une trompe retentissante.

La colère du Créateur ne connaît plus de limites. Il dit, le Seigneur, il dit :

« Mon glaive a besoin de sang, sa soif est ardente, et l'espace immense que j'ai creusé dans les enfers va se remplir.

» J'ai appelé mon coursier et je lui ai montré l'orbe du globe, et je lui ai dit : Chausse les fers de l'extermination, et parcours la terre de l'orient à l'occident, et que la désolation retentisse sous tes pas!

» J'attacherai des ailes à tes reins et des haches à tes jambes.

» Vath, mon cheval de l'arsenal de Sabaoth, Vath!

» Appuie tes fers sur le crâne des peuples et des géants, comme sur un vase d'argile qui éclate!

» Vath, mon coursier exterminateur, cours, vole, détruis, ravage. J'ai commandé à mes anges de planer sur toi, et de jeter sur ton passage des éclairs et des couronnes de nuées sanglantes.

» Pour moi, je suis celui qui suis!

» Et puisque l'homme ne veut plus m'obéir, qu'il meure!

» Que les générations, et les peuples, et les enfants des peuples, apprennent mon nom par le sang, puisqu'ils n'ont pas voulu le connaître par l'amour!

» Vath, mon coursier de l'arsenal de Sabaoth, Vath!.. »

Et le cheval est parti, rapide comme l'éclair.

Ecoutez, écoutez!.. Entendez-vous les gémissements qui s'élèvent sous ses pas?.. Les générations tombent sous les coups comme les épis sous la faucille. Les géants sont balayés comme la paille dans l'aire.

Les mondes, les astres sont plongés dans l'épouvante.

Et quand le coursier va passer, il n'y aura plus à différer de se convertir au Seigneur!...

Ainsi parle Noé. Mais nul ne l'écoute parmi les jeunes hommes et les jeunes femmes qui errent à l'aventure sous les cèdres.

Le soleil, de ses derniers rayons rougissait le feuillage des arbres et l'arène fine et blonde du désert. Et quand la nuit fut tombée, le patriarche s'endormit sous un platane.

Un rossignol qui avait coutume d'y mettre son nid chantait avec mélodie. Ce chant le réveilla. Il se mit debout, reprit le bâton blanc du voyageur, et retournant sa face vers la terre d'Eden :

— Allons! dit-il, Dieu m'appelle, l'arche m'attend, tout est prêt pour la mort des hommes, allons! J'entends le vent qui se déchaîne;

voici les nues qui se forment; les pluies vont tomber. Je n'ai que le temps de rejoindre les miens.

Puis viendra le Déluge!...

. . . .

. . . .

En effet, le Diluvium, le grand Diluvium a eu lieu. Il a étendu partout ses ravages, et tout ce qui avait vie, hommes, animaux et végétaux, a péri dans les abîmes de ses eaux.

Le ciel offensé a tiré vengeance de la terre coupable!

Toutes choses sont transformées sur la surface du globe. Les magnificences du monde récemment créé ne sont plus!

Cependant Dieu laisse encore à notre sphère des beautés qui feront le charme et la joie de ses nouveaux habitants.

J'en veux pour preuve l'admirable vallée du Jourdain, qui va devenir la terre de Chanaan, qui sera ensuite la terre promise, puis qui s'appellera la Judée, mais dont le nom sacré, béni de tous les âges et vénéré de toutes les générations futures, sera celui de TERRE SAINTE, et qui se nommera enfin la Palestine (1).

Des trois provinces dont se composera la Terre Sainte, la Judée au midi, la Samarie au centre et la Galilée au nord, certes! c'est la Galilée, comme berceau de l'homme-Dieu, et la Judée, comme son tombeau, que je désire le plus connaître.

---

(1) *Chanaan* est l'ancien nom de la Phénicie et de la Palestine, habitées autrefois par les descendants de Chanaan, fils de Cham, et petit-fils de Noé.

Ce nom de Chanaan ne se trouve pas seulement dans l'Ecriture sainte, mais aussi sur les monnaies phéniciennes.

Selon un passage des écrits de saint Augustin, ce nom n'était pas inconnu des Carthaginois. « Des paysans, dit le pieux évêque d'Hippone, des paysans des environs de Carthage, près d'Hippone, interrogés d'où ils étaient, répondirent qu'ils étaient *Chanani*, c'est-à-dire Chananéens.

La division et les limites du pays de Chanaan varient suivant les différentes époques de son histoire. Avant l'invasion des Hébreux, on ne comprenait sous le nom de Chanaan, proprement dit, que le pays à l'ouest du Jourdain.

Selon la *Genèse*, il s'étendait de Sidon à Gaza et aux environs de la mer Morte. Il était habité par plusieurs peuplades d'ailleurs peu connues, les Héthites, les Gergésithes, les Amorithes, les Chananites, les Phérésites, les Hérites, les Jébusites, les Philistins, et quelques autres de moindre importance. Sous Josué, les Hébreux expulsèrent la plupart de ces peuplades. Depuis, Chanaan est appelé le pays d'Israël.

Dans certaines pages de mes récits, j'ai parlé de la Judée : ici, la Galilée seule occupera mes souvenirs (1).

Qu'ils sont splendides ces souvenirs! Ils brillent dans mon imagination de tous les plus étincelants rayons du soleil d'Orient.

Tout d'abord on est initié à la féerie de ces paysages par les sites étrangement pittoresques des montagnes du Liban. Nous nous trouvons tous subitement impressionnés par les gorges étroites, les cimes arrondies de l'Anti-Liban. De ces hauteurs chargées des cèdres merveilleux qui les couvrent, le regard plonge bientôt sur une vaste plaine allongée, dont l'extrémité la plus lointaine et la plus basse est occupée par les marais et le lac de Houleh, les *eaux de Méroum* de l'Ecriture. Au nord, cette plaine est fermée comme d'une longue muraille par les derniers contreforts de l'Hermon. Mais ce mur naturel est brusquement divisé par deux déchirures perpendiculaires si rapprochées l'une de l'autre, qu'il ne reste debout, entre deux profonds ravins, qu'un cône de 300 mètres d'altitude, couronné de massifs rocheux des plus fantastiques.

Partout le paysage est accidenté, arrosé de filets d'eau qui tombent

---

(1) La *Galilée* signifie la *frontière*, en langue hébraïque. Elle était divisée en haute et basse, séparée par le torrent de Taël, qui courait d'orient en occident. Ses villes principales étaient Capharnaüm, Tibériade, Besera, Sarepta, Corozaïm, Cana, Nazareth, Japha, Dothaïm, Thabor, Béthulie, Naïm, au pied du mont Carmel, sur la mer, Esdrelon, etc.

Ce fut dans la Galilée, où s'étaient réfugiées toutes les familles restées fidèles aux vieilles croyances de Jacob, que se passèrent les plus grands événements qui ont précédé et saivi la venue de J.-C. et changé la face de la terre en la plaçant dans la véritable voie de la civilisation. Les prophètes, les disciples du Sauveur, les apôtres sont sortis en effet des villes de cette contrée. Avant de les porter ailleurs, ils y ont répandu leurs doctrines, et c'est dans cette province que s'est formé le noyau des fidèles qui ont constitué l'Eglise du Christ.

La mer de Galilée, ou lac de Génézareth ou de Tibériade, a dix-huit lieues de circonférence. Elle est traversée par le Jourdain. Les eaux de cette mer ont autant de profondeur que celles de la Méditerranée ; mais elles sont douces, quoique un peu saumâtres. La plupart des poissons qu'on y pêche lui sont particuliers : ils sont très recherchés pour la table. Ses rivages pittoresques sont très peuplés et très fréquentés par les Arabes.

C'est dans la Galilée que se trouve le mont Carmel, dont les flancs sublimes ont été si souvent chantés. Le prophète Elie habitait l'une de ses très nombreuses grottes, et elle reçoit de nos jours la visite des touristes.

La Galilée assurément n'a plus l'importance qu'elle eut autrefois ; elle manque d'industrie et de civilisation : mais la nature de son climat et la fertilité de son sol en font un très heureux pays. (S. A.)

en cascades, ombragé de chênes et d'oliviers entremêlés de myrtes et d'aubépines.

Le point intermédiaire entre les chaînes des Libans et la région basse de la Galilée, qui commence à ces murailles de granit, sera un jour la limite septentrionale des conquêtes de Josué sur les peuples de Chanaan, et partant des deux royaumes de Juda et d'Israël.

Dans le mur naturel que je signale s'ouvre une grotte, et de la grotte sort une eau limpide qui n'est autre que le Jourdain, *Yordan*, celui qui descend. Et, en effet, nulle part l'antiquité ne montre aucun fleuve dont la pente soit aussi rapide, plus sinueuse, plus assujétie à de perpétuels détours. De sa source à la mer Morte où il se jette, le Jourdain compte vingt-sept rapides. Précisément à cause de cette rapidité vertigineuse, ce cours d'eau ne baignera jamais aucune ville; tout au plus arrosera-t-il le pied de quelques chétifs hameaux. Il n'en sera pas moins la grande artère de la contrée juive (1).

Je suis en extase devant cette source du Jourdain. Un pont naturel de rochers enguirlandés de plantes grimpantes très touffues et du plus beau vert, le ravin abrupt et irrégulier dans lequel s'écoule en murmurant le ruisseau torrentiel qui va devenir fleuve, la solitude incomparable, le ciel d'un bleu tel qu'on ne retrouve cette couleur nulle part ailleurs, tout attire sans fin les yeux. Je vois avec bonheur que mes compagnons de voyage ont peine à s'éloigner de cet obscur coin du monde ; mais c'est que ce coin du globe est la limite char-

---

(1) En Galilée, les monuments qui rappellent Jésus sont les montagnes, le vaste lac de Tibériade, ces arbres, ces fleurs qui lui ont prêté tant d'emblèmes charmants et de paraboles pleines de vie. De nos jours, cette belle nature n'a rien perdu de sa puissance ni de sa poésie. Tandis qu'à Jérusalem quelques oliviers et des rochers innombrables sont tout ce qu'on voit, arbres au terne feuillage et pierres que le soleil a lentement brunies, la Galilée, plus fraîche, a des collines arrondies, des herbes hautes et épaisses, des eaux vives, les unes courantes, les autres souvent agitées par de grands coups de vent. Les animaux mêmes, renards, aigles ou petits oiseaux, tout, jusqu'au ciel empourpré du couchant, rappelle les paraboles de l'Enfant de Nazareth.

De tous les souvenirs des Romains à l'endroit de la grotte d'où sort le Jourdain, grotte de Banias, il ne reste aujourd'hui qu'un monceau de décombres qu'il serait très intéressant de fouiller. Il est possible que cette source, où l'on faisait disparaître les victimes, et où sans doute, selon l'usage romain, on jetait des monaies et d'autres offrandes, recèle bien des objets curieux dans les profondeurs d'où elle jaillit.

Banias a eu un temple de Pan et d'Auguste. Puis ce village a possédé une église, et c'est là, dit la tradition, que Jésus guérit la femme qui avait touché si timidement le bord de son manteau. (*D'après M. A. C.*)

mante entre les Libans et le sol classique qui vit naître le Sauveur !

Certes, nous sommes en Orient, au pays du soleil : je me sens calciner par ses feux brûlants, et je respirerais avec peine cette atmosphère de fournaise, sans l'indicible volupté des eaux courantes que borde une fraîche et exquise végétation. Les feuillages plantureux exercent toujours une irrésistible attraction sur le voyageur haletant.

Nous passons au-dessus du bois de jujubiers, puis sur une forêt de chênes verts qui couvre le penchant d'une colline. A nos pieds se déroule la longue vallée du Jourdain ; puis nous avons la vue du lac Houleh, semblable à une lame d'argent, tout encadré d'herbages paludéens.

Vient ensuite une contrée des plus tourmentée : elle longe des vallées profondes, larges en haut, mais dont la base se réduit au lit étroit et tortueux de quelque mince filet d'eau.

Je suis impatient de voir le lac de Génésareth. Le voici qui se présente enfin, s'étendant au loin devant nous. Il déploie majestueusement sa large couronne de collines et prend peu à peu la forme d'un vaste trapèze. On voit avec admiration l'eau d'un bleu de ciel limpide réfléchir dans tout son éclat le beau ciel pur qui resplendit sur nos têtes.

A ma demande de louvoyer le plus longtemps possible sur ces charmants rivages, mon oncle répond par le consentement le plus gracieusement octroyé. Tantôt notre esquif chevauche sur ces galets, tantôt il jette l'ancre en face des plus délicieux paysages. Sur le midi, le bleu de la petite mer se convertit en un vert magnifique, tout à la fois transparent et foncé. La masse de ses eaux ressemble à une immense émeraude ; c'est avec une indicible volupté que le regard plonge dans ses profondeurs lumineuses et fortement colorées. Quand le soleil cesse de darder d'aplomb ses rayons, la nappe d'eau change encore de nuance par degrés. Vers la fin du jour, un bleu indigo très sombre, tirant sur le violet, envahit toute la surface. Quand enfin le soleil disparaît, cette même surface prend une teinte vague entre le gris et le vert d'eau, qui rappelle la première nuance du matin.

Nous restons en panne toute la nuit, qui est splendidement éclairée par les plus admirables constellations du sud. Je sommeille encore, lorsqu'une clarté diffuse révèle tous les objets aux regards, et annonce l'approche de l'aurore. Le coteaux, qui nous dérobent encore l'apparition du soleil, sont surmontés de nuages très sombres. Bientôt cependant le haut de ce rideau noir se frange de blanc ; cette bordure s'élargit et s'argente ; puis elle apparaît toute dorée ; enfin elle s'empourpre et se couvre du rouge le plus ardent.

Tout-à-coup, au milieu de cette pourpre, scintille une véritable fournaise. Un moment après, ce brasier lance deux rayons qui jaillissent à droite et à gauche, en s'élevant et en s'élargissant de plus en plus. Ces deux foyers s'étendent en tout sens et courent allumer partout l'incendie. Alors, du bandeau de nuages noirs déchiré, transpercé par mille feux, il ne reste que des lambeaux épars, semblables à des flocons de ouate imprégnés de soleil.

Derrière nous, les brumes légères de l'occident se teignent de reflets roses et orangés ; le lac de Nazareth passe déjà du gris-perle à un blanc presque pur ; puis, comme un miroir profond, il réfléchit le jaune d'or, le rouge éblouissant, la fournaise incandescente, le tout haché, découpé par les brises fraîches du matin en mille lamelles qui tremblent et qui scintillent.

Que j'aurais souhaité errer, en les foulant du pied, dans les sentiers, les contours, les rives des anses et les points culminants des promontoires de ce lac de Tibériade. L'Evangile à la main, j'eusse dit alors :

— Ici s'élèvera la ville de Nazareth. Sous ces palmiers surgira la pieuse maison de Marie, et c'est là que l'ange Gabriel lui annoncera la venue du Messie !

Là, se trouvera Cana, et c'est en face de ce petit golfe que seront célébrées les noces où le fils de Dieu suivra sa mère pour accomplir son premier miracle.

Voici le mamelon de la plaine qui portera un jour Capharnaüm, et, dans ses murs, plus d'un prodige démontrera la divinité de celui qui en sera l'auteur.

C'est dans cette solitude, au bruit léger des flots frémissants, que l'on prêtera l'oreille au *sermon de la montagne* ; c'est sur cette partie de la côte que seront énoncées les *Béatitudes*.

Plus loin, la multitude des nouveaux disciples du Christ assistera à la *multiplication des Pains* et au *miracle des Poissons*.

Cette mer de Tibériade verra la *Pêche miraculeuse;* ce sont ses flots qui produiront la tempête qui effraiera les apôtres, pendant que le Maître fermera les yeux.

Si vous saviez, ami lecteur, comme est vivifiant l'air de ces montagnes de la Galilée! Si vous saviez comme sont aromatiques les hautes herbes de ses vallées. Oh! c'est qu'un Dieu portera là ses pas; c'est que sur ces collines et aux échos du lac il prononcera et fera entendre le sublime *Pater noster !* Comment voulez-vous que ces anémones écarlates et ces charmantes fleurs des champs ne lui inspirent pas ses paraboles et ses comparaisons?

Je voudrais vous parler du mont *Thabor*, dont les flancs sont revêtus d'une végétation si vigoureuse; je voudrais vous en signaler les gros chênes à très gros glands. Je voudrais vous dire aussi qu'une tradition peu certaine affirme que sous les fouillis de broussailles enchevêtrées qui poussent sous ces chênes, Caïn, le premier meurtrier, erra longtemps, comme une bête fauve, caché sous ces épais buissons.

Puis, de l'emplacement de Nazareth, par la vaste plaine d'Esdrelon, je voudrais aussi vous conduire sur le mont *Carmel*, qui n'est autre qu'un cap, à l'extrémité d'une baie arrondie, en face de la Méditerranée.

Le Thabor, dont le nom veut dire le *Paradis*, qui a mille mètres de haut et affecte la forme d'une cloche gigantesque, fut témoin de la Transfiguration de Jésus.

Le Carmel, qui signifie *parc de Dieu*, de mille mètres d'altitude également, fut la demeure du prophète Elie, et, je vous l'ai dit, on y voit son ermitage, qui n'est autre qu'une grotte.

Mais je ne puis vous arrêter trop longtemps sur ces admirables scènes bibliques des deux Testaments.

Enfin, vous faisant passer avec moi au-dessus de Naïm, du mont Gelboë, des vignes d'Engaddi, de la vallée d'Endor, du ruisseau dans lequel David choisit les cailloux destinés à sa fronde pour lutter contre Goliath, je voudrais aussi vous conduire à Jérusalem...

Jérusalem, Bethléem, le mont des Oliviers, le Golgotha! Reconnaissez-le avec moi, et, ensemble, publions-le bien haut : Il y a des lieux sur la terre qui semblent avoir leurs destinées; ce sont les sites où se sont accomplies les grandes phases de l'humanité! Le drame inaugure la scène, et quand les personnages ont disparu, l'imagination, qui cherche longtemps leur trace ou leur ombre, s'attache aux lieux qu'ils ont habités, les visite, les décrit, les raconte, quelquefois les consacre, et ramène sans cesse la pensée des générations sur tout ce qui reste des plus grandes choses humaines après quelques siècles.

Un monticule, comme à Troie;

Un débris de temple, comme à Athènes;

Un tombeau, comme à Jérusalem.

Ne pouvant vous le montrer dans tout son développement, laissez-moi l'analyser pour votre satisfaction.

Le paysage qui entourera la future Jérusalem est un cadre solennel et grave. Je l'ai déjà dit peut-être, mais j'aime à le répéter : ce cadre est solennel et grave comme la pensée que cette ville éveille. Du sommet de Sion, l'œil descend sur la sombre et ardue vallée de Josaphat. Au fond de ce ravin, sur la droite, quelques bouquets d'arbustes, un peu moins gris que le reste, secouent la poussière de leurs feuilles sur le filet d'eau qui s'échappe de la fontaine de Siloë. En face, noire muraille de rochers à pic. C'est là que seront creusées des grottes, dans le roc vif, pour servir de tombeaux. En suivant la pente de cette vallée, qui roule en s'élargissant, le regard passe entre les cônes multipliés des montagnes sombres et nues qui signaleront un jour Jéricho et S. Sabas. Au-delà, à un horizon de sept ou huit lieues, on voit resplendir la mer Morte, éclatante et lourde comme du plomb nouvellement fondu. Enfin, elle est encadrée elle-même par la chaîne bleue des montagnes d'Arabie.

Tout est silence, immobilité, désert! aucun nuage n'y traverse le ciel; on n'y entend que le bruit de ses pas. Les grands aigles des pics décharnés de la Judée y tournoient seuls sur votre tête, et font courir par moments l'ombre de leurs ailes grises sur le flanc rapide des coteaux. De loin en loin, l'œil s'arrête sur un figuier aride que le vent a poudré de sable. Quelques chacals au poil fauve, qui se glissent entre les monticules de pierres roulantes, poussent de lamentables hurlements. Tel est l'aspect du site qui deviendra trois fois saint.

Ah! l'éternel soupir du Calvaire semble déjà sortir de cette terre où tombera le sang du Juste. Aussi son âme, en s'exhalant dans le sein de son Père céleste, laissera à tout jamais dans ce lieu vénéré comme l'écho d'une longue prière sans fin!

LES GRANDES SCÈNES

DE LA NATURE PRIMITIVE.

Impressions nouvelles. — Pourquoi l'on prononce le nom de Pic de la Mirandole. — Ascension perpendiculaire. — Aspects de la solitude. — Où il est question de volcans primitifs qui n'ont été en activité qu'aux temps antéhistoriques. — Comment on prouve qu'ils ont brûlé. — Vestiges de leur ignition. — Pour quel motif l'histoire n'en dit mot. — Description des volcans de l'Auvergne. — Grandiose illumination de soixante cratères. — Tableau nocturne. — Puy-de-Dôme. — Les volcans éteints dès l'origine du monde. — Monts Dore. — Perspectives incomparables. — Ce que c'est que la Limagne. — Poésie du matin. — Un fleuve d'or dans les cieux. — Bipèdes et quadupèdes. — Flore du pays. — Le pic de Sancy. — Cratères changés en lacs. — Eruptions pyroxéniques. — Gorge d'Enfer. — Dernier mot sur les volcans antéhistoriques. — Où l'on s'achemine vers l'Orient. — A quel propos il est question du site qu'occupe Rome. — Les collines volcaniques de l'Agro-Romano, et le cratère du volcan devenu le Forum. — Transformations du globe aux origines du monde. — Un coin de notre sphère nous atteint par le Diluvium. — Etrange et sinistre agglomération d'horribles animaux. — Les monstres antédiluviens. — Epouvante du héros de ce livre. — Détails préliminaires. — Un oiseau effrayant. — Vision d'une chauve-souris gigantesque. — Ptérodactyle. — Mammifère colosse. — Dinothérium. — Ce qu'on entend par fossiles. — Epoques géologiques. — Sauriens titaniques. — Géosaure. — Un lézard de 80 pieds. — Plésiosaure. — Un poisson comme on n'en voit plus. — Ichtyosaure. — Mastodontes et mammouths. — Anoplotherium et Palœotherium. — Une sirène problématique. — Bataille de géants incomparables. — Où la mort remplace la vie.

Ai-je déjà fait plusieurs excursions dans le domaine des temps antiques? je ne saurais l'affirmer. Tout ce que j'ai déjà vu se confond sans interruption dans ma mémoire. Il est probable cependant que j'ai dû lever l'ancre et évoluer plus d'une fois dans l'espace, car tout au moins je me souviens de plusieurs départs.

Ce que je sais, et je m'en réjouis! c'est que tout ce que j'ai déjà vu... demande une suite, exige une fin. Or, suite et fin viendront assurément.

Cette fois, c'est sur l'un de ces départs que je veux porter mes souvenirs rétrospectifs. Car j'ai l'impérieux besoin de revoir, et celui non moins impérieux de vous raconter, cher lecteur, les scènes, les grandes scènes de nature dont je fus alors témoin.

Vous ne vous figurerez jamais combien j'étais ému quand je devinais, quand je sentais que mon pied quittait la terre, et que ma tête et mon corps s'élevaient dans les airs, les cheveux lutinés par la brise de nuit, les yeux plongés sur l'immense planisphère du monde dont je m'éloignais, pour courir vers l'inconnu. Chaque objet se détachait alors, dans l'ombre transparente, ou sous les rayons de la lune, en couleurs plus foncées; les champs prenaient l'apparence d'échantillons de toutes les nuances; les parties sombres indiquaient les bois et les taillis; les animaux ressemblaient à des insectes.

Alors mon sang de s'enflammer, mes tempes d'être martelées avec violence par les battements qui montent du cœur; ma pensée de bondir en face de mes visions chéries, et des aventures d'une expédition mystérieuse. Peu m'importait, certes, qu'elle se fît par aviation, magie, sortilège, somnambulisme ou toute autre diablerie! L'important pour moi c'est que j'allais jouir d'enchantements sans nom, d'aspects inconnus, grandioses, de scènes incomparables, de magnificences d'art et de nature, splendeurs ignorées jusque-là, indescriptibles, truculentes, picaresques, interlopes, abracadabrantes, comme disait le grand maître Théophile Gauthier, de douloureuse mémoire.

Puisque vous voulez bien me suivre dans ces voyages, ami lecteur, permettez-moi de vous rappeler que j'avais quatre guides dans cette traversée, dans cette circumnavigation au-dessus de l'univers primitif.

Les causeries de mon oncle, les entretiens d'Evenor et de ses deux amis les savants Marins et Arthur, à force de bourdonner à mes oreilles, ont fait que ma mémoire s'est emparée de leur science. Tout ce que je puis raconter à cette heure n'est pas le fruit de mon intelligence, hélas! en tant que résultat de nos explorations, mais l'effet des observations et des aperçus de mes compagnons de route.

Je parlerai seul, cette fois, ou à peu près, tout comme si, possédant désormais la science infuse, j'allais écrire le fameux ouvrage de Pic de la Mirandole, *De omni re scibili, et quibusdam aliis* (1).

---

(1) Pic de la Mirandole, Jean, célèbre par sa science et sa précocité, naquit en 1463, au chef-lieu de la Mirandole, près de Modène, en Italie. A l'âge de dix ans il s'était placé au premier rang des poètes et des orateurs. Il étudia toutes les sciences connues,

Donc vous voulez bien revenir en arrière, avec moi, sur les premières escales de notre voyage? Vous consentez à sacrifier les moins sérieuses et à nous arrêter aux plus intéressantes? Eh bien! en avant, lâchez tout!

Nous quittons Paris; l'air est pur, le vent modéré, la nuit transparente. Nous montons perpendiculairement à une hauteur vertigineuse, pour en descendre ensuite peu à peu. Notre course se fait sans oscillation du nord au sud. Mes yeux et toute ma personne se font assez vite à cette façon de voyager. Je distingue toutes choses très nettement. Ainsi je reconnais les collines qui servent de bordure à la Seine. Je vois ses larges prairies glacées d'argent par la brume de minuit. Chose étrange! il me semble entrevoir dans d'épais bouquets d'arbres des animaux extraordinaires. D'autre part, dans cette émigration aérienne tout est tellement extraordinaire, comme ces animaux, que je ne puis m'arrêter encore à des détails : je ne puis guère tout d'abord juger que l'ensemble. Je suis en pleine Ile-de-France; j'en reconnais les principaux paysages. Pourtant pas un seul des châteaux déjà vus ne se montre; pas un seul clocher de village affectant les formes de géants détrousseurs de grands chemins, ainsi que les fait apparaître un demi-clair de lune. Nous laissons derrière nous une forêt, la forêt d'Orléans sans doute. On traverse les landes de la Sologne, et on entrevoit les profils des montagnes du Morvan. La Loire, comme un gigantesque serpent d'argent, sillonne au loin d'immenses solitudes qui sont couvertes par des masses de nuages roulant les uns sur les autres, et se confondant dans un même reflet sous les rayons de la lune qui se couche lentement dans le tabernacle lumineux qu'ils lui ont préparé.

— Mais pourquoi donc pas de maisons, pas de villages, pas de villes?... dis-je à part moi. Il fait assez de lumière, pour que l'on aperçoive des habitations humaines?

— Nous sommes à l'origine du monde, cher cousin, et la terre n'est pas encore peuplée... me répond Even. C'est le monde antique, et non le monde moderne que nous prétendons vous faire apprécier, juger et connaître... ajoute-t-elle.

---

même la cabale. Il soutint à Rome la fameuse thèse *De omni re scibili*. Il vécut dans la retraite à Florence, s'appliquant aux choses de la religion. Il mourut en 1491.

Vers minuit, d'après mon estime, et après avoir dépassé les plaines du Nivernais, nous rencontrons les premiers échelons de montagnes, dont les croupes se composent de cônes arrondis. Leurs formes dentelées nous apparaissent d'autant mieux que, comme dans les tableaux de l'école byzantine, où les personnages s'agitent sur des fonds d'or, ces montagnes s'estompent, à l'horizon, sur un brouillard lumineux, qui devient de plus en plus resplendissant au fur et à mesure que nous nous en approchons.

— Les volcans de l'Auvergne... dit alors avec indifférence ma cousine Even à son père, et de cette voix que vous savez.

— Comment! les volcans de l'Auvergne? osai-je dire. Mais l'Auvergne est en France, ce me semble, et la France n'a pas de volcans, que je sache?

A cette formidable interruption, la malicieuse jeune fille me regarde, en se tournant vers moi, sans doute pour mieux jouir du triomphe de mon argumentation, et aussitôt elle me lance au visage une telle bouffée de rires, que ses amis ne peuvent s'empêcher de faire chorus avec elle.

— Mon cher ami, fait le comte, qui reste grave comme Socrate, tu as vu dans tes *Eléments de Géographie* que la France n'a pas de volcans... en activité; mais elle possède de magnifiques spécimens de volcans éteints.

Or, avant que ce pays ne devînt France, avant même qu'il fût Gaule, et encore avant que les Aryas ne s'y établissent pour préparer l'occupation des Celtes, en un mot dans les temps préhistoriques, les volcans de cette région, qui devait un jour s'appeler l'Auvergne, étaient en pleine activité. Pour preuve, s'il t'arrive jamais de visiter l'Auvergne actuelle de notre France, tu y trouveras de superbes coulées de lave, sur le Puy-de-Dôme notamment, dans les cratères de la vallée de la Sioule, et ailleurs.

Mais aux temps préhistoriques dont nous parlons, c'est-à-dire après le déluge, c'est-à-dire aux origines du monde, époque qui se trouve reproduite ici, dans le voyage que nous entreprenons pour te faire voir les drames et les paysages, les villes et les peuples de ces origines du monde, ces volcans de l'Auvergne sont en éruption. Leur combustion a lieu, comme tu vois, et elle projette sur nombre de points leurs curieuses déjections, débris d'ignition, scories, laves et pouzzolanes que contempleront, non sans étonnement, les savants de notre XIXᵉ siècle.

Ces volcans, dis-je, sont en pleine activité, et tu peux t'en assurer, puisque, tout-à-l'heure, tu voyais de loin leurs feux annoncés par les ardentes réverbérations de l'atmosphère, et que, maintenant, notre voyage aérien nous place précisément au-dessus des gigantesques ouvertures béantes des soixante cratères qui constituent le groupe des volcans d'Auvergne, lesquels volcans sont les cheminées colossales des embrasements et des fournaises allumées dans le sein de la terre, en correspondance intime avec les brasiers et les feux de l'Hécla en Islande, du Vésuve en Italie, des îles Lipari et de l'Etna en Sicile...

Et dire que mon oncle fit à peine stationner notre ballon pour contempler ce spectacle qu'aucun récit, qu'aucune peinture ne peut rendre!

Il lui tardait d'arriver en Asie!

Certes, l'Asie, à moi aussi, souriait de loin de tous ses charmes et de toutes ses beautés! Mais ce n'était pas un motif pour sacrifier l'incomparable spectacle que nous donnaient les volcans et les monts d'Auvergne.(1).

(1) Les volcans de l'Auvergne ont été en activité et se sont éteints dans les premiers temps du monde, les temps préhistoriques certainement, puisque depuis, ni chroniques, ni histoires, ni mémoires, ni légendes ne font mention de ces volcans que pour les signaler, sans parler d'aucune éruption connue. Et pourtant, ils ont été bien réellement en ignition, puisque les coulées de laves, les scories, les déjections de toutes sortes sont là pour attester leur combustion des premiers jours.

La chaîne des monts Dôme qui sillonnait l'Auvergne sur un espace de huit lieues ont été volcanisés assurément ; mais ils portent en outre, presque tous, un caractère particulier qui les distingue. Parmi tous ces monts, le *grand Puy*, placé vers le centre de la chaîne, la surpasse tous en hauteur, et semble un géant au milieu de ses enfants. Ce qui contribue surtout à lui donner cet air de paternité, c'est une autre montagne nommée le *petit Puy* qui, s'élevant à ses côtés, lui demeure attaché par la base. Il est moins haut de 84 toises.

Pour bien voir le grand Puy, il faut le considérer d'un village nommé *la Baraque*, à quelque distance de Clermont. Nulle part il ne présente cette même majesté. C'est de là seulement que l'on contemple avec étonnement ce cône superbe qui, exact dans ses proportions, a pour cime un plateau que, dans certains cantons, on regarderait comme une montagne très étendue.

A cette beauté sublime il joint encore les agréments d'une beauté riante. Malgré sa pente escarpée, il est couvert d'herbages sur toute sa surface, excepté le long du large sillon couvert d'une coulée de laves descendant vers la ville de Clermont. Ce magnifique jet de protubérances de laves gris blanc, semble lui-même ne se montrer

Heureusement j'ai l'œil vif, l'attention prompte et active, l'observation facile, l'examen rapide et la mémoire fidèle.

Je vois tout, et rien ne m'échappe. Je contemple le phénomène jusqu'au moindre détail, et je puis dire que je plonge dans les profondeurs de certains cratères, jusqu'à leurs entrailles les plus secrètes.

De notre véhicule aérien, placé juste au-dessus de ces bouches in-

là que pour avertir qu'il fut jadis volcan. Il produit le plus charmant effet sur sa robe verte.

Les voyageurs qui ont parcouru les Pyrénées, les Alpes, etc., ont pu voir assurément des montagnes plus imposantes, mais rarement ils en auront rencontré de mieux placée pour plaire à l'œil. Le Puy affecte la forme d'un dé à coudre. Depuis sa base jusqu'à son sommet, l'œil se promène sur un tapis de riche verdure, sur lequel paissent de nombreux troupeaux.

A l'est et au sud le Puy est parfaitement isolé. Au nord et à l'ouest il est adossé à plusieurs autres montagnes plus petites, qui, appuyées elles-mêmes les unes contre les autres, lui servent de contreforts et font mieux ressortir sa taille gigantesque de 1,468 mètres.

Quoique le Puy ne soit qu'un rocher brûlé, cependant les pluies et les vapeurs dont il est imbibé sans cesse lui donnent cette rare fécondité que j'ai signalée. Et cette fécondité, il la communique aux montagnes qui l'entourent, et qui toutes, comme lui, ont eu leurs cratères très visibles, très intéressants à voir, et sont également couvertes d'herbages offrant d'excellents pacages.

Arrivé à la cime du pic, on jouit d'un des plus beaux spectacles que puisse offrir la France. Elevé de 820 toises au-dessus du niveau de la mer, de 560 au-dessus du sol inférieur de Clermont, et de 84 au-dessus du petit Puy, le voyageur croit voir, comme les dieux de l'Olympe, l'univers à ses pieds, car rien ne borne plus ses regards.

Il a sous les yeux les soixante Puys avec leurs cratères antiques, leurs ravins, leurs courants de lave et leurs lits de pouzzolane noire ou rouge.

Plus loin, c'est la Limagne, la Limagne toute entière, avec ses villes, ses villages et ses monticules sans nombre. La Limagne est un des plus délicieux pays de l'Europe par sa beauté, sa fertilité, la douceur de son climat. Sidoine-Apollinaire représente cette contrée comme une terre où les étrangers perdent le souvenir de leur patrie, et qu'ils ne peuvent plus quitter dès qu'ils y ont fait séjour. Grégoire de Tours confirme ce témoignage par celui du roi Childebert, qui manifestait souvent la crainte de ne pas voir cette belle Limagne d'Auvergne qu'on lui disait être le chef-d'œuvre de la nature et un pays d'enchantement. En effet, partout se montrent des champs de toutes les cultures, des vignobles, des vergers, des habitations, des chemins à perte de vue, des groupes de montagnes, etc. On est effrayé de cet horizon sans limites qui se perd dans l'infini des cieux, et qu'ensoleille de ses chauds rayons le bel astre du jour.

Plus loin encore, aux derniers confins que peut embrasser le regard, on distingue parfaitement la longue chaîne des Alpes et le mont Blanc, qui rutile de tous les feux du soleil.

Dans le cratère du Puy on trouve la roche, que les flammes n'ont point fondue, mais qu'elles ont tellement altérée que, de nos jours, sa nature primitive n'est plus reconnaissable. Par un prodige inconcevable, l'effet du feu volcanique fut assez violent pour calciner sa masse entière, et pour y produire des tubérosités et des boursouflures très volumineuses; mais, par un autre prodige, plus incroyable encore, cette masse ne coula point, ou au moins sa lave est très restreinte dans son étendue.

candescentes, je puis dire que nous sommes aux premières loges pour admirer cet incomparable tableau et en jouir à l'aise.

Quelle beauté terrible, quelle magnificence formidable, quelle inexprimable vision !

Des déflagrations incessantes, souterraines, sourdes parfois, parfois éclatantes, vibrantes, effrayantes comme les sinistres détonations d'une mystérieuse artillerie, se font entendre. Il semble que le sol s'agite sous vos pieds et qu'il va s'entrouvrir pour donner passage à de nouvelles éructations de flammes et de feux. Mais il est déjà bien assez ouvert par les soixante cratères d'où l'on voit jaillir des colonnes de fumée, du milieu desquelles s'échappent des éclairs en pyramides, en cônes, en serpenteaux, en globes de toutes couleurs, en résidus enflammés affectant toutes les formes. Puis, comme si ces lueurs, enveloppées de fumée tantôt blanche, tantôt roussâtre, le plus généralement fuligineuse, et en quelque sorte tamisées par les bouillonnements intérieurs de cette cuve de l'enfer, appelaient d'autres élancements de matière en fusion, il s'élance de ces bouches comme des feux d'artifice projetant vers le plus haut du firmament leurs étoiles éblouissantes, leurs épés fulgurantes, leurs bombes retentissantes. Ce sont alors des explosions sans nombre et sans fin. On dirait que chacun de ces volcans prétend lutter, avec ses voisins, de violences, de rage et de colère, et que par le pétillement de leurs laves et de leurs scories, par le jaillissement de leurs pouzzolanes incandescentes, ils se mettent mutuellement au défi de vomir le plus de feux et de faire retentir dans l'air le plus de sinistres éblouissements de gerbes rutilantes.

Comment ne pas être en admiration en présence d'un tel spectacle ?

Car notez bien que ces soixante volcans, tous surmontés de flammes, tous se couronnant d'aigrettes de *lapilli* en fusion, tous lançant dans l'espace des pierres et des scories imitant le bruit d'une rafale, le tapage que produit une forte averse d'orage ou le cliquetis de la grêle, tous faisant bondir des flèches de feux accompagnées de sifflements stridents, tous donnant leurs notes graves ou aiguës à cet épouvantable concert de la nature en délire, ne sont pas les cônes d'une même montagne ou les cratères d'un même puy. Non, certes!

Ils appartiennent les uns et les autres à autant d'ondulations différentes de la même chaîne seulement, et ils sont groupés sur l'espace d'une à deux lieues, dans le vaste pourtour du Dôme principal.

Ce Dôme principal domine autant les autres par l'ouverture énorme de sa grande bouche béante que par sa taille gigantesque. A l'entendre, celui-là, on dirait comme une fermentation colossale d'éléments ennemis et confondus. Une inexprimable agitation, un bouillonnement incessant ébranle le cône, mugit et gronde. L'oreille perçoit des chocs de masses qui se heurtent, des cataractes souterraines qui roulent, tonnent, éclatent.

Ce que nous voyons, le voici :

Parmi les noires vapeurs qui montent du sein de la terre en combustion, qui tourbillonnent dans l'abîme, et qui enfin se dégagent lentement, on entrevoit de larges nappes de lueurs rougeâtres qui s'amoncèlent en cônes, crèvent avec une explosion tonitruante dans la convulsion qui leur est imprimée par l'incandescence du foyer inférieur, s'affaissent alors, mais pour se relever encore, retomber ensuite, s'éteindre et se rallumer toujours.

C'est un soulèvement et un affaissement continuels, une tourmente horrible de matières ignées, brillant du plus vif éclat, qui ne s'apaisent un moment que pour s'irriter davantage l'instant d'après. C'est une confusion inouïe de jets de feux et d'élancements de flammes. Ce sont des détonations éblouissantes qui rugissent et qui beuglent, travail gigantesque de la lave à l'état liquide qui tend incessamment à monter pour s'élancer au dehors, cherchant à fuir, à s'échapper de la vaste prison qui la captive, et d'où la chassent les vapeurs des fournaises souterraines inférieures.

Quand enfin, au milieu des crépitements de ses convulsions, des horribles gémissements produits par la lave qui veut sortir de son cratère, elle parvient enfin à s'élever à la hauteur des bords de la cuve qui la retenait jusqu'alors, soudain les matières en fusion débordent lentement, majestueusement, et trouvant un sol incliné qui lui permet de se développer, la coulée se fait. Elle s'avance comme un serpent cauteleux qui redoute quelque embûche, et petit à petit, ainsi qu'un fleuve superbe qui sillonne les campagnes, le torrent de feu se trace une voie vers les déclivités de la montagne.

C'est d'un effet grandiose qui surpasse tout ce que l'imagination humaine peut rêver, car le crépuscule permet à l'action de la coulée, qui brûle tout sur son passage, de se teinter de nuances lumineuses dont aucun récit, aucun tableau, ne peut donner une véritable idée.

Je regarde encore... que nous sommes déjà loin !

— Après les volcans en ignition de l'Auvergne, dit mon oncle avec autorité, les volcans déjà éteints du mont Dore (1)! Ceux-ci valent bien ceux-là...

---

(1) La haute chaîne du *mont Dore*, la plus considérable de l'Auvergne, par son étendue et son altitude, doit son nom au petit ruisseau de la Dore, qui y prend sa source.

Le point culminant de cette chaîne, de 20 lieues de développement, est le *Pic de Sancy*, 1,887 mètres au-dessus du niveau de la mer. C'est le point le plus élevé du centre de la France.

La large base de ce mont forme une belle et grande vallée, qui s'arrondit autour de lui en demi-cercle; et cette montagne, en s'élevant par une pente peu rapide, forme un vaste amphithéâtre planté d'une forêt de sapins. Le sommet effilé en cône de la masse effrayante de la montagne, domine la vallée entière.

La cime du mont Dore n'est autre que le cratère d'un volcan, maintenant éteint, rempli d'eau et formant le *lac Pavin*. Lorsque le volcan était en activité, son couronnement, rebord énorme du cratère, était pourvu d'une échancrure par laquelle s'écoulaient les laves et les scories. Actuellement, c'est par là que le lac déborde. Son trop-plein s'écoule sur un lit de laves qui forme une sorte de déversoir. Du banc de lave, l'eau tombe en cascade dans un canal qu'elle s'est creusé sur le flanc de la montagne.

Ce qui décore le lac Pavin, et lui donne un charme inexprimable, c'est un rideau de verdure, d'une altitude de 125 pieds qui, s'élevant sur ses rives, le suit dans son contour et s'arrondit comme lui. Quoique cette ceinture ait un talus si escarpé qu'on ne peut y marcher sans risquer de tomber dans le lac, cependant elle est presque partout couverte de pelouses. Une grande partie est même ornée de futaies. Il faut remarquer encore que le rideau, à mesure qu'il approche de la digue de laves, diminue peu à peu de hauteur et vient insensiblement se confondre avec elle; de sorte que l'ouverture, qui n'eût été qu'un objet frappant si elle avait été taillée verticalement dans le mur de 125 pieds, devient, par cette pente douce, une chose d'autant plus agréable, que c'est par là que l'on monte au lac et qu'on peut le voir.

Le bord inférieur du bassin forme une sorte de banquette horizontale, qui d'un côté tient à la rive, et de l'autre s'avance de 12 à 15 pieds sous l'eau. Dans cet espace, la banquette est couverte de fragments de lave placés les uns près des autres, comme le serait un pavé naturel. Le cratère, au lieu d'avoir un talus, comme paraîtrait l'annoncer sa forme d'entonnoir, s'enfonce tout-à-coup perpendiculairement. On ne voit plus que de l'eau, et le lac devient un abîme. Rien qui annonce le marécage; on dirait que la main d'un génie veille sans cesse à conserver riant ce gouffre de feu remplacé par un gouffre d'eau.

On a sondé ce lac : il ne compte pas moins de deux cent quatre-vingt-dix-huit pieds de profondeur. Mais elle dut être bien autrement considérable lorsque ce cratère était le foyer d'un volcan en éruption.

Évidemment le pic de Sancy fut un point central pour les autres nombreux cratères éteints qui capitonnent la chaîne des monts Dore. On peut juger de sa puissance formidable d'alors par les soulèvements extraordinaires, bizarres, et les désordres dont il est devenu l'origine aux temps antéhistoriques.

Il suffit de signaler l'horrible aspect de la *gorge d'Enfer*, dont il est voisin. Jamais

Nous voguions alors au-dessus d'une autre chaîne de montagnes plus élancées, sublimes, d'autant plus charmantes qu'elles étaient plus accidentées, coupées de plus de vallées, arrosées de plus nombreuses cascades frémissantes.

nom ne fut mieux donné. L'effroyable physionomie de cette gorge, le chaos qui règne dans tout son ensemble, les formes épouvantables des roches volcanisées, les énormes monceaux de laves brisées, d'argile cuite, de scories de toutes sortes qui obstruent les passages, tout révèle les révolutions géologiques imposées à la contrée par la violence des feux souterrains du volcan.

Je ne parle ici ni des admirables cascades de cette région privilégiée et qui mériterait d'attirer la visite des touristes, autant et plus que bien des paysages et des curiosités de la Suisse; ni des mille splendeurs et richesses de nature dont est semé fort au loin le sol des monts Dore et des monts d'Auvergne.

Mais je ne puis me taire sur les *bouches de Chalucet*, dont l'origine remonte bien évidemment aux temps antéhistoriques, et par là même, à peu de chose près aux origines du monde.

Les singularités de ce phénomène sont encore l'effet des éruptions volcaniques.

Chalucet est un hameau situé près de Pont-Gibaut. A peine le touriste a-t-il atteint les chaumières, que son oreille est frappée d'un bruit sourd de cataracte, et qu'il est appelé à courir vers le point d'où s'échappent ces étranges rumeurs. Grossi et renvoyé par les échos du vallon, à distance ce bruit ressemble au mugissement des vagues de la mer. Ce n'est pourtant que le murmure de la petite rivière de la *Sioule*, qui, descendue des monts Dore, coule en cet endroit sur des laves et s'irrite contre les montagnes dont elle est obligée de suivre les vallons et les déclivités sinueuses. Dans la saison des pluies et à la fonte des neiges, ce torrent monte très haut, ainsi qu'on peut le voir par les roches qu'il a atteintes et rongées. Dans les sécheresses, au contraire, à peine son lit a-t-il quelques pouces d'eau. Alors l'espace qu'il abandonne se couvre de pelouses verdoyantes.

C'est sur ce frais gazon qu'il faut descendre pour considérer le volcan... éteint, en face de sa perspective la plus favorable.

Il consiste en un massif de laves qui, tout adossé qu'il soit contre la montagne et placé vers sa base, est cependant assez considérable pour paraître, du lieu où l'on est, la surmonter et en former la cime. La face antérieure présente plusieurs bouches horizontales, dont quatre, entre autres, offrent l'aspect d'antres et de cavernes qui ont servi, dans les temps primitifs, de couloirs d'où matières fluides et enflammées. Ces matières composèrent sept coulées qui, maintenant séparées les unes des autres par des lits de fougères, s'élèvent perpendiculairement sur le penchant de la montagne. Les plus considérables des sept sont les deux coulées extérieures. Elles partent chacune d'une des extrémités du massif volcanique, s'en éloignent en décrivant une courbe qui se dérobe de beaucoup, et formant ainsi aux autres coulées une sorte d'enceinte, et au massif lui-même deux espèces d'ailes en avant-corps, elles vont, par une pente très rapide, se jeter dans le lit de la Sioule, où jadis elles furent arrêtées par une montagne de granit, qui est sur l'autre rive.

Au grand effet de ce spectacle s'en joint encore un autre, celui des bouches elles-mêmes, dont les unes, comme si elles venaient de s'éteindre, ont le noir foncé du charbon ; tandis que les autres, rouges et ardentes comme le feu, paraissent encore embrasées.

Le volcan semble encore ce qu'il fut autrefois. La situation horizontale de ses bouches l'a conservé intact. On dirait qu'il ne lui manque que des flammes, et l'on regrette presque de n'être point arrivé quelques jours plus tôt pour le voir brûler.

Si jamais spectacle peut donner l'idée d'une entrée des Enfers, que ce soit le Tartare des Grecs, l'Amenthi des Egyptiens, l'Hadès des Hellades, ou l'Erèbe des Latins, c'est assurément ce volcan de la vallée de la Sioule.

C'étaient les monts Dore.

Je commençais à voir les paysages avec plus de netteté, car l'aube envahissant peu à peu les ténèbres du ciel, finit par les en chasser tout-à-fait. Un fleuve d'or parut inonder l'orient, et le soleil se leva du sein de cet océan de lumière avec une incomparable majesté. Sur les pics de la chaîne, quelques légères vapeurs seulement, que le jour naissant traversait de ses rayons dorés, flottaient encore ici et là. Une abondante rosée baignait toutes les plantes et leur donnait une fraîcheur délicieuse. Les anémones rouges, les beaux lilas des montagnes, les verveines et les bruyères roses couvraient de leurs fleurs des espaces entiers, en leur donnant les teintes les plus belles et les plus variées.

En ces temps-là, voisins de l'origine du monde, on voyait dans nos contrées, et j'éprouvais une grande jouissance à les contempler de haut, de grandes autruches grises courant dans les clairières. Des troupeaux de biches et de daims cheminaient au petit pas, ou fuyaient rapides comme le vent en faisant onduler les hautes herbes. Au bord des laquets et sur les rives des cascatelles écumantes, des ibis, de gracieux cygnes blancs à collier noir, des sarcelles, des poules d'eau, des flamants roses, se promenaient gravement ou se baignaient dans les eaux tranquilles.

Dans les vallées, çà et là, j'avisais des buissons d'énormes cactus, d'aloès, de yuccas, entremêlés d'artichauts sauvages, de mimosas, de caroubiers. Au loin, des raies verdâtres dessinaient une de ces grandes forêts dont le sol de notre France future était alors tapissé. Je voyais çà et là des lagunes sur les plaines, et leurs eaux tranquilles reflétaient l'azur du ciel. La poésie du matin ruisselait à cette heure matinale, comme ruisselaient les cascades de la montagne.

Le grand jour venu, au chaos qui règne dans certaines vallées dérivant du cône le plus élevé, il est facile de reconnaître que nous allons retrouver d'autres gisements de volcans. Des coulées de laves, des roches fondues, des pierres calcinées, des blocs de trachyte, de basalte, le désordre des éléments confondus sur les talus de la montagne principale, démontrent parfaitement que le feu des entrailles du globe a régné, naguère, en maître absolu, sur ces pics des monts Dore. Mais ces feux sont éteints. Sous la lave, on ne voit plus de ces lueurs blanchâtres qui signalent encore la présence de la chaleur à état latent. Assurément ces monts, eux aussi, ont été en ignition. Seulement, par suite d'éboulements internes des voûtes de l'enveloppe terrestre qui les enfermait dans les abîmes, très probablement les cheminées des fournaises ont été fermées, et les feux ont cessé de brûler.

Et pourtant, quelle formidable cheminée, quel exutoire gigantesque, quel vomitoire que le pic de Sancy !

Nous y arrivons assez rapidement, après avoir suivi la série des ondulations aériennes des crêtes de la chaîne, série qui se prolonge comme un immense système de fortifications naturelles, dont nous avons pris la contrescarpe comme moyen d'acheminement. Nous voici surplombant immédiatement au-dessus du puy, entonnoir ou cratère du volcan, éteint certainement depuis peu.

Là, nous dominons un immense amoncellement de déjections volcaniques. Les talus du pic semblent comme écrasés sous la chute de roches pyroxéniques, basaltes, granits, trapps, etc. Je crois voir monter encore dans les airs des fumerolles, de ces blanches vapeurs qui proviennent des sources thermales, et qui, par leur intensité, révèlent l'activité volcanique du sol.

Le puy de Sancy est haut de mille huit cent quatre-vingt-sept mètres, ai-je dit. Son cône termine la bande trachytique qui compose le système orographique de la chaîne des Dores. On acquiert la certitude du phénomène volcanique par la présence des roches pesantes d'un gris foncé que le refroidissement a moulées en prismes à base hexagone.

On reste muet de surprise en face du cratère gigantesque, éteint, qui donna passage aux laves et à ces tufs de cendres et de scories, dont j'apercevais tout-à-l'heure les coulées éparpillées, désagrégées, effritées, dans la gorge d'Enfer, — c'est le nom que l'on donnera à cette vallée, comme le cratère deviendra le lac Pavin, — semblables aux débris de projectiles qui auraient servi à une bataille entre géants. Des éclats de roches partout, de grands blocs épars. Des porphyres, des granits qu'aucune terre ne retient, qu'aucune herbe ne fixe, semblent prêts à s'ébouler et à vouloir se perdre dans les vallées inférieures, avec la vertigineuse rapidité des avalanches.

Quelle raideur dans ces pentes de la montagne! Quelle effrayante extumescence que celle du cône!

A de certains moments, il m'arrive au visage de telles bouffées de chaleur, que je me demande si le volcan n'est pas seulement endormi, et s'il ne va pas se réveiller pour entrer dans de nouvelles phases d'éruption. Est-ce une illusion? Mais je me figure que l'atmosphère est infectée de l'odeur fétide de l'hydrogène sulfuré. Bien plus : sous l'empire de l'hallucination, je crois voir le soleil, qui brillait un instant auparavant de tout son éclat, se voiler d'une nuée fuligineuse. Il n'en est rien, heureusement.

Le cratère du mont Dore représente un cône aux parois intérieures perpendiculaires, dont l'orifice a bien une demi-lieue d'envergure. De huit cents à mille pieds constituent sa profondeur apparente. Quel récipient de tonnerres et de flammes!... aux jours de ses batailles et de sa prospérité.

Ce doit être une expédition bien intéressante, et fort émouvante, que la descente dans un pareil pertuis!

En ce moment, le soleil l'éclaire de tous ses feux; il verse à flots ses rayons sur les moindres aspérités et sur tous les creux. Or, on voit, au fond du cratère, s'ouvrir trois, quatre et cinq cheminées par lesquelles le foyer central chassait, il y a peu de temps encore, ses vapeurs et ses laves. Et comme ces cheminées ne sont pas toutes verticales, mais qu'il en est qui se rapprochent de la ligne horizontale, il me paraît qu'il ne serait peut-être pas déjà bien difficile de pénétrer par ces couloirs mystérieux, pour tenter une aventure quelconque dans les abîmes de ces péristyles de l'enfer. On peut bien donner cent pieds de diamètre à ces orifices ou vomitoires. Ils s'ouvrent là, béants, au-dessous de notre véhicule, et si l'oncle de Froley, Evenor et nos deux amis voulaient bien, avec eux pour guides, parole d'honneur! je serais le plus heureux des mortels à marcher à la découverte dans ces gouffres noirs.

Et pourtant, devant ce cratère qui s'ouvre ainsi pour m'inviter à le visiter, et qui me fait des mines pour m'allécher, je sens par toutes les facultés de mon être mises en émoi, que la nature humaine a véritablement horreur du vide. Je suis presque pris de vertige. Mais, d'autre part, les parois du cône sont hérissées de tant de saillies que, toute réflexion faite, et la douce inclinaison de certains exutoires aidant, il ne serait déjà pas si difficile de descendre dans l'abîme et d'affronter le vide. Vrai, si j'étais libre, et quelque peu accompagné, j'essaierais. Qui sait si je n'arriverais pas à découvrir, au fond de la terre, de ces curiosités que n'offre pas sa surface !

Malheureusement je ne suis pas seul, et voici que le comte s'écrie de sa voix magistrale :

— Assez comme cela de volcans éteints ! L'Orient nous attend, l'Orient nous appelle... En avant !

Il fait un ciel magnifique et la chaleur est tempérée par un vent frais et doux. Quelques nuages, qui se promènent dans l'azur du firmament, font courir leur ombre sur de larges prairies solitaires, au-dessus desquelles nous filons avec rapidité. Ces ombres voyageuses ressemblent à des messagers hâtifs et affairés, portant à je ne sais qui des nouvelles de je ne sais quoi.

Nous passons tantôt en face de longues séries de collines capitonnées d'arbres verts, qui servent d'encadrement à des plaines magnifiques, mais, hélas ! toujours sans un seul habitant. Nous cheminons ainsi assez longtemps sur un plateau mamelonné. En atteignant la crête de l'un de ces mamelons, nous en apercevons d'autres qui se déroulent en amphithéâtre autour de nous, couronnés de bouquets d'arbres et semés, ici et là, de ces animaux énormes que j'ai déjà cru entrevoir dans les déserts de la Seine, à l'heure du crépuscule. Seulement ceux-là ruminent sans doute, car ils sont paisiblement enfouis dans la fourrure fraîche des hautes herbes. Tantôt nous dominons de grandes forêts de chênes, dont l'ombre allongée sommeille dans les clairières, ou sur des espaces tapissés de plantes fleuries, au milieu desquels courent des treilles échevelées dont les pampres se tachètent de rouge, et qui, toutes, se tiennent par la main pour danser comme des folles, au son et sous l'haleine des brises.

D'autres montagnes se présentent ensuite, et, sur l'une de ces montagnes, rutile un lac d'une demi-lieue de large et de deux lieues de long peut-être, qui doit bien s'élever à mille cinq cents pieds au-dessus du niveau de la mer. Il n'y a sans doute pas de souffle dans l'air supérieur, à la hauteur de ce lac, car pas une ride à sa surface. Il est d'un délicieux bleu glacé d'argent. Pourtant l'ombre de la colline qui lui tient lieu de littoral prend par moments une couleur très prononcée d'émeraude, et le vert, gagnant petit à petit sur l'azur, envahit tout ce lac.

J'entends Even dire à Marius :

— Lac Paladru. Nous sommes ici dans le Bugey. Sur ces rives, jadis, stations lacustres, depuis peu découvertes. J'ai des échantillons des trouvailles qui y ont été faites...

Station lacustre !... Qu'est-ce que cela ?

Et mon imagination s'emportant comme une cavale sans frein, je cherche, je cherche. Pas le moindre souvenir à l'endroit des stations lacustres !

Ces stations m'absorbent longtemps, et à peine si je remarque les sites enchanteurs qui entourent le lac Paladru : frênes superbes, collines charmantes bordant les rives, accidents des plus variés de criques, d'anses, de promontoires, de bouquets d'arbres se penchant sur l'eau et y trempant leur chevelure ; enfin grèves étroites lavées par le flot jaseur, et, plus loin, petites falaises fouettées par la vague.

Au-delà du lac, à la faveur d'échancrures laissées entre elles par les monticules, apparaît, encore au loin, devinez ? Le Mont-Blanc ! le Mont-Blanc se montrant dans toute la gloire de ses neiges éclatantes, et découvrant de profil ses deux versants, l'un qui s'abaisse par étapes du côté de la future France ; l'autre, semblable à une gigantesque muraille, où il me semble que les aigles mêmes doivent avoir le vertige.

Nous allons au plus vite, comme toujours, et cependant j'ai le temps de recueillir tous ces détails et bien d'autres.

Peu après, nous nous trouvons planer au-dessus de l'incommensurable chaîne des Alpes. Quelles perspectives admirables ! Quels indescriptibles paysages ! Quelle charmante association des merveilles du printemps et des magnificences de l'hiver ! Quels lacs riants ! Quelles cascades plaintives ! Quel gigantesque troupeau de montagnes cherchant à s'escalader mutuellement, et, tout en cheminant comme une interminable caravane de Léviathans, à la suite les uns des autres, s'avançant telles qu'une armée de géants pour séparer les contrées du nord de celles du sud, et les régions de l'orient de celles de l'occident.

Comme l'Ecriture sainte a bien choisi l'admirable figure dont elle se sert pour peindre les montagnes qui chevauchent dans la solitude des déserts : *Montes exultaverunt ut arietes, et colles sicut agni ovium!*... Les montagnes tressaillent comme les béliers, et les collines comme les agneaux des brebis.

Inutile de rendre, d'essayer de rendre un aussi sublime aspect que celui des Alpes vues de haut, et du Mont-Blanc, leur chef de file, les dominant de toute sa taille écrasante.

Après les Alpes, les Apennins.

Des hauteurs où plane notre locomobile, je vois les deux mers qui entourent l'Italie, mer Adriatique, à gauche, et, à droite mer Tyrrhénienne, car un courant des plus vifs nous maintient en ligne parallèle avec l'Apennin.

Chose étrange! le déluge, qui tout récemment a remis à flot les terres antérieurement émergées du sein des mers, a profondément altéré les formes des continents.

Plusieurs d'entre eux commencent à se rasseoir sur leurs bases; mais la chute des eaux du ciel, l'ascension des eaux des Océans, l'immersion générale des terres sous les étreintes de l'envahissement diluvien, d'une part; puis, de l'autre, l'action des feux souterrains dont le sein de la terre est le foyer central, ont laissé inachevés des espaces du sol que l'on voit tendre peu à peu à se compléter, à s'aggréger et à se reproduire par soulèvements.

Ainsi, par exemple, qui nous dirait que la campagne de Rome, c'est-à-dire cette immense enceinte où va faire prochainement son apparition le théâtre grandiose qui s'appellera Rome, la ville éternelle, la souveraine maîtresse de l'univers; qui nous dirait que la campagne de Rome, à l'origine du monde, fut un vaste golfe de la Méditerranée, ne serait certainement pas cru.

Et, cependant, rien de plus vrai! La géologie le prouve, et moi je vois, dans ces voyages aériens qui nous occupent, je vois en effet la mer Tyrrhénienne couvrir de ses eaux tout l'espace, espace énorme! qui s'étend du monte Cacume au monte Cemino, de Terracine à Civita-Vecchia, la longueur des trois baies réunies de Gaëte, de Naples et de

Salerne, et cela à une profondeur se creusant en cercle jusqu'à l'amphithéâtre de montagnes formé par la Sabine et le Samnium, au-delà de Tibur. De sorte que l'Anio, qui actuellement est éloigné de la mer de huit lieues, au moment où j'arrive à sa hauteur à l'aide de mon ballon, tombe et se précipite en cascades dans l'échancrure profonde de cette même mer, et du haut des rochers sur lesquels se dresse aujourd'hui le magnifique édicule appelé le temple de la Sibylle, qu'il inonde de ses cascatelles.

Au fond de ce golfe, le Tibre, lui aussi, entre dans la mer, un peu au-dessous du mont Soracte; et le Soracte lui-même au nord, et le mont Circé au sud, isolés l'un de l'autre par un espace de vingt lieues, et *calcaires*, notez bien! se dressent, comme deux écueils, du sein de la Méditerranée, marquant ainsi, à l'avance, les limites futures du Latium, et surtout de cet *Agro Romano*, appelé à de si hautes destinées.

Mais alors, sous mes yeux, moi planant dans les régions supérieures, et en quête des aspects géologiques des temps antérieurs à l'Histoire, le sol enfoui sous les lagunes de ce golfe gigantesque se met en mouvement, poussé par les forces élastiques et les convulsions du foyer en incandescence des entrailles de la terre. Peu à peu il s'élève au-dessus des flots, et, par suite de ces révolutions intestines familières aux volcans qui brûlent sous l'Italie, en communication souterraine avec l'Hécla de l'Islande, avec l'Etna de la Sicile, avec les îles Lipari, en combustion incessante, le voilà qui émerge complètement des eaux.

A l'instant même, ce tuf volcanique se met lui-même en éruption, et tout-à-coup un cratère se découpe et s'ouvre dans la masse du terrain surnageant; des collines éruptives se mettent en soulèvement, s'accentuent vigoureusement, et elles composent un groupe circulaire d'éminences entourant le nouveau cratère. Enfin, après avoir brûlé quelque temps, le cône du jeune volcan s'affaisse. Mais alors il engendre une dépression du sol qui va devenir bientôt le célèbre *Forum Romanum*, au centre, et, dans son pourtour, s'affirment et se profilent les collines qui deviendront les non moins fameuses *collines de Rome*, Capitolin, Aventin, Cœlius, Esquilin, Viminal, Quirinal, Janicule, etc.

C'est ainsi que, à la place du golfe profond que je décrivais tout-à-l'heure, s'élève une plage mamelonnée, sortie des abîmes de la Méditerranée, et qui se raccorde, en leur faisant suite, aux rivages du couchant de la presqu'île Italique.

L'émergescence de ce nouveau sol forme dès-lors, à distance plus éloignée, sur les confins de l'ancien golfe, la chaîne circulaire des monts Albains et des montagnes de la Sabine, dont la plupart des sommités deviennent autant de bouches volcaniques. Actuellement, ces cratères sont éteints, et remplacés de nos jours par les lacs fort pittoresques de Régille, de Némi, d'Albano, etc.

Ce que je raconte de l'antique configuration de l'Italie, et des métamorphoses dont elle a été l'objet, je puis le dire de beaucoup d'autres contrées. En effet, pendant une série plus ou moins longue des siècles, à l'origine du monde, l'enveloppe de notre planète *Terre* a subi d'étranges révolutions. Après avoir été la proie du feu, notre globe a été envahi par les eaux. Puis il a subi les rigueurs d'une période glaciaire; et puis, quand le déluge a cessé de le couvrir, les feux intérieurs se sont fait jour à l'extérieur par les cratères des volcans.

Les océans ont occupé les profondeurs d'immenses bassins.

Puis les continents ont insensiblement émergé des eaux.

Les convulsions volcaniques de la fournaise centrale ont ensuite opéré le soulèvement des chaînes de montagnes.

Au contraire, des affaissements, produits par les éboulements intérieurs sous la dent des flammes, ont creusé des vallées.

Par exemple, autrefois la Hellade ou Grèce était réunie à l'Afrique. Elle faisait partie d'un vaste continent marécageux qui s'étendait sur l'emplacement où roulent de notre temps les vagues de la Méditerranée.

Alors le Sahara, ce grand désert de l'Afrique, était une mer; le sol qui le compose en donne une preuve évidente (1).

---

(1) Une illusion géologique doit, comme toutes les illusions, trouver enfin sa dernière heure. Il en est une qui plaisait singulièrement à quelques savants, en ce qu'elle leur permettait d'expliquer d'une façon assez simple cette fameuse période glaciaire, qui elle-même explique tant de choses. C'est celle qui faisait du Sahara africain une ancienne mer récemment émergée. Il était clair qu'une aussi vaste étendue d'eau, balayée incessamment par les courants aériens venus de l'équateur, de-

Vers la fin de la même époque, les temps préhistoriques, un autre mouvement considérable d'affaissement du sol a déterminé la séparation de l'Europe et de l'Afrique, et donné aux contours de la Méditerranée à peu près la configuration qu'ils présentent actuellement.

Un second mouvement en sens inverse du premier, mais moins important, est venu plus tard relever une portion du terrain qui avait été recouvert ainsi par l'envahissement des eaux de l'Atlantique ou détroit de Gibraltar. Alors il fit émerger des dépôts formés au sein de l'eau, occasionnant par là même certains changements dans les îles qui s'élevaient à la surface des mers.

En même temps, sur notre sphère, les eaux s'épanchaient en lacs, en fleuves, en rivières.

De nouvelles forêts surgissaient du sol.

Enfin tout un monde d'animaux, de poissons, d'oiseaux, de quadrupèdes, mammifères, etc., prenaient possession de ces domaines.

Je m'abstiens d'en dire davantage sur les révolutions géologiques de la terre, aux jours de l'origine du monde, et je reviens à mon excursion nautique dans les plaines de l'air.

A force de voir, de contempler, d'observer et d'étudier, le temps s'envolait plus vite que nous-mêmes. La nuit peu à peu remplaçait le jour, et je voyais encore l'immensité de plaines inconnues dans le

---

vait les charger d'une masse considérable de vapeurs que condensaient les cimes des Alpes. Il en résultait ces immenses glaciers couvrant une bonne partie de l'Europe, et qui, en se fondant, ont déposé sur le sol des blocs erratiques et répandu dans les bas-fonds les terrains d'alluvion de l'époque quaternaire. On en tirait aussi la conséquence qu'il était possible qu'une partie du grand désert fût encore au-dessous du niveau de la mer, comme cela a été constaté sur quelques points de la côte du golfe de Gabès, et qu'avec peu de travail il serait possible de ramener la fertilité sur ce sol, en y ramenant aussi les eaux.

Or, il n'y avait là qu'un tissu d'hypothèses à peu près gratuites. Le Sahara n'est pas, comme on l'a dit, une mer de sable. Il y a des sables, mais c'est précisément dans ces parties que se trouvent les oasis et le peu de végétation que rencontrent les caravanes. Le véritable désert est un sol dur, pierreux, dans lequel, pas plus que dans les sables, on ne trouve trace de fossiles marins, et à peine quelques coquillages d'eau douce.

Quant à la dépression présumée, elle n'existe que sur un très petit espace des frontières de Tunisie. Partout ailleurs, la moyenne de l'élévation du sol est de quatre à cinq mille mètres au-dessus du niveau de la mer. Or, cette moyenne est considérable. Pour s'en faire une idée, qu'on se figure une dépression équivalente se faisant sentir subitement en France. Nous serions envahis jusqu'aux Vosges et aux montagnes centrales de l'Auvergne, qui se trouveraient aussi séparées des Alpes et des Pyrénées. Il n'y aurait plus de France, dès-lors. Examinez et jugez.

(*M. de Lapparent.*)

clair-obscur du soir. Une vaste nappe d'eau, commencement d'un grand lac, d'une mer ou d'un océan, s'étendait sur notre droite au-delà des limites de la vue. Le rivage offrait aux ondulations des vagues un sable fin et doré, parsemé de ces coquillages charmants, qui furent les premiers êtres de la création. Les flots s'y brisaient avec un doux murmure, et la brise faisait s'y balancer de légères écumes blanches. Une clarté rose répandue au couchant s'éteignait insensiblement. De nombreuses étoiles apparaissaient déjà, et la terre se taisait comme pour prêter l'oreille au silence du ciel. A la lumière douteuse du crépuscule, les objets les plus insignifiants prennent un sens et un air; ils ont leurs poses, leurs gestes, leurs attitudes. La lune vint bientôt se joindre à l'entretien que j'entamais avec tous les êtres de la création. Elle se leva, rouge d'abord, puis plus pâle, dans l'intervalle que laissaient entre elles deux montagnes. Je la vis poindre à l'extrémité d'une longue allée de lentisques, de tamarins, de nopals et de palmiers, dont les panaches se croisaient au-dessus d'elle en forme de dais. Venait-elle donc à moi pour prêter une nouvelle activité à mes recherches et m'éclairer dans le sérieux examen que je faisais des choses? Assurément non: madame la lune n'a pas l'habitude de s'occuper de quelqu'un; elle n'est généreuse que pour l'ensemble des créatures.

En tout cas, ses rayons qui semblaient transpercer les arbres comme des gouttes de pluie d'argent, me permirent d'entrevoir ce que j'avais déjà cru voir ailleurs, mais ce que j'avais mal vu, à savoir de si étranges animaux, qu'en les apercevant s'agiter dans les hautes herbes mon cœur se prit à battre.

Au milieu d'incommensurables déserts, car tout était encore désert en ces temps primitifs, ne l'oubliez pas, au sein d'immenses solitudes verdoyantes, non foulées par le pied de l'homme, qui n'avait pas encore connaissance de ces domaines, je voyais... Le dirai-je? Je voyais des légions, assez confuses d'abord, de tels monstres, si bizarres, si énormes, si effrayants, qu'un tremblement de nerfs s'empara de moi. Je sentis la fièvre me monter au cerveau et me marteler les tempes.

Je ne voulus pas que mon guide m'enlevât à ce spectacle si émouvant, qui appelait tout mon regard et toute mon attention. Aussi lui demandai-je de suspendre notre marche, et d'attendre là, jusqu'au retour de la lumière, afin que je pusse mieux voir, connaître et juger...

Ma prière fut exaucée. Je ne pus dormir, tant il s'élevait de terre un mystérieux grouillement indéfinissable. Mes compagnons de voyage, parfaitement enveloppés dans leurs manteaux, sans nul souci de ce qui m'absorbait, furent bientôt plongés dans un sommeil formidable.

Le calme était complet partout, excepté sur un point de la plaine. Dans l'air, d'une incomparable limpidité, le son d'une trompe se serait fait entendre à cinq kilomètres. La lune ronde et pleine malheureusement se dissimulait derrière de gigantesques assises de roches fantastiques. Or, c'était des massifs des ténèbres que s'élevaient comme des cliquetis d'armures, des éclats de voix sinistres, des murmures et des bâillements sans nom.

Le jour fut enfin annoncé par le cycle d'or de l'aube. Les rayons du soleil, encore éloigné, commençaient à poindre paresseusement au-dessus des montagnes de l'horizon. Il n'y avait pas d'assez fortes brises pour chasser les vapeurs de la nuit au large ; mais là où l'immensité vague de la solitude rejoignait le ciel violet, il se produisait des raies d'un rouge terne, qui, devenant brillantes peu à peu, finirent par effacer les étoiles. Bientôt les roches brunes se montrèrent faiblement teintées ; puis toute la ligne cendrée du désert s'éclaira, et mes yeux, en plongeant dans le vide, purent aviser enfin...

Oh! en face de ce que je vis, ces mêmes yeux si avides de contempler se fermèrent, et je reculai d'épouvante...

D'abord je dois vous raconter que, la veille au soir, pour satisfaire mon désir et mettre notre esquif en panne, le comte, aidé de Marius et d'Arthur, a laissé tomber une ancre de notre véhicule, et il en a fixé la pointe aux racines contournées d'un énorme caroubier. Cet ancrage était sûr, et la preuve c'est que de toute la nuit nous ne déviâmes pas d'une ligne. Mais... Il y a un *mais!* vous voyez ; à tout-à-l'heure ce mais... Vers je ne sais quelle heure, ne dormant pas, et plongé dans mes réflexions, j'entrevis, sans en tenir compte, Evenor se préparant, à l'aide d'esprit de vin, une délicieuse petite tasse de thé, dont elle ne laissa point perdre une goutte. Elle ne m'en offrit pas, persuadée que j'étais envahi tout entier par le sommeil des brutes.

Puis, elle laissa le flacon d'esprit de vin à ses pieds et ferma les yeux de nouveau.

Vous avez dû remarquer que jamais il n'est question, dans ces pages, des repas qu'il est cependant assez naturel à des voyageurs, exposés constamment au grand air et au soleil, de prendre avec une certaine satisfaction. Mais n'oubliez pas, cher lecteur, que ces étranges voyages sont de telle sorte qu'ils semblent durer plusieurs jours, plusieurs nuits, et, en réalité, ils commencent un soir, et prennent fin le lendemain, vers l'aube. Comment se fait-il que dans un si court espace de temps je voie tant de choses? je ne puis vous répondre. Quittons-nous en réalité l'atelier de l'hôtel de Froley? Je ne le crois pas. Je me trouve, par quel moyen? je l'ignore; je me trouve dans un si bizarre état de surexcitation nerveuse que, à l'heure de ces voyages, on peut lire à mes oreilles, et je vois se passer en toute vérité, avec pompe ou en toute humilité, les scènes qu'on me lit, qu'elles appartiennent à la cour des rois ou à des sites sauvages; qu'elles s'appliquent à des armées en marche ou sur le champ de bataille, ou bien à des peuples, à des fêtes, à l'explosion de certaines calamités, peu importe! Et si, à cette illusion produite en moi par la lecture, un récit familier, un discours, on joint, au service des yeux, des dessins, des peintures, des fresques ou de simples esquisses, c'est alors une hallucination bien plus vibrante, qui de l'image fait une chose réelle. Mais, en tout cas, vous comprenez qu'en de tels voyages fantastiques il n'est nul besoin de repos, de haltes et de repas, généralement parlant.

Je suis obligé d'ajouter encore ceci :

C'est que, dans l'excursion qui nous occupe en ce moment, jusqu'à ce moment dramatique dont je vais parler bientôt, sur nombre de points j'avais aperçu et reconnu, dans les solitudes, des bandes de buffles, des aurochs, des élans, des cerfs, des rennes, paissant joyeusement sur de riches landes de bruyères. Puis, des troupes nombreuses d'éléphants vêtus d'une épaisse toison, l'*elephas primigenius*, de rhinocéros, de girafes, de gazelles, de vigognes, d'ours, d'hyènes, de panthères, s'étaient présentées à l'orifice de profondes cavernes. Ensuite, j'avais avisé d'autres mammifères au riche pelage, cerfs à bois colossal, le *cervus mégaceros*, des bisons rapides à la course, remarquables par leur énergie sauvage, l'*urus*, des guanacos, des lamas. Bientôt avaient fait leur apparition des chamois, des bouquetins, des castors, le long des glaciers, sur le bord de lacs, près des fleuves sinueux. Enfin s'étaient montrés, çà et là, des lions, des tigres, des léopards, à l'ouverture béante de noires tanières, ou sur le sable blond des steppes. J'avais surtout remarqué des rytines, curieux animaux couverts d'une peau nue, rugueuse comme l'écorce des chênes, de couleur noire, et pourvus de moustaches dont les poils égalaient en grosseur le tuyau des plumes du pigeon.

Quant aux oiseaux qui fourmillaient dans l'air, du moment où le soleil levant avait lancé dans l'espace ses brûlants rayons, c'étaient, un peu partout, des drontes, bipèdes d'une taille supérieure à celle du cygne, au corps massif porté sur de grosses pattes; des solitaires, *pezophaps-solitarius* (1), dont les mâles ont un plumage varié de gris et de brun, le bec conformé comme celui du coq d'Inde, mais un peu plus crochu, et les femelles d'une admirable beauté. Il y en avait de brunes et de blondes, ornées sur le front d'une marque semblable à un bandeau de veuve, et sur le jabot d'un plumage plus blanc que le reste. Elles marchaient avec tant de fierté, mais aussi de bonne grâce, que je ne pouvais m'empêcher de les contempler et d'en être charmé.

C'était aussi un oiseau gigantesque, que j'entendis Even appeler dinornis, et qui me parut avoir de grands rapports avec l'autruche. Mais à côté du dinornis, l'autruche n'est qu'un enfant, et des plus petits. Comme le solitaire, comme le dronte, le dinornis appartient aux animaux qui aiment la solitude et vivent volontiers à l'écart (2).

(1) Les oiseaux dont il est ici question n'existent plus; leur race est éteinte.
Les solitaires ne vivent plus également.
Ces différents animaux, je parle des oiseaux, appartenaient à la faune des origines du monde.
On possède, au musée d'Oxford, le seul fossile connu du dronte. Mais dans les intéressants ouvrages du savant Cuvier, que de détails intéressants les amateurs d'histoire naturelle peuvent rencontrer!

(2) Il y a une trentaine d'années, une découverte des plus inattendues produisit une véritable sensation dans le monde scientifique. Des ossements d'oiseaux de proportions gigantesques venaient d'être recueillis dans les rivières de la Nouvelle-Zélande. Il n'en fallait pas tant pour inspirer à des hommes instruits le désir de pousser les recherches avec activité. On fouilla les cours d'eau, les marais, les cavernes, et bientôt les ossements trouvés furent en quantité considérable.
On avait le squelette entier d'un oiseau dont la taille approchait de celle de la girafe, et celui de plusieurs autres espèces du même groupe, offrant des dimensions inférieures.

Je passe sous silence les apertyx au plumage brun, au long bec courbé, aux pattes robustes; les strigops, vrai perroquet de la grosseur d'une poule, d'un vert clair, mais bariolé de lignes noires et d'autres encore.

Mais ce n'étaient ni les quadrupèdes que j'ai nommés, ni les oiseaux que j'ai cités, qui causaient ma terreur!...

Pour mieux voir le spectacle désiré pendant toute une nuit, lorsqu'enfin le jour paru je rendis mes yeux plus petits, dans le but de concentrer leur rayon et de me mettre à même de mieux juger les masses mouvantes aperçues dans l'obscurité sombre, toujours inexplicables pour moi, et que j'avais entendues grommeler, ramer, geindre et craqueter pendant de trop longues heures, juste au-dessous de notre véhicule, ou à peu près.

Comme vous le savez, au premier brillant rayon de soleil j'avançai précipitamment la tête par-dessus le bastingage de notre bord. Mais — voilà le fameux *mais* venu! — comme je la retirai plus précipitamment encore, la terreur dans l'âme et un cri rauque, tout d'épouvante et d'effroi, s'échappant de ma poitrine!... Ce que je voyais, écoutez-le :

J'avais en face de moi, accroupi sur la corde inclinée qui nous ancrait au caroubier, un épouvantable oiseau, grand et gros comme un éléphant. Sa tête effrayante s'allongeant vers moi, se prit à me regarder de ses gros yeux glauques et visqueux. Il était d'un aspect terrifiant. En effet, son corps affectait la forme d'un caïman, il avait des griffes avec plumes, la longue queue d'un lézard gigantesque, et les ailes d'une chauve-souris, mais des ailes d'une longueur!...

— *Ptérodactyle!...* murmura la voix sourde de Marius, qui, lui aussi, regardait par-dessus bord.

<small>Ces pièces furent l'objet d'études approfondies. Ces oiseaux, race éteinte, étaient les *dinornis*, l'espèce la plus grande des volatiles.

Les explorateurs anglais rencontrant de ces os de dinornis dans le lit ou sur les berges des rivières, souvent mêlés avec des os d'animaux ou avec ceux de l'homme lui-même, quelquefois dans des cavités pleines de cendres et de charbon de bois où s'étaient préparés des repas, avaient la conviction que ces restes provenaient d'individus dont la destruction n'était pas ancienne. Ils se trompaient.

La Nouvelle-Zélande, et, avant elle, l'Asie, étaient peuplées autrefois de nombreuses espèces de dinornis très distinctes les unes des autres. Le dinornis gigantesque, atteignant la hauteur de trois et quatre mètres, est un oiseau de l'origine des mondes, qui a disparu depuis longtemps.

(*Emprunté, quant au sens, à la* Revue des Deux-Mondes.)</small>

— Puisque vous connaissez jusqu'au nom de ce personnage, dis-je à mon compagnon de route, aidez-moi donc à chasser cet incommode voisin qui m'épouvante...

En même temps, j'armai un revolver.

— C'est fait! me répondit Marius.

Et, au même instant, j'entendis retentir à terre comme la chute d'un corps énorme et lourd. Je regardai. Le ptérodactyle gisait sur le sol, les quatre pattes en l'air.

Mais à l'entour de lui s'ébattaient en tout sens de tels monstres que je ne sais si je pourrai réussir à vous en faire la description. J'aime mieux laisser parler Marius, si fort en géologie (1), d'autant mieux

---

(1) La géologie, science toute nouvelle, et née à peine de la fin du dernier siècle, a fait durant cette période très courte d'immenses progrès.

La *géologie* est la *science de la terre*. Elle étudie la forme générale de notre planète, sa configuration extérieure, sa structure à l'intérieur, sa composition minérale, l'origine des matières qui la constituent, l'âge relatif de ces matières, et les diverses phases qu'elles ont subies pendant la longue période de leur accumulation.

Les masses générales qui composent l'écorce solide prennent le nom de *roches*.

Les roches sont de différents genres : *aqueuses, volcaniques, plutoniques, métamorphiques*.

Les roches aqueuses présentent une structure particulière. Elles sont divisées par bandes parallèles : *assises, strates, couches* ou *lits*.

Elles se succèdent en nombre ou en puissance, qui varient, et qui montrent ce que les géologues appellent une *stratification*.

Au sein des masses de formation aqueuse, mais jamais dans les roches à la production desquelles le feu a présidé, on rencontre des débris de corps organisés, qui ont conservé leur forme extérieure, et, jusqu'à un certain point, la structure de leur intérieur. Mais la substance première, animal ou végétal, a disparu pour faire place à des matières pierreuses ou métalliques.

Ces débris sont ce que l'on appelle des *fossiles* ou *pétrifications*.

Les êtres qu'ils représentent ont jadis vécu, et ont laissé leurs dépouilles dans les roches successives. Ils fournissent aujourd'hui comme des MÉDAILLES DES ORIGINES DU MONDE, des objets ayant appartenu à l'ancien monde.

Ils servent à nous retracer l'histoire des diverses époques qui ont précédé la période actuelle. Ils nous font connaître le climat, le milieu géographique, et les conditions locales qui ont prévalu aux temps antiques. Ils nous indiquent le mode de dépôt des couches et l'origine des matières qui les composent. Enfin ils nous dévoilent l'âge relatif des formations.

D'abord ils nous font connaître le climat des régions anciennes. Tel est le cas pour le *mastodonte* et l'*éléphant*, animaux de régions méridionales, dont on rencontre cependant aujourd'hui de si nombreux débris en différentes parties de l'Europe.

Il en est de même de ces vestiges nombreux de *palmiers*, de *fougères arborescentes*, et d'autres plantes équatoriales si abondamment distribuées dans certaines localités de pays tempérés. Par opposition, dans d'autres localités jouissant d'un climat chaud, on recueille de nos jours des restes organisés de fossiles qui rappellent d'anciens pays dont le climat était froid.

Pour mieux faire comprendre l'importance fondamentale des fossiles, et tous les enseignements qui en résultent, expliquons mieux encore ce que l'on entend par ce mot fossiles.

qu'en voyant mon effroi et en devinant aussi ma curiosité, notre savant se mit à passer en revue les horribles bêtes qui nous occu-

Fossiles vient du mot *fodere*, fouiller, et veut dire les débris que l'on trouve dans les fouilles, au sein de la terre.

Comme il a été expliqué plus haut, les fossiles sont des débris de corps organisés restés longtemps enfouis dans des terrains déposés par les eaux. Ils appartiennent à toutes les grandes divisions de la nature : mammifères, oiseaux, reptiles, poissons crustacés, mollusques, polypiers, arbres, herbes même et feuilles, qui sont indiquées par leurs empreintes. Toutefois, on n'a jamais exhumé de véritables débris humains Ces corps, avons-nous dit, se présentent tantôt conservés en nature, tantôt remplacés par d'autres substances, tantôt n'offrant plus que l'empreinte d'un corps ou que la place vide occupée par ce corps, détruit par diverses causes.

Dans les terrains récents, les fossiles animaux conservent encore leurs parties cornées avec leurs parties osseuses ; les fossiles végétaux conservent leurs parties charbonneuses et bitumineuses.

Mais dans les terrains anciens, les substances animales ne conservent plus que leurs sels calcaires ; toutes les matières gélatineuses ont disparu.

C'est cette transformation, qui se fait lentement par infiltration, qui donne lieu aux pétrifications, telles que bois silicés, bois agatisés, etc.

Un fait remarquable, c'est que les dépôts les plus superficiels et les plus récents sont les seuls qui présentent des *fossiles identiques* avec les espèces actuelles. Audessous se trouvent des *fossiles analogues*, c'est-à-dire des fossiles d'espèces distinctes, mais pouvant entrer dans les mêmes genres que les espèces actuelles.

Plus bas, dans les couches de la terre, on ne trouve plus que des végétaux et des animaux complètement différents de ceux qui existent à la surface de la terre, et dont on peut former des familles distinctes de celles qui forment les espèces vivantes.

Nous avons dit que les fossiles indiquent le climat, le milieu géographique, les conditions locales qui ont prévalu aux temps antiques, le mode de dépôt des couches, l'origine des matières qui les composent, et l'âge relatif des formations.

Pour cela, il est bon de savoir que l'histoire de la terre se partage par époques, que l'on nomme *époques géologiques*.

Ce mot époque vient de *epokhê*, arrêt, station, point fixe dans l'histoire d'une chose, point ordinairement marqué par un grand événement, comme la création, le déluge, la naissance de J.-C., l'hégire, l'invasion des Barbares, la fondation de tel empire, la découverte de l'Amérique, etc.

Or, en géologie, on distingue cinq grandes époques correspondant à autant de révolutions que la terre a subies à de grands intervalles. Les nombreux débris fossiles qui se trouvent encore de nos jours dans les différentes couches de l'enveloppe du globe terrestre peuvent servir à démontrer leur existence, et à les distinguer.

Avant tout, sachez bien que tout cet ensemble des époques que nous allons passer en revue repose sur la croûte granitique primordiale, formée lorsque la terre, d'abord incandescente et fluide, en sortant de la main du Créateur, commença à se solidifier à sa surface, en se refroidissant.

Dans la *première époque*, on ne rencontre aucune trace d'animaux vertébrés. On ne trouve que des mollusques et des crustacés, des végétaux cryptogames vasculaires semblables aux fucus, aux prêles, aux fougères, mais fougères à l'état d'arbres, car ces végétaux fossiles sont de dix à quinze et dix-huit mètres plus hauts que les mêmes plantes actuelles.

Les terrains de la *seconde époque* renferment, parmi les mollusques, des gryphées, des ammonites, etc.

Mais ils offrent surtout des fossiles de ces animaux gigantesques, qui furent, entre les mains du Créateur, des essais pour arriver à la création des plus grands animaux qui nous restent. Ce sont des reptiles énormes : *plésiosaures, ptérodactyles, ichthyo-*

paient, et à me les nommer à voix basse, pour ne pas réveiller Even et la jeter dans l'épouvante.

saures, géosaures, phytosaures, pleurosaures, etc. Mais il ne se montre aucun mammifère.

Les végétaux appartiennent à la famille des conifères et à celle des cycadées. On trouve là toute la flore de la seconde époque de notre sphère : lycopodes de cent pieds de haut, sigillaires de cinquante, fougères géantes, immenses lépidodendrons à tiges cylindriques bifurquées, terminées par de longues feuilles et hérissées de poils rudes comme de monstrueuses plantes grasses.

A la *troisième époque*, les mammifères commencent à se montrer.

Parmi les pachydermes, du mot grec *pakhys*, épais, et *derma*, cuir, ainsi nommés par Cuvier, à cause de leur peau épaisse, ce sont les *palæothérium*, les *anoplothérium*, les *mastadontes*, l'*hippopotame*, le *rhinocéros*, les *tapirs*, etc., et notamment le *mammouth*, le *béhémoth* de la Bible.

Tous ces animaux gigantesques ont disparu de la surface du globe, dès les premiers âges de l'apparition de l'homme sur la terre; Dieu les effaça du catalogue des êtres, mais la nature laissa subsister leurs débris. Ces ossements fossiles furent peu à peu retrouvés ici et là, dans tous les temps, surtout à notre époque moderne, où l'on observe et où l'on cherche davantage. Dès-lors, on se demanda ce que devaient être les animaux dont on retrouvait ainsi les restes, effrayants par leur taille et leur volume colossal.

Par exemple, dans les carrières de France et d'Angleterre, on exhume des squelettes de *plésiosaures;*

Dans l'Allemagne, on rencontre les débris du *ptérodactyle ;*

Au Brésil, au sein de cavernes ténébreuses, on retrouve le *leptothérium ;*

Sur les rivages glacés de la Sibérie, le *méricothérium ;*

En Grèce, des *protopithèques ;*

Dans les marais de l'Ohio, dans le nord de l'Amérique, en 1801, des *mastodontes,* etc. ;

En 1789, sur les rives du Koxan, non loin de Buénos-Ayres, les *mégathérium* et les *mégalonyx ;*

En France, dans les carrières de Montmartre et la vallée de la Seine, dans l'Aude, l'Indre, l'Aisne, le Gers, etc., presque tous ces mammifères des premiers jours, le tapir colossal, ce pachyderme lophiodon, l'anoplothérium, ce curieux quadrupède tenant du cheval, du rhinocéros, de l'hippopotame et du chameau, comme si, pressé par son travail, le Créateur eût réuni plusieurs animaux en un seul.

Mais pour démêler et reconnaître ces débris, ces vertèbres, ces mâchoires, ces molaires de dinothérium, de mastodonte, de mammouth, etc., il fallait un naturaliste de premier ordre et merveilleusement doué. Cet homme de génie se trouva.

Georges Cuvier naquit à Montbéliard, en 1769, la même année que W. Scott, Humboldt, Napoléon Ier, etc. Jamais homme ne montra de bonne heure une plus grande aptitude aux travaux de l'esprit. Illustre dès le début par ses œuvres et ses découvertes, Cuvier le devint bien davantage encore. Quelques ossements fossiles, qu'il dut comparer à des os récemment dénudés, donnèrent tout-à-coup à ses études une tendance précise vers un but déterminé. En comparant avec une admirable perspicacité des ossements fossiles en nombre, qui lui furent envoyés de toutes parts, le célèbre savant en vint à cette conclusion :

Puisque chaque être organisé forme un système unique dont toutes les parties se correspondent mutuellement; puisque chaque animal offre un ensemble plein d'harmonie, aucun des organes ne saurait changer sans que les autres changent. Par conséquent, on peut juger de tout un animal par un de ses organes, et du tout ensemble par une de ses parties.

C'est à l'aide de ce raisonnement que G. Cuvier fit revivre les animaux de la créa-

— Ce géant, dont la tête seule a six pieds de longueur et quatre de largeur, c'est le *dinothérium*... dit-il, en me désignant du doigt un de ces étranges mammifères, arrêté quelque peu à l'écart. Plus grand et plus fort que le plus grand et le plus fort des éléphants, ce monstre, comme vous le voyez, est un proboscidien, puisqu'il est muni d'une trompe. Il rappelle le tapir, mais un tapir géant. Sa mâchoire inférieure est recourbée en bas. Elle est armée de deux défenses dont les pointes sont dirigées vers la terre.

Dinothérium vient de *deinos*, terrible, et de *thérion*, animal. Il y a le *dinothérium giganteum*, c'est celui-ci, et le *dinoterium cuvieri*, d'un tiers plus petit.

Ces animaux sont les derniers spécimens des formidables créatures dont Dieu essaya la charpente au début des mondes. Le déluge en a détruit le plus grand nombre; ceux-ci s'en vont s'éteignant. A peine reste-t-il quelques représentants de chaque espèce. Il est probable que le diluvium aura épargné ce point du globe, qui forme comme le plateau d'un promontoire dont les pentes douces descendent jusqu'à cette mer, dont le soleil illumine le miroir. Alors ces animaux énormes y auront cherché un refuge contre l'inondation croissante, ce qui fait que nous les y trouvons.

Remarquez ce *géosaure*, du grec *gê*, terre, et *sauros*, lézard. C'est un saurien titanique, en effet. Sa place est entre le crocodile et le saurien. Museau peu effilé, orbites des yeux assez vastes et elliptiques, mâchoires faiblement allongées, dents coniques nombreuses. Il est doué d'une force prodigieuse, et sa taille monumentale est de cinq, six, sept et huit mètres.

tion, et nous apprit à juger et à connaître les palœothériums, les anoplothériums, les mégalonyx, les mastodontes, les ptérodactyles, les ichthyosaures, etc.
Maintenant, voici ce qu'il dit des révolutions dont notre sphère a été le théâtre, à l'origine des temps :
« Je pense que s'il y a quelque chose de constaté en géologie, c'est que la surface de notre globe a été victime d'une grande et subite révolution, dont la date ne peut remonter beaucoup au-delà de cinq à six mille ans; que cette révolution a enfoncé et fait disparaître les pays qu'habitaient les hommes et les espèces d'animaux aujourd'hui les plus connus ; qu'elle a, au contraire, mis à sec le fond de la dernière mer, et en a formé les contrées aujourd'hui habitées ; que c'est depuis cette dernière révolution que le petit nombre des individus épargnés par elle se sont répandus et propagés sur les terrains nouvellement mis à sec, et par conséquent que c'est depuis cette époque seulement que les sociétés humaines ont repris une marche progressive ; qu'elles ont formé des établissements, élevé des monuments, recueilli des faits naturels et combiné des systèmes scientifiques. » (*A. D.*)

Et ce *plésiosaure*, de *plesios*, voisin, et de *sauros*, saurien. Il est bien porteur d'une tête de lézard, celui-là. Et quelle encolure de constrictor gigantesque! Soixante, et quatre-vingts pieds de longueur! Le corps de ce terrible reptile est cuirassé d'écailles. De son cou musculeux, il peut enlacer ses ennemis comme d'un câble, et les étouffer incontinent.

Et cependant son corps ovale, allongé, est mou au moins dans ses parties supérieures. Il est pourvu d'un très long cou, par exemple, et c'est ce qui fait sa force. Sa tête, du reste, est petite, à mâchoires courtes, armée de dents en arrière. La queue non plus n'est pas longue. Mais sur les deux côtés sont placées deux paires de membres entièrement penniformes et formés de doigts bien distincts, sans ongles, et entièrement cachés sous la peau. Notre savant Cuvier, dans l'avenir, en retrouvera des débris en France et en Angleterre.

— Mais quel est cet horrible poisson à pattes de dauphin, à tête et à queue de saurien encore? dis-je à Marius, en lui montrant, dans l'eau d'un lac voisin, un animal de dix mètres de longueur (1).

— C'est l'*ichthyosaure*, de *ikhthys*, poisson, et *sauros*, saurien toujours... fit Marius. Il est intermédiaire aux cétacés et aux poissons. Il n'a pas seulement les pattes du dauphin, il en a le museau; son crâne et son sternum sont du lézard. Ses pattes de cétacé sont au nombre de quatre. Il possède les vertèbres des poissons. Ses yeux flamboyants éclairent les ténèbres, et ses dents redoutables s'entre-choquent sans fin.

— Les anciens nous vantaient leurs prétendues *sirènes* (2), mais,

---

(1) Il y a sur les côtes de la Sibérie des îles entièrement composées de sable lardé pour ainsi dire d'une immense quantité de débris de ces mammifères, mais spécialement de *mammouth*. On en a trouvé aussi de conservés tout entiers dans les glaces du pôle. (*Bouillet*.)

(2) Homère nous a-t-il trompé en nous parlant des *sirènes*, qu'il fait se jouer à la surface des eaux, et qui habitaient l'île des Sirènes, placée non loin du cap Campanella, dans la mer Tyrrhénienne? J'ai vu l'île des Sirènes; c'est un assemblage de récifs qui émergent des vagues comme des enchanteurs soudainement pétrifiés par un coup de la baguette de magiciens. Ce fut là qu'Ulysse se fit boucher les oreilles avec de la cire, pour ne pas être entraîné, séduit, par le chant sublime des dangereuses divinités de ces parages. Mais je n'ai pas vu de sirènes...

Et cependant il en existe, à en juger par ce qui suit :

« Une sirène a fait son apparition dans le grand Océan équinoxial... lisons-nous dans une feuille publique passablement sérieuse.

» Le journal de bord d'un navire, ayant fait le trajet du port de Trinidad, — Mexi-

reusement pour leur imagination toujours à la recherche du beau, ils n'ont pas connu ces monstrueux mammifères, car comment s'y seraient-ils pris pour les poétiser ? m'écriai-je.

que, — aux îles Sandwich, vient de remettre en question l'existence, tantôt affirmée, tantôt controversée par les naturalistes, de la sirène ou femme des mers.

» C'est aux abords d'une petite île faisant partie du groupe de Sandwich, l'île des Oiseaux, située sur la parallèle du Cancer, qu'aurait eu lieu la rencontre d'une sirène, par l'équipage du navire en question.

» Le 31 mars 1866, à huit heures du matin, six hommes, ayant quitté le bord, se dirigeaient en canot vers une baie, dans l'intention de se livrer à la pêche, lorsqu'ils virent paraître à quelques mètres de leur embarcation une femme ayant la moitié du corps au-dessus de l'eau et se livrant à des ébats de natation, tantôt disparaissant, tantôt se montrant à la surface.

» L'étonnement et la frayeur dont furent saisis les matelots ne peuvent se décrire. Ils stopèrent immédiatement et attendirent quelque nouvelle évolution de la femme marine, pour prendre un parti. Celle-ci, nullement intimidée, se rapprocha du canot, et les hommes de mer purent se convaincre que c'était bien une sirène qu'ils avaient devant eux.

» Cette sirène était d'une grande beauté. D'après le rapport, elle ne le cédait en rien aux plus belles têtes de femmes. Elle avait des cheveux bleus qui flottaient sur ses épaules. Sa peau paraissait légèrement bistrée. Ses mains étaient palmées.

» La belle curieuse exprimait de son côté la surprise qu'elle éprouvait de voir ces hommes, et cela à l'aide de cris aigus.

» La partie inférieure du corps de cette sirène répondait peu à la conformation de la partie supérieure. En effet, à partir de la région ombilicale, le corps de ce mystérieux poisson, qu'on distinguait entre deux eaux, était terminé par une queue large et fourchue.

» Un matelot placé sur la proue du canot, ayant jeté une orange à la sirène, celle-ci s'en empara avidement, exprima sa joie par de petits cris, et portant, à l'aide de ses deux mains, — je devrais peut-être dire nageoires, — le fruit d'or à sa bouche, laissa voir une superbe rangée de dents blanches, et croqua rapidement l'orange.

» Le maître timonier ayant donné l'ordre de ramer, le canot se dirigea vers la sirène, qui, se croyant en danger, plongea profondément et disparut pendant quelques minutes, pour se montrer de nouveau sur le sillage de l'embarcation. On lui jeta d'autres oranges, qu'elle saisit et qu'elle mangea ; mais à chaque mouvement du canot tendant à se rapprocher d'elle, elle disparaissait.

» Retourner à bord du navire sans avoir raison de ce phénomène, parut chose puérile aux matelots, et l'un d'eux, encouragé par ses camarades, profitant d'un instant où la distance existant entre la femme marine et le canot n'était guères que de dix mètres, il s'élança vers elle. Mais ce fut inutilement que l'intrépide nageur fit force de bras pour accoster la sirène ; cette dernière, qui semblait se faire un jeu des efforts désespérés du marin, évitait son approche, tournait autour de lui, disparaissait, se rencontrait, tantôt devant, tantôt derrière lui, et disparut définitivement, blessée, pense-t-on, et gravement, à la figure, par un coup de feu que lui tira le patron de la barque. »

Le *Journal de Paris*, qui raconte le fait, fait observer que des récits antérieurs et revêtus d'une certaine authenticité, ont signalé des apparitions de même nature en 1430, en 1614, en 1660, en 1672 et à d'autres époques encore, à l'île de Ceylan, aux Antilles et sur les côtes du Mexique.

Enfin, d'après l'inventaire des objets d'histoire naturelle qui figuraient dans la galerie de la bibliothèque de l'abbaye de Sainte-Geneviève, à Paris, au XVIe siècle, on remarquait, dans cette collection fort curieuse, la main d'une sirène, provenant d'un port de la Hollande, où une femme marine avait été capturée.

— Alors vous oubliez les fameux vers de la belle tragédie de *Phèdre*, et la description du monstre qui, sortant des eaux, met en fureur les coursiers d'Hippolyte :

A peine nous sortions des portes de Trézènes, etc..

— Vous avez raison, j'oubliais :

Sa croupe se recourbe en replis tortueux, etc.

— Mais l'animal en question n'était sans doute pas un des mammifères gigantesques qui nous occupent... continue Marius.

Revenons à ces monstres si redoutables, que jamais l'homme n'aurait pu en soutenir la vue sans épouvante.

Celui qui s'avance là, en faisant trembler le sol sous ses pieds semblables à des colonnes de granit, et dominant de plusieurs mètres les plus grands éléphants de l'Afrique et de l'Asie, c'est le *mastodonte*, du grec *mastos*, mamelon, et *odons*, dent, ce qui veut dire animal à dents mamelonnées. Ce colossal spécimen doit être rangé dans l'ordre des pachydermes et dans la tribu des proboscidiens.

Il ne faut pas le confondre avec le *mammouth*, dont la taille s'étend de cinq à six mètres. La tête de celui-ci est plus allongée, son front est excavé; ses dents incisives, fort longues, sortent d'alvéoles prolongées en une espèce de tube. Elles fournissent l'ivoire *fossile*, espèce fort recherchée à cause de sa dureté.

Voulez-vous connaître aussi le *palœothérium*, sorte de tapir sauvage, mais colossal, vivant sur le bord des lacs et des marais; l'*anoplothérium*, qui avait le pied fendu comme celui du chameau, et dont chaque mâchoire comptait vingt dents; le *mégathérium*, plus grand que les rhinocéros; le *mégalonyx* et autres encore, vous en avez sous les yeux, et les voilà qui se disposent à se livrer bataille, je le suppose du moins, à voir leur agitation et les regards farouches que se lancent tous ces animaux. Puissent-ils tous périr dans ce dernier combat!

Ce qu'il y a de bien certain, c'est que, grâce à Dieu, ces mammifères sont très rares. On n'en trouve plus nulle part, et j'ai bien la

---

Le navire qui portait les matelots témoins des ébats de notre sirène n'était point américain, sans quoi je le laisserais sans désignation, comme appartenant à la patrie des canards et de Barnum. Mais il était hollandais, et le Hollandais, grave et digne, mérite assurément toute croyance.

conviction que ces races effrayantes seront éteintes à un moment donné.

On n'en trouvera plus que des ossements. Alors leurs squelettes fossiles seront recueillis, et quand ils auront été soumis aux études laborieuses du savant Cuvier, cet homme illustre, le plus habile investigateur des choses de la science, en reconstituera les débris épars. Disons donc de suite que c'est à lui que nous devons de connaître ces animaux diluviens et antédiluviens, et ajoutons que c'est par l'anoplothérium qu'il commença à démontrer que parmi les ossements fossiles, il y avait des débris de races d'animaux absolument inconnus, de nos jours, dans la nature vivante.

Nous passons un très long temps à contempler ainsi ces prodiges des premiers jours de la création, et à raisonner à perte de vue sur les œuvres du Créateur. Peu à peu, le comte de Froley, l'ami Arthur, et enfin Evenor, en se réveillant, prennent part à notre curiosité, à l'examen que nous faisons des mammifères, et à la conversation. Chacun fait ses remarques, chacun paie son tribut de connaissances, et chacun raconte ce qu'il peut savoir sur ces redoutables et étranges animaux.

Ce qui m'intéresse le plus, c'est d'apprendre que peu de contrées sont aussi riches en fossiles de ces monstres que la France et l'Angleterre, et, en France, spécialement les carrières de Montmartre, la vallée de la science, et quantité de cavernes de nos départements de l'ouest, du centre et du sud.

Comment cela se fit-il? Je l'ignore. Mais la nuit tombait déjà que nous étions encore à l'ancre, auprès du caroubier, et les yeux occupés de la vision monstrueuse que vous savez. Les ténèbres devenaient de plus en plus épaisses, lorsque parut tout-à-coup en face de nous une lumière semblable à celle qu'allume aux cieux un lointain incendie. C'était tout simplement la lune qui se levait, mais la lune de l'Orient, une lune radieuse comme un soleil minuscule. Au moment même où le bord inférieur du disque argenté allait se détacher de la ligne accidentée formée par les sinuosités des montagnes, un cri lugubre, venant des profondes vallées que dominait notre véhicule, et poussé par les animaux dont nous apercevions à peine les mouvements, vibra dans l'ombre et remplit l'espace.

La lune, fort à propos, vint à notre aide. Sous ses lumineux rayons, je vis grouiller, s'ébattre, voleter, ramper, grimper, marcher, s'ébaudir, en faisant trembler le sol, sous les fougères, le long des rives du lac, ou au milieu de ses eaux gonflées, les terribles mammifères, soit qu'ils fussent en joie, soit que la colère les excitât les uns contre les autres.

Il me semble alors que des tortues énormes, dites *chersites*, dont la carapace bombée ressemble à une île flottante, attirées par les bruits du dehors, font force de rames pour accourir, en nageant, sur les grèves blanchies par la lune. Dans l'air s'agitent des trompes. On entend un broiement de roches : ce sont les granits que taraudent de leurs défenses les mastodontes en fureur. Arc-boutés sur leurs pattes colossales, les mégathériums fouillent le sol pour en lancer au loin les débris. Les échos de la plaine retentissent de toutes sortes de mugissements, de clameurs de rage et de douleur. Des protopithèques s'élancent sur la cime des arbres : mais les ptérodactyles, aux mains emplumées, en glissant, comme d'énormes chauves-souris, dans un vol lourd et cauteleux, les poursuivent dans leur refuge. C'est un spectacle horrible, affreux, indescriptible, dont les épouvantables rugissements sont répercutés par les anfractuosités des massifs rocheux.

Evidemment une mêlée sans nom possible commence (1). Aussi nous

(1) Nul doute qu'il y ait encore, dans les océans du globe, des animaux épouvantables, par leur taille colossale et les instincts cruels qu'on peut leur supposer. Peut-être les voit-on rarement : l'Océan est tellement immense ! Mais ils existent, et on les entrevoit quelquefois.

Voici, par exemple, que l'on signale la résurrection du serpent de mer, et c'est le *Journal des Trois Rivières*, du Canada, qui nous transmet les détails suivants :

« Depuis quelques années, les habitants de Sainte-Agathe-des-Monts, village situé sur le bord du lac des Sables, qui baigne les extrémités du comté de Terrebonne, ont signalé à plusieurs reprises l'existence d'un monstre qu'ils désignent sous le nom de serpent, et qui paraît faire son séjour des eaux profondes de lac. Il est vrai que les premières apparitions de l'animal n'avaient été signalées que par des enfants s'amusant dans les parages du lac. Elles avaient frappé d'épouvante ces timides spectateurs. Si elles ne réussissaient pas à produire la conviction chez les gens âgés, tout au moins piquaient-elles leur curiosité.

» Aujourd'hui, tout le monde paraît ajouter foi au rapport de l'un des plus anciens et des plus notables de l'endroit.

» Un de ses neveux, garçon d'une quinzaine d'années, étant allé à la pêche, a pris la fuite à la vue d'un gigantesque et épouvantable monstre, ayant une horrible tête de cheval avec une gueule énorme, qui se montra au-dessus de l'eau, agitant la surface du lac, autour de lui, avec un bruit incomparable.

» Quelques jours après, M. G*** lui-même, étant allé, un matin, puiser de l'eau sur

demeurons muets d'effroi, glacés d'épouvante. Nous entrevoyons un assaut formidable, une lutte que la plume ne peut rendre, un combat grandiose. Alors étincelle et lance la flamme l'œil de l'ichthyosaure, cet inimaginable serpent à tronc cylindrique, dont le cou montre la flexibilité de celui du cygne, mais dont le dos est pourvu d'une cuirasse à toute épreuve. Nos oreilles sont assourdies par des sifflements d'une incomparable acuité.

Tous ces monstres sont entrelacés les uns dans les autres et forment des blocs énormes, effroyables à voir, ruisselants de sang. Un acharnement inimaginable préside à leur destruction mutuelle. Nombre de cadavres gisent inanimés sur l'arène ou se tordent dans des convulsions suprêmes qui font trembler le sol. Peu à peu les combattants diminuent. Les protopithèques ont été vaincus les premiers (1). Après eux tombent les géosaures. Les ptérodactyles se jettent sur ces premières proies, et les éventrent pour se rassasier de leurs entrailles fumantes. Du lac sortent alors, à demi, les ichthyosaures, qui saisissent les victimes les plus proches, afin de s'en repaître, et qui les entraînent dans la profondeur des eaux. Les dinothériums luttent avec un grand courage ; mais ils succombent sous les morsures des mastodontes qui leur percent le flanc de l'ivoire aigu de leurs longues et lourdes défenses. De larges flaques d'un sang visqueux réfléchissent sur le sol les rayons de la lune. On n'entend plus les cris de guerre de tout-à-l'heure, mais des plaintes lamentables, mais des gémissements étouffés qui portent au loin la terreur parmi les autres animaux de la création. Les ptérodactyles, eux aussi, jonchent le sol à leur tour. A leur tour, sont écrasés par les mammouths les ardents mégalonyx. Mais si ceux-là triomphent, ce n'est pas sans avoir été frappés par ceux-ci ; de larges blessures le démontrent. En effet, les vainqueurs expirent à côté des vaincus.

---

les rives du lac, aperçut la tête de l'animal, ainsi qu'une partie du corps, se montrant à la surface. Il affirme que le corps du monstre est de la grosseur d'un baril et d'une couleur grisâtre. Il n'a pu voir la longueur de la bête, peut-être à cause de l'agitation de l'eau, due au mouvement rapide qu'il a signalé. Il compare aussi le bruit que faisait l'animal à celui d'un moulin à battre. »

N'oublions pas que cette nouvelle est d'origine américaine !

(1) Le *protopithèque* est le premier singe apparu à la surface du globe. Il l'emportait en taille et en force sur le gorille et les autres espèces de singes les plus énormes.

Enfin, les ichthyosaures, protégés dans les eaux du lac comme par une forteresse, accourent encore au rivage pour s'emparer de nouvelles proies. Mais, cette fois, ils sont poursuivis par les plésiosaures, et tous ensemble disparaissent en plongeant dans les flots, où se creuse un véritable gouffre. Sans doute la bataille va se terminer dans les abîmes de l'élément liquide.

Il s'écoule quelques minutes, pendant lesquelles des vagues monstrueuses sont soulevées avec effort : on dirait une tempête qui souffle sous la large nappe humide. Puis, tout-à-coup, les cadavres des ichthyosaures surnagent peu à peu, on les voit s'agiter péniblement. Ce sont les étreintes du trépas qui les saisissent. Presque en même temps, revient à la surface le dernier des plésiosaures. Mais il semble cruellement blessé. Il ne survivra point à sa victoire, on le voit. Vainement son cou se dresse, il retombe presqu'aussitôt. Vainement il se relève, il s'abat soudain. Ce monstre va mourir, mourir le dernier. On ne voit plus sa large carapace, il s'est tourné sur le dos. Il cingle bien encore l'eau du lac comme un fouet gigantesque. L'eau jaillit au loin. Mais la mort accomplit son œuvre. L'animal une fois encore se tord comme un ver coupé, puis l'agonie se rend maîtresse de lui. Ses mouvements diminuent, ses convulsions cessent, et ce long serpent s'étend comme une masse inerte sur les flots dont le courroux tombe et s'affaisse.

— C'en est fait ! dit le comte en guise d'oraison funèbre. Cet essai de la main de Dieu disparaît à jamais. Le Créateur n'a pas voulu que ces derniers restes des premiers animaux survécussent longtemps au déluge. A tout jamais la race humaine sera délivrée de ces monstres! Laissons-les engraisser le sol de leurs cadavres. Et si jamais un voyageur vient fouler aux pieds cet immense cimetière, à la vue de ces squelettes gigantesques il tremblera d'épouvante en songeant que la terre eût été inhabitable, si elle avait été peuplée de pareils géants!

L'HOMME A L'ORIGINE DU MONDE.

Les résultats du péché. — Danse macabre des humains de l'âge préhistorique. — La terre au commencement des temps. — La royauté de l'homme dans tout son réalisme. — Ce qui advient à la dispersion des peuples. — Ressources laissées à l'homme par sa révolte contre Dieu. — Caravanes de peuplades en émigration. — Ce qu'elles rencontrent en cheminant. — Tableau de toutes sortes d'infortunes. — Gîtes choisis par les fils de Japhet. — Qu'est-ce que la tribu des Aryas. — Cimbres, Celtes ou Kymris. — Pélasges, Etrusques et Grecs-Arcadiens. — Esquisses et croquis des temps antéhistoriques. — Qu'entend-on par peuples nomades. — Vie des pasteurs. — L'homme à l'état sauvage. — Pourquoi l'âge de ces émigrations se nomme-t-il l'âge de pierre brute. — Quels sont les moyens de défense contre les bêtes féroces. — Qu'entend-on par silex. — Armes et ustensiles de l'homme primitif. — Son industrie au début. — Quel est le progrès de ses inventions. Ce qu'est l'âge de pierre polie. — Armes de luxe de l'époque. — Raffinements de la civilisation du temps. — Où l'on imagine les stations lacustres et paludéennes. — Notions acquises sur les palafittes. — Villages assis au milieu des eaux. — Comment on démontre que les stations lacustres appartiennent à tel ou tel âge. — Misères des femmes. — Inimaginable position des jeunes filles en ces tristes périodes. — L'âge des métaux. — Appel à la génération actuelle. — La station paludéenne de Bordeaux. — Hiock-ken, moeddings ou kjokken-moddins du Danemark. — Repas en plein air. — Débris de cuisine. — Illusion que peut donner l'Histoire.

Un dernier tableau des origines du monde, cher lecteur!

Nous avons vu les splendeurs de l'Orient aux beaux jours de la création. Le paradis terrestre s'est montré dans toute sa magnificence, puis nous avons entrevu nos premiers parents jouissant d'un bonheur tel que Dieu sait le donner à ceux qui l'aiment.

Mais, hélas! le péché s'est produit, et alors merveilles de la terre, félicités suprêmes destinées à l'humanité, tout a disparu dans l'abîme du mal. Les guerres sont venues entre frères; le meurtre a rongé le sol natal, et avec le crime se sont rués sur nous tous les fléaux.

Et cependant ce que le Seigneur a encore laissé de beautés sur notre sphère, le séjour de notre exil, est encore bien digne d'admiration. Nous avons pu en juger dans les pages de ces derniers chapitres, employées à retracer plus à l'aise les grandes curiosités de l'origine du monde, puisque les guides de mon voyage m'arrachaient trop souvent aux sympathies que m'inspiraient les sites et les paysages les plus intéressants.

Aussi, nous sommes-nous occupés de l'histoire des temps primitifs, et avons-nous déjà vu le défilé de certains peuples, qui ouvrent la marche de l'humanité.

Mais avant cette première danse macabre des humains, c'est-à-dire dans les temps préhistoriques qui suivirent l'époque fatale où fut commis le péché, le péché qui nous perdit! nous n'avons pas vu l'homme, ni connu ses tout premiers agissements.

C'est cette lacune que je tiens à réparer, c'est ce tableau que je veux vous mettre sous les yeux.

Le soleil avait disparu, et la nuit était venue, au moment où commence la vision que je vais dire. Notre esquif passait au-dessus des mers d'Asie. La brise, une brise douce et tiède, soulevait les vagues, les allongeait, les roulait avec mollesse, puis, les repliant sur elles-mêmes par un brusque temps d'arrêt, les couronnait d'une aigrette d'écume constellée d'étincelles. Ce phénomène, dû à la présence de myriades de noctiluques, petites perles lumineuses et vivantes, nous émerveillait, et nous restions plongés dans une admiration qui ne tarissait pas.

Mon oncle me disait alors :

— Il y eut un temps où notre planète, lancée dans l'espace par la main de Dieu, avec tous les attributs d'un soleil, projetait ses feux à travers l'infini des cieux.

C'était à l'origine du monde, cela.

Mais alors, quand, selon le but du Créateur, notre globe eut subi l'action de la fournaise fusionnant et mettant en convulsion tous les éléments, elle se refroidit peu à peu, et l'eau, à son tour, remplit son office sur la surface de notre sphère brûlante, et en éteignit petit à petit l'enveloppe incandescente. Enfin la terre, enfouissant ses flammes dans ses entrailles, se couvrit d'une écorce élastique, soumise à des mouvements alternatifs de haut et de bas, en vertu des lois de l'attraction. Ce fut en cet instant que des soulèvements du sol se produisirent, puis des affaissements, et qu'une partie des terrains sédimentaires furent entraînés au fond de gouffres subitement entr'ouverts (1).

Dès lors, à l'intérieur du globe, les feux souterrains, qui se révélèrent et se révèlent toujours par les volcans.

A l'extérieur, les soulèvements de montagnes, et, sous les montagnes, ces cavernes, ces antres, ces galeries, ces grottes dont l'immensité, souvent, nous remplit d'effroi, d'étonnement et d'admiration.

Comme preuves de mon dire, les chaînes colossales de l'Himalaya, dans l'Asie, des Andes ou Cordilières, dans l'Amérique, des Alpes dans l'Europe, du Caucase, des Ourals, etc., et puis des antres d'Antiparos, en Grèce, des cavernes de Remonchamp, en Belgique, des souterrains d'Inkermann, en Crimée, et aussi, et surtout des étranges grottes de Guachara, en Colombie, d'une profondeur de 2,500 pieds, et de la merveilleuse caverne de Mammouth, dans le Kentucky, dont la

(1) En géologie, on appelle *terrains de sédiment* ou *sédimentaires*, les couches formées par les matières que les eaux ont déposées et laissées à découvert en se retirant.

L'*alluvium* ou *terrain d'alluvion*, ou *terrain de transport*, c'est toute masse qui se dépose naturellement de nos jours, sous forme solide, ou s'est déposée anciennement, à dater du dernier cataclysme qui fut le déluge de Moïse.

Les débris fossiles caractérisant ce terrain ne sauraient beaucoup différer des êtres organisés qui composent la création actuelle : ils sont à peu près identiques. Fait capital! on y distingue les restes de l'homme, de son squelette, ou au moins de son industrie.

Au-dessous de l'alluvium, et quelquefois remplaçant ce terrain, on remarque des amas puissants de matériaux que, ni la place qu'ils occupent actuellement, ni la grosseur, ni la quantité des fragments ou des cailloux transportés ne sauraient expliquer par aucune des causes agissant aujourd'hui sur les points environnants. Ces amas ont reçu le nom de *terrain de transport*. On attribue généralement leur acclimatation aux eaux du déluge. Aussi les désigne-t-on souvent sous le nom de *diluvium*. Les fossiles y sont rares, et cela devait être : le mouvement violent et général des eaux de l'inondation universelle, et l'action de transport de vastes distances, les ont plus ou moins détruits. Les quelques débris que l'on y rencontre ne diffèrent pas sensiblement de ceux de l'*alluvium* précédent.

A l'âge du terrain de transport, les géologues rapportent aussi le remplissage des *cavernes* et des *brèches osseuses*, dans lesquelles on rencontre des quantités si prodigieuses de restes pétrifiés d'animaux vertébrés, en particulier de mammifères.

Enfin, c'est à une époque peu éloignée des précédentes que les glaciers, relégués de nos jours aux anfractuosités des massifs montagneux les plus élevés du globe, ont présenté une extension plus considérable, recouvrant comme d'un vaste manteau une grande partie de l'Europe.

Ajoutons qu'aux terrains d'alluvion succèdent, en descendant dans l'ordre suivant : terrains tertiaires, terrains crétacés, terrains jurassiques, lias, trias, terrain carbonifère, terrain silurien et cambrien, etc. Mais nous n'avons pas à entrer dans l'explication de ces diverses enveloppes de la terre, attendu qu'ils sont alors de beaucoup postérieurs aux origines du monde, qui nous occupent, et auxquelles les pages de ce livre sont consacrées.

voûte s'élève à 500 pieds au-dessus d'un lac insondable, et dont nombre de voyageurs parcoururent une étendue de plus de dix lieues sans en rencontrer la fin.

Telles furent les premiers réceptacles des créatures organisées. C'est là, sur les grèves assombries d'une mer qui s'est retirée peu à peu pour se porter ailleurs, que se sont éteintes, après y avoir vécu, des races d'animaux de toutes sortes : mollusques et crustacés, bipèdes et quadrupèdes monstrueux, mammifères incomparables, etc. C'est dans ces tanières souterraines que les eaux ont enfoui, comme leurs cimetières propres, des couches superposées d'ossements, où les générations de siècles nombreux confondent leur éternelle poussière.

Çà et là, dans ces cavernes, s'étagent des extumescences de débris. Dans les ossuaires creusés par la nature, se trouve écrite l'histoire entière de la vie animale. On y foule aux pieds, en les écrasant avec un bruit sec, les restes de ces animaux antédiluviens, en tous cas préhistoriques, dont les musées des plus grandes cités se disputent les atomes et les parcelles, pour en repaître la curiosité des hommes. Certes! la vie de cent Cuviers ne suffirait pas à reconstituer les squelettes des innombrables êtres organiques qui gisent au fond de ces dortoirs de la mort.

Ah! c'est que, devant Dieu, les siècles s'écoulent comme pour nous les jours!

Telles furent aussi les premières habitations de l'humanité, car dans ces antres, dans ces cavernes, dans ces grottes, les hommes, eux aussi, pendant longtemps, élurent leur séjour; ils y vécurent, et ils y moururent, en grand nombre! Les restes de leurs cadavres le démontrent...

Puis Even ajoutait, avec une sorte d'amertume, et en même temps une sombre mélancolie se peignait sur sa figure :

— Nous allons vous révéler et vous faire connaître les splendeurs de l'Orient et la grandeur des premiers peuples : peuple hébreu, peuple arabe, peuple égyptien, peuples d'Assyrie, mon cher Théobald. Vous serez peut-être en extase en présence de la magnificence des cours des Pharaons, des grandes cités de Memphis, de Thèbes, de Babylone, de Ninive. Mais ne vous laissez pas éblouir par leurs gloires, et sachez que leur apparente félicité ne leur a pas été donnée tout d'abord. Il l'ont achetée par de longues et cruelles privations. Le bien-être ne leur est pas arrivé tout-à-coup. Auparavant, combien dures, humiliantes et sinistres ont été leurs épreuves et leurs calamités! Quel dénûment pendant les premiers âges! Quelle dérision fut la vie des humains de l'origine du monde!

Age de pierre, que tu fus sévère et combien tu dus faire comprendre l'horreur du crime aux yeux de Dieu!

Voyez et apprenez, pleurez et lamentez-vous sur les affreuses misères de l'humanité à peine naissante, et déjà si coupable!

Et, en parlant ainsi, ma cousine Evenor me montrait du doigt, à distance, s'estompant en noir, sur l'éther bleu de l'orient et sur les nuages roses qui formaient un fond d'or à la manière byzantine, l'énorme tour de Babel, à plusieurs étages, construite depuis peu par les descendants de Noé, en révolte déjà contre le Seigneur, et à l'ombre de laquelle se dressaient les modestes huttes de Nemrod, l'ardent chasseur, là même où devaient bientôt resplendir les magnificences de la grande Babylone.

— Nous sommes en Asie toujours, me dit-elle, car nous ne pouvons nous en éloigner puisqu'elle est le berceau des trois races, Jaune, Blanche et Noire, et le point de départ des peuples se disposant à se répandre sur la surface du monde pour le peupler.

Contemplez donc ces premiers pionniers des nations, cette avant-garde de l'humanité allant prendre possession de son domaine. Voilà l'homme primitif se mettant en quête de contrées à habiter. Jugez, par ce que vous allez voir, des ressources et des moyens qui lui sont donnés pour devenir le souverain de la terre. Pauvre monarque déshérité avant même de jouir de son autorité! Soyez saisi d'étonnement en voyant par quelles horribles souffrances et quelles amères douleurs, fruit de la rébellion et de l'orgueil d'Adam et d'Eve, ils vont s'avancer lentement, bien lentement, vers ce qu'on est convenu d'appeler la civilisation, en tout cas vers le bien-être et les douceurs de la vie... Civilisation! grand mot et chose ironique qui fera de ces premiers hommes des peuples illustres relativement peut-être, mais pour lesquels, plus tard, cette même prétendue civilisation, placée bientôt par l'ingratitude en-dehors de Dieu, deviendra de nouveau la cause de nouvelle perdition et de ruine à tout jamais irréparable.

O vos omnes qui transitis per viam, attendite, et videte si est dolor sicut dolor meus! peuvent dire les premiers hommes de l'origine des temps, comme peuvent le dire, hélas! ceux réservés pour les épreuves folles et insensées de notre époque moderne!...

Alors, pendant que ma cousine Evenor s'exprime ainsi, je regarde avec cette juvénile curiosité qui veut tout voir et tout connaître.

Et je vois les fils de SEM qui s'établissent en Asie, remontant jusque sur les rivages des mers les plus éloignées vers l'orient, allant s'asseoir dans les presqu'îles du Sud, et s'étendant au pied des plus hautes montagnes centrales.

Puis, je vois passer ses cinq fils, Elam, Assur, Arphaxad, Lud et Aram.

Elam, de qui les Perses tirent leur origine;

Assur, qui devient le père des Assyriens;

Arphaxad, venu au monde après le déluge, dont les Chaldéens sont les enfants;

Lud et *Aram*, auxquels les Araméens, habitants de la Syrie et de la Mésopotamie, doivent leur naissance. Aram est alors le nom que porte la première de ces deux contrées.

Je vois ensuite les descendants de CHAM, s'avançant par longues caravanes vers les régions de la Méditerranée dites la terre de Chanaan, du nom du chef de ces tribus noires, et allant peupler la Palestine et l'Afrique.

Enfin, je vois encore et surtout les fils de JAPHET,

Gomer, le premier, qui devient le père des Cimbres, dans notre Europe;

Magog, des Scythes et des Gètes;

Javan, des Mèdes, voisins des Perses;

Tivas, des Grecs ou Pélasges, et des Ioniens;

Tubal, des Thraces;

Et *Mosoch*, des habitants de l'Asie-Mineure.

De ces différentes peuplades, quelles sont celles à qui nous devons notre origine, nous, nation de l'occident européen?

On me signale, dans l'Inde, une tribu dite des Aryas, à laquelle est départie une humeur errante et voyageuse. Un jour, ces Aryas quittent la contrée qu'ils occupent sur les bords du Gange, du Brahmapoutra et de l'Iraouaddy, et les voilà, par longues bandes qui remontent vers le nord, puis, ayant contourné la mer Noire, tournant vers la gauche, ils s'acheminent vers les régions qu'éclaire le soleil à son coucher.

Composent cette tribu des Aryas, différentes familles : la famille des Celtes, la famille des Cimmériens, la famille des Cimbres, et d'autres encore.

Chemin faisant, et plus pressés que les autres de trouver un gîte à leur convenance, les Cimmériens s'arrêtent dans la Tauride, au sud de la large contrée qui sera la Russie.

Les Cimbres choisissent le Jutland, qui leur semble une patrie plus favorable, attendu que le pays est entouré par la mer presque de tous les côtés.

Seuls, les Celtes marchent toujours, s'avançant peu à peu vers l'ouest, semant ici et là quelques petites peuplades dans l'Illyrie; quelques-uns occupent la Bohême, quelques autres la Bavière; le versant italique des Alpes, ceux-ci; la Ligurie, l'Insubrie et l'Ombrie, ceux-là; d'autres, franchissant le Rhin, le Rhône, la Loire et les Pyrénées, pour se caser dans la Galice, en Hispanie; d'autres encore traversant la Manche, pour aller se fixer dans le pays de Galles, en Grande-Bretagne, ou bien dans la Calédonie ou Ecosse, et l'Hibernie, ou Irlande.

Le nom des *Celtes*, la plus nombreuse de ces familles aryanes, est synonyme de *Gaël, Gall, Gallus* ou *Gaulois*.

De là vient que notre pays de France s'appelle primitivement *Gaule;* la Ligurie, l'Insubrie et l'Ombrie, *Gaule-Cisalpine; Galles*, la grande presqu'île occidentale de l'Angleterre; *Galice*, une partie de l'Espagne, et *Celtibères*, les habitants de l'Espagne.

C'est à l'origine du monde, aux jours de la dispersion des peuples, que se passe ce que je dis là.

Mais alors que les Celtes ont ainsi peuplé l'occident, arrivent, comme les vagues furieuses d'une marée montante, descendent du Pont-Euxin ou de la mer Noire, en se précipitant telles que des avalanches, des familles scythiques qui, le fer et le feu en main, écartent les premiers venus, et s'établissent à leur tour dans la Gaule septentrionale.

Kymris est le nom de ces peuplades sauvages. Elles s'assooient entre le Rhin et la Seine, d'où elles refoulent violemment les Gaëls, Galls, Celtes ou Gaulois.

Cette invasion kymrique a lieu au XIIIᵉ siècle avant J.-C.

Ces Kymris ne diffèrent peut-être pas des Cimbres, et les Cimbres ne sont peut-être pas autres que les Cimmériens des Grecs, je le soupçonne du moins. Néanmoins, il faut le reconnaître, ils se distinguent de la population gauloise par un caractère grave et sérieux, et une étonnante supériorité morale.

Un jour viendra où les Cimbres restés dans la Chersonèse appelée Cimbrique, de leur nom, voudront descendre vers des contrées plus fortunées, au climat plus doux. Ils choisirent l'Italie. Ce sera en l'an 101 avant J.-C. Mais alors les Romains auront déjà conquis l'ancien monde, et Rome possèdera à la tête de ses légions le terrible et farouche Marius. Aussi, nonobstant le chiffre de trois cent mille hommes, que composent les Cimbres, réunis à leurs voisins les Teutons, nonobstant leurs chariots innombrables et leurs femmes innombrables qui combattent, comme autant d'Erynnies, ces redoutables viragos, Cimbres et Teutons voient anéantir leurs hordes épaisses par les légions disciplinées du général romain. La bataille d'Aix et celle de Verceil anéantissent jusqu'au dernier ces Barbares qui ont fait trembler Rome.

J'ajoute de suite, pour compléter le tableau des peuples de notre occident, que les *Etrusques*, descendant des Pélasges qui ont pris possession de la Hellade ou Grèce, s'élancent, eux aussi, vers les terres de l'occident, au XIᵉ siècle avant J.-C., avec l'impétuosité qu'inspire une riche proie. C'est dans la belle Italie qu'ils descendent des montagnes germaniques, en passant à travers les Gaulois du nord, et alors, inspirés par le génie des Pélasges, imbus déjà d'une religion fausse, mais qui cependant les éclaire d'un reflet civilisateur, amis de l'art et connaisseurs en architecture, art et architecture encore au berceau, je les admire édifiant les douze cités ou *lucumonies* de Cœré, Tarquinies, Vulsinies, Cortone, Vétulonies, Clusium,

314   LES ORIGINES DU MONDE.

Perusia, Ratellæ, Arretium, Volaterra, Populanie, et plus tard Florence, Luca ou Lucques et Pise, etc.

Ces Etrusques, ou Pélasges, ou Tyrrhènes, s'appellent aussi les *Sioules*. Ils deviennent les maîtres de l'Italie, au moins pour un temps; mais ils ne la possèdent pas seuls.

Au XVIᵉ siècle avant J.-C., une colonie d'Arcadiens, c'est-à-dire de *Grecs-Arcadiens*, quittant le Péloponèse, est venue s'établir en Italie, sous la conduite d'*Anotrus*, de qui le pays prit le nom d'*Œnotria* (1).

Italus, un de ses successeurs, l'appela Italie.

Peu avant la guerre de Troie, *Evandre*, obligé de quitter le Péloponèse, amène une nouvelle colonie d'Arcadiens, et construit la petite ville de *Pallentum* (2), au bord du Tibre, sur la colline appelée depuis le Palatin.

Peu de temps après la même guerre, Enée, à la tête d'une troupe de Troyens qui ont échappé à l'incendie et au sac de Troie, aborde à l'embouchure du Tibre, et ayant épousé Lavinie, fille du roi Latinus, dans le Latium, bâtit la ville de Lavinium.

Mais déjà dans le pourtour du Latium, qui va devenir bientôt le siége de la grande Rome, habitent d'autres peuples aborigènes, ce sont les *Samnites*, qui, dans les montagnes de l'Apennin, ont des mœurs simples et une vie toute pastorale.

Les *Sabins*, autres montagnards, agrestes et vertueux;

Les gens du Latium ou *Latins*, qui ont une ville, Laurentum, où règne Latinus, père de Lavinie, 1200 ans avant J.-C.

Les *Volsques*, les *Rutules*, les *Osques*, les *Marses*, etc., tous fractions de la grande population opique, c'est-à-dire d'origine grecque,

---

(1) L'Italie, suivant les traditions romaines, fut d'abord appelée *Saturnie*, à cause de Saturne, le père des dieux, qui, chassé de Crète par son fils Jupiter, y trouva un asile auprès de Janus, roi du pays, à qui il enseigna l'usage des lettres et de l'agriculture.

(2) *Palatinus mons*, une des sept collines principales de Rome. Cette colline baigne son pied dans le Tibre, et son autre versant regarde le Forum Romanum. Elle est à l'ouest des autres monts Aventin, Esquilin, Viminal, et Quirinal. C'est sur le Palatin que fut bâtie la ville de Pallentée, par Evandre. Ville si l'on veut, car elle ne se composait que de maisonnettes couvertes de chaume. C'est sur le même Palatin que Romulus construisit sa *Roma quadrata*, c'est-à-dire Rome carrée, selon la forme de la colline. Il en traça lui-même l'enceinte avec une charrue, selon les rites étrusques.

passée de la Hellade dans l'Italie, et tous aborigènes de cette dernière péninsule (1).

Mais de ces différentes peuplades, dont les nationalités seront bientôt absorbées par la violence des fondateurs de Rome dans la grande nationalité latine ou romaine, la plus étonnante, la plus remarquable, est certainement le peuple étrusque.

Ses prêtres ont une haute réputation de science. Ils ont à leur usage certaines formules secrètes. Ils inventent les augures, l'art des aruspices, l'art d'expliquer les prodiges. C'est des Etrusques que les Romains emprunteront presque toute leur religion, et surtout les cérémonies du culte. Cette religion va devenir, chez eux, cruelle et sanguinaire, car elle exigera l'immolation de victimes humaines, surtout des prisonniers de guerre (2). Mais instruits dans l'art de l'édification, le monde devra un jour aux Etrusques l'ordre d'architecture qui portera leur nom.

Ce sont là les peuples qui débutent dans les voies de l'exil terrestre, en cherchant un lieu de repos pour abriter leurs progénitures! Les bêtes fauves ont bien leur tanière; ne faut-il pas aussi une hutte au roi de la création. Pauvre roi déchu! Par quels laborieux commencements et quelles épineuses pérégrinations je la considère ouvrant l'ère nouvelle de l'humanité après le déluge, c'est-à-dire aux temps préhistoriques!

L'imagination se refuse à voir ce que sont ces peuples, les groupes qu'ils forment, les caravanes qu'ils composent, et les labeurs inouïs qui leur incombent, sous le faix desquels ils fléchissent toujours, succombent souvent, et perdent toute espérance d'avenir.

(1) Osques, osci, contraction d'Opsic, peuple indigène de la Campanie, qui forma le fond de la population du pays.
La population opique, — adjectif de *ops*, terre, ne différant point de *Apia*, premier nom du Péloponèse, — fut la première qui habita l'Italie. Réduite et séparée par les Romains, elle prit selon les lieux les noms divers d'*Apuli, Iapyges, Opici, Osci, Œqui, Œquicolæ, Arunie, Ausones*, etc. La langue osque, dont on trouve des légendes gravées sur les remparts de Pompéïa, fut l'une des langues primitives de l'Italie. Elle tient du grec. Les Osques étaient évidemment originaires de la Grèce.

(2) Les sépultures étrusques que l'on retrouve tous les jours en Italie, diffèrent peu de celles des Pélasges, en Grèce, ce qui démontre bien la communauté d'origine. On y rencontre de précieuses curiosités, objets qui démontrent que l'industrie était déjà portée très loin, surtout pour la poterie, le vernis, la teinture. Les constructions étrusques sont solides et colossales. La Cloaca-Maxima de Rome en est une preuve. La langue étrusque n'est que très imparfaitement connue. Elle se rattache au grec.

En ces temps sombres et misérables, il semble que le soleil ne veuille pas luire pour éclairer d'aussi épouvantables infortunes. La nature est triste et le deuil la couvre de ses crêpes funèbres. Les oiseaux chantent peu dans les airs; mais de noirs et lourds nuages, en échange, se heurtent et s'entassent au firmament. Le froid sévit, ou la chaleur pèse sur les poitrines. A de grandes pluies ou à des neiges amoncelées succèdent les torrents des tempêtes et les clameurs fulgurantes de la foudre et des cyclônes. Les fleuves coulent majestueusement, les rivières clapotent sur leurs rives, les ruisseaux jasent avec les cailloux qui ont la prétention d'arrêter leur cours, les cascades et les cataractes gémissent échevelées en se précipitant du haut des montagnes. Dans les immenses forêts qui couvrent la surface du globe, comme la chevelure hérissée d'un géant formidable, les glapissements lamentables des bêtes fauves et la grande voix en pleurs du vent hurlant dans les clairières; au milieu de plaines sans limites, comme dans les déserts brûlants, les grincements de dents des animaux en quête de curée, tout inspire la terreur et l'effroi.

Solitude partout, sauf dans l'Asie centrale, où vont et viennent des bandes humaines dont l'aspect n'offrirait rien de rassurant, si toutes ces hordes sinistres ne se ressemblaient par la désinvolture sauvage que donnent à leurs héros les haillons qui couvrent leur nudité, ou plutôt par le grotesque hideux de leur nudité mal voilée par des lambeaux sans nom.

Deux sortes de populations se distinguent l'une de l'autre et établissent entre elles un puissant contraste.

Ici, sur les bords de l'Euphrate et du Tigre; là, sur les rivages du Gange et de l'Indus; plus loin, sur le littoral de la mer qu'alimente le Jourdain; enfin, dans les immenses steppes brûlantes de la future Arabie, stationnent les peuples appelés *Nomades*.

Ces peuplades ont déjà fixé leur séjour dans les contrées arrosées par les cours d'eau nommés plus haut. Ils sont vêtus de courtes robes d'un lin grossier, serrées à leur taille par une étroite courroie. Ils couvrent leurs têtes, pour l'abriter contre les rayons du soleil, de larges feuilles de palmier. Leurs jambes sont nues, mais leurs pieds sont protégés par des cothurnes de peaux, que ne peuvent transpercer la piqûre des serpents et des scorpions, non plus que la chaleur incandescente de l'arène. Des tentes faites de la dépouille de ces grands animaux que nourrit le désert, composent leurs demeures. L'intérieur de ces tabernacles est divisé par d'autres tentures de poils de dromadaires, et l'on y trouve l'habitation des femmes, distincte de celle des hommes, et celle des enfants tout-à-fait à part de celle des vieillards.

Dans le voisinage de ces agglomérations de tentes, paissent de nombreux troupeaux de buffles et de brebis, de chameaux et de chamelles, de chèvres et d'onagres. Quand l'herbe épaisse a été à peu près mangée par la dent de ces compagnons de la vie rustique des habitants de la zone, ils s'éloignent, et vont choisir d'autres pâturages, près desquels ils replacent leurs campements, en y conduisant leurs légions de ruminants, jusqu'à ce que la nécessité les pousse ailleurs. La richesse de ces hommes primitifs se compte par le nombre de têtes de bétail, grand et petit.

On nomme ces peuples nomades, du mot *nomeus,* en grec pasteur, mot générique par lequel on désigne les tribus qui n'ont point de demeure fixe, mais qui errent sans cesse à la recherche de nouveaux pâturages (1).

C'est ainsi que je vois passer leur vie les fils de Sem; c'est ainsi que vivront les fils de Tharé, Loth et Abraham ; c'est ainsi que fera Isaac; c'est ainsi que feront les fils de Jacob et leurs descendants.

La vie agricole des pasteurs, c'est la vie biblique, c'est la vie que préfèrent les hommes sages, car elle leur est inspirée par la nature, laquelle leur donne la terre pour domaine et les animaux pour sujets. Ce sera la vie des Arabes descendants d'Esaü, descendants de Loth, descendants d'Ismaël, et telle est encore, même de nos jours, la vie des Berbères et des peuplades de l'Asie et de l'Afrique.

Pendant de longues années, les troupeaux de bétail seront la grande ressource, la fortune même des Pharaons de l'Egypte, des rois d'Assyrie, de Perse, de Médie, de Corinthe, d'Argos, de Sparte, de Messénie, d'Elide, etc., et, jusque dans notre jeune France future,

---

(1) Tels furent, chez les anciens, les *Numides*, en Afrique, les Scythes en Asie et en Europe, et la plupart des barbares, les Huns, par exemple; et chez les modernes les Bédouins et les Kabaïles du Sahara et de l'Atlas, les Arabes de l'Arabie intérieure, les peuples de l'Asie centrale, Turcomans, Mongols, Eleuths, Mandchoux, etc., et les tribus indigènes de l'Amérique, etc.

on trouvera que c'est aussi le plus important des revenus de nos princes.

Mais en outre des peuples nomades de l'Asie, je vois la terre d'Europe se couvrir aussi et m'apparaître sillonnée en tout sens, par rayons divergents dont la Tour de Babel est le point de départ, d'innombrables hordes et familles s'éloignant chaque jour, par étapes, de ce centre commun qui les vit naître.

Ce sont les peuples errants, les peuples pérégrinateurs, les peuples allant à la recherche du sol inhabité qui pourra convenir à leurs compagnes, à leurs enfants, à leurs goûts, à leurs désirs, à leurs projets.

Quels peuples que ces pérégrinateurs !

En ces temps, hélas ! pas vestige d'industrie, pas la moindre trace de commerce, pas de villes. Tout est solitude et désert. Avec qui et de quoi commercer ? Nul moyen de se vêtir, si ce n'est en cueillant les feuilles du bois. Aucune étoffe connue : tout au plus de viles toisons empruntées aux cadavres d'animaux victimes de la mort. Aucune profession utile. On ne connaît encore ni les ustensiles nécessaires pour préparer les repas, ni les outils indispensables que réclame le travail. Le fer n'est pas trouvé ; il gît dans le sein de la terre; partant, point d'armes, pas la moindre cognée, pas un javelot, aucun de ces instruments qui doivent faciliter l'existence matérielle et fournir des ressources pour la vie commune.

A peine les hommes ont-ils le torse enveloppé dans d'horribles peaux sauvages, qu'aucune main ne sait encore assouplir. Femmes et jeunes filles, adolescents et vieillards grelottent sous de misérables hoquetons de feuillages, de plantes ou de lianes tressés. Lorsque la faim se fait sentir, que trouver à manger, sinon des fruits sauvages, des herbes amères, et parfois quelque pauvre bête errante que l'on immole en l'étouffant, lorsqu'on peut l'étouffer, et dont on dévore les membres et les débris palpitants. A-t-on froid ? Quand on a le secret de faire du feu, à défaut de houe, de pic ou de pioche, il faut amonceler des branches sèches pour en composer un bûcher dont la flamme jaillit, mais qui s'éteint bientôt après. Veut-on franchir un fleuve, un cours d'eau quelconque, on doit brûler les arbres par le pied, pour les faire tomber et les attacher ensuite l'un à l'autre, afin d'en former un radeau. Et lorsque la nuit vient, il est indispensable de veiller aux alentours des cavernes qui servent d'asile, pour en éloigner les animaux féroces, trop souvent décimant les tribus, et enlevant quelqu'un de ses membres pour s'en repaître.

Une heureuse fortune permet-elle de choisir un lieu propice pour en faire une patrie dont on ne s'éloignera plus, le premier soin de la horde qui s'yinstalle est de se placer sur une éminence qui domine les sites du voisinage. On l'entoure de branchages, de sable amoncelé, de pierres, afin de s'y fortifier comme dans l'enceinte d'un rempart et d'en chasser soit les fauves rapaces, soit les autres tribus voisines, toujours disposées à rapiner et à soustraire ce qu'elles ne possèdent pas elles-mêmes.

Comment se défendre contre ces deux sortes d'ennemis?

Dieu, par bonheur, a donné à l'homme le génie de l'invention. Il ne l'a pas doué seulement de l'esprit d'imaginer, de produire : il lui a livré aussi la nature entière comme moyen d'action et comme matière de son travail. Il lui a mis sous les yeux et à portée de la main, les arbres, les rochers, la pierre.

Or, parmi ces hommes primitifs, et surtout à l'origine du monde, dénués de tout modèle, il en est qui avisent le silex dont le sol est jonché à sa surface.

Le *silex*, mot latin qui signifie caillou, est une pierre dure formée de Silice, et fait partie du genre *quartz*. Le quartz agate, le quartz jaspé, le quartz hyalin, la pierre à fusil, les pierres meulières, etc., sont des silex. Quand on frotte ces pierres l'une contre l'autre, elles répandent une odeur particulière dite *odeur de pierre à fusil*. Quand on les frappe avec un briquet, elles produisent des étincelles.

De quelles ressources le silex va devenir pour les premiers hommes dont je vous peins les pénibles commencements!

En effet, ce silex, les hommes de l'origine du monde, après le déluge, aux temps antéhistoriques, trouvent le moyen de l'utiliser, en le brisant. L'arête fine et aiguë de chacun des fragments du silex coupe comme le rasoir, pique comme un poinçon. Alors, cette découverte venue, voilà nos pauvres parents qui en font des couteaux pour couper les branches, des haches pour abattre les géants des bois et creuser les troncs en nacelles pour voguer sur les eaux. Ils trouvent même le moyen d'en fabriquer des scies pour débiter les arbres en planches. Ils en utilisent ensuite les parcelles. Sous leurs doigts, ces parcelles deviennent des bouts de flèches avec lesquelles je les remarque tuant le gibier comme les plus habiles chasseurs; des grattoirs, des doloires, qui leur servent à préparer et à chamoiser les pelleteries dont ils feront des robes pour les femmes, des cabans pour les hommes, des manteaux pour tous, puis des coiffures, des chaussures. Ils taillent ensuite des poinçons, avec le même silex, des poignards, des aiguilles pourvues du chas nécessaire pour y introduire les filaments des plantes qui remplacent le cordonnet. Jugez dès lors des inappréciables avantages de ces silex transformés petit à petit en dociles instruments du travail.

Que j'aurais été maladroit, et en même temps malheureux, cher lecteur, si je ne vous avais pas fait connaître les lugubres épreuves par lesquelles passa l'homme primitif! Quelles dures fourches caudines il eut à subir pour créer cette misérable industrie!

Aussi, quand je songe que le comte, Evenor et leurs amis, entraînés par leur fol amour de l'art et de la civilisation, m'ont à peine permis de jeter un regard de commisération et d'étude sur ces ténébreuses époques de l'homme antéhistorique, je triomphe de bonheur en songeant que je me suis soustrait à leur tyrannie, et que j'ai renfermé bien à propos, dans mes ardents souvenirs, la vision que j'ai eue de cette époque sinistre, si féconde en enseignements, et que je puis, à cette heure, vous l'esquisser à grands traits et vous la placer sous les yeux, pour que vous n'en ignoriez!

Apprenez donc, maintenant, que ce premier âge des peuples déshérités et livrés au travail de l'enfantement de l'industrie, si capitale pour la vie humaine, s'appelle du nom de AGE DE PIERRE ÉBAUCHÉE.

Un progrès en amène un autre.

A l'âge de pierre ébauchée, après de longs et laborieux tâtonnements, après des siècles de souffrances, car le progrès, tout progrès qu'il soit, est bien lent! succéda l'autre âge dit AGE DE PIERRE POLIE (1).

---

(1) Quand vint l'an de grâce 1854, nul au monde n'avait le soupçon de l'existence d'habitations placées sur les eaux, ou *stations lacustres*, ces irrécusables témoignages, ces curieux spécimens de l'industrie des premiers hommes.

Or, cette année-là, l'hiver ayant été particulièrement froid et sec en Suisse, le ni-

C'est qu'alors on venait d'inventer le moyen de façonner, de sculpter, de travailler plus artistement le silex. On en fit presque une arme de luxe.

veau des eaux s'abaissa dans tous les lacs du pays des Helvétiens. Les habitants de Meilen, sur le lac de Zurich, profitèrent en hâte de ce phénomène pour élever une petite digue sur les rives du lac. Ils s'apprêtaient à enfoncer quelques pieux dans la fange, lorsque cette fange résista, et, en cherchant l'obstacle, ils s'aperçurent, à leur grand étonnement, que le fond du lac était déjà garni de pilotis et de madriers énormes.

Aussitôt on étudia, dans un sérieux examen, l'épaisse couche de vase, et quelle ne fut pas la surprise des travailleurs quand, parmi les pièces de bois perpendiculairement enfoncées dans le sol, ils trouvèrent non-seulement pilotis et madriers, mais aussi des outils, des ustensiles en pierre et en os, de grossières poteries, en un mot des débris et des détritus de toute nature.

Les savants accoururent. Le docteur Keller, de Zurich, en examinant ces divers objets, reconnut le premier qu'ils présentaient la plus grande analogie avec les ustensiles en pierre dont se servaient les peuplades de l'origine du monde, dont on retrouve aussi des modèles dans les cavernes à ossements de la Belgique, de l'Ariège, du Gers, et d'autres départements de la France, aussi bien que d'autres contrées de notre Europe.

Il fallut bien en conclure que les pilotis trouvés dans les eaux de Meilen remontaient à une très haute antiquité.

En effet, il devenait évident que les hommes primitifs devaient se construire des demeures au-dessus de l'eau, et si l'hypothèse était juste, il était probable que l'on retrouverait ces mêmes vestiges d'un autre âge au fond des principaux lacs de l'Europe.

Ces conjectures furent bientôt confirmées. Les pêcheurs se rappelèrent aussitôt que leurs filets s'accrochaient quelquefois à des pieux, au milieu de la vase. D'ailleurs, on avait aussi exhumé des poteries de la bourbe; seulement on leur avait attribué une origine relativement moderne. Dès lors, les recherches se multiplièrent. On fouilla de tous côtés, et l'on fit sortir, de toutes pièces, du fond des lacs helvétiques, les preuves que les bords de ces lacs avaient été jadis, il y avait bien longtemps, habités par des peuplades inconnues.

Bref, les stations lacustres, découvertes en Suisse, dépassèrent bientôt le chiffre de 200.

Elles n'appartenaient pas toutes à la même époque, du reste, car, par elles, on sait maintenant que l'histoire de l'humanité primitive se divise en deux grandes périodes : l'âge de la pierre, et l'âge des métaux.

L'âge de la pierre comprend l'époque où l'homme avait à se défendre contre les animaux, dont l'espèce est éteinte aujourd'hui, comme le mammouth et le grand ours.

Il comprend aussi l'époque des animaux contemporains, émigrés maintenant, ou époque du renne, et enfin le commencement de l'époque des animaux actuels.

Pendant tout ce temps, qui fut long, bien long, l'homme, dépourvu de toutes choses à son origine, ne se servit que d'instruments et d'armes en pierre, depuis le silex grossièrement emmanché au bout d'un long bâton, jusqu'aux pointes de flèches, aux ciseaux, aux peignes, en silex toujours, ou en os, aux fines aiguilles, aux épingles à cheveux, aux colliers, et enfin aux autres objets presque artistiques de l'époque dite de la pierre polie.

Au-delà, commence l'*âge des métaux*.

On voit alors substituer presque partout, à l'usage des ustensiles en pierre, celui des instruments et des armes en bronze.

Cette époque du bronze et du fer comprend elle-même plusieurs périodes successives.

De sorte que les habitations lacustres se rapportent tantôt à l'âge de pierre, tantôt à l'âge des métaux.

Alors aussi, souvent, selon les contrées, au lieu de silex, on employa le jade, pierre précieuse ordinairement verdâtre ou olivâtre,

Dans le premier groupe, on range trente villages lacustres découverts sous les eaux dans le lac de Constance ; douze stations semblables dans le lac de Neuchâtel ; deux stations sur le lac de Genève ; puis celles du lac de Zurich, du lac de Brienne ; et, en France, les stations du lac Paladru, etc.

Dans le second groupe, on range vingt stations du lac de Genève, vingt-cinq de celui de Neuchâtel, et d'autres dans le lac de Brienne.

Reportons-nous par la pensée aux origines du monde, et particulièrement à l'origine de l'homme.

En ces temps reculés, la terre était couverte de forêts impénétrables, repaire naturel d'animaux de toute espèce. L'homme, pour s'en garantir, trouvait un refuge tout préparé sur les lacs, à l'abri des attaques des bêtes féroces. On conçoit parfaitement qu'il ait songé à s'installer sur les eaux, plutôt que de bâtir en terre ferme.

Ainsi, de nos jours, on retrouve dans certaines parties du nouveau monde cette habitude de construire sur pilotis.

La ville de Tcherkask, en Russie, est aussi édifiée sur le Don.

Venise elle-même, la belle Venise, a tous ses palais élevés sur pilotis, au milieu des lagunes de l'Adriatique.

Bornéo est bâtie sur pilotis.

D'autre part, les habitations lacustres, ou paludéennes, c'est-à-dire placées au milieu des marais, ont subsisté longtemps, en Europe, même pendant les temps historiques.

Hérodote, lorsqu'il parle des Péoniens du lac de Prasias, en Thrace, dit : « Leurs maisons s'élèvent sur des pieux fichés dans le lac, et sur lesquels on a placé des planches jointes ensemble. Un pont étroit est le seul passage qui y conduise. Ils ont chacun, sur ces planches, leurs cabanes, et dans la crainte que leurs enfants ne tombent dans l'eau, ils les attachent par le pied avec une corde. »

Or, ces constructions primitives sur l'eau portent des noms différents.

En Suisse, monsieur Keller les a baptisées du nom allemand de *pfalbanten*, ce qui veut dire construction sur pilotis.

Après lui, les Italiens les ont nommées *palafita* ;

Et nous, en France, nous les appelons *stations lacustres*, ou *paludéennes*, si elles sont situées sur des marais, ou tout simplement *palafttes*.

Lorsque le fond d'un lac était rocheux, et non vaseux, comme on ne pouvait y enfoncer des pieux, les premiers hommes imaginèrent un véritable enrochement. Ils jetaient des pierres qu'ils consolidaient avec des pieux entremêlés dans la masse. Ils formaient ainsi un petit îlot artificiel, sur lequel ils élevaient ensuite leurs cabanes.

Ce genre de construction est connu sous la dénomination de *tenevières* ou *steinbergs*, montagnes de pierres.

On en trouve aussi des spécimens. Ce sont des planchers superposés au-dessus d'un premier banc de pierres, et séparés par des branches et de l'argile. Ces enrochements étaient quelquefois considérables et devenaient de véritables îles.

En Bavière, dans le lac de Starnberg, on visite un de ces enrochements antéhistoriques, l'île des Roses, sur lequel on éleva, au moyen-âge, une résidence royale qui existe encore aujourd'hui.

En Suisse, sur le lac d'Inkwyl, on voit aussi une station primitive de cette sorte.

C'est à cette même catégorie de constructions que l'on rapporte les *crannages* de l'Irlande, dont le premier type fut découvert, en 1836, par M. Wilde, de l'Académie de Dublin. Ce sont des enrochements palissadés.

On a découvert l'un d'eux, avec sa cabane encore debout, dans le marais de Drumkellem, à cinq mètres de profondeur.

Il est à remarquer que cette construction avait été entièrement faite avec des outils

quelquefois laiteuse, avec une nuance de bleu. On utilisa de même l'agate, et d'autres pierres.

en silex, comme le démontre la nature des entailles encore visibles sur certaines portions des charpentes.

Du reste, on retrouva là une hache, un ciseau et une tête de flèche en silex, ce qui démontre nettement que la cabane avait été habitée par des hommes primitifs de l'âge de pierre. Quelques noisettes *entières* étaient encore sur le plancher, avec des débris de coquillages.

Dans les lacs suisses, à côté des pilotis, on retrouve quelquefois des pirogues enfouies sous l'eau. On les voit même coulées tout exprès avec un chargement de pierres. On a pu en relever quelques-unes à peu près intactes. Ces pirogues, faites avec des troncs d'arbres, servaient évidemment à transporter les matériaux de construction pour ces palafittes. Lorsque les pieux avaient été préparés avec le secours de haches en silex, et, en certaines stations de l'âge des métaux, avec des haches en bronze, et qu'on les avait légèrement carbonisés à leur base, on en chargeait les pirogues et on les transportait jusqu'à l'endroit choisi pour établir la station.

Certes, ce travail si rude, entrepris de cette façon, avec des moyens aussi imparfaits, est bien fait pour exciter l'étonnement, car qu'était une hache en pierre, ou une scie en silex, pour aider les populations de cette époque reculée dans des œuvres aussi difficiles!

La station lacustre de Chabrey, sur le lac de Neuchâtel, mesure environ cinq hectares.

Celle de Morges, sur le lac de Genève, six hectares.

C'est par cinquante mille qu'il faut évaluer le nombre des pilotis employés. Beaucoup d'entre eux ont de cinq à six mètres de profondeur, et de vingt-cinq à trente centimètres de diamètre.

Heureusement que le bois n'était pas cher alors!

Quand on avait enfoncé un certain nombre de pilotis, on construisait le plancher, qui facilitait ensuite la pose du reste des madriers ou des pieux. La plate-forme s'élevait à un mètre environ au-dessus de l'eau. Elle était habituellement formée par des troncs d'arbres non équarris, serrés horizontalement avec des branchages, et cimentés au moyen d'argile. C'est sur ce plancher que l'on dressait la cabane, également construite avec des arbres non équarris, revêtus de branchages et enduits de terre.

D'après certains vestiges, on pense que quelques-unes de ces huttes étaient circulaires. Le plus grand nombre étaient carrées et la toiture qui les couvrait était inclinée.

Ainsi, le temps n'est plus où les recherches de l'archéologie antéhistorique se heurtaient à une incrédulité railleuse. Les mystificateurs semblaient autoriser cette sorte de mise en suspicion. Néanmoins le zèle des chercheurs ne s'est point ralenti, et, coup sur coup, les découvertes les plus décisives sont venues des divers points du globe échauffer les croyants, ébranler les hésitants, étonner les plus obstinés. Les collectionneurs de silex n'en sont plus réduits à cacher leur goût et leur innocente manie. Chaque jour nos musées s'enrichissent des débris des temps les plus reculés.

Le musée de Saint-Germain-en-Laye notamment, créé tout exprès, dans l'ancien château où naquit Louis XIV, pour recueillir toutes ces épaves des âges de pierre et de bronze, est déjà riche à étonner et à réjouir les amis de l'antiquité.

Dirai-je que cette année même, 1872, le niveau du lac de Bienne ayant baissé considérablement, les chercheurs d'antiquités ont découvert diverses constructions lacustres? Mais ce qui a fait leur triomphe, c'est qu'ils ont exhumé, près de Cerlier, le squelette, assez bien conservé, d'un de ces hommes représentants de la race primitive. C'est un spécimen d'autant plus curieux qu'il est dans tout son entier. Toutefois

324 LES ORIGINES DU MONDE.

Certes ! ce n'est pas encore là l'époque, le début même de la civilisation. L'homme est assis toujours, toujours plongé dans les ténè-

la couleur du crâne soulève des doutes très graves au sujet de la blancheur du teint de nos ancêtres.

Hier, juin 1872, le *Tagblatt* de Lucerne annonçait l'apparition d'une nouvelle cité lacustre, près du bourg de Richensée. Elle a deux cents pas de long sur vingt de large. Elle se trouve en partie dans le lac et en partie sur le terrain peuplé de roseaux qui a été laissé précédemment à découvert par l'abaissement du niveau du lac des Quatre-Cantons. Les pieux, plantés généralement en rang, et noircis au sommet par le feu, sont d'épaisseurs inégales. On a recueilli là des ossements, des dents, des faînes, des noisettes, soit entières, soit brisées, des pierres polies, des silex, des débris de poteries, etc.

Tout récemment, un explorateur rencontrait dans la campagne de Stenberg une hache en pierre, à soixante-dix centimètres de profondeur, à la base du terrain moderne. Cette hache, en silex de Maestricht, a une longueur de dix-huit centimètres. Elle est parfaitement bien conservée, quoiqu'elle ait au moins trois mille cinq cents ans d'existence. Ce n'est pas la première fois qu'une telle découverte est signalée près de Verviers. Il est bien certain dès-lors que, là, des hommes de l'âge de pierre ont vécu et laissé des traces de leur séjour.

(*Emprunté à l'ouvrage de* M. A. Driou, LA MAISON DU DOCTEUR.)

A Bordeaux, l'une de nos plus belles villes de France, en plein cœur de Bordeaux, en 1866, on découvrit une station paludéenne. Voici dans quelles circonstances :

« Pendant les fouilles que nécessitèrent, à Bordeaux, les travaux d'un grand égout collecteur, le sol qu'on fouillait dans la rue des Trois-Conils mit à jour une grande quantité d'os sur lesquels on remarquait des cassures longitudinales, les entailles et les stries qui caractérisent les ossements recueillis dans certaines cavernes habitées par les premiers indigènes de la France. On y trouva également quelques crânes d'animaux qui se présentaient brisés de façon à démontrer qu'on en avait extrait la cervelle, un nombre relativement considérable de mâchoires inférieures de grands ruminants, privées de leurs incisives, mais qui conservaient leurs molaires, et sur toutes lesquelles, sans exception, l'apophyse coronoïde et le condyle étaient intentionnellement rasés au niveau du trou dentaire.

» Bientôt vinrent s'ajouter à ces épaves deux andouillers de cerf sciés évidemment avec des outils en silex, et portant de nombreuses stries et des entailles. Plusieurs petits instruments en bois, dont l'extrémité avait été durcie au feu, gisaient près de là. L'un d'eux offrait le caractère d'un vrai poinçon ; l'autre ressemblait à une spatule.

» Les fouilles de la rue des Trois-Conils fournirent encore, devant la caserne municipale, un grattoir, un couteau et deux marteaux en silex. Sur le parcours de la tranchée ouverte entre la rue Vital-Charles et la rue des Facultés, on rencontre des poinçons, des polissoirs. La rue Rohan, atteinte par la tranchée, fournit des ossements identiques, de même couleur, de même cassure, ciselés des mêmes stries et des mêmes entailles, et trois poinçons, assez grossièrement façonnés, quoique bien déterminés.

» Là, pour la première fois, on vit des instruments caractérisés par leur poli, leur fini ; des poinçons, des aiguilles, des polissoirs, des spatules, des pointes de flèches, des sifflets, des emmanchures d'outils faites d'os métatarsiens sciés au silex et polis sur la meule dormante. Ces emmanchures présentent cette particularité que les cavités qui, à la base des canons, donnent passage au tendon, paraissent avoir été utilisées comme trou de suspension. L'état de conservation est si complet que, sur quelques-unes, on aperçoit encore l'empreinte produite par le frottement des doigts.

» Dans les boues rejetées de la fouille gisait un ciseau en silex blanc laiteux, taillé à grands éclats, mais aiguisé à son extrémité la plus large. Trois autres ciseaux

bres de l'ignorance. Mais vient un moment où, au lieu de vivre dans l'obscurité des grottes, dans l'air malsain des antres, dans la tanière

plus petits avaient également un tranchant très fin et étaient simplement façonnés. Enfin, au milieu de tout cela, pullulait une grande quantité d'écailles d'huîtres ensevelies dans un lit de cendres. Ce lit de cendres, épais de cinquante centimètres, commençait vis-à-vis la grille du jardin de la Mairie, et se perdait en plongeant vis-à-vis la grille de l'Impasse, rue Rohan. Il s'étendait évidemment en largeur des deux côtés de cette rue, où sans doute s'élevaient les huttes des indigènes.

» L'espèce de village que formaient ces huttes, cette station, comme nous appelons ces agglomérations de cabanes, n'a pu être que paludéenne ou palustre, ainsi que le démontre la couche compacte de cendres. En effet, si elle se fût trouvée construite sur un lac, l'action de l'eau courante se serait opposée à la formation du lit de cendres. Cette station occupait l'extrémité de la presqu'île formée d'un côté par le cours du Peuque et de l'autre par la Devèze, à laquelle se réunissait, en amont, le ruisseau du Canderon. La pointe de la presqu'île baignait dans le vaste estuaire formé par la réunion de ces trois ruisseaux, qui allaient, tous ensemble, déboucher dans la Garonne.

» Ainsi, à une époque que l'on ne saurait déterminer, Bordeaux, cette seconde capitale de la France, consistait en un petit enclos entouré de la fange d'un marais, sur lequel vivait une horde de sauvages demi-nus, sans autres vêtements que des peaux d'animaux tués à la chasse avec des lances armées de pointes de silex et des frondes à peine dégrossies. Ils se nourrissaient de chairs à demi grillées sur des charbons ardents, et brisaient les os des animaux dont ils parvenaient à s'emparer pour en manger, crues, la cervelle et la moelle!... » (*Henry Berthoud.*)

Comment reconnaît-on les différentes époques dites : âge de pierre brute, âge de pierre polie, âge des métaux ?

Rien de plus simple; le voici :

Au pied des palafittes composant les stations lacustres, dans la vase provenant des détritus jetés là par les ménagères de l'homme primitif, on trouve, ici, des outils en pierre, mal façonnés, grossiers, mais indiquant déjà le but qu'on se proposait en les fabriquant. C'est *l'âge de pierre brute.*

Ailleurs, on rencontre des haches, des couteaux, des grattoirs, des poinçons, des marteaux, des scies, des gouges, des râcloirs, des polissoirs, et jusqu'à des aiguilles si utiles aux femmes, jusqu'à des peignes, des colliers taillés aussi bien que possibles, et des anneaux, toutes choses qui révèlent également, en-dehors du progrès atteint, les premiers essais de coquetterie imaginés par la belle moitié des tribus de Galls, de Kymris, de Cimbres, etc. C'est *l'âge de pierre polie.*

A cet âge se rapportent les outils de luxe faits avec les os des animaux, avec le jade, avec l'agate, avec la serpentine, avec l'onyx, la diorite, le quartz, etc.

En d'autres lieux, dans les cavernes de la France, de l'Angleterre, de l'Allemagne, voire même de l'Amérique, de l'Amérique ! oui, de l'Amérique ! on rend à la lumière confondus pêle-mêle avec des squelettes d'éléphants, de rennes, d'aurochs, d'ours, de mammouths, et des squelettes d'hommes et de femmes, on rend à la lumière, dis-je, des haches, des flèches, etc., en silex, des os épointés, des poteries grossières, et dans le sud de l'Illinois, en Amérique donc, des instruments aratoires en silex, charrues, houes, bêches, etc. C'est *l'âge de transition entre la pierre polie et l'âge de bronze.*

Enfin, un peu partout, dans les cavernes du midi de la France, dans les tourbières du Jutland, des couteaux, des coins en silex, mais aussi les premiers essais de vases en métal, les premiers débris d'armes en bronze, et, partant, *l'âge des métaux.*

La faune de ces temps obscurs nous montre deux espèces de rhinocéros se baignant dans nos fleuves de l'occident. Des troupeaux d'éléphants errent dans nos latitudes avec le buffle, les cerfs, les rennes et des chevaux d'espèces inconnues de

que l'on est contraint de disputer aux bêtes féroces, dans les nombreuses cavernes qui accidentent les contrées, l'homme choisit un lac, un marais même, quelquefois de larges cours d'eau, et là, à l'aide de gros arbres dont on brûle l'extrémité inférieure, et que l'on travaille de manière à en tirer des pilotis, des madriers, des planches, le voilà qui établit sur les golfes des grands lacs, dans les anses des larges rivières, au centre des marécages, ici et là, un peu partout, des planchers immenses appuyés sur de solides pilotis. Sur ces planchers, je le vois édifier des maisonnettes rondes ou carrées, avec des toits en pente, munies de portes, de lucarnes. Le tout bien clos et bien couvert, environné comme d'un balcon qui permet de circuler tout à l'entour, devient son habitation. C'est là qu'il installe sa famille, désormais hors de la portée des animaux farouches qui désolent les régions, et dont les bandes affamées répandent partout l'épouvante. Un pont-levis isole complètement la maisonnette de la grève des rives et en fait une citadelle en miniature : au besoin, cette de-demeure peut résister à l'envahissement des rôdeurs de la plaine, jaloux et cupides larrons qui prétendent vivre, dès ce temps reculé déjà, du travail et des ressources des autres hommes.

Ces villages, ainsi placés au milieu des eaux, prennent le nom de *stations lacustres* ou *paludéennes*, et *palafites* est celui qui s'applique à ces maisonnettes en bois.

Ce n'est pas seulement dans les régions de l'Europe envahies par les caravanes d'émigrants dont je vous entretiens, que se forment ainsi sur les eaux des demeures lacustres et paludéennes. J'entends dire par Marius que le premier homme qui écrivit l'histoire, Hérodote, raconte dans ses livres que nombre de peuplades du nord et de l'ouest de l'Asie, même assez près de Babylone et de Ninive, vivent ainsi retranchés dans des campements isolés au milieu des eaux et protégés par leur éloignement d'un quart de stade de la terre ferme.

---

nos jours. Elle nous fait trouver dans les cavernes des tigres, des hyènes, des ours différents de ceux qui vivent aujourd'hui.
On voit qu'on est dans un monde préhistorique.
A Wangen, sur le lac de Constance, dans une station d'au moins mille âmes, on avise, par les vestiges trouvés, que ses habitants savent déjà feutrer le chanvre. Ils cultivaient trois céréales, et ils avaient réduit à la domesticité le chien, le bœuf, la chèvre et le mouton. Les fossiles de toutes ces créatures le démontrent.

(*Les Curiosités du Globe*, par A. Driou.)

Pour nous, en suivant au vol les pérégrinations de l'homme primitif, je le vois fonder nombre de stations lacustres dans nos contrées européennes : sur le lac Balatron, sur les lacs voisins de la Baltique et de la mer du nord; sur ceux plus rapprochés de notre France, et que l'on nommera un jour lac de Zug, lac de Constance, lac des Quatre-Cantons, lac Léman ou de Genève, lac de Neuchâtel; et, dans notre patrie même, lac Paladru, lac de Nantua, et *tutti quanti*.

C'est chose urgente du reste de s'isoler ainsi de la terre ferme, pour les émigrants indo-germains! Les pauvres mères, les timides jeunes filles, les enfants mis à la géhenne sont constamment harcelés par d'inexorables troupes d'animaux sauvages; les nouvelles armes de l'homme primitif ne suffisent pas à leur faire la guerre et à les repousser. Tant que les hordes des pérégrinateurs sont en marche, elles sont suivies sans paix ni trêve par des légions innombrables de hyènes voraces, de panthères aux yeux de feu, de chacals hurlant la faim, d'ours épouvantables par leur taille, d'aurochs dangereux. Ce n'est pas seulement le renne, l'élan, le buffle, le cerf, le daim, le cheval sauvage, le chamois, l'izard, que l'on voit paître dans les vallées, sur les versants des monts, et à travers les clairières des bois; mais le loup, mais le lynx, mais le lion souvent; souvent le tigre et le léopard, et d'autres encore, suivent à la piste les campements des voyageurs. Malheur à qui s'écarte un seul moment! il est aussitôt attaqué, saisi, étreint avec violence par la dent de ces monstres, et dévoré...

Après l'âge de la pierre polie, je vois s'ouvrir une période plus fortunée.

En effet, l'homme, à la vue de débris d'argile convertis par le feu en une sorte de pierre, imagine de façonner cette argile et d'en faire des poteries. Il réussit bientôt à produire des vases dont la cuisson lui rend l'usage très précieux.

Ainsi est trouvée la *céramique* primitive.

Puis il emploie les ossements des animaux et s'en fabrique des ustensiles, des outils nouveaux. Des arêtes de certains poissons, il se sert en guise de fer de flèches.

Alors, de progrès en progrès, le voilà qui, à l'aspect du minerai qu'il découvre sous les roches et dans les terrains propices, et qu'il voit que le feu rend fusible, le voilà, dis-je, qui devine, qui pressent le parti qu'il en peut tirer. Il imagine la fonte des métaux, et surtout du cuivre, plus faible que le fer, moins difficile à extraire du sein de la terre. Il le mélange avec l'étain, et il compose ainsi le bronze, le premier métal de l'antiquité. Les vases qu'il fournit de la sorte à ses ménagères sont coniques, il est vrai, et, pour les faire tenir debout, il faut les enfoncer dans le sable. Mais plus tard cette découverte sera perfectionnée.

L'*âge des métaux* succède dès-lors à l'âge de la pierre polie.

Mais par quelles privations, quels labeurs, quelles angoisses, quelles fatigues, l'homme primitif passe-t-il pour arriver du dénûment le plus absolu à ces premiers succès!

— O générations nouvelles, m'écriai-je, vous qui vivez dans les délices de la civilisation et les joies du bien-être, si vous jetiez un seul instant vos regards en arrière dans les ténèbres de la triste vie de l'homme et de la femme aux jours reculés de l'origine du monde, aux temps préhistoriques, et si vous compariez votre existence toute d'opulence et de far-niente à leur épineuse et lugubre existence, que vous devriez remercier Dieu de vous avoir réservées pour des âges meilleurs!

Femmes et filles de cette époque sinistre, quelles que soient votre jeunesse, la fraîcheur et la beauté de vos corps, quelles que soient la pudeur, la chasteté native, la mansuétude de vos âmes, il faut bien, hélas! les livrer en pâture à la brutalité de la barbarie primitive, sans nul sentiment de sagesse, sans valeur morale, sans piété, sans pitié, et les laisser souiller et flétrir, chaque jour et chaque nuit, par un soleil inclément qui lance ses flèches de feu, par les sables de la solitude, par les fanges des marais, par les vents et les tempêtes, la froidure et les frimas, et surtout par les angoisses de la misère et le dénûment de toutes choses!

Toutefois, comme la terre est le lieu de l'exil et la vallée des larmes pour les heures présentes et celles de l'avenir, aussi bien que pour les temps qui sont déjà bien loin, nous aussi, enfants du XIXe siècle, sommes-nous bien plus privilégiés que les fils des temps préhistoriques, sommes-nous moins déshérités, quand sonne le glas funèbre de ceux que nous aimons; lorsque la peste, la famine, et le cortége des grandes douleurs de l'humanité viennent s'asseoir à notre chevet, alors que tonne le canon des révoltes contre Dieu, les empereurs et les rois, qu'éclatent les clameurs des orgies de l'ambition; que le sol s'agite sous nos pas, ébranlé par le délire des révolutions; que crépite dans l'air la fusillade qui met à mort des otages sacrés, et que fédérés immondes et infâmes pétroleuses, en livrant aux flammes de l'incendie nos temples et nos palais, foulent aux pieds l'amour de la patrie et insultent à Dieu, dont ils nient l'existence, maudissent le pouvoir et outragent le nom?

Oserai-je le dire? Mais peut-être valait-il mieux vivre en ces temps infortunés du premier âge, que de respirer l'air de jours constamment empoisonnés par le venin du crime, les épouvantes de la débauche, les terreurs de la guerre civile, l'impiété révoltante des cœurs, la proclamation de l'athéisme, et le triomphe de l'ignoble radicalisme de masses déflorées, abruties, gangrenées par les sophismes des plus hypocrites égoïstes?...

O France, ô ma patrie, dans quel deuil tu voyais arriver jadis les fils de l'Orient venant fonder la Gaule! Mais aussi comme tu te voiles la face en présence des turpitudes et des ignominies dans lesquelles tu nous vois plongés par l'audacieuse rébellion d'âmes atrophiées, impures, et frappées de mort à tout jamais!

Ayant dit, je garde le silence, en poussant un profond soupir, comme épuisé par l'effort que j'ai dû faire pour prononcer un pareil discours.

— Mon cousin, me dit Even de ce petit air narquois que vous savez, vous servirai-je le traditionnel verre d'eau sucrée toujours mis à la portée de la main de tout orateur qui se respecte?

Puis elle ajouta aussitôt :

— Tenez, je désire vous reconforter, et, dans cette bonne pensée, dans cette charitable intention, je vous invite à prendre votre part du hioek-kenmoëddings, que je vois se préparer là-bas, sur les rivages de la mer du Nord...

— Hioek-ken...! dis-je, qu'est-ce que cela?

Comme vous le savez aussi, cher lecteur, mademoiselle Even est aussi folâtre, quand elle plaisante, qu'elle est majestueuse généralement, ce qui fait que je regarde toujours à deux fois pour la questionner. En elle on trouve le caractère mobile d'un enfant et l'indécision d'un oiseau. Elle passe sans transition du rire aux larmes. On la réjouit en lui offrant un bouquet de violettes, mais pour cela elle ne dédaigne pas une parure de perles noires. Fanatique de musique sérieuse, elle écoutera en extase un solo de violon. Puis, toute frémissante, elle descendra du ciel où elle plane pour prendre son crochet et sa tapisserie. On pourrait composer son blason d'une colonnade en ruines, au pied de laquelle chante une cigale en pinçant de la guitare. Aux alentours, volent et pépient une nuée de fauvettes à tête noire, et la brise printanière courbe les blés du second plan, tachetés çà et là de bluets et de coquelicots.

Sans l'interroger, je regarde donc le point de la côte qu'elle me désigne. Le jour est à son beau milieu. Un soleil ardent illumine de tous ses feux le rivage très découpé de la mer du Nord. C'est ainsi qu'elle a nommé la nappe d'eau qui rutile à l'horizon. Notre esquif remonte, en effet, vers le nord-ouest, après avoir quitté l'Asie, en passant au-dessus de nombreuses contrées de l'Europe, car nous suivons les hordes émigrantes.

Je reconnais que nous sommes en face du Jutland. Voici tout le Danemark qui se déploie devant nous à perte de vue.

Mais alors j'aperçois des monticules, échelonnés le long des côtes, et je les prends tout d'abord pour des soulèvements de grèves. Une fois au-dessus de ces mamelons, j'avise que ce sont des amoncellements arrondis en forme d'entonnoir. Et puis, voilà qu'une foule immense des émigrants, qui ont choisi la presqu'île pour en faire leur séjour, viennent s'asseoir en rond sur ces amoncellements. Ils sont presque aussi nombreux que les galets de la plage. La côte en devient noire.

Quel tableau! Hommes, femmes, adolescents, vieillards, enfants, à peine couverts de peaux de rennes, d'ours, d'aurochs, sont là qui... se repaissent avidement, gloutonnement de coquillages d'assez forte dimension, de poissons pris à la mer, de coqs de bruyères, et ils déchirent le tout à belles dents, il faut voir!

— Est-ce donc là le repas auquel vous me conviez, ma cousine, le repas que vous appelez hioek-ken...?

— Hioek-kenmoëddings, ou kjokken-modding... fait Even, en riant de tout cœur (1).

— Eh bien! fuyons au plus vite, repartis-je. Eloignons-nous de ces scènes pénibles où le roi de la terre, l'homme fait à l'image de Dieu, est si peu digne de lui-même...

— Je suis de ton avis, Théobald... reprend mon oncle. Nous avons assez étudié l'homme primitif. Assez comme cela de la vie sauvage des origines du monde. Préparons-nous à étudier de nouveau l'homme de la civilisation. Retournons vers notre Paris; une courte distance nous en sépare. Allons donc nous reposer de nos fatigues, et songeons à nous préparer à de nouveaux voyages...

(1) Les pioches des savants ont éventré ces monticules ou amoncellements. Ils sont de main d'hommes. Qu'a-t-on trouvé ? des *kjokken-modding* ou *hioeh-kenmoëddings*, c'est-à-dire des *restes de cuisine*, des débris de repas. Ces mêmes amoncellements se retrouvent également dans la presqu'île scandinave.
Voici leur origine :
Au retour de la chasse ou de la pêche, les hommes des premiers âges s'établissaient sur les bords de la mer, accroupis et groupés par tribus, par familles, pour dévorer, plutôt que pour manger le produit de leurs excursions. Alors ils en laissaient les débris sur la place même, autour d'eux. Ils occupaient de nouveau cette place après d'autres chasses et d'autres pêches. Ainsi s'entassaient des détritus considérables, ce qui est bien indiqué par la forme, les saillies et les creux des monticules. Ces repas se composaient de coquillages d'assez grande taille, pris loin du rivage, où l'on n'en trouve pas de semblables, et de poissons, d'animaux marins, d'oiseaux terrestres, tels que la perdrix, le coq de bruyères notamment.
Aussi est-il possible d'établir la date approximative du séjour de ces peuplades primitives. Comment ? Ecoutez :
Le coq de bruyères ne vit que de bourgeons de pin. Or, les pins, remplacés par les chênes d'abord, puis maintenant par les hêtres, trois peuples de végétaux qui se succèdent comme une sorte d'assolement naturel, les pins, dis-je, par les troncs qu'ils ont laissés, renseignent sur l'époque de ces repas, et rendent facile la tâche de la fixer à 4,000 ans de notre ère.
Que l'on ne dise pas que ces collines échelonnées sur toute la côte occidentale du Danemark, présentant un espace vide à leur milieu, ne sont pas formées de restes de repas, puisque parmi les coquilles, les restes de poissons, les os de coq de bruyères, etc., on trouve aussi des ustensiles de pierre polie, des coins en silex, des couteaux en silex, des poteries grossières et des masses de charbon.
Qui de nous, à l'exposition de 1867, à Paris, comme actuellement dans les galeries du château de Saint-Germain-en-Laye, transformé en Musée des âges primitifs, qui de nous n'a pas vu avec étonnement et curieusement examiné ces armes et ces ustensiles des âges de pierre, et ces rebuts de cuisine importés tout exprès du Danemark, pour satisfaire notre désir de connaître?
En ces temps-là, le buffle parcourait les plaines danoises, comme les régions alpines; le castor y vivait encore avec le pingouin, maintenant disparu de l'Europe et relégué au Groënland ; le phoque venait aussi s'ébattre sur ces côtes, qu'il a depuis abandonnées.
Les naturels de cette triste région étaient plus sauvages que ceux des latitudes du sud ; ce qui le prouve, c'est qu'ils n'avaient d'autre animal domestique qu'un petit chien. (*A. D.*)

Nous préparer à de nouveaux voyages!... C'est le comte de Froley qui l'a dit. O bonheur!...

Et nous tournons la proue de notre esquif, notre ballon, notre véhicule, comme vous voudrez l'appeler, vers la grande cité de la France...

Mais, au moment du départ, alors que, ma jumelle à la main, j'examine encore les groupes sauvages assis en cercle sur leurs kjokkenmoddings, un mouvement de notre véhicule me fait lâcher ma lorgnette, qui, tout en tourbillonnant, s'en va tomber au beau milieu de la fête...

— A merveille! s'écrie Evenor. Lorsqu'on trouvera cette jumelle, un jour, parmi ces *débris de cuisine*, les savants s'écrieront :

« Déjà ces peuplades étaient avancées dans les arts! Avec leurs haches et leurs couteaux en silex, on a trouvé des lentilles de télescopes, et, mieux que cela, une jumelle au grand complet, ce qui prouve, etc..... »

Hélas! voilà que la chute de ma lunette de spectacle appelle l'attention des consommateurs. Ils s'empressent de lever tous la tête et de regarder dans les régions de l'air.

En nous voyant à leur portée, les plus épouvantables clameurs se font entendre. Quels cris sauvages! Jamais Hurons, Sioux, Apaches, Comanches ou Iroquois n'ont poussé des cris de guerre aussi gutturaux! J'en frissonne de terreur et le sang de mon cœur s'arrête. En même temps, cinq cents de ces forcenés s'empressent de saisir leurs arcs et de les armer de flèches munies d'os et de silex aigus. Ils font alors voler contre notre équipage une véritable nuée de projectiles...

Je suis atteint, je ne sais trop où, mais pas en pleine poitrine... Toutefois j'éprouve une vive douleur...

J'ouvre les yeux aussi grands que possible, et, comme toujours à notre retour de ces mystérieuses excursions, je me vois assis au centre même de l'atelier du Pirate...

J'imagine que c'est... ma cousine Even qui vient de..... me pincer.....

En tout cas, mon oncle de Froley projette certainement, en effet, un nouveau voyage, à la recherche des grands drames de l'antiquité, car il prémunit ses amis et sa fille contre les surprises de l'histoire, en leur adressant la tirade humoristique suivante :

— Ne remarquez-vous pas, mes amis, que l'histoire de l'humanité tourne toujours dans un même cercle, je parle ici des temps que la civilisation éclaire de ses lumières. Nous tous, gens du XIXe siècle, nous ne faisons que moudre le même grain des temps passés, et cela sous une même meule.

L'histoire n'est qu'un long plagiat, et les peuples, vous le remarquerez bien dans la suite de nos excursions, les peuples se copient les uns les autres. Oui, les actions de l'humanité, les hauts faits de ses héros, leur prétendue sagesse, leurs erreurs, leurs folies, leurs crimes, leur orgueil comme leur abaissement, ce n'est autre chose que de la copie, copie qui se transmet de siècle en siècle, sans que le larron prenne même la peine de démarquer ce qu'il prend au volé. De cette façon, l'humanité joue aux quatre coins. Les choses d'il y a 2, 3 et 4000 ans restent les choses d'aujourd'hui.

Par exemple, savez-vous quand est née la question d'Orient ?

Il se trouve de bonnes gens qui se figurent avec candeur que c'est sous le gouvernement de Louis-Philippe, en 1840. Ah ! bien oui !

Si loin que le regard se porte dans le passé, on la saisit déjà, cette question d'Orient.

Vous la verrez paraître bientôt, quand Hercule et Jason, instruits qu'il y a un milliard d'or à Colchos, dans la Tauride, prépareront en toute hâte une expédition des plus fameux héros du temps pour aller s'emparer de ces richesses. Seulement, on ne dira pas un *milliard* alors, on dira la Toison d'or !

La question d'Orient renaîtra ensuite avec la belle Hélène, lorsque cette princesse délaissera son époux Ménélas pour suivre le brillant Pâris, ce qui mettra la Hellade en feu et déterminera la terrible guerre de Troie.

A ce propos, une réflexion sur les héroïnes légendaires de l'antiquité. Ne vous laissez pas trop éblouir par la beauté prétendue de beaucoup de ces femmes. Les Grecs, vous vous en apercevrez, verront tout en beau. Mais il y aura bien à rabattre sur leurs jugements.

Ainsi Hélène n'est déjà plus belle lorsqu'elle s'éloigne de Sparte, et, à Troie, ses admirateurs même trouvent que les erreurs de sa vie impriment leurs stigmates sur son visage, avant l'heure.

Clytemnestre, dont les traits déjà mûrs poussent Egisthe à l'usurpation, compte déjà soixante-huit printemps, lorsqu'elle sacrifie le roi des hommes, le grand Agamemnon.

Quant à Pénélope, sachez qu'au moment où son cher Ulysse deviendra l'un des héros du siége de Troie, ce ne sera déjà plus une jeune mariée. Or, quand il aura assiégé Priam pendant dix ans et qu'il aura erré sur les mers pendant dix autres années, elle comptera quarante-huit ans bien sonnés. Et cependant, vous verrez Ulysse, à son retour, immoler, non pas dix prétendants à la main de cette vénérable matrone, mais bien cent dix jeunes ambitieux en quête du trône d'Ithaque, plutôt que des charmes de la reine.

Avouons qu'en ces temps-là, héros et héroïnes seront très forts, témoin le vieux Nestor, le sage roi de Pylos, qui se remariera à l'âge de quatre-vingt-dix-sept ans, d'après Coluthus et d'après Quintus Calaber (1).

Voilà comment, vues de loin et sans prévention, les annales de l'antiquité pourraient vous jeter dans d'étranges illusions d'optique.

La question d'Orient renaîtra encore avec les Perses et les Grecs, quand les Athéniens, menacés d'invasion par Xerxès, comme vous l'apprendrez dans Hérodote, anéantiront, à la bataille navale de Salamine, l'invincible armada du grand roi!

Elle renaîtra aussi avec les Romains; elle renaîtra avec les rois de Syrie.

Pour bien dire, elle ne quittera jamais le tapis de l'histoire. Ce sera un énorme peloton de fil qui se dévidera depuis Priam jusqu'à Alexandre-le-Grand, et depuis les Lagides et les Séleucides jusqu'au sultan Abdul-Azis.

Et encore son rôle ne sera pas à son terme.

Ne voyez-vous point que nos modernes radicaux copient si frauduleusement l'histoire, la plus immonde, hélas! et la plus sanglante, qu'ils ne sont que les absurdes et éhontés parodistes des Montagnards de 93, de sinistre mémoire?

(1) *Coluthus* et *Quintus Calaber* étaient, le premier un poète grec, né à Lycopolis, dans la Thébaïde, vers la fin du v⁰ siècle de J.-C., et, le second, un autre poète grec, né peut-être bien vers le même temps, mais que certains auteurs placent à peu près au temps de Virgile et d'Auguste, c'est-à-dire au 1ᵉʳ siècle de notre ère.

Donc les temps modernes copient les drames des mauvais jours, comme les républicains des mauvais jours copiaient les Brutus, les Gracques, etc., dans leurs crimes, mais non dans leurs vertus.

Oui, l'antiquité, jadis, dès 1200 avant J.-C., était déjà en possession de nos sciences, de nos prétendues découvertes, etc.

Elle possédait l'équivalent de notre chloroforme, pour insensibiliser les malheureux dont on tailladait les membres,

L'équivalent du sulfate de quinine, pour abattre la fièvre;

L'équivalent du tabac, d'où vient toute joie au cœur, comme l'affirment les Persans. En effet, Pomponius Méla rapporte que les Thraces s'enivraient en aspirant la fumée de certaines plantes. Dans les fouilles de villes antiques, on a recueilli des ustensiles qui seraient de bien mauvaise grâce, si ce n'était des pipes...

L'antiquité avait ses journaux, le somnambulisme, les tables tournantes, les expositions de l'Industrie, la crinoline, les chignons, la raie au milieu du front, la raie dans la nuque, le droit au travail, l'aimable socialisme, la gracieuse Internationale et la charmante Commune, et enfin l'usage d'ajouter une syllabe à son nom, quand de pauvre... on devenait riche.

Chez nous, Cadet Roussel s'anoblissant, produit Cadet de la Rousselière : chez les Grecs, ce serait le citoyen Rousselidès.

Dans Aischoulos, plus simplement Eschyle, dans Sophocle, dans Aristophanes, ne verrez-vous pas des femmes faire de la politique dans les clubs d'Athènes?

Donc, à bon entendeur, salut!

Ainsi parla mon oncle, pendant une heure ou deux.

— Eh bien! deux avis valent mieux qu'un; mais nous sommes suffisamment prévenus, monsieur le comte, par celui que vous nous donnez, quand vous voudrez nous nous mettrons en route... dis-je à mon oncle, en ramassant une jumelle qui traînait à terre sur le tapis de l'atelier...

P.-S. La suite de cet ouvrage se trouve à la librairie EUGÈNE ARDANT ET Cie, à Limoges, sous les titres de . LES GRANDES RÉPUBLIQUES; et LES PEUPLES ILLUSTRES DE L'ANTIQUITÉ.

FIN.

TABLE.

Prologue. 5
Le Monde primitif. 33
La race Jaune. 61
La race Noire. 109
La race Blanche. 137
Les premiers Drames de la Terre. 193
Revue rétrospective et Tableaux bibliques. 238
Les grandes Scènes de la Nature primitive. 271
L'homme à l'origine du Monde. 306

FIN DE LA TABLE.

Limoges. — Imp. Eugène Ardant et Cie.

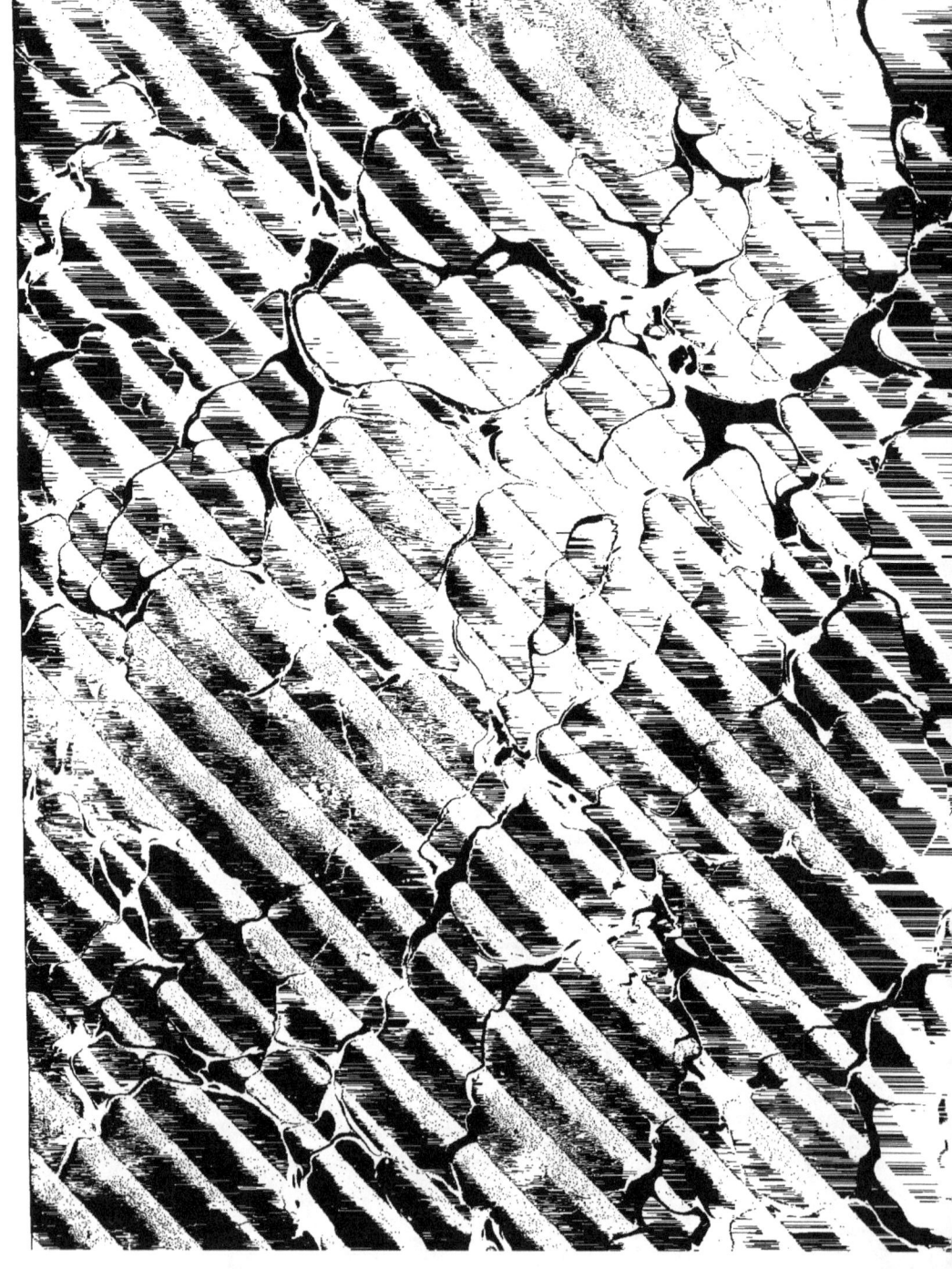

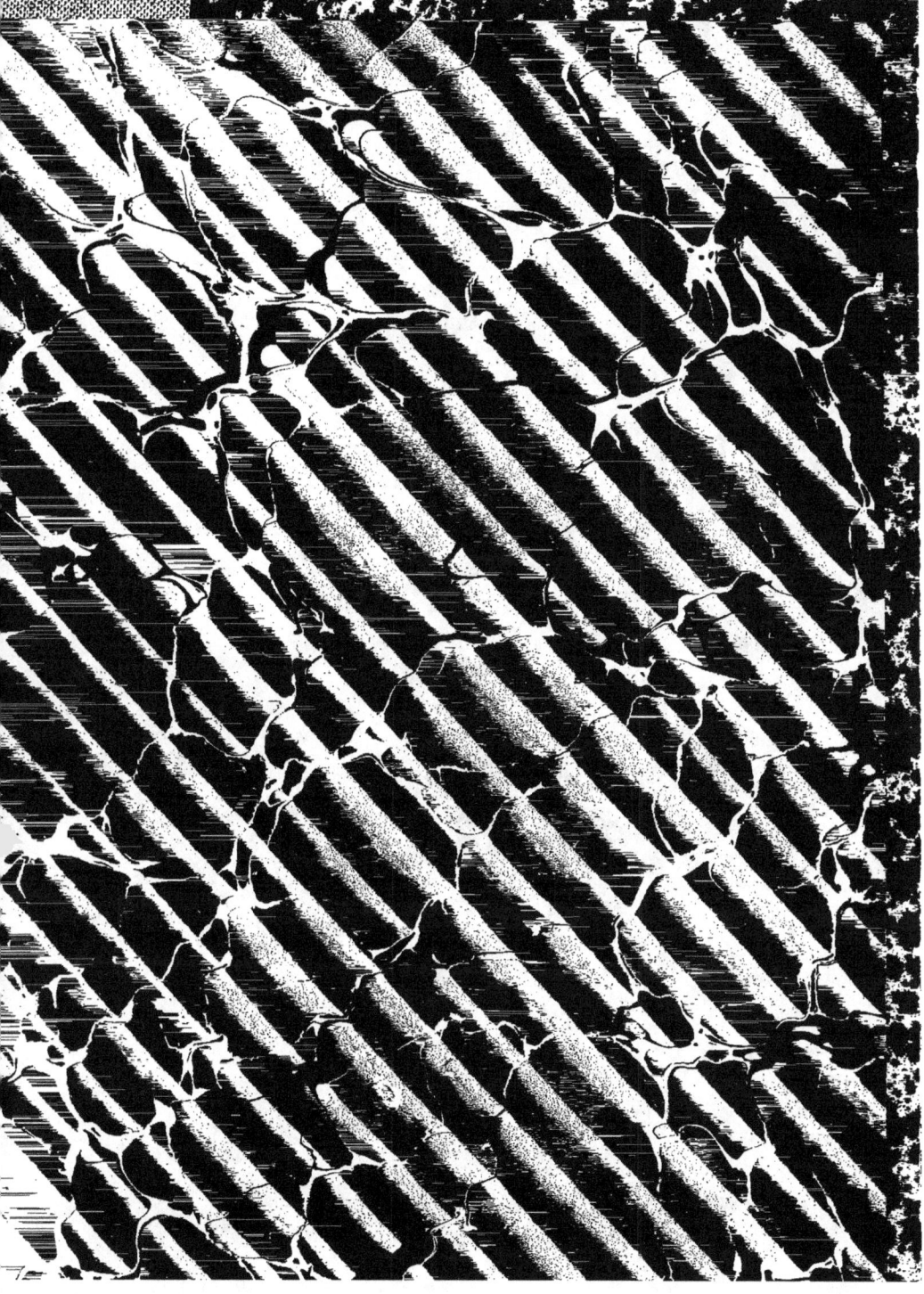

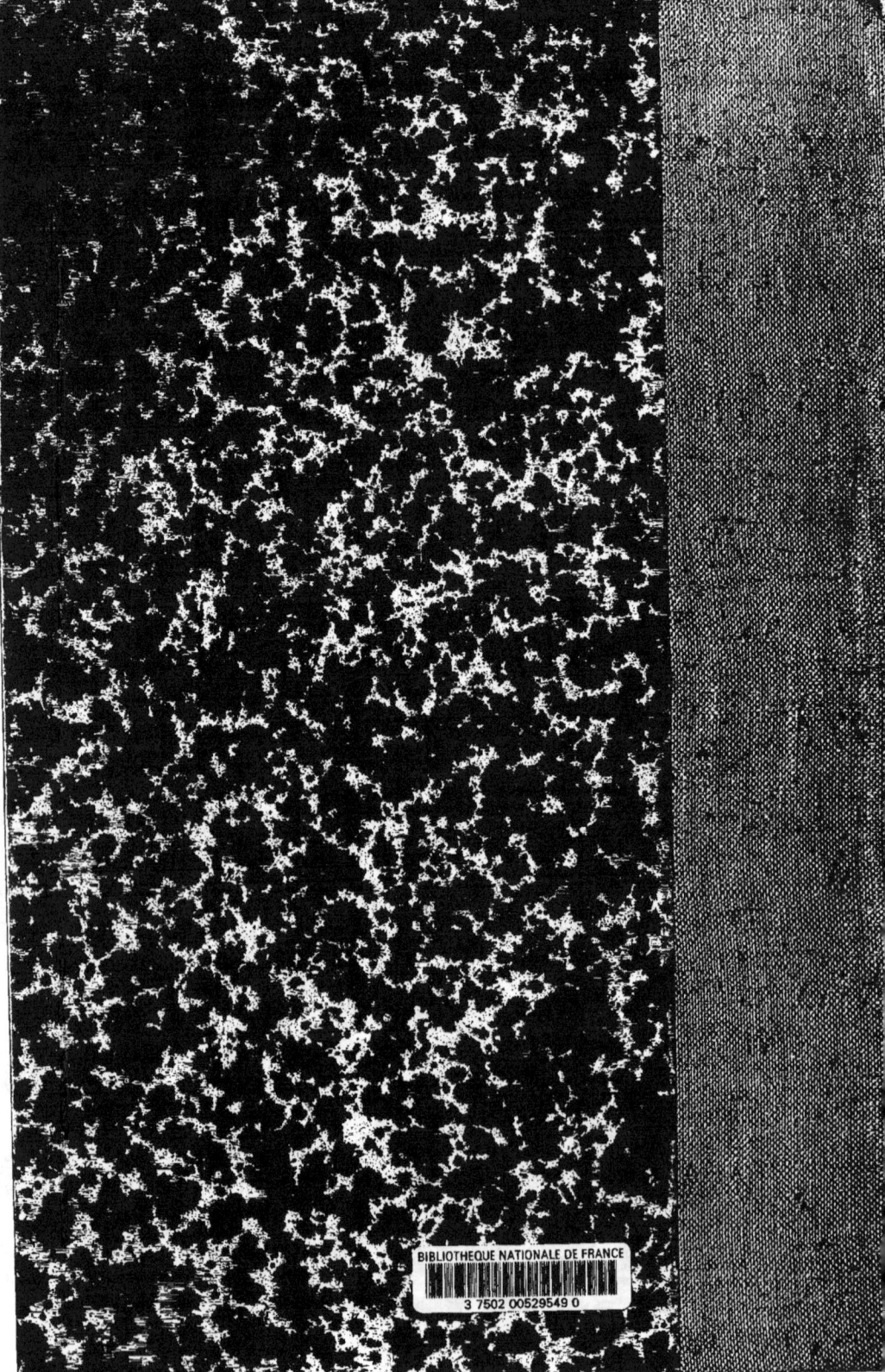